Hotel & Tourism Sales Service Marketing Practice

호텔·관광 세일즈 서비스 마케팅 실무

신 형 섭 저

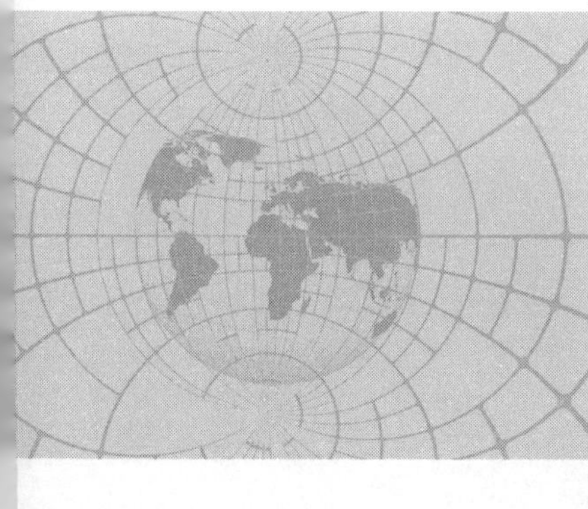

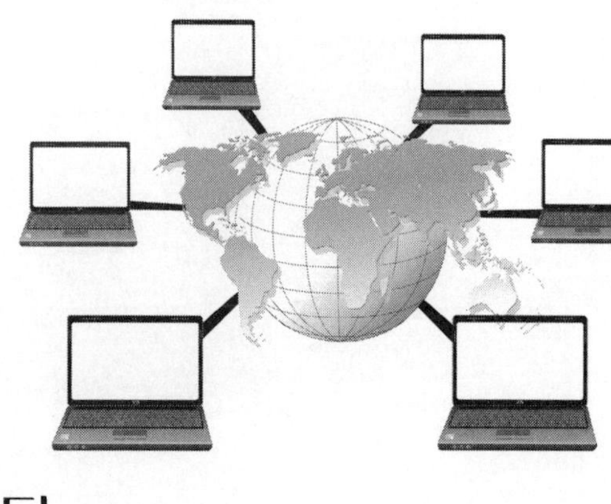

도서출판 상 학 당

이 책의 머리말

호텔 · 관광기업은 이익 극대화라는 명확한 목표를 달성하기 위하여 여러 기능을 복합적으로 수행하는데, 그 중 하나가 세일즈 서비스 마케팅이다. 현재 기술과 산업의 발달에 따라 공급능력이 향상되며, 이에 따라 판매량을 달성하기 위한 호텔 · 관광기업 간의 경쟁은 점차 치열해진다. 최근 많은 호텔 · 관광기업이 격변하는 시장환경 속에서 고객의 만족을 추구하는 마케팅 본질을 바르게 이해하고, 이를 실천하는 경영전략을 재구축하여 창출시켜야 한다.

우리나라 호텔 · 관광산업은 1988년을 기점으로 질적 · 양적으로 급성장 후 현재는 공급과잉과 내 · 외부환경 체제에 따른 경제환경의 악화로 인하여, 이른바 적자생존의 법칙이 적용되는 무한경쟁 시대에 돌입하였다. 이는 곧 환대산업의 매출성장과 경제발전에 직결되는 중요한 과제가 곧 세일즈 서비스 마케팅이라는 의미와 상통한다.

따라서 이론과 실제가 공존하는 호텔 · 관광 세일즈 서비스 마케팅이 갈수록 주목을 받고 있는데, 급변하는 시장상황을 정확히 파악하여 고객의 필요와 욕구에 따라 민첩하고 신축성 있게 움직이는 시장접근 전략이 수립될 때 비로소 치열한 경쟁환경 속에서 생존할 수 있기 때문이다. 이에 따라 이 교재에서는 호텔 · 관광분야에서 고객을 정확히 이해하고 고객을 최우선으로 하는 세일즈 서비스 마케팅 마인드를 주입시키고, 실무를 단련시키는 데 주력하였다.

이 책은 총 4편으로 되어 있으며, 제 I 편에서는 호텔 · 관광서비스에 대한 전반적인 이해로 호텔 · 관광서비스 특성 및 환경적 변화를 중점적으로 다루었다. 제 II 편에서는 호텔 · 관광 세일즈 서비스 마케팅 시장의 접근전략 분석으로 STP 분석과 4MIX 분석 단계를 고찰하였으며, 제 III 편에서는 본격적인 호텔 · 관광 세일즈 서비스 마케팅의 전략적 측면을 다룸으로써 실질적인 정보시스템 마케팅 조사계획을 구체적으로 기술하였다. 마지막 제 IV 편에서는 호텔 · 관광 세일즈 서비스 마케팅 커뮤니케이션의 이해와 세일즈맨의 실무적 스킬을 기술하여 판매전략 기법에 대한 실무가 용이하도록 하였다.

호텔 · 관광 세일즈 서비스 마케팅 분야에서 현실변화에 적응하고 트렌드를 예측하며, 미래지향적인 측면에서 실무적 감각을 단련시키는 데 주력하여 이론 및 실무적 자료를 토대로 방법론을 제시하였다. 또한 내용적으로 기술하여 필수적인 세일즈 서비스 마케팅 업무를 위한 전문서적으로 호텔 · 관광 세일즈 서비스 마케팅 분야의 새로운 이론을 이용한 전반적인 실무지식을 배양하는 기대효과로 전문 지침서로 활용할 수 있도록 하였다.

이 교재는 많은 학자들이 선행연구에 대한 이론을 바탕으로 저자의 강의안, 호텔 · 관광 세일즈 서비스 마케팅의 실무적 자료 및 호텔 · 관광 세일즈 서비스 마케팅 부서 실무경험을 토대로 집필되었다. 따라서 호텔 · 관광 세일즈 서비스 마케팅 기법에 대한 기본적인 분석 틀을 이해하는 데 도움이 될 것이라고 판단된다.

또한 이 교재를 집필함에 따라 저자가 실무 경험한 다양한 사례들을 집대성하여 노력하였으나, 부족한 점이 있다는 것을 시인하면서 독자들의 아낌없는 질책을 통하여 추후에 보완할 것을 약속드리는 바이다.

끝으로 이 교재가 출판할 때까지 지도와 격려 및 도움을 주신 호텔 · 관광 산업체에 관련된 분들과 도서출판 상학당의 대표님, 편집부 직원 여러분께 깊은 감사를 드린다.

저자 신형섭 씀

이 책의 차례

• 제 I 편 호텔 · 관광서비스 마케팅의 전반적인 이해 •

• 제 II 편 호텔 · 관광 세일즈 서비스 마케팅 시장의 접근전략 분석 •

• 제Ⅳ편 호텔 · 관광 세일즈 서비스 마케팅 커뮤니케이션의 전략적 이해 •

제 I 편 호텔 · 관광서비스 마케팅의 전반적인 이해

제1장	호텔 · 관광서비스의 배경
제 2 장	호텔 · 관광서비스 마케팅 고찰
제 3 장	호텔 · 관광 세일즈 서비스 마케팅(STP) 분석
제 4 장	호텔 · 관광 세일즈 서비스 마케팅 믹스(MIX) 분석
제 5 장	호텔 · 관광 세일즈 서비스 마케팅 계획 및 정보시스템
제 6 장	호텔 · 관광 세일즈 서비스 마케팅의 연계성 전략
제 7 장	호텔 · 관광 세일즈 서비스 마케팅 커뮤니케이션 전략
제 8 장	호텔 · 관광 세일즈맨의 프로 세일즈십

제1절 호텔 · 관광서비스의 이해

1. 서비스의 정의와 어원

(1) 서비스의 정의

현대사회의 서비스 분포는 우리 생활에 미치지 않는 곳이 없으며, 현대인에게는 매우 중요한 생활의 일부분을 차지하고 있다. 따라서 이러한 서비스는 현재 우리나라에서 전체 고용인구의 50% 이상이 관련산업에 종사하고 있으며, 소득수준이 높아지고 여가시간이 늘어나면서 서비스의 비중은 앞으로 점점 더 커질 전망이다.

현대사회는 서비스 사회이다. 21세기에는 경제사회에서 서비스의 비중이 폭발적으로 증가되고 있으며, 서비스 없이는 아무것도 존재할 수 없고, 어떤 일도 진행될 수 없는 세상이 되는 것이다. 우리 사회가 서비스 경영, 혹은 서비스 경제에서 벗어날 수 없는 사회문화 구조를 갖고 있기 때문이다.

서비스는 1960년대 미국의 푸치스(Fuchs) 등에 의하여 경제학적 차원의 접근으로부터 연구가 시작되었다. 서비스는 주로 마케팅 부문에서 개념이 정립되어왔는데, 서비스 마케팅의 이론 접근은 1960년 미국 마케팅협회(AMA)의 '서비스의 제반개념에 대한 정의 확립' 등 서비스의 특성과 본질의 연구에서 시작되었다.

1970년대에는 점차 서비스의 필요성이 강조되는 방법론적 연구, 1980년대에는 서비스의 체계나 전략수립에 관한 연구활동이 두드러진 편이었다. 특히 서비스 마케팅이 본격적으로 대두됨으로써, 주요 쟁점은 기본적 이해의 관점에서 상품과 서비스의 차이와 유사성에서 시작되어 본질과 정의에 따른 서비스 특징에 관한 문제로 확대되었다. 그 결과 상품과 서비스의 양자간에는 내부적으로는 이질적이지만 외부적으로는 동질성이 많다는 점, 즉 큰 차이라기보다는 유사성이 훨씬 크고 상호 혼재(混在)되어 있다는 점에 관심을 보이게 되었다.

또한 서비스에 대한 연구가 점차 활발해짐에 따라 기존의 무형서비스에 대한 관심에서 물적 서비스의 관심으로 전이되었다. 이는 물적 서비스의 재인식과 서비스의 배달과정과 같은 기술적 · 시스템적 중심의 서비스에서 생산성 고취나 능률을 높이는 등 여러 면에 운영의 중요성을 인식하여 활용하고자 하는 시스템 · 환경적 측면의 서비스로 확대되고 있음을 나타낸 것이다.

(2) 서비스의 어원

서비스라는 말은 원래 봉건시대의 사회신분에 따라 생긴 노예를 지칭하는 말에서부터 시작되어 쓰이기 시작했으며, 그 의미도 노예상태에서 주인에게 제공하는 가사적 봉사와 시중의 의미로 연상하며 쓰여 오늘에 이르고 있다.

문헌자료에 의하면 서비스라는 말은 14세기부터 시작되었다고 한다. 『웹스터사전(Webster Dictionary)』에 의하면서 'Service'의 유래는 '노예의 상태'란 뜻의 라틴어 'Servitium'과 '노예'를 뜻하는 프랑스어 'Servus'에서 유래되었다. 즉 'Service'란 "노예가 주인에게 충성을 바쳐 추겨세운다"는 의미에서 출발하였음을 알 수 있다. 이것이 점차 발전되어 '상대를 위한 봉사'를 의미하게 되었고, 현대에 이르러서는 무형의 가치로서 모든 산업영역에서 중심축의 역할을 수행하는 서비스 산업을 지칭하는 뜻으로 변화되어 사용되고 있다.

2. 서비스의 중요성 대두

서비스가 현대사회의 키워드로 대두되게 된 근본적인 이유는 고객들의 요구가 달라졌기 때문이다. 이는 보다 삶이 안정되고 소비지출이 많아짐에 따라 고객 스스로 인정과 대접을 받고 싶은 욕구에서 나오는 소비심리로서, 현대사회의 고객들은 다른 무엇보다도 자신을 충족시킬 수 있는 기술적 · 환경적 서비스 수준에 의해 상품을 구매하기 때문이다.

(1) 고객의 변화하는 소비욕구에 따른 서비스

소득수준 및 사회문화 수준이 높아지면서 소비자 자본주의(consumer capitalism)가 대두되고, “나는 소비한다. 고로 존재한다”는 소비개념의 변화를 가져오게 되었다. 고로 고객의 소비성향은 서비스 가치를 선호하는 쪽으로 빠르게 변해가고 있다.

또한 소비생산(prosumer : producer+consumer)의 개념이 대두되면서 소비의 개념은 공급에 대응되는 단순개념에서 다차원의 형태를 취하게 되었다. 즉 고객의 소비행태가 물적 충족에서 심적 충족으로 변해가고 있음을 뜻하며, 사회구조 또한 다양화 · 세분화되면서 고객계층은 다양화되고 있다.

결국 고객들의 의식이 서비스 부문의 필요도를 높이고 있는 것이다. 그러므로 기업경영도 소비형태의 변화에 맞추어 서비스 부문에 더 많은 투자가 요구되며, 서비스의 관심 제고를 통한 고객만족 경영, 즉 서비스 마케팅 콘셉트가 중요하게 되었다.

(2) 고객만족을 위한 필수적인 서비스

소비자들의 욕구가 개성화 · 다양화됨으로써 서비스는 고객을 만족시킬 상품의 생산을 위해서 필수적으로 요구된다. 이는 현대와 같이 산업이 고도로 발전 · 성숙되면 서비스가 없는 어떤 재화도 존재할 수 없게 된다는 것이다. 따라서 어떤 종류의 상품도 서비스 가치가 더해지지 않고서는 고객을 만족시킬 수 있는 상품을 생산할 수 없으므로 서비스는 개성이 강한 현대의 고객들을 만족시킬 수 있는 필수불가결한 요소로 작용된다.

(3) 높은 서비스 재화의 가치평가

서비스 가치는 고객들의 서비스에 대한 관심과 욕구가 증대되면서 유형물의 가치보다 훨씬 높게 평가된다. 경우에 따라서는 서비스재의 가치가 물재의 가치보다 수십 배에 달하는 경우도 있다.

예를 들어 옷을 고르는 경우를 살펴보면 옷감의 가격보다 몇 배에 달하는 디자인, 재단 등의 가치가 존재한다. 노하우와 지적 소유권의 가치가 증대되는 것도 같은 측면에서 설명이 가능하다.

(4) 선진화사회의 기준

보편적으로 서비스 업종에 종사하는 비율이 70% 이상일 때 선진화사회라고 한다. 즉 선진화가 되면 서비스 산업화가 진전된다는 말과 같으며, 서비스 산업화가 이룩되어야만 선진화 대열에 낄 수 있다는 의미이기도 하다. 이처럼 서비스의 보편성은 선진화 사회를 판가름하는 기준이 되었다.

서비스의 중요성을 인식한 성공사례

미국의 유통업체 노드스트롬사는 1978년 개점한 이래 자산규모를 7배 이상 성장시켰고, 관광예산은 동종 산업의 평균수준(매출액의 약 5%)보다 훨씬 적지만 매출액의 약 1.5%, 단위매장당 매출액은 백화점 중 최고로서 업체 평균수준에 비해 3배 정도 높게 나타났다. 이렇게 고성장할 수 있었던 원동력은 무엇일까? 그건 바로 타의 추종을 불허하는 '서비스'에 있었다. 싱가포르의 싱가포르 항공과 방콕의 오리엔탈 호텔도 '서비스' 하나로 중무장하고, 세계 제일의 생산성과 성장률을 이어가고 있다.

3. 서비스 충족요소

서비스 충족요소는 높은 수준의 서비스를 제공하기 위해서 기본적으로 고객의 욕구를 충족시켜야 한다. 따라서 공업화 · 기계화 · 전산화 · 프로그램화 · 정보화 등과 아울러, <표 1-1>과 같은 인적 서비스와 결합이 이루어져야 한다.

〈표 1-1〉 고객의 욕구 충족요소

요 소	내 용
S (Sincerity, Speed & Smile)	**• 성의, 스피드, 스마일** 이는 오랫동안 판매의 3'S로 중시되어온 것이다. 성의 있고 신속하게 제공되는 것이 중요할 뿐만 아니라, 싱글벙글 웃는 상냥한 미소가 좋은 서비스를 결정하는 것이다.
E (Energy)	**• 활기, 생동감** 종사원의 걸음걸이와 표정이 밝을 때 고객과의 대화 및 접촉이 활기를 띨 수 있다. 종사원의 활기찬 대응이 고객의 인상에 큰 영향을 미친다.
R (Revolutionary)	**• 신선하고 혁신적, 능동적** 고객을 대응하는 자세에서는 천편일률적인 서비스를 제공하는 것이 아니라 언제나 신선하고 혁신적인 요소가 부가되는 것이 중요하다.
V (Valuale)	**• 가 치** 서비스는 한쪽에는 가치 있고 다른 한쪽에는 일반적인 희생을 강요하는 것이 아니다. 어느 한쪽의 희생이 아니라 서로에게 이익이 되고 가치 있는 것이 되어야 한다.
I (Impressive)	**• 인상적 · 감명** 기쁨 · 감동 · 감명이 없으면 서비스가 아니다.

요 소	내 용
C (Communication)	• 커뮤니케이션 일방적으로 하는 것은 허용되지 않고 커뮤니케이션이 필요하다.
E (Entertainment)	• 환 대 이는 겉치레식 인사치레나 예절 준수가 아니라 언제나 진심으로 고객을 환대하는 것이어야 한다.

4. 서비스의 보편적 특성

호텔 · 관광서비스를 보다 쉽게 이해하기 위해서는 먼저 서비스의 특성에 대한 이해가 필요하다. 이는 일반 유형상품들로부터 구분될 수 있는 독특한 특성들이 나타나는데, 이러한 서비스 특성으로 인해 호텔 · 관광서비스도 기존의 상품을 중심으로 한 일반서비스와 다른 차이를 보이게 된다.

(1) 무형성

서비스는 추상적이며 만질 수 없다. 또한 서비스를 제공받기 전에는 맛볼 수도, 냄새를 맡을 수도, 소리를 들을 수 없다.

〈표 1-2〉 호텔 · 관광서비스의 무형적 특성에 대한 발생요소

무형적인 발생	내 용
인식의 불투명성	손에 쥐고 감지할 수 있는 유형의 재화보다도 상대적으로 인식하기 어렵고, 이로 인해 서비스는 공급자로부터 제공받기 전에는 그 서비스의 질을 인식하기가 곤란하다.
소유권 이전의 불가능	기술과 저작권 등도 사용자가 저작권자에게 사용과 이용에 대한 수수료를 지불하고 거래하는 것은 가능하지만, 물재(物財)처럼 소유권 자체를 거래하지는 못하다.
모방이 불가능	유형상품과 같이 서비스는 모방이 쉽지 않다. 따라서 호텔 · 관광서비스 기업의 상품 차별화 전략은 서비스재에 의해서 가능하며, 고객들도 물리적 환경보다는 무게 있으면서도 빈틈없이 만족과 감동을 주는 서비스 환경을 더 선호하는 경향이 강하다.

예를 들면 TV와 같은 유형적 상품들은 외형을 살펴볼 수 있고 실체적인 존재를 사용함으로써 고객이 만족을 느낄 수 있다. 반면 호텔의 식음료의 맛과 객실의 안락함, 분위기, 호텔종사원의 서비스 실체는 존재하지 않으므로 그에 대한 가치를 파악하거나 평가하기가 어렵다. 다시 말하면 상품은 유형적이나 서비스는 무형성(intangibility)을 가지고 있기 때문인데, 서비스는 고객에게 견본(sample)을 제시하기가 불가능하여 고객이 구입하기 전에는 미각(taste), 지각(feel), 시각(see), 청각(hear), 후각(smell) 등을 통한 사전 감지가 불가능하다. 따라서 서비스는 유형성(service's tangibility)을 증가시키고, 서비스 자체보다도 고객이 서비스로부터 얻을 수 있는 편익을 강조해야 한다. 예를 들어 호텔의 레스토랑은 음식과 음료를 팔고 있으나 안락함과 편한 휴식처임을 또한 강조해야 한다.

(2) 동시성

물질적인 실체를 미리 제조해 놓고, 그것을 구입한 고객은 실제 사용 후 만족 또는 불만족을 느끼게 된다. 즉 유형상품의 경우에는 고객에게 제공하는 상품에 대해 생산 · 유통 · 소비에 대한 시차가 있게 마련이다. 그러나 호텔 · 관광서비스는 유형의 상품과 달리 이용고객의 주문에 의하여 생산과 판매 및 소비가 동시에 이루어지기 때문에 생산과 소비가 분리되지 못하는 특성을 갖는다. 호텔 · 관광서비스 이용을 원하는 고객이 호텔을 찾아와 주문해야만 생산을 통하여 판매가 개시되고 이루어지기 때문이다. 즉 생산 · 전달 · 소비가 동시에 발생하게 된다는 것이다.

따라서 서비스는 그 원천이 인간이든 기계이든 간에 그 원천으로부터 분리될 수가 없다. 이 때문에 마케팅 측면에서 유형상품과 상이한 특성을 갖게 되는데, 일반 마케팅에서는 생산과 마케팅, 그리고 소비가 분리되어 일어나지만 서비스 마케팅에서는 [그림 1-1]과 같이 서비스의 생산과 소비가 동시에 발생해(simultaneity) 판매자와 구매자간의 상호작용이 발생한다.

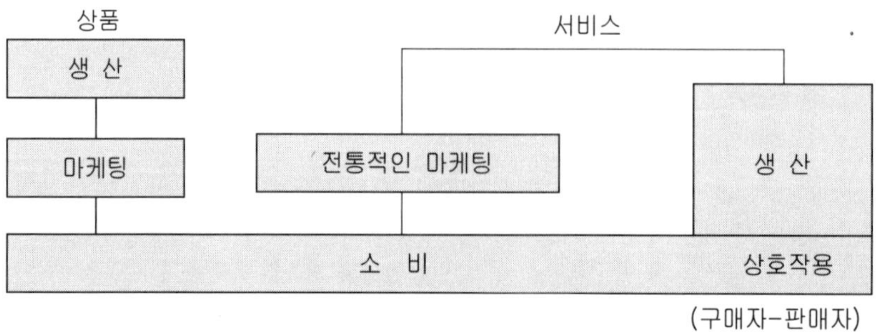

※ 자료 : C. Gronroos, "An Applied Service Marketing Theories", *European Journal of Marketing*, Vol. 16, 1982

[그림 1-1] 호텔 · 관광 상품 마케팅과 서비스 마케팅의 차이

〈표 1-3〉 서비스 특성 중 동시성에 대한 발생요소

동시성에 대한 발생	내 용
시간과 공간의 제한	어떤 특정의 시간과 특정의 공간에 존립하는 '기능의 현실과정'을 서비스라 하며, 서비스재는 어떤 시간과 공간에 제공되고 곧 소멸된다(예 항공기의 좌석, 레스토랑에서의 점심시간의 좌석 수, 호텔의 객실).
수요의 관리가 중요	호텔객실이나 비행기 좌석과 같은 서비스는 재고를 가질 수 없으므로 시설에 대해 초과된 수요는 영원히 사라져버리게 된다. 따라서 서비스 기업은 공급시설의 능력관리가 우선적으로 필요하다. 만약 원가의 대폭적인 증가 없이 서비스 능력을 향상시킬 수 없다면, 예약이나 성수기가 아닌 시점으로 수요를 유도하는 수요관리가 필요하다.
계획생산이 난이(難易)	서비스는 고객의 주문에 의거해 생산하는 체재이기 때문에 계획생산이 어렵고, 재고처리 또한 불가능하기 때문에 계획생산은 더욱 어렵게 된다(예 호텔의 연회장에 행사예약이 많았다고 하자. 당연히 수요가 많을 것으로 예측하여 생산체제를 확충하게 될 것이다. 이때 서비스 종사원의 수는 아르바이트 점원으로 증감하면서 어느 정도 생산수준의 균형을 도모할 수 있지만, 판매장소를 판매량에 맞추어 넓혔다 줄였다 할 수는 없는 것이기 때문에 난이가 따르게 된다).
거래현장에서만 구매가 가능	서비스재는 고객이 직접 참여하지 않고서는 거래가 불가능하기 때문에 배달을 의뢰할 수도, 대리인을 통한 구매도 불가능하다. 오직 본인이 현장에서 확인 · 평가(가치 · 성격 · 태도 · 모양 · 가격 · 취향 · 적절성 · 유익성 등)를 한 후에 구입을 결정해야 한다.
유통과 검수과정이 없음	서비스재는 생산과 소비가 동시에 이루어지고 순간에 소멸되므로 유통이 불가능하며, 불량품을 골라내는 검수과정 또한 없다. 따라서 불량상품이 생산되지 않도록 충분한 사전대비가 필요하다. 일단 불량품이 생산된다면 곧바로 고객에게 전달되기 때문이다.

(3) 다양성

호텔서비스는 고객의 다종다양한 요구를 충족시켜야 하기 때문에 누가, 언제, 어디서, 어떻게 제공하는가에 따라서 고객은 민감하게 반응하고, 또 행해지는 서비스 또한 고도의 특성과 다양성(variety)을 지닌다. 특히 호텔에서 표출되는 서비스는 이러한 다양성을 설명하기에 충분한 요건이 되고 있다.

예를 들어 많은 식음료업장이 포진되어 있는 호텔은 불특정다수가 수많은 목적을 가지고 방문하는 곳이다. 따라서 비즈니스를 목적으로 호텔 레스토랑을 이용하는 고객은 좀 더 고급스러우면서 세심한 서비스를 원할 것이며, 상견례를 목적으로 호텔 커피숍을 이용하는 고객은 호텔종사원에게 필요한 서비스 외에는 별다른 서비스를 원하지 않을 것이다.

이처럼 한곳에서도 누가 서비스하는가, 어떠한 장소에서 서비스하는가, 어떻게 서비스가 행해지고 있는가에 따라서 고객들에게 다양한 서비스가 표출되고, 또 요구할 수도 있는 것이다. 따라서 서비스 구매자는 서비스재의 다양성을 미리 알고 서비스 제공자를 선정하기 전에 서비스 상품을 인지하고 구매할 수 있도록 다양한 고객과 의견을 나누어야 한다. 그리고 서비스 기업들은 서비스 종사원의 선발과 교육 · 훈련에 있어 좀 더 신중한 투자를 해야 되고, 고객의 만족을 충족시켜주기 위한 제안과 불평 시스템을 활용하고, 소비자의 구매조사를 실시하여 질이 좋은 서비스를 개발하면서 고객 확보에 노력해야 한다.

〈표 1-4〉 서비스의 특성 중 다양성에 대한 발생요소

다양성에 대한 발생	내 용
이질적 (heterogeneity)	똑같은 서비스 제공과정에서도 그 소비자에게 주는 서비스는 서로 다른 형태로 제공되기 마련이며, 고객의 입장에서도 같은 서비스에 대한 느낌이 모두 다르게 받아들이게 된다. 즉 표준화가 불가능하다. 또한 서비스 생산과 분배 과정에 사람이 개입하기 때문에 유형상품처럼 동질적일 수가 없다. 따라서 서비스의 이질성 때문에 고객에게 제공할 때 서비스를 표준화하기 어렵다.
많은 요금의 차이	서비스 가격은 서비스의 가능 여부에 따라 그 가치가 좌우되므로 생산자측의 결정이라기보다는 고객측의 결정력이 강하다고 볼 수 있다. 따라서 고객의 판단 여하에 따라 상품가격에 대한 차이가 크게 된다.
전문 서비스 종사원의 필요	다양한 고객의 욕구를 충족시키기 위해 전문성을 지닌 숙련된 서비스 종사원이 필요하다.
비분리성 (inseparability)	서비스는 생산과 소비가 동시에 일어난다. 생산과 동시에 소비되기 때문에 소비자의 서비스 생산과정 참여가 빈번히 일어난다. 또한 유형상품의 경우 거래와 함께 소유권의 이전이 일어나지만, 서비스 상품일 경우 누리거나 즐길 뿐 가질 수 없다.

(4) 소멸성

서비스 상품은 재고가 불가능하다. 즉 서비스는 순간적으로 시간과 공간에 존재할 수 있지만, 사용 후에 그 자체가 소멸되기 때문에 반복사용이 불가능하다. 또한 서비스는 소멸하기(perishability) 때문에 수송이 불가능하고, 즉시 사용하지 않으면 소멸된다.

예를 들어 호텔객실이나 레스토랑은 그 당일에 객실 또는 좌석을 채우지 못하면 저장이 불가능하기 때문에 다시 판매할 수 없다. 호텔의 생산은 숙박을 위한 객실을 대여해줌으로써 비로소 가능한 것이고, 여기서 재고는 존재할 수 없다.

비어 있는 객실의 경우는 자본의 미가동 부분에 지나지 않는다. 사용되지 않은 서비스는 즉시 소멸하지만 상품의 경우에도 부패와 구식화는 그 상품이 판매 가능한 수명을 제한함으로써 소멸성은 서비스와 상품의 공통된 특성이며, 양자간의 구

별은 소멸성의 속도에 의한다. 또한 서비스는 미래수요를 대비하여 대량생산하여 저장할 수 없지만 서비스 종사원의 훈련, 의사소통, 장치의 개발, 서비스를 배달하는 기술의 창출 등은 미래수요를 대비한 생산과 동등한 것이다.

〈표 1-5〉 서비스의 특성 중 소멸성에 대한 발생요소

소멸성의 발생요소	내 용
저장의 불가능	서비스는 소멸성을 지니고 있기 때문에 생산물에 대한 저장이나 재고가 불가능하다. 따라서 계획생산이나 주문생산을 하는 데 어려움이 따르게 된다.
환원 불가능	물재의 경우 전매가 가능하고 본래대로 복원이 될 수 있으나, 서비스재는 한번 제공되면 근본의 것으로 환원될 수 없다.
일과성	서비스재는 일정시간과 공간에 존재하고 사용과 동시에 사라져버린다. 즉 '그때 그 시장만의 상품'으로서 일체의 반복사용이 불가능하다.

(5) 서비스 주체와 객체의 양존성

물재는 물재만으로 존재할 수 있지만, 유용한 기능을 발휘하기 위해서는 서비스를 내포하지 않을 수 없다. 즉 물재도 결국은 사용되기 위하여 존재한다는 것이다.

그러나 서비스재는 서비스재만으로 존재할 수 없다. 원천적인 서비스 주체와 객체인 서비스 대상의 양자가 꼭 형성되어 존재한다. 따라서 서비스란 서비스 주체로부터 서비스 대상으로 움직이면서 본질적으로 양자가 서로 의존하고 있는 것이다.

제2절 호텔 · 관광서비스의 개념과 특징

1. 호텔 · 관광서비스의 개념

호텔 · 관광서비스란 일반적 서비스에 비해 상당한 민감성을 내포하고 있어 호텔서비스의 월등함이 호텔기업의 이익 추구와 바로 직결된다. 환대산업의 하나인 호

텔에 있어서 서비스란 여러 가지의 다양성을 내포하고 있지만, 어떠한 서비스를 표출하든지간에 영업효과의 극대화를 위하여 고객에게 제공되는 고급용역을 지칭한다고 할 수 있다. 결국 전문서비스의 하나인 호텔서비스는 호텔의 영업효과와 직접 관련되는 촉매요소로서 작용하는 정신적 배려행위인 것이다. 이처럼 호텔에 있어서 서비스라고 하면 호텔종사원의 업무상의 서비스를 칭하는 것이 일반적인 예이다.

호텔서비스는 일반서비스와는 달리 인적 서비스에 의존하는 비중이 매우 크다. 때문에 호텔서비스 종사원은 호텔의 내방객, 즉 호텔을 찾는 모든 고객에게 만족을 위한 친절서비스를 실천하는데 포커스를 맞추어야 한다. 결론적으로 말하면 호텔 · 관광서비스는 호텔의 모든 부문에 종사하는 서비스 종사원들의 인적 서비스를 중심으로 구성된다고 볼 수 있다. 따라서 호텔서비스의 개념을 정리하면 "호텔 이용자인 고객을 위해 제공되거나 부수되는 욕구충족의 주체적이고 핵심적인 것으로 소득에 의해 소비자 효용이 일어나기보다는 행위나 성과에 의해 효용이 나타나는, 소유권의 이전이 수반되지 않은 무형행위 또는 편익의 총체"라고 말할 수 있을 것이다.

한편 서비스 중에서도 최고급 서비스를 지향하고 있는 것이 호텔서비스이다. 원래 호텔이란 일정한 투자내용에 대하여 보다 나은 서비스를 제공하여 수익 증대를 기하는 사업이다. 그렇기 때문에 일반적인 경영에 해당되는 이른바 생산관리를 위한 서비스, 생활필수 서비스 등과는 근본적으로 그 영역을 달리하고 있다. 호텔의 상품을 구매하는 고객들이 호텔서비스를 찾는 것은 바로 그 고급화된 서비스가 가지는 가치가 크기 때문이다. 따라서 호텔서비스는 고급서비스를 지향하며, 고급서비스를 판매하기 위해서 존재한다고 할 수도 있다. 결국 다른 영역의 일반서비스와는 달리 고객감동의 고품질 서비스가 호텔서비스의 목표이며, 호텔기업의 생사를 좌우하게 된다.

또한 호텔서비스는 상대방을 배려하는 마음에서 출발하는 표현이다. 따라서 고객을 존중하고 인정하는 자세는 자신의 이미지를 높이고, 자신도 존중받고 인정받을 수 있는 비즈니스의 기본수단으로 표출되기도 한다.

2. 호텔 · 관광서비스의 특징적 요소

호텔 · 관광서비스는 일반서비스와 지향하는 부분은 다소 다를 수는 있으나, 그 의미와 목적은 비슷하기 때문에 특성 또한 상당부분이 동일하다. 그러나 무엇보다 호텔서비스는 고객으로 하여금 고도의 민감성을 보이는 곳이므로, 다음과 같은 세부적인 특성을 찾아볼 수 있다.

① 서비스 구매시간의 단기화로 서비스 평가시간이 짧다. 호텔종사원이 고객에게 서비스를 하는 시간은 매우 짧고, 시간이 정해져 있으므로 단시간에 고객은 호텔의 이미지 및 향후 자신의 재방문의 여부까지도 생각할 수 있다.
② 서비스 구매시 감정적 유대가 빈번히 일어나므로 구매의 합리성이 결여되기 쉽다. 즉, 사람과 사람의 접촉이므로 서로간의 개별적 감정이 다를 수 있다는 것이다. 따라서 고객은 자아 이미지(self image)에 맞은 호텔서비스를 원하는 경향이 있으므로 미래의 구매행동에 상당한 영향을 미친다고 볼 수 있다.
③ 서비스를 구입할 때 유형적 단서나 증거에 크게 의존하고 있다. 서비스는 보고 판단할 수 있는 성향의 것이 아니므로 고객은 기업의 외향 및 어떠한 호텔 · 관광 서비스 마케팅 활동에 따른 외면적 홍보부분에 의존한다.
④ 서비스는 무형적이므로 고객들이 서비스를 구매할 때 내면적으로는 감정적인 이유가 크게 적용된다.
⑤ 독립적이면서 상호보완적인 서비스 조직이 필요하다.
⑥ 서비스는 특허성이 없어 모방이 용이하다.

〈표 1-6〉 호텔서비스의 분류

분 류	분류적 기능
유형별 서비스	• **객실서비스** : 유니폼, 하우스키핑, 룸, 리셉션, 청소, 통신 • **식음료서비스** : 접객, 식당, 음료, 주장, 연회, 컨벤션 • **기타 부대서비스** : 회의, 쇼핑, 이 · 미용, 통역, 비즈니스, 세탁, 통신, 환전, 귀중품 보관
시간별 서비스	• Before **서비스** : 예약 • In **서비스** : 투숙시 현장 • After **서비스** : 사후 마케팅 서비스
규모별 서비스	• **개별서비스** : 1:1 서비스 • **단체서비스** : 그룹고객 서비스
기능별 서비스	• **물적 서비스** : 시설 제공, 보관, 교통수송, 리스(lease) • **인적 서비스** : 고객용 포장지, 사무용 문구류, 선전 팸플릿 배포, 생화 및 다과 제공, 안내 및 판매, 청소, 접객, 고객문의 • **부가적 서비스** : 자료처리, 자동판매기에 의한 판매, 셀프(self), 신용 제공, 통신, 환경적(자연적 · 인위적), 금융적(환전업무, 신용카드, 외상판매), 사교, 레크리에이션, 안전 환경 제공

제3절 호텔 · 관광서비스 품질관리

1. 진실의 순간(MOT)

(1) MOT의 유래 및 정의

MOT(Moment of Truth : 진실의 순간)란 스페인의 투우 용어인 'Moment De La Verdad'를 영어로 옮긴 것으로서, "투우사가 소의 급소를 찌르는 순간"을 의미한다. 후에 스웨덴의 마케팅학자 리처드 노먼(R. Norman)이 서비스 품질관리에 처음으로 사용하여 "고객이 조직의 어떤 일면과 접촉하는 접점에서, 서비스를 제공하는 조직 및 품질에 대해 어떤 인상을 받는 순간이나 사상(事象)"을 의미하게 되었다.

MOT는 스칸디나비아 항공(SAS : Scandinavian Airlines)의 사장 얀 칼슨(Jan Carlzon)이 1987년 『진실의 순간(Moments of Truth)』이란 책을 펴내면서 급속히 보급되기 시작하였다. 칼슨은 불결한 트레이(접시 또는 쟁반)의 예를 들어 MOT의 중요성에 대해 설명하였다. 가령 승객들이 자신의 트레이가 지저분하다는 것을 발견하게 되면, 바로 그 순간 그들은 탑승하고 있는 비행기 전체가 불결하다고 느끼게 된다는 것이다. 이처럼 MOT는 서비스 제공자가 고객에게 서비스 품질을 보여줄 수 있는 15초 내외의 극히 짧은 시간이지만, 자사에 대한 고객의 인상을 좌우하는 극히 중요한 순간인 것이다.

MOT의 관점에서 설명할 때, 고객접점 서비스에는 이른바 곱셈의 법칙이 작용한다. 이는 고객이 여러 번에 걸쳐 괜찮은 품질의 서비스를 받다가도 단 한 명에게 0점의 서비스를 받는다면 모든 서비스가 0이 되어버린다는 사실을 의미한다.

예를 들어 백화점에서 만족스러운 쇼핑을 하고 셔틀버스를 타고 집으로 돌아갈 때, 셔틀버스의 출발이 지연되거나 버스기사가 불친절하며 난폭운전까지 한다면 전체 서비스는 제로(0)가 되는 것이다.

따라서 관리자는 고객접점에서 가시적인 서비스를 담당하는 종사원은 물론 경비 · 주차 · 운전사 · 전화교환 · 청소 · 시설종사원 등 비가시적인 종사원들도 고객접점에 있다는 것을 강조하여 그들의 용모나 유니폼, 서비스 정신 등을 교육하고 요구해야 된다는 것이 MOT의 핵심이다. 물론 서비스 경영자는 종사원의 만족 없이는 고객만족도 없다는 점에 유의하여 고객접점에 있는 종사원의 사기진작과 복지향상을 위해서도 힘써야 한다.

(2) MOT 사이클

MOT 사이클이란 칼 알브레이트에 따르면 고객이 서비스를 구입할 때 경험하는 사건의 연쇄를 말한다. 즉 고객이 들어와서 나갈 때까지의 일련의 과정 속에서 고객과의 만남의 순간들을 순차적으로 제시하고 있는 것이다. 따라서 고객이 경험하는 서비스를 그대로 보여줄 수 있다.

(3) MOT 개념의 고객만족

MOT는 고객만족(CS)의 개념을 파악함과 동시에 고객의 기대수준에 부합하는 서비스를 제공하기 위해서 반드시 고객접점에서 활용되어야 하는 것이 주요 포인트이다. 따라서 MOT 개념 이해를 통해 고객접점에서 고객의 욕구가 무엇인지를 정확히 인식하며, 그에 따른 서비스를 고객에게 제공해야 한다.

〈표 1-7〉 MOT의 고객만족 3요소

MOT 요소	고객만족 요소
하드웨어	기업, 브랜드 인시노, 시회공헌도, 시설, 상품, 기업 신뢰도
소프트웨어	업무처리 절차의 편리성, 설비와 시설이용의 용이성, 서비스의 신속성(스피드), 서비스의 정확성
휴먼웨어	인간관계, 친절, 매너, 고객접점시 인적 응대, 정보제공 등의 부가서비스

MOT 성공사례

▎얀 칼슨 스칸디나비아 항공사의 MOT 일화 : 고객을 순간에 만족시켜라(결정적 순간)

MOT의 대명사는 스칸디나비아 항공의 “순간의 인상이 사업의 성공을 좌우한다”이다. 1970년대 말 석유파동으로 인해 세계 항공업계는 큰 시련을 맞이하였다. 17년간 연속해서 흑자를 기록하였던 스칸디나비아 항공(SAS : Scandinavian Airlines)에서도 1979~1980년 사이의 2년 동안에 3,000만 달러의 적자가 누적되었다. 이러한 위기 가운데 39세의 얀 칼슨이 이 항공사의 사장으로 취임하였다.

고객이 직원들과 접하는 처음 15초 동안의 짧은 순간이 회사의 이미지, 나아가 사업의 성공을 좌우한다고 강조한 칼슨 사장은 1년 만에 적자를 흑자로 바꾸었다. 뿐만 아니라 스칸디나비아 항공은 1983년도 '올해의 최우수 항공사'로, 1986년에는 '고객서비스 최우수 항공사'로 선정되었다.

스칸디나비아 항공이 단숨에 위기를 극복하고 최우수 항공사로 도약한 비결은 무엇일까? 바로 "마주치는 5,000만 번의 결정적 순간"이다.

스칸디나비아 항공은 스웨덴, 덴마크, 노르웨이 3개국의 민간과 정부가 공동으로 소유하고 있는 항공사이다. 39세의 젊은 나이에 사장으로 취임한 얀 칼슨(Jan Carlzon)은 MOT라는 새로운 개념을 도입하여 위기에 빠진 회사를 구하고, 서비스 품질경영의 전설적 신화를 창조하였다.

① TGI 레스토랑의 MOT 사이클 : 첫인상 - 출입구 - 호스트 스탠드 - 바텐더 - 테이블 - 비서 - 서버 - 매니저 - 음식 - 화장실 - 계산 - 환송

② 일본 다이이찌 강코 은행이 MOT 활용 : 창구고객 대기시간의 최소화

③ NEC 전자회사의 하드웨어, 소프트웨어 MOT 개념 도입 : 고객과의 모든 관계 해결
- 현대 서비스 : 서비스 사이클을 이용한 고객관리 → 은행, 병원, 레스토랑

④ 백화점 판매의 MOT 훈련 : 환영 - 도움 - 대화 - 공감 - 권유 - 확신 - 감사
- MOT 프로세서 : 각 부서별, 라인별 업무추진

⑤ 롯데리아 MOT : 내점인사 - 주문을 받는다 - 상품을 갖춘다 - 금전수수 - 상품전달 - 감사와 재래점 인사

2. 고객만족을 위한 서비스 품질관리

(1) 서비스 품질 향상을 위한 3분류

고객만족(CS : Customer Satisfaction)을 위한 서비스 상품은 다음과 같이 3부문으로 구성되어 있다. 3가지 부문 모두의 원만한 결합이 하나의 완성된 서비스 상품이 된다. 서비스 품질을 향상시키기 위해서는 3부문의 통합관리 체계가 잘 이루어져야 한다.

Service Q. = Hard Ware Q. + Soft Ware Q. + Human Ware Q.

1) 하드웨어 품질관리

서비스 상품에는 분위기를 연출하는 인테리어, 레스토랑의 음식, 관광호텔의 객실, 관광버스의 상태 등의 품질관리를 하게 되는데 이것이 서비스의 하드웨어(hard ware) 품질이다. 고객의 필요와 욕구 등을 각종 시장조사나 정보를 통해 정확하게 파악하여 상품에 반영시킴으로써 고객만족도를 향상시킨다.

2) 소프트웨어 품질관리

서비스 상품에서 소프트웨어 품질은 영업 서비스 품질을 지칭하는 말이다. 고객이 현장사원 등과 접하는 환경과 분위기를 잘 갖추었다면 그에 걸맞는 접객 서비스를 제공해야 한다. 서비스 상품을 고객만족 쪽으로 실현하기 위한 서비스 자세가 소프트웨어(soft sare) 품질관리이다. 고객에게 상품과 서비스를 제공하기까지의 모든 영업활동은 고객 지향적으로 전개하여 고객만족도 향상에 기여하도록 한다.

3) 휴먼웨어 품질관리

서비스 상품 중 고객을 존중하고 인간적인 관계를 형성하는 것이 휴먼웨어(human ware)이다. 가식이 아닌 진심으로, 마음속으로부터 우러나오며, 인간적인 정이 물씬 풍기는 서비스를 제공하도록 하는 것이 휴먼웨어 품질관리이다.

고객의 입장에서 고객을 위한 정성어린 마음과 인간미가 넘치는 서비스 상품을 제공한다면 고객에게 만족과 감동을 주게 될 것이다. 기계적, 일상적, 형식적인 마음가짐은 고객을 감동시키지 못한다.

고객을 감동시키는 서비스 품질관리를 위해서는 3가지 품질이 서로 유기적인 관계로 연결되어야 한다. 그 중 서비스 품질은 고객과 직접적으로 접촉하면서 관리되는 것이므로 가장 중요하다. 경쟁사간의 상품 차별화가 어려운 성숙된 시장여건에서는 서비스 품질의 만족도에 따라 고객만족도의 크기가 좌우된다.

(2) 고품질 서비스의 제공

상품마다 품질이 다르듯이 서비스에도 질 높은 서비스가 있다. 이러한 질 높은 서비스의 제공은 고객만족 경영의 기본이다. 따라서 고품질 서비스란 적극적이고 계속적으로 고객의 잠재된 욕구(seeks), 현재 욕구(neds), 보다 강한 욕구(wants)를 만족시키기 위해 차별화된 서비스 제공으로 만드는 하나의 서비스 상품이다.

고객만족(CS : Customer Satisfaction) 전략도 "고객에게 고품질 서비스를 제공하여 만족감 · 행복감을 주어 고객을 우리 서비스 기업의 신규고객화 함으로써 수익을 높이는 신경영전략"인 것이다.

(3) 일선 종사원의 중요성

고객만족을 위한 서비스 품질관리에 심혈을 기울이는 서비스 기업들의 목표는 처음부터 끝까지 고객만족이므로 고객이 가장 중요하다고 볼 수 있다. 따라서 고객과 가장 가까이에서 서비스 상품을 생산하는 일선 서비스 요원의 역할이 매우 중요하다.

1) 일선 종사원이 중요한 이유

- 고객욕구와 각종 고객정보를 신속히 수집하여 관련부서로 피드백하는 일을 담당하므로 중요하다.
- 고객의 욕구와 불만에 대해 적극적으로 대응하고 해소하는 일을 담당하므로 중요하다.
- 고객과 직접 만나는 현장사원이 능동적이 적극적으로 대응해야 할 책임이 있으므로 중요하다.
- 고객의 마이너스 감정을 플러스 감정으로 전환시키고, 서운한 마음을 어루만져 주어야 하므로 중요하다.

2) 서비스 현장 중시 마인드

서비스 현장이란 이익을 창출하는 곳이며, 고객을 상대하거나 고객과 가까이 있는 곳이다. 또한 고객과의 문제점 및 애로사항을 해결해주는 곳을 말한다. 서비스 현장경영에 실패하면 기업 자체의 실패를 의미하는 것이므로 다음과 같이 서비스 현장 중시 마인드를 지녀야 한다.

- 서비스 현장에서 업무를 처리하고, 해결의 판단기준을 찾는다.
- 서비스 현장 중심으로 생각하고 실천한다.
- 상품기획시 서비스 현장의 사정을 최우선적으로 고려한다.
- 모든 업무는 서비스 현장을 중심으로 전개한다.
- 서비스 현장의 문제는 즉시 해결한다.
- 서비스 현장을 기업경영의 목적 · 목표로 삼는다.
- 서비스 현장을 밀착 관리한다.
- 경영진은 서비스 현장과 자주 접함으로써 현장감각을 익힌다.
- 모든 직원은 서비스 현장을 알고 업무에 임한다.
- 이론적 접근도 중요하지만 서비스 현장을 직시한다.

3. 호텔 · 관광서비스 품질관리

서비스 기업에서 제공한 서비스가 경쟁사에 비해 고객을 만족시킬 수 없다면 그 서비스 기업은 살아남을 수 없게 된다. 고객의 만족은 서비스 품질 수준에 따라 결정된다고 할 수 있는데, 결국 이 수준은 고객이 평가하는 서비스 품질에 달려 있다고 볼 수 있다. 따라서 서비스 기업은 서비스 품질에 대해 평가를 생활화함과 아울러 고객이 서비스 품질이 불량하다고 지각하게 만드는 서비스 품질상의 문제점과 원인들을 확인해야 한다. 날로 치열해지는 경쟁현실 속에서 고객의 구미에 맞는 서비스 품질을 제공해야만 생존할 수 있을 것이기 때문이다.

고객이 지각하는 서비스 품질(perceived service quality)에는 2가지 측면이 있다. 즉 기술적 품질과 기능적 품질이다. 기술적 품질(technical quality)은 서비스의 결과 측면으로서 고객이 '무엇(what)'을 받았느냐와 관계가 있다. 반면에 기능적 품질(functional quality)은 서비스의 전달과정으로서 서비스를 '어떻게(how)' 받았느냐와 관계한다. 기술적 품질은 객관적으로 평가될 수 있지만, 기능적 품질은 고객에게 주관적으로 인식되는 것이 보통이다. 서비스의 기술적 품질과 기능적 품질을 바탕으로 고객은 서비스에 대한 이미지를 형성하게 되며, 이것은 원래 기대했던 서비스의 수준과 대비시켜 결과적으로 서비스의 품질을 주관적으로 지각하게 된다.

쉐라톤 호텔의 지배인들을 대상으로 한 어떤 연구조사에 의하면 이들은 호텔객실의 사진들을 보고 이것이 쉐라톤의 객실인지 아니면 경쟁호텔의 객실인지를 잘 구분할 수 없었다고 한다. 이것은 곧 동급의 호텔의 객실 자체는 호텔별로 큰 차이가 없음을 의미한다. 그렇다면 호텔서비스는 어떤 물리적 서비스가 고객에게 결과적으로 주어지느냐는 기술적 품질보다는 어떤 과정을 통해 어떻게 주어지느냐는 기능적 서비스를 차별화를 하고, 여기에 승부를 걸어야 할 것이다.

예를 들면 미국에서는 1987년 8월 '말콤 발드리지 상(The Malcolm Baldrige National Quality Award)'을 제정하여 고객만족상을 제도화하고 있으며, 1992년 10월 리츠칼튼 호텔은 서비스 품질경영에 대한 인정을 받아 관광호텔 중에서 첫번째로 수상하였다.

최근 우리나라의 공업진흥청에서도 품질관리 활동의 주요 시정방향(是正方向)의 하나로 서비스 부문에서의 품질관리의 적극적 도입을 제시하고 있다. 또한 한국공업표준협회와 공업진흥청의 주관으로 금융 · 호텔 및 건설 부문의 품질관리 연구회가 운영되고 있다. 그러나 국내에서의 이러한 움직임은 일부 관광서비스 기업에 국한된 현상일 뿐 대개의 서비스 기업에서는 서비스 품질경영에 대한 인식부족으로 좀 더 체계적인 품질경영의 도입이 절실한 실정이다.

이와 관련하여 우리나라에서는 1975년부터 '품질관리상'을 제정하여 시행하고 있다. 품질관리 활동을 전사적으로 추진함으로써 품질경영 체계를 확립하고, 품질 향상과 원가 절감 및 생산성 향상에 성공한 기업을 포상하기 위하여 제정된 상으로 국내기업의 품질관리 발전에 기여함을 목적으로 하고 있다. 품질관리상의 시간적 범위는 현재 중심적이고 수상 자체를 보증의 차원에서 평가하였는데, 1993년에는 '품질관리상'을 폐지하고 '품질경영상'을 제정하게 되었다. 이는 품질경영 활동을 효율적으로 추진하여 기업의 체질 개선은 물론 품질 향상 및 생산성 제고에 현저한 성과를 올린 우수한 기업을 발굴하여 포상함으로써 품질경영 확산에 기여함을 목적으로 하고 있다.

(1) 호텔 · 관광서비스 품질관리의 필요성과 특징

1) 서비스 품질관리의 필요성

호텔 · 관광서비스 기업의 서비스 품질경영에 대한 필요성은 대개 3가지로 제안할 수 있다.

첫째, 관광서비스 기업이 무한경쟁의 치열한 국제경쟁에서 살아남고 서비스 수준이 세계적으로 일류급이 되기 위해서는, 이와 관련된 서비스 품질경영 수준도 뛰어난 경지에 올라야 하며, 이러한 최고의 고객만족을 목표로 고객이 요구하는 서비스를 제공하는 경영시스템으로서의 전사적 품질경영(TQM : Total Quality Management)에 관한 개념화 작업이 필요하다.

둘째, 관광서비스 기업에서 제공하는 서비스의 품질은 고객의 만족 및 불만족과 직결되므로 관광서비스 기업의 경쟁력 대응이나 시장점유율, 다른 경영전략 변수와 상호보완 관계에서 매우 중요한 전략적 요소로 인식되고 있다.

셋째, 관광서비스 기업의 물적 · 인적 시스템은 서비스 상품을 구성하는 중요한 요인인데, 그 중에서 서비스 종사원의 사기(士氣)와 태도는 관광서비스 기업을 이용하는 고객의 만족도에 결정적인 역할을 하고 있으므로 고객만족을 위해서는 서비스 종사원의 만족이 필수불가결한 조건이다.

2) 서비스 품질의 특성

① 서비스 품질 평가의 어려움

고객들이 상품을 구입할 때는 품질을 평가할 수 있는 많은 유형적 단서인 스타일 · 견고성 · 색상 · 포장들을 가지게 되나, 서비스를 구입하는 경우에는 품질을 평가할 수 있는 유형적 단서가 거의 없으므로 구매하는 소비자들은 어떤 다른 단서에 의존해야만 한다.

대부분의 서비스는 무형적이고, 실체(objects)라기보다는 수행(performance)이므로 품질을 획일화 · 표준화할 수 있는 정밀한 제조명세서가 거의 불가능하며, 또 테스트하거나 저장 · 측정을 할 수가 없다. 이러한 서비스의 무형성 때문에 서비스 관리자는 고객들이 어떻게 서비스를 지각하고 서비스 품질을 평가 · 인식하는지 이해하기가 힘들게 된다.

② 기대와 실제의 비교하에 서비스 품질수준 취득

지각된 서비스 품질의 수준은 고객의 기대와 실제 서비스의 수행과의 비교를 통해서 얻어질 수 있다. 즉 서비스 품질은 전달되는 서비스 수준이 고객의 기대와 얼마나 잘 일치하는지에 대한 평가 및 측정치가 된다.

〈표 1-8〉 서비스 품질관리에 대한 학자들의 정의

학자명	정 의
피틀 (Pittle)	서비스 품질이란 값이 비싸거나 높은 수준의 혜택을 의미하는 것은 결코 아니며, 고객 자신에게 맞는 수준의 서비스를 제공하고 적기에 고객의 요구조건을 갖추는 것이다. 서비스 품질에 대한 평가는 서비스 품질 자체와는 차이가 있다고 정의힌다.
그뢴루스 (C. Grnroos)	고객이 기대하는 서비스와 제공받은 서비스를 비교하여 서비스 품질을 평가한다. • 서비스 품질 모델(service quality model) 제시한다. • 서비스 품질은 고객의 기대, 과정 차원의 기능적 품질과 결과 차원의 기술적 품질, 그리고 기업 이미지와 같은 변수와 함수관계에 있다.
국제표준기구	"품질은 표현되었거나 내재되어 있는 욕구를 만족시키기 위한 상품 혹은 서비스의 능력과 관련된 상품, 또는 서비스의 특성과 특징의 총체"라고 정의한다.
파라슈라먼 (Parasuraman)	고객이 인식한 서비스 품질을 "서비스 기업이 제공해야 한다고 느끼는 고객들의 기대와 서비스를 제공한 기업의 성과에 대한 고객들의 인식을 비교하는 데서 나오는 것이다"라고 정의한다.
루이스와 붐스 (Lewis&Booms)	"서비스 품질은 제공된 서비스 수준이 고객의 기대를 얼마나 잘 만족시키는지를 측정하는 것으로, 고객의 기대를 일치시키는 것을 의미한다"고 정의한다.

③ 서비스 제공과정의 중요

서비스 품질의 평가는 단지 서비스의 산출 결과만으로 이루어진 것이 아니라 서비스의 전달과정(process of service delivery)에 대한 평가와도 연관되어 있다.

서비스 품질은 서비스 자체의 결과와 관련된 품질과 서비스가 어떻게 전달되어지느냐에 관한 질로 양분되기 때문이다. 서비스의 직접적인 수행자에 대하여 고객이 느끼는 차이의 발생 이전에 관리적 측면에서 발생하는 전달체계의 인식차이 등이 서비스 품질에 대한 고객의 지각에 영향을 미친다고 한다.

④ 부가서비스의 영향

서비스의 수행 결과 고객에게 남는 것(예 항공사의 서비스 결과에 의한 고객의 이동)이 경쟁업체와 비슷한 수준일 경우, 서비스의 기능이 어떻게 전달되는냐에 관한 것(부가서비스 : 예약처리, 최신시설, 승무원의 태도 등)이 고객이 느끼는 서비스 품질의 만족 또는 불만족에 더욱 중요하게 영향을 미치게 된다.

4. 호텔 · 관광서비스 품질평가

서비스 품질평가란 고객이 가지고 있는 정보, 경험, 기업 이미지, 개인적 욕구 등에 근거하여 서비스 기업(제공자)이 제공할 것이라고 '기대한 서비스(expected service)'와 고객이 제공받은 서비스의 과정 및 성과에 대해 그 자신이 '인식(지각)한 서비스(perceived service)'를 고객이 갖고 있는 평가기준에 비추어 비교한 것이다. 따라서 고개들에게 만족된 서비스를 제공하기 위해서는 계속적으로 고객의 서비스 품질 지각을 평가함과 아울러 서비스 품질 개선을 위해 서비스 품질상의 문제점과 원인들을 찾아내야만 한다.

서비스 품질과 원인들은 흔히 서비스 제공자측에서 발견할 수 있는데, 이들의 결함은 고객이 서비스 품질을 낮게 지각하게 만드는 원인이 된다. 만약 서비스 품질을 제공하는 기업측에 있어서 그 문제점을 정확히 확인할 수 있다면 이를 개선・보완하여 고품질의 서비스를 고객에게 제공할 수 있는 기회가 될 것이다.

(1) 서비스 품질평가 과정

고객들이 서비스 품질을 평가할 때, 그들이 기대한 서비스와 그들이 받고 있는 서비스를 나름대로의 서비스의 속성(기준)을 통해 비교한다. 즉 서비스 품질은 고객이 기대한 서비스와 실제 수행된 서비스간의 불일치 정도의 크기에 달려 있는 것이다. 따라서 고객들이 대상 서비스 기업에서 실제로 제공받는 서비스에 대해 주관적으로 느끼는 정도가 서비스를 제공받기 전에 기대했던 정도에 미치지 못한다면 고객에게 있어 서비스의 품질은 낮게 인식되어 품질이 좋지 않은 것으로 평가될 것이다.

(2) 서비스 품질의 평가요소

서비스 품질이 가지고 있는 특성으로 인하여 서비스에 대한 품질관리가 용이하지 않으며, 서비스 품질의 평가 또한 복잡하게 이루어진다. 따라서 평가의 구성요소를 정의하는 것도 어려운 부분이 있으나, 파라슈라먼 연구팀(Parasuraman, 1988)은 서비스 상품에 대한 서비스 품질은 우선 기대된 서비스와 지각된 서비스의 차이와 비교를 통해 결정된다는 개념 아래, 1992년 포럼 코퍼레이션의 연구를 통해 서비스 품질을 구성하는 최종 5가지 요소를 Tangibles(유형성), Reliability(신뢰성), Responsiveness(응대성), Assurance(확신성), Empathy(공감대)로 제시하였다.

1) 신뢰성

고객들이 서비스 품질평가에 있어 가장 중요하게 생각하는 면은 신뢰성이다. 포럼 코퍼레이션의 선임 부사장 포터 브로트먼(Jemmifer Potter-Brotman)은 정직하면 신뢰는 단시간 내에 쌓을 수 있다고 주장한다.

예를 들어 고객이 월요일에 물건을 배달해달라고 하는데 수요일 이전까지 어려울 경우, 그 사정을 솔직히 털어놓는 것이 고객의 신뢰를 얻고 나아가 장기적인 거래관계를 쌓는 데 도움이 된다. 고객은 서비스 기업의 입장을 충분히 동조할 수 있지만 서비스 기업이 지키지 못할 약속을 하거나, 기대감을 저버리거나 해결할 수 없는 지경에 이르는 문제를 발생시키는 것 등은 참지를 못한다.

2) 응대성

1980년대 말부터 고객들의 응대성에 대한 인식도 많이 성장하였다. 과거의 고객들은 문제나 요구사항에 신속하게 응대해주는 것만을 원했다. 하지만 현대의 고객들은 문제가 일어나기 전에 그 문제에 대하여 예상할 수 있기를 바라며, 일어날 수 있는 문제에 대해 솔직하게 알려주기를 원한다. 간단히 말해 응대성은 이제 구매 이전의 시점까지 포함한다. 문제를 신속하게 해결하기에 앞서 서비스 기업은 애당초 그러한 문제가 발생하지 않도록 해야 서비스 품질이 좋다는 평을 얻을 수 있다는 것이다.

3) 확실성 · 유형성 · 공감대

확실성 · 유형성 · 공감대는 신뢰성과 응대성에 밀접히 연결되어 있다. 신뢰성과 응대성을 보여주는 서비스 기업은 종사원들의 지식수준이나 고객의 문제에 대한 공감대 형성을 이미 보여준 것이며, 시간이 지남에 따라 유형성은 상대적으로 중요해지며, 더 긍정적으로 수용되는 개념이 된다. 고객이 서비스 상품을 신뢰하고 종사원들의 응대성에 대해 긍정적으로 평가하면, 그 고객은 서비스 품질을 아주 좋게 평가할 확률이 높다.

결국 이러한 서비스 품질평가 구성요소는 서비스 품질과 관련된 제반 개념들을 체계적으로 이해할 수 있는 틀을 제공해주고, 고객이 서비스 품질을 어떻게 인식하고 평가하는지를 명확히 파악함으로써 고객에 대한 서비스 품질 향상에 많은 도움을 줄 수 있으며, 고객들이 대상기업에서 제공받는 서비스에 대한 만족 여부의 평가가 이루어질 수 있을 것이다.

즉, 오늘날 관광서비스 기업들은 고객들의 서비스 기대(expectation)를 일관되게 충족시켜 주었을 때에만 서비스 품질에 대한 좋은 평판을 얻을 수 있고, 고객을 계속 확보할 수 있다. 지금까지는 관광서비스 기업의 경영진이 고객들의 요구는 무시한 채 독단적인 계획하에서 시설투자를 하고 서비스 표준(service standard)을 선정·운영해 왔다. 결국 고객들은 만족을 느끼지 못하게 되고 거래를 줄이게 되어 기업운영에 어려움이 직면하는 경우가 많았다. 앞으로는 고객의 관점에서 서비스 표준을 설정하고 서비스 품질의 구성요소를 찾아 수시로 평가하여 서비스 품질의 수준을 높이는 데 관심을 가져야 할 것이다.

5. 호텔 · 관광서비스 품질관리 요인

(1) 직무만족과 서비스 품질 향상

직무만족이란 일반적으로 서비스 종사원이 조직 내에서 맡고 있는 직무를 수행하면서 느끼고 감지하는 각 개인의 만족 정도를 나타낸 것으로 볼 수 있다. 서비스 종사원이 느끼는 만족 정도는 개인의 능력과 자질, 수행하고 있는 업무에 대한 적응력, 조직체 내에서의 여러 가지 조직 환경과 절대적인 관계가 있다. 그리고 직무만족과 조직성과를 예측하는 데 중요한 지표가 될 뿐 아니라 개인의 욕구와 조직의 목적을 통합하는 데서도 중요한 역할을 할 수 있다.

따라서 서비스 품질을 높이는 것은 직접적이든 간접적이든 직무만족과 밀접한 관계가 있으며, 이는 곧바로 고객만족에 영향을 미치게 된다. 특히 조직 내의 어떤 요인이 서비스 품질에 장애가 되는지를 파악하는 것은 서비스 품질 향상을 추진하는 데 있어 도움이 될 것이다.

칼 알브레이트(Carl Albrecht)는 고객에게 양질의 서비스를 제공하기 위해서는 조직내부의 갈등의 제거가 중요함을 강조하였다. 고객에게 우수한 서비스 품질로 평가받기 위해서는 기업이 서비스에 적합한 우수한 조직형태를 갖추어야 하는데, 서비스 품질에 문제를 일으키는 조직 내의 문제점으로는 상품 지향적인 정신구조와 관료주의적인 시스템·방침·절차, 그리고 조직간의 세력권 다툼을 들고 있다.

따라서 기업이 서비스 품질의 성공을 위해서는 직무와 조직·시스템·방침·절차 등을 고객의 관점에서 끊임없이 계속적으로 재검토·재평가해야 할 것이다.

(2) 서비스 품질경영 수준

서비스 품질경영은 고객만족 및 서비스 종사원의 직무만족과 유의적인 영향을 미치는 것으로 나타났다. 서비스 기업이 품질경영을 성공적으로 도입하고 추진 · 운용하기 위해서는 추진력과 조직관리 체계, 품질경영 성과, 고객지향 관리 등을 필수적인 기본요소로 관리해야 한다는 것을 알 수 있다.

첫째, 서비스 품질관리 수준은 고객만족에 유의적인 영향을 미친다. 이를 통하여 각 서비스 기업은 고객의 만속도를 높이기 위한 나름대로의 방안을 도출할 수 있을 것이다.

둘째, 서비스 품질경영 수준은 서비스 종사원의 직무만족과 유의한 관계를 갖고 있다. 또한 서비스품질 경영 수준에 따른 서비스 종사원 직무만족의 차이에서 가장 두드러진 패턴은 소수의 직무만족 요인들을 제외하고는 대부분의 유의한 차이를 보이고 있다. 특히 서비스 품질경영의 수준에 따라 전반적으로 서비스 종사원의 경제적 요인이나 외재적 요인보다는 내재적 요인에 의해 직무만족을 가져온다는 것으로 나타났다. 이는 서비스 품질경영 요인의 개발을 통해 비교적 높은 직무만족을 가져올 수 있음을 의미하며, 직무환경의 조정을 통해 직무충실을 기대할 수도 있다는 것을 나타낸다. 즉 서비스 품질경영은 제안제도의 실시나 형식적인 분입조 할동에 의해서 달성되는 것이 아니라 최고경영자의 개인적 의지와 정열, 기업의 경영이념과 전략을 바탕으로 체계적이고 조직적으로 추진해나가야 할 것이다.

6. 서비스 품질의 측정

(1) SERVQUAL 모형

SERVQUAL 모형은 미국의 파라수라먼(A. Parasuraman), 자이다믈(V. A. Zeithaml), 베리(Leonard L. Berry) 등 세 사람의 학자(PZB)에 의해 개발된 서비스 품질 측정도구로서 서비스 기업이 고객의 기대와 평가를 이해하는 데 사용할 수 있는 다문항 척도(multiple-item scale)이다.

이들은 고객이 서비스의 품질을 평가하는 데 고려해야 하는 10개 항목을 우선 추려냈다. 이러한 10개 항목 중 능력과 신용도를 제외한 8개 항목은 모두 서비스의 전달과정과 관련된 것으로서, 서비스의 품질평가에는 기능적 측면이 기술적 측면보다 우선시된다는 사실을 다시 한번 확인시켜주고 있다.

SERVQUAL 모형에 의하면, 고객은 이러한 항목들에 있어 사전에 기대된 수준과 실제로 인식한 수준을 서로 비교하여 최종적으로 서비스의 품질을 나름대로 지각하게 된다. 다시 말하면 서비스 품질은 기대와 성과의 차이에 의해 주관적으로 결정된다는 것이다.

PZB의 탐색적 고객연구 결과를 도식으로 요약하면 [그림 1-2]와 같다.

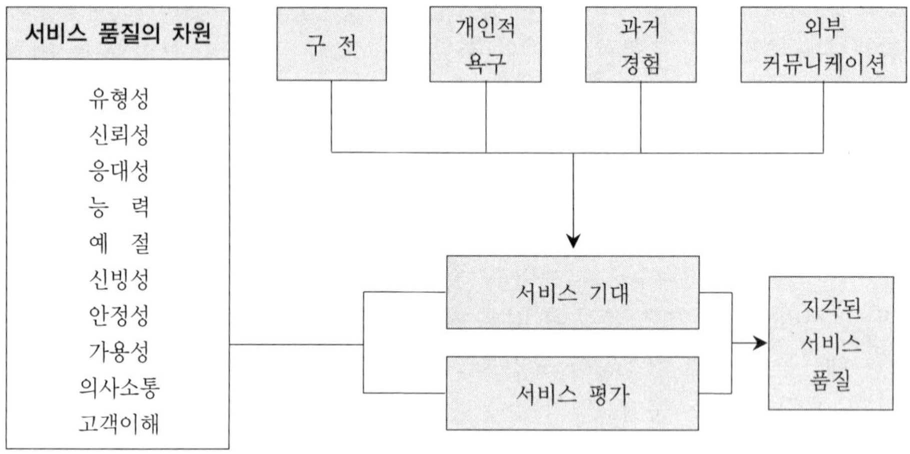

[그림 1-2] 서비스 품질에 대한 고객의 평가

고객의 기대에 영향을 미치는 변수에는 구전, 개인적 욕구, 과거의 경험, 그리고 광고 등의 외부 커뮤니케이션이 있다. 만약 고객의 기대수준이 낮으면 고객은 실제 서비스 성과가 그 이상만 되면 품질에 만족할 수 있다. 반면에 기대수준이 높으면 성과도 그만큼 높아야 고객은 비로소 만족하게 된다. 성과가 기대에 미치지 못하면 고객은 실망하고 서비스 품질을 부정적으로 지각하게 된다.

SERVQUAL 설문지는 기대항목과 성과평가의 항목으로 구성되어, 기대와 성과의 차이를 분석함으로써 서비스의 품질을 측정한다.

SERVQUAL 점수 = 고객의 지각점수 − 고객의 기대점수

앞에서 제시된 10개 평가항목은 요인분석을 통하여 5개 요인으로 축소 정리될 수 있다. 즉 능력 · 예절 · 신용도 · 안전성은 확신성이라는 요인으로, 그리고 접근성 · 의사소통 · 고객이해는 공감성이라는 요인으로 흡수된다. 컨슨(Kuntson) 등은 SERVQUAL 모형을 호텔서비스에 적용하여 이를 LODGSERV(Lodging Service Quality)라 일컬었는데, 그들의 연구결과에 의하면 호텔서비스의 품질평가에 있어 구성요인의 중요성은 신뢰성 - 확신성 - 응답성 - 유형성 - 공감성의 순으로 나타났다. 이는 한국인 고객을 표본으로 하는 연구에서도 유사한 결과가 나와 신뢰 · 설득 · 응답성 · 유형성 · 공감성의 중요도 순서를 보였다.

〈표 1-9〉 서비스 품질 평가의 10개 차원과 SERVQUAL의 5개 차원의 결정요인

기존의 10차원	SERVQUAL 차원	SERVQUAL 차원의 정의
유형성	유형성(tangibles)	환경적인 시설, 설비, 종사원, 커뮤니케이션 자료의 외양
신뢰성	신뢰성(reliability)	고객에게 약속한 서비스를 믿을 수 있게 수행할 수 있는 능력
대응성	응대성(responsiveness)	고객을 돕고 신속한 서비스를 제공하려는 태세
능 력	확신성(assurance)	직원의 지식과 예절, 신뢰와 자신감을 전달하는 능력
예 절		
신빙성		
안전성		
가용성	공감성(empathy)	기업이 고객에게 제공하는 개별적 배려와 관심
의사소통		
고객이해		

(2) SERVPERF 모형

크로닌과 테일러(Cronin & Taylor)는 서비스 품질을 성과에서 기대로 개념화한 SERVQUAL 모형에 대한 의문을 제기하여 성과만으로 측정하는 SERVPERF(Service Performance) 모델을 제시하였다. 이들은 서비스의 성과에 대한 지각을 측정하는 것이 서비스의 기대 일치-불일치를 측정하는 것보다 정확한 서비스 품질 측정방법이라고 주장하였다.

SERVPERF가 더 우월하다는 주장의 근거는 SERVQUAL 모형은 기대에서 성과의 불일치에 의한 서비스 품질의 측정이 산술적으로는 계산이 가능할지는 몰라도 측정이 어렵다는 데 있다(Carman, 1990). 따라서 SERVPERF 모형은 고객의 서비스 성과에 대한 지각만을 측정하는 서비스 품질 측정모형이라고 불린다.

크로닌과 테일러는 서비스의 품질이 SERVQUAL 모형에 의해 측정되었을 때보다 SERVPERF 모형에 의해 측정되었을 때 고객만족 변수나 구매의도와 더욱 유의한 상관관계를 나타냄을 입증하고, 이에 따라서 SERVPERF 모형이 SERVQUAL 모형보다 우수한 서비스 품질 측정방법이라고 주장하였다.

7. 호텔 · 관광서비스 품질의 관리방법

서비스 품질은 고객만족에 중요한 요소이다. 서비스 품질을 관리하기 위해서는 서비스 품질에 영향을 미치는 과정이나 활동을 측정하고 측정결과가 기준과 편차가 있으면 그 편차를 수정해야 한다. 서비스 품질에 대한 편차를 알기 위해서는 반드시 서비스 품질에 대한 측정이나 평가가 이루어져야 한다. 서비스 품질에 대한 편차는 고객이 갖고 있는 기대와 서비스 경험인 지각간의 차이에서 발생한다.

기대와 서비스 지각이 일치하거나 초과하는 경우에는 고객이 만족하게 되며, 서비스에 대한 지각이 기대에 미치지 못할 때 고객은 불만족하게 되는데 이를 고객 갭(gap)이라고 부른다. 즉 서비스 품질에 대한 기대에 지각이 미치지 못하는 갭이 편차이다.

고객 갭이 발생하는 이유는 기업활동의 어디에선가 갭이 발생했기 때문인데 갭 모형은 호텔에서 발생할 수 있는 5가지 갭을 지적하고 있다. 따라서 서비스 품질의 관리는 이러한 차이가 발생한 원인을 찾아내어 원인을 하나하나 풀어나가 결과적으로 이러한 인식의 차이를 줄이는 것이다.

(1) 고객의 기대를 잘못 파악해서 발생하는 갭

고객의 기대를 잘못 파악해서 발생하는 갭, 다시 말해 고객의 기대치와 경영자의 인식의 차이이다. 기업이 고객만족을 달성하기 위해서는 고객의 기대가 무엇인지를 정확히 파악하여야 한다. 고객의 기대를 정확히 파악하지 못하면 이후 활동을 아무리 잘해도 잘못된 정보에 의해 움직이기 때문에 고객 갭이 발생하게 된다.

예를 들어 메리어트 호텔은 객실 화장실에 목욕 크리스털을 제공하였는데, 조사결과 고객들이 이것을 별로 사용하지 않는다는 사실을 알게 되었다. 이에 따라 메리어트 호텔은 목욕 크리스털 구입비로 고객에게 더욱 요긴한 유선TV를 제공하였고 이와 함께 고객만족은 높아졌다.

또한 하얏트 호텔은 종전의 '손님을 집처럼 편안하게' 전략을 '손님을 사무실처럼 편안하게' 전략으로 전환시켰다. 고객의 대다수를 차지하는 출장여행자가 예전에는 호텔을 쉬는 곳으로 생각했던 것에 비해서 현재는 일하는 곳으로 활용하고 있다는 사실을 시장조사를 통해 알게 되었기 때문이다. 따라서 호텔객실을 더욱 안락하게 만드는 것보다는 출장여행자의 직무능률을 높이는 노력의 일환으로 객실의 조명을 높이고, 팩스밀리 · 복사기 · 컴퓨터 · 프린터 등 사무용품을 갖추고 24시간 커피를 제공하는 비즈니스 서비스를 활성화하게 되었다.

따라서 이와 같은 갭 1을 최소화하기 위해서는, 고객기대를 정확히 파악할 수 있도록 고객조사를 지속적으로 실시하여야 한다. 고객의 요구를 파악하기 위해 기업들은 일반적으로 인터뷰나 설문조사를 실시하며, 백화점, 은행, 고속도로 휴게소, 기업 등에서는 고객 모니터 종사원을 두거나 고객의 의견, 친절 또는 불친절 서비스를 적어내는 카드를 비치해두기도 한다. 또한 고객의 기대를 최고경영층이 직접 파악할 수 있도록 고객과 경영층 간의 관리계층을 축소하여 의사소통이 잘 이루어져야 한다.

(2) 경영자의 지각과 서비스 품질명세 간의 갭

고객의 기대를 제대로 파악했다면 기업은 다음으로 파악된 정보에 맞게 서비스 전략을 세우고 설계하는 활동을 해야 한다. 이때 파악된 기대와 전략 및 서비스 설계가 일치하지 않으면 고객 갭을 일으키게 되는데, 이를 갭 2라 한다.

갭 2는 서비스 품질을 개선하려는 경영자의 마인드가 부족하거나 명확한 목표가 없는 경우, 업무가 표준화되어 있지 못한 경우에 발생한다.

따라서 갭 2를 최소화하기 위해서는 다음의 4가지 방법이 있다.

① 고품위 서비스에 대한 경영자의 자세 : 의사결정을 하는 최고경영자는 서비스 품질에 대한 헌신을 경영철학의 최우선 순위에 올려놓고 고객 중심 사고로 날마다 재무장하는 것이 필요하다.
② 가능성의 인식 : 경영자가 고객의 기대충족이 충분히 가능하다고 인신할 때 갭 2는 감소한다.
③ 업무의 표준화 : 서비스 종사원의 행동이 표준화될 때 고객의 기대충족을 위한 종사원의 세부행동 규칙이 세워질 수 있다.
④ 목표의 설정 : 기업의 서비스 문화 토착화라는 궁극적 목표하에 세부목표를 구체적으로 설정하고, 이를 달성하기 위한 행동지침을 마련해야 한다.

(3) 서비스 성과의 갭

서비스 전략 및 설계가 바람직하게 이루어졌다 하더라도 이를 수행하는 종사원이 제대로 수행하지 않으면 고객은 만족할 수가 없다. 이와 같이 서비스 전달에서 발생하는 갭을 갭 3이라 한다.

아무리 서비스를 잘하는 기업도 접점 사원의 업무능력이나 지식이 충분하지 못하면 고객의 기대를 충족시키지 못하게 된다.

예를 들어 호텔 숙박객이 그 지역 관광명소나 특산물을 알기 위해 호텔종사원에게 물어보았을 때, 호텔종사원은 로비에 비치되어 있는 지역 홍보 브로슈어가 있음에도 불구하고 답을 못하고 당황한다면, 이는 서비스를 실행하는 종사원이 지식이나 상황 대처력이 부족하여 고객의 서비스 욕구를 충족시키지 못하는 것이다. 따라서 갭 3을 최소화하는 방법으로는 내부마케팅 전략으로 접근하여, 종사원 서비스 훈련과 명료한 역할을 부여하고 통제하여 최소화하는 방법이 있다.

〈표 1-10〉 서비스 품질 관리 방법

관리요소	구성내용
리더십	훌륭한 리더는 서비스 품질에 대한 자신의 열정을 종사원들과 고객에게 행동으로 입증해 보임으로써 질높은 서비스 문화를 정착시킨다.
조직의 마케팅화	전체 종사원을 마케팅화시켜 전사적 마케팅 기능을 담당하도록 한다.
고객의 이해	고객의 필요와 욕구를 제대로 파악하며 사소한 불평도 호텔 · 관광 기업에 의사전달을 할 수 있는 장치를 마련한다.
자사의 성격 파악	교육 · 훈련을 통하여 호텔 · 관광 기업에 대한 지식과 이해가 생길 때 종사원의 서비스 품질도 향상된다.
효율적인 운영체계	예약 시스템, 건물관리 체제, 호텔 · 관광 정보시스템 등이 제대로 갖추어져 고객에게 효율적인 서비스를 제공한다.
서비스의 융통성	규칙과 방침만으로 경직된 서비스를 고집하지 말고 고객이 원하는 서비스를 그들의 요구에 맞추어 제공하는 유연성을 갖는다.
기계화 · 자동화	고객 관리 및 효율적인 보안체계를 갖추기 위한 기계 및 기술 도입은 서비스 품질 향상과 고객만족에 기여한다.
인력관리	호텔 · 관광 기업의 고품질 서비스의 생산을 위해서는 내부마케팅 전략으로 접근한다.
서비스 품질 평가 기준	훌륭한 서비스 제공자에게 포상이 이루어져 종사원의 서비스 품질 유지에 대한 동기부여를 제공한다.
종사원의 피드백	호텔 · 관광 직원에게 자신이 업무성과와 서비스 수준에 대한 피드백을 제공하여 잘못된 부분은 수정하고 바람직한 부분은 더욱 강화시킨다.

(4) 실제 서비스 전달과 외부 커뮤니케이션의 갭

실제 서비스 전달의 외부 커뮤니케이션은 과장광고 · 과장홍보가 이루어졌을 때 발생한다. 즉 실제보다 부풀려 고객에게 과도한 약속을 한다거나 반대로 기업의 활동을 제대로 커뮤니케이션 하지 못함으로써 고객의 기대 및 지각을 제대로 조정하지 못한 것이다. 이와 같이 커뮤니케이션과 관련한 갭이 발생한다.

미국의 홀리데이 인(Holiday Inn)은 'No Surprises'라는 광고를 대대적으로 벌여 호텔에 투숙한 고객에게 어떤 불평거리도 만들지 않겠다는 약속을 한 바 있다. 이 광고를 보고 한껏 기대했던 고객들은 홀리데이 인 호텔도 별로 나을 바 없는 서비스에 도리어 실망하고 돌아갔다. 결국 홀리데이 인 호텔은 얼마 후 이 광고를 철회시켰다. 이는 고객에게 실제 제공할 수 있는 서비스 품질보다 더 많은 것을 약속함으로써 초래하는 서비스 불만의 예이다.

따라서 이러한 갭이 발생되게 하지 않기 위해서는, 호텔은 외부시장을 향한 커뮤니케이션에서 실제로 제공할 수 없는 서비스를 약속해서는 안 된다. 이는 고객의 사전 기대수준을 지나치게 상승시켜서 약속된 서비스가 전달되지 않을 경우 결국 낮은 서비스 품질평가를 받게 되기 때문이다.

(5) 고객의 서비스 기대치와 지각간의 갭

고객이 기대한 서비스 수준과 실제로 지각된 수준과의 차이에서 비롯된다. 이와 같은 서비스 기대치와 지각간의 차이는 고객이 인식하는 서비스의 품질수준을 결정한다.

갭 5는 앞에서 서술한 4가지 갭의 영향을 받는다. 갭 1 ~ 갭 4의 크기가 크면 갭 5의 크기도 이에 따라 증가한다. 서비스 기대치는 구전, 개인적 필요, 과거의 경험, 그리고 광고 · 홍보에 의해 형성되는데, 고객의 서비스 만족은 서비스 기대치가 지각된 서비스보다 크거나 같을 때 발생하며, 지각된 서비스가 서비스 기대치에 미치지 못할 때는 불만족이 초래된다.

제 1 장	호텔 · 관광서비스의 배경
제2장	**호텔 · 관광서비스 마케팅 고찰**
제 3 장	호텔 · 관광 세일즈 서비스 마케팅(STP) 분석
제 4 장	호텔 · 관광 세일즈 서비스 마케팅 믹스(MIX) 분석
제 5 장	호텔 · 관광 세일즈 서비스 마케팅 계획 및 정보시스템
제 6 장	호텔 · 관광 세일즈 서비스 마케팅의 연계성 전략
제 7 장	호텔 · 관광 세일즈 서비스 마케팅 커뮤니케이션 전략
제 8 장	호텔 · 관광 세일즈맨의 프로 세일즈십

제1절 호텔 · 관광서비스 마케팅의 개념과 정의

1. 마케팅의 개념

상품마케팅과 그 성격이 다른 서비스 마케팅은 말 그대로 서비스 상품을 대상으로 하는 마케팅이다. 따라서 서비스 마케팅은 상품마케팅과 분명한 차이가 있으며, 마케팅의 구조 또한 상이한 점이 발생된다.

서비스 마케팅은 마케팅의 부분집합으로 현대마케팅이 지향하는 고객지향, 종합적 노력, 이윤지향의 3가지 요소를 그대로 받아들이는 한편 소비자가 생산과정에 직접 참여한다는 점에서 고객지향성과 종합적 노력 측면을 더욱 내세우고 있다. 즉 서비스는 생산과 소비가 동시에 이루어진다는 특징을 지니고 있기 때문에 유형상품의 마케팅에서처럼 획일적인 마케팅 활동을 벗어나 고객을 위주로 한 마케팅 활동이 되어야 한다.

따라서 서비스 마케팅은 마케팅과 생산관리 · 인사관리의 협동에 의해 기업목표를 달성한다기 보다는 생산기능과 인사기능을 서비스 마케팅 기능에 통합시키는 방향으로 기업의 목표 달성을 위해 조직화되어야 할 것이다.

유익한 토막상식 : 마케팅적 시각

마케팅적 시각이란 마케팅의 기본철학을 반영하는 것이다. 즉 고객의 욕구를 만족시키기 위해서 필요한 가치 제공품(상품이나 서비스)을 적절하게 내놓음으로써 고객욕구를 만족시키는 동시에 기업의 이윤을 극대화하자는 것이다.

(1) 마케팅의 정의

마케팅의 개념은 시대와 함께 변화 하고 있고 학자에 다라 다양하게 정의 된다.

마케팅이란 개인과 집단이 상품과 가치를 창조하고 타인과의 교환을 통하여 그들의 요구와 욕망을 충족시키는 사회적 또는 관리적 과정이다.

AMA(American Marketing Association)에 따르면 마케팅이란 개인 및 조직의 목표를 만족시키는 교환을 실현하기 위하여 아이디어, 상품 및 서비스의 개념구성과 개발, 가격설정, 프로모션 및 유통을 계획하고 실천하는 과정이다.

과거 상품지향적인 마케팅활동이 잠재고객의 욕구와 욕망을 충족시키기 위한 고객중심적 마케팅활동 이다.

성공한 기업은 그들이 추진해 나가려는 방향과 수행하고자 하는 목표를 사전에 명확히 파악하고, 그리하여 요즘의 기업들은 공식적이고 문서화된 마케팅계획과 해외시장 진출을 위한 마케팅부서와 마케팅 부사장을 두고 있다. 관광시장은 경쟁이 치열하기 때문에 호텔 · 관광기업의 체계적인 계획설정이 특히 중요하다.

(2) 마케팅과 판매의 차이

마케팅이란 표적을 쏜다(hitting the mark)는 것을 뜻한다. 또한 마케팅은 소비자가 상품과 서비스 가운데 특정 상품 및 서비스를 구매하도록 구매자를 확신시키기 위해서 판매자측이 행하는 모든 의사결정과 행동의 총체이다.

판매란 상품을 구매하기 위해 고객이 돈을 지불하거나 상품을 인도하기로 약속된 것이며, 판매는 마케팅과정의 한 국면이다. 따라서 마케팅의 목적은 필요이상의 판매 행위를 방지하고, 고객을 잘 알고 이해함으로써 고객의 욕구에 맞는 제품과 서비스를 개발하여 스스로 판매되도록 하는 것이다.

(3) 마케팅의 중요성

호텔 · 관광서비스 마케팅은 고객들의 생활과 사고방식에 큰 영향을 미친다. 이는 종종 물질만능주의를 조장하기도 하고, 유행이나 상품의 진부화를 고의로 촉진시키기도 하며, 상품의 부가적 차별화를 통해 자원의 낭비를 초래하기도 한다. 따라서 비단 호텔 · 관광기업 뿐만 아니라 사회전반에 걸쳐 마케팅의 중요성은 지대한 관심사로 떠올랐다. 전세계적으로 매년 수십조 달러에 이르는 상품과 서비스가 생산 판매되는데 상당 부분이 상품개발, 포장, 유통, 광고, 인적 판매 등의 마케팅 비용으로 쓰여지고 있다.

호텔 · 관광기업도 마찬가지로 서비스 마케팅의 역할을 어떻게 효율적으로 수행해 내느냐에 따라 시장의 성패가 좌우되고, 호텔의 이익이 좌우된다.

호텔서비스 마케팅은 기본적으로 고객의 욕구를 반영하여 서비스 상품이나 질적 서비스를 만들고, 고객이 지불할 수 있는 가격에 최상의 서비스를 제공하려고 노력한다. 또한 고객의 삶의 질을 향상시키는 역할을 수행하기도 한다. 호텔서비스 마케팅 담당자들은 호텔의 매출에 큰 변동을 가져올 수 있는 것은 말할 것도 없거니와 마케팅 전략으로 호텔의 가치를 높이기도 하고, 호텔에 대한 고객의 인식 또한 바꿀 수 있다.

유익한 토막상식 : 니즈(needs)와 시즈(seeds)

마케팅 활동의 아이디어 원천의 대표적인 것은 니즈(needs)와 시즈(seeds)이다. 니즈는 고객의 필요를 말하고, 시즈는 기업의 원천기술을 말한다. 기업은 신상품 개발방향을 설정하고 준비하는 단계에서 니즈와 시즈를 검토하게 되는데 기술을 바탕으로 한 시즈형 상품을 개발할 수도 있고, 소비자의 욕구를 바탕으로 니즈형 상품을 개발할 수도 있다.

2. 마케팅의 발전과정

서비스에 대한 최초의 연구는 경제학자들에 의해 경제구조의 서비스화에 대한 연구에서 시도되었으며, 마케팅 측면에서의 서비스 연구는 세계에서 가장 먼저 서비스가 정착된 미국에서 시작되었다. 소비자들의 생활수준 향상으로 인해 서비스 수요가 늘자 서비스가 무엇이고, 서비스가 기존의 상품과 어떻게 다른가에 관심이 모아질 수밖에 없었다. 1990년대 이후의 서비스 연구가 특성, 분류, 상품과의 차이점 등에 집중된 것은 그런 이유에서이다.

서비스 마케팅 연구의 역사는 불과 20~30년 정도이고, 서비스 마케팅에 관한 최초의 국제회의는 유럽에서 1977년, 미국에서는 1981년에 개최되었다. 그 사이 종래의 유형재 중심의 서비스 기업의 마케팅 이론 구축을 주장하는 연구가 등장하기

시작하였다.

따라서 서비스 마케팅의 개념은 일반마케팅의 많은 발전과정을 거치면서 형성되었는데, 시장지향성 정도에 따라 마케팅 개념의 발전과정을 생산지향형 · 상품지향형 · 판매지향형, 지금의 서비스 마케팅의 모태가 되는 고객지향형 · 사회지향형으로 구분하여 발전하였다.

생산지향형 마케팅	고객은 저렴한 상품을 선호한다는 관점 (전략 : 생산증가, 상품의 효율성, 유통망 확장)
상품지향형 마케팅	고객은 우수한 품질 · 효용의 상품을 선호한다는 관점 (전략 : 양질의 상품을 생산, 지속적인 품질개선 노력)
판매지향형 마케팅	고객은 자사상품을 보다 많이 구매할 수 있도록 판매활동과 촉진도구를 활용해 설득해야 한다고 보는 관점 (전략 : 독특하고 차별화된 판매전략)
고객지향형 마케팅	기업의 성패는 고객의 욕구 파악과 만족활동을 효율적으로 수행할 수 있느냐에 달려 있다고 보는 관점 (전략 : 고객만족 경영에 노력)
사회지향형 마케팅	기업의 성패가 기존의 고객지향을 한 차원 뛰어넘는 사회적 공감대까지도 형성할 수 있어야 한다고 보는 관점 (전략 : 사회의 공동된 관심사를 함께 고려)

[그림 2-1] 서비스 마케팅 의미의 발전과정

3. 마케팅 시장변화에 따른 대응전략

서비스 기업의 성공과 실패는 시장에 의해 좌우된다고 해도 과언이 아니다. 따라서 서비스 기업 또한 새로운 고객을 끊임없이 창조하고, 기존고객을 경쟁사에게 빼앗기지 말아야 시장에서 생존할 수 있다. 그것은 경쟁우위를 통해 시장에서 생존할 수 있으며, 시장에서 자신이 위치를 확고히 정립하고, 기존고객과 잠재고객에게 최선의 선택이라는 판단을 받아야만 가능하다.

마케팅은 이와 같이 시장과 함께 숨쉬며, 고객의 욕구를 발견하고 충족시키는 일련의 활동이다. 지금까지 서비스 산업은 마케팅에 비교적 소극적인 자세를 보여왔다. 서비스 기관들의 마케팅 활동이 일반제조업체와 비교할 때 상대적으로 저조한 이유는 다음과 같다.

① 다수의 서비스업체들이 군소업체임에 따라 마케팅에 대한 이해와 그 기법을 도입할 능력이 부족했다.
② 일부 전문서비스 직종은 다분히 상업적이라고 할 수 있는 마케팅 활동이 자신들의 전문직종과는 무관하다고 여겨왔다.
③ 과거에 초과수요 현상을 보여왔던 종합병원이나 대학들은 굳이 마케팅 개념을 도입할 필요성을 느끼지 못했기 때문이다.

그러나 최근에는 모든 분야에 새로운 경쟁업체가 속속 등장하고, 고객이 요구하는 서비스 수준이 놀랄 정도로 높아져 어느 누구라도 현재에 안주하면 대열에서 뒤처질 수밖에 없는 시대가 되었다. 따라서 서비스 산업도 고객의 욕구를 파악하고 선도하며, 잠재고객에게는 적극적으로 자신을 알리는 마케팅 개념을 적용할 필요성을 절실히 느끼게 되었다. 교육개방화 시대를 맞아 우수한 학생 유치와 학교의 이미지 제고를 위해 최근 활기를 띠기 시작한 대학마케팅은 그 좋은 예라고 할 수 있겠다.

서비스는 일반유형 상품들과 구분되는 특성들 때문에 마케팅의 접근방법에서도 또한 서비스 특유의 사항을 고려해야 하는 경우가 종종 발생한다. 제이타믈(Zeithaml), 파라수라먼(Parasuraman), 베리(Berry)는 앞에서 언급한 서비스의 특성들에 의해 유발되는 서비스 마케팅의 문제점과 이를 극복할 마케팅 전략을 <표 2-1>과 같이 정리하고 있다.

〈표 2-1〉 서비스 특성의 문제점 및 그에 대응할 서비스 마케팅 전략

서비스의 특성	마케팅 문제점	마케팅 전략
무형성	• 저장 불가능 • 보호 불가능(특허권) • 진열 및 표현, 전달이 불가능 • 가격설정이 곤란함	• 유형적 단서 강조 • 구전홍보를 통한 인적 접촉 강화 • 강력한 기업 이미지 창조 • 가격 설정시 원가회계 원리 적용 • 구매 후 고객관리
소멸성	• 재고가 없음	• 수요변동에 대처하기 위한 전략 수립 • 수요와 공급의 동시 조정
이질성	• 표준화 및 품질관리 곤란 • 서비스 질의 통제가 어려움	• 서비스의 산업화 • 서비스의 개별화
동시성	• 고객이 생산서비스에 참여 • 타 고객이 서비스의 질에 영향을 미침 • 중앙 집중 대량생산이 불가능함	• 고객관리 • 종사원의 선발 및 훈련 강조, 서비스망의 구축

※ 자료 : V.A. Zeithaml, A. Parasuraman and L.L. Berry, "Problems and Strategies in Service Marketing", *Journal of Marketing*, Vol. 49, Spring, 1985, p.35.

또한 오늘날 경쟁의 증가와 그에 소요되는 원가가 증가하고, 생산성 및 서비스의 질이 떨어짐에 따라 보다 많은 서비스 기업들이 마케팅에 관심을 갖게 되었다.

서비스 마케팅 전략을 구체적으로 살펴보면 서비스 기업은 표적시장(target market)을 명확히 하고 그 표적시장의 시장점유율을 높이기 위해 전략과 전술을 수립한다. 서비스는 다양한 편익을 잠재고객(potential customer)에게 제공하는 것이므로 표적으로 하는 시장이 무엇을 바라고 있는가를 알아내는 것이 무엇보다도 중요하다. 즉 효과적인 서비스 마케팅 전략의 기본적 요건은 잠재고객을 식별하는 것이다. 구매자의 입장에서 본 편익(benefits)을 강소하는 대응행동을 결정하기 위해서는 전략이 필요하다.

구매자는 서비스를 편익의 측면에서만 보는 것이 아니다. 어떠한 서비스를 구매하기 위한 노력이나 비용의 측면에서도 서비스를 구별한다. 시간, 금전, 마음의 여유 등을 비롯하여 물리적인 위험성, 사회적인 문제 등 다각적인 측면에서도 서비스를 판별할 수 있다.

(1) 변화되는 서비스 마케팅의 차별화 전략

서비스 마케팅 전문가들은 경쟁사의 서비스와 차별화하기가 어려워졌다고 말하고 있다. 이는 최근에 보다 가격경쟁이 심화됨에 따라 나타나는 반응이라고 볼 수 있다. 고객들이 제공자의 서비스가 유사하다고 보는 한 그들은 제공자보다 가격에 더욱 관심을 가질 것이다.

가격경쟁을 해결하는 방법은 그들의 제공하는 서비스 및 이미지를 차별화하는 것이다. 서비스 기업들도 그들의 제공물에 혁신적 특성을 부과할 수 있다. 불행하게도 대부분의 서비스 혁신은 쉽게 모방이 가능하다. 장기적으로 필요한 혁신을 추구하는 대부분의 서비스 기업들은 일시적인 우위만을 누릴 수 있을 뿐이다. 그러나 혁신적이라는 평판을 고객으로부터 얻을 수 있다면 그것이야말로 가장 바람직한 결과일 것이다.

서비스 기업들은 심벌(symbol)이나 상표(brand)를 이용하여 회사와 상품을 차별화하는 방법도 있을 수 있다.

(2) 서비스 마케팅의 전략적 품질 개선

서비스 마케팅 관리의 핵심은 고객이 기대하는 서비스를 충족시키거나, 더 높은 수준의 서비스를 제공하는데 있다. 그러나 서비스란 형체가 없기 때문에 그 질을 객관적으로 평가하기 곤란하다는 문제점을 지니고 있다. 만약 그 서비스의 정도가 기대한 서비스를 충족시키거나 오히려 더 높다면 고객은 다시 그 서비스 제공자를 이용하게 될 것이다. 따라서 서비스 회사가 동종 회사와 차별화하기 위한 주요 방법 중의 하나는 경쟁사보다 우수한 품질의 상품을 일관성 있게 제공하는 것이다.

대부분의 서비스 기업들은 우수한 품질의 서비스로 경쟁적 우위를 점유하고 있을 뿐만 아니라 판매와 이익 성과도 상대적으로 증대시켜왔다.

한편 기업은 추구하는 바의 일정한 질적 수준을 사전에 정해놓고 모든 종사원들이 그에 따르도록 하는 품질관리 체제를 도입할 필요가 있다. 품질이 관리되고 있는 서비스 기업에 대한 연구는 서비스의 질과 관련된 몇 가지의 공통점을 보여주고 있다.

① 최고경영자는 품질에 대한 관심이 매우 높다. 최상의 서비스 제공자들은 높은 서비스 질의 기준을 책정한다.

② 뛰어난 서비스 기업들은 고객뿐만 아니라 내부 종사원들도 만족시키고 있다. 호텔기업은 종사원과의 건전한 관계가 고객과의 건전한 관계를 가져온다고 믿고 있다. 경영자들은 호텔종사원들로부터 지원을 얻어낼 수 있는 환경을 조성하고, 훌륭한 서비스 성과에 대한 보상제도를 확립하여 종사원들의 직무만족에 대해 항상 관심을 가지고 있다.

유익한 토막상식 : 상표(brand)

브랜드에는 브랜드 네임(brand name), 브랜드 마크(brand mark), 트레이드 마크(trade mark) 등이 있다. 브랜드 네임은 쏘나타, 코카콜라 등과 같이 말로 표현되는 부분이고, 브랜드 마크는 상표 중에서 상징 · 디자인 · 색상과 같이 눈으로만 볼 수 있는 부분이며, 트레이드 마크는 브랜드의 독점적 사용을 법적으로 보장받는 등록상표나 상표의 일부분이다. 브랜드 마케팅은 기업이 보유하는 개별 브랜드 수준의 상품에 대한 마케팅이다.

(3) 서비스 마케팅의 전략적인 생산성 향상

서비스의 생산성을 향상시키기 위한 방법에는 여러 가지가 있다.

① 현재의 종사원들을 훈련시키며 교육한다.

② 같은 급료로 보다 열심히 일할 수 있고, 보다 기술적으로 일할 수 있는 신입사원을 고용한다.

③ 상품의 질을 유지시키고 종사원의 서비스 질과 양을 향상시키는 방법이다. 이 방법은 상품의 원가가 급격히 증가함에 따라 호텔기업이 매출 향상에 노력하고 있을 때 선택할 수 있는 방법이다.

하지만 서비스 기업은 고객이 인지한 품질을 떨어뜨릴 만큼 지나친 생산성 향상을 추구해서는 안 된다. 어떤 생산성 향상은 품질을 표준화하면서 고객의 만족을 증가시키는 데도 도움이 되지만, 어떤 경우의 생산성 향상은 지나친 표준화를 가져와 고객에게 보다 전문적인 서비스를 제공할 기회를 상실하게 된다. 이러한 경우에 있어서 서비스 제공자는 보다 많은 차별화를 창조하기 위해 생산성의 저하를 감수해야 할 것이다.

보다 구체적으로 제조업 개념을 서비스 산업에 적용한다는 것은 서비스의 기계화, 조립선의 표준화와 전문화, 서비스 조직 합병과 같은 것을 의미하기도 한다. 여기서 기계화는 세탁업에서, 조립선의 표준화는 음식점에서, 전문화는 자동차수리업에서, 그리고 서비스 조직 합병은 항공회사에서 생산성 향상을 찾아볼 수가 있다.

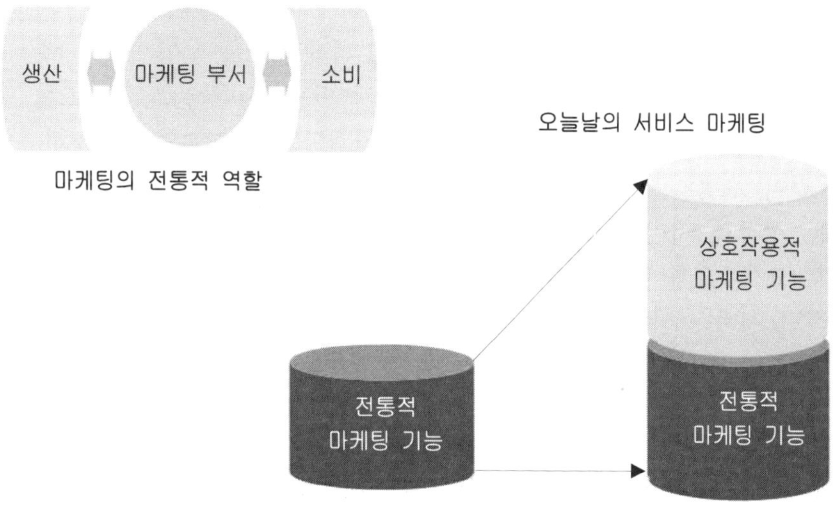

[그림 2-2] 전통적 마케팅과 호텔 · 관광서비스 마케팅의 상호작용

유익한 토막상식 : 소비자(consumer)와 고객(customer)

소비자는 재화를 소비하는 사람을 뜻하며, 고객은 점포에 물건을 사러 오는 일반적인 손님을 의미한다. 소비자와 고객은 상황에 따라 일치할 수도, 일치하지 않을 수도 있다.

제2절 호텔 · 관광서비스 마케팅의 원리

1. 마케팅의 의미

호텔 · 관광서비스 마케팅은 호텔고객의 초과수요보다 시설의 초과공급일 경우, 또는 호텔의 최대 이윤추구라는 차원에서 호텔상품의 부가가치를 높여 제한된 공급으로부터 최대의 수요를 창출시키고자 하는 기업경영 활동이다. 즉 호텔 · 관광서비스마케팅 개념은 제한된 공급능력을 갖게 되며, 제한된 시기라는 제약을 갖는 특수성을 감안하여야 한다.

따라서 호텔 · 관광서비스 마케팅이란 먼저 고객의 수요를 찾아 이를 만족시켜줄 수 있는 상품을 개발하여 제공하는 것이고, 판매란 만들어진 상품과 서비스를 판매하기 위해 시장을 찾는 것이며, 이것이 호텔 · 관광 마케팅의 한 부분임을 강조하고 있다.

이와 같이 호텔 · 관광서비스 마케팅은 정보의 혼합과 시장조사를 통하여 고객이 요구하는 상품과 서비스 상품을 개발하고, 목표시장에 호텔기업의 이익이 합치된 가격으로 고객수요를 만족시켜주는 총체적 기업활동이라고 할 수 있다.

현대적인 서비스 마케팅의 개념은 고객을 이해함으로써 고객을 창조하고, 고객과 상호 소통하면서 고객에게 만족과 가치를 전달하는 일련의 사고이며, 행동들을 말한다. 따라서 이러한 모든 마케팅은 기업이 영리 · 비영리의 목적을 추구하거나, 기업의 규모가 대형기업 또는 소규모 자영업이거나, 기업의 사업기반이 국내에 국한되거나 국제적 무대를 중심으로 마케팅 개념이 도입되고 있다.

또한 호텔 · 관광서비스 마케팅은 이익으로 고객에게 만족을 전달하는 것이며, 다른 하나는 개인이나 조직의 목표 또는 욕구를 만족시키는 것이다. 따라서 현대기업 경영의 출발점은 고객에 대한 이해로부터 시작되지 않으면 안 된다. 고객이 가지고 있는 욕구(needs)와 욕망(wants)을 알아내어 이 욕구와 욕망을 충족시킬 수 있는 노력을 기울여야 한다. 특히 호텔은 여행객들의 숙박을 해결해주고 그들의 관광활동을 만족시키는 데 결정적 역할을 하는 곳이므로, 그들의 욕구와 욕망에 대한 철저한 조사와 이해가 필수적일 수밖에 없다. 그러므로 호텔 · 관광서비스 마케팅을 간단히 정의하면 다음과 같다. "호텔 · 관광서비스 마케팅은 고객이 원하고 필요로 하는 것을 찾아내어 그것을 고객에게 팔아 이익을 얻는 것이다."

마케팅은 전통적으로 재화를 소비자에게로 이동시키는 것이었다. 소비자가 원하는 재화를 그가 원하는 시간에 제공하고 이 재화를 돈과 교환하는 기업활동인 것이다. 호텔 · 관광서비스 마케팅은 실제적으로 이런 재화의 이동이 불가능하므로 실제로는 고객이 재화로 이동하지 않으면 안 된다. 그러므로 호텔 · 관광서비스 마케팅은 고객을 연구(people study)하는 것이 중요하며 무엇보다 고객의 욕구가 가장 우선시 되는 것이다. 따라서 신속한 고객의 욕구 파악이 매출 신장과 일맥상통하는 호텔 · 관광서비스 마케팅의 기본개념을 요약 정리하면 다음과 같다.

① 호텔 · 관광서비스 마케팅은 고객지향(customer-orientation)의 원리이다.
② 호텔 · 관광서비스 마케팅은 이윤지향(profit-orientation)의 원리이다.
③ 호텔 · 관광서비스 마케팅은 통합과 조정(integration-coordination)의 원리이다.

호텔 · 관광서비스 마케팅이 고객지향의 원리를 바탕으로 한다는 것은 고객의 필요와 욕구를 가장 우선적으로 생각하며, 그 욕구의 충족을 최대의 목표로 한다는 것이다. 그러한 고객의 욕구가 충족되면 결과적으로 고객은 소비자의 만족(consumer satisfaction)을 얻게 되고, 고객은 자신의 욕구를 충족시킨 상품을 반복해서 구매하게 된다. 따라서 그 상품에 대한 충성도(loyalty)가 형성되어 구매하게 되면 결국은 호텔 · 관광은 장기적인 이익을 확보하게 되는 것이다.

호텔 · 관광기업은 고객이 필요로 하는 것을 팔아 이윤을 추구하는 기업이다. 호텔 · 관광기업인 이상 이윤을 추구해야 한다는 것은 지극히 당연하다. 그러나 그러한 이윤의 추구는 고객의 욕구충족을 통해서 이루어져야 하며, 호텔 · 관광 상품의 판매는 기업에 이익을 주는(profitable sales volume) 것이어야 한다. 예컨대 투입된 비용이 적고, 산출된 판매가 많아야 하는 생산성에 기초해야 한다.

호텔 · 관광기업이 장기적 이익을 확보하기 위해서 선택할 수 있는 수단은 판매량 증대와 생산성 향상이다. 판매량 증대를 위해서는 시장을 확대하거나 시장을 심층화하는 전략이 필요하지만, 그 어느 것이든 고객의 욕구와 그 충족이 대전제가 되는 것이다. 생산성 향상을 위해서는 원가를 절감하는 방법, 가격을 인상하는 방법, 판매 믹스를 개선하는 방법 등을 고려해볼 수 있다.

통합과 조정의 원리는 호텔 · 관광의 모든 기능들이 고객(시장)을 상대함에 있어 통합되고 조정되어야 함을 말한다. 호텔 · 관광경영을 위해서는 많은 기능들이 참여하고 있다. 생산적 기능, 재무적 기능, 판매적 기능, 인사적 기능들이 그것이다. 이러한 나름대로의 역할은 호텔 · 관광기업의 목표를 달성하기 위해서 하나로 통합되고 조정되어야 함을 의미한다. 부분적 기능이 통합되어 전체가 하나로 될 때 훨씬 큰 효력의 발휘가 가능하기 때문이다. 따라서 호텔 · 관광의 서비스 마케팅은 시장을 상대함에 있어 각 부서가 제 각각의 접근방법이 아니라 전사적으로 각 부서가 동참하는 기업활동의 원리여야 한다. 바로 이 점이 마케팅과 판매(selling)의 차이라고 할 수 있다.

호텔 · 관광 마케팅과 일반 마케팅과의 차이점은 고객이 서비스를 이용한다는 특성이 있기 때문에 정보파악이나 상품화하는 과정이 유형물의 경우와는 근본적으로 다르다. 따라서 호텔 · 관광서비스 마케팅 활동은 실질적이어야 하고, 정확하고 적극적으로 임해야 할 것이다. 호텔·관광서비스 마케팅의 역할은 서비스의 특징으로 인하여 일반제조업에서 유형적인 상품판매를 목적으로 하는 마케팅과는 상품·유통구조·판매촉진 방법에 있어서 다른 특수성을 갖고 있기 때문이다.

2. 마케팅의 기본요소

호텔·관광서비스 마케팅은 개인이나 집단이 상품과 다른 여러 요소들이 포함된 가치를 교환하고 창조함으로써 그들의 욕구와 그들이 필요로 하는 것을 얻어내는 사회적이고, 관리적인 과정이다(Kotler & Armstrong). 또한 호텔·관광서비스 마케팅은 개인이나 조직의 목표를 만족시킬 수 있는 교환 창출을 통해 상품과 서비스, 아이디어의 분배, 촉진, 가격의 개념을 계획하고 실행하는 과정이다(Solomon & Stuart).

즉 개인 또는 조직의 장기적 이익을 보장하기 위하여 그들의 욕구를 만족시키는 상품을 제공하고, 고객의 욕구를 확인하는 기본적 사고가 서비스 마케팅의 개념이라 할 수 있다.

(1) 욕 구

욕구(need)는 고객이 결핍을 느끼는 상태를 말하는데 어떤 이상적이거나 바람직한 상태와 실제상태 사이의 어떤 차이에서 나타난다. 인간은 자신이 느끼는 실제상태와 기대상태의 차이가 충분히 클 때 욕구를 만족시키기 위하여 어떤 행위를 취하려는 동기가 유발된다.

인간은 매우 복잡하고 다양한 기본적인 욕구를 갖고 있는데 이에는 의·식·주·안전함·편안함 등과 같은 생리적 욕구, 소속감·애정과 같은 사회적 욕구, 자존과 자기표현 등과 같은 개인적 욕구가 있다. 이러한 인간의 기본적 욕구는 외부의 자극에 의해 창조되는 것이 아니라 인간 내부에서 자연히 발생하는, 인간형성의 기본적 부분이다. 우리가 몹시 갈증이 나거나 배가 고플 때 갈증이나 고픈 배를 해결(만족)하기 위하여 물을 찾는 행동을 취하려 하거나 음식물을 구하려는 행위를 취한다. 또한 내 자신의 머리모양이 마음에 들지 않는다고 느낄 때 머리를 자르거나 다듬고 싶은 행동을 취하게 된다. 이렇게 욕구는 신체기능(어떤 먹는 행위와 관련)과 연결되기도 하고, 정신기능(좋게 보이고 싶어하는 행위)과 관련되기도 한다.

그리고 어떤 상품은 인간의 다양한 다른 욕구를 동시에 만족시키기도 한다. 예컨대 유명한 호텔에 출입하거나 명품 바바리 코트를 구입하였다면 유명호텔과 명품코트에서 얻는 따뜻함과 같은 육체적 욕구를 충족시키는 한편 자기 자신의 표현을 위한 개인적 욕구충족과 동시에 그 명품이 주는 유명세에 의하여 다른 사람들로부터 주목받게 되는 사회적 욕구 등을 동시에 만족시킬 수 있다.

유익한 토막상식

▌ 매슬로우(A.H.Maslow) 욕구 5단계(Hierarchy of needs)

- 5단계 : 자아실현의 욕구(Self Actualization NeedS) : 재능 및 잠재력 실현

↑

- 4단계 : 자기 존경(존중)의 욕구(Esteem NeedS) : 인정받고 싶은 자아 만족

↑

- 3단계 : 사회적(애정)과 소속에 대한 욕구(Love&Belonging NeedS) : 집단에서 소속감

↑

- 2단계 : 안전에 대한 욕구(Safety NeedS) : 위험, 고통 등

↑

- 1단계 : 생리적 욕구(Physiological NeedS) : 의식주, 수면 등

(2) 욕 망

욕망(want)은 욕구를 실현시킬 수 있는 구체적 방법을 의미하는 것으로 문화적 · 사회적 영향을 의식하면서 특정한 방법으로 욕구를 만족시키려는 것을 말한다. 욕망은 욕구를 충족시킬 수 있는 대상과 관련된 개념으로서, 사회가 진보됨에 따라 그 종사원들의 욕망은 증가하게 된다.

고객들은 그들의 호기심과 욕망을 자극하는 수많은 대상들에 노출되므로 마케터는 이러한 고객의 욕망을 충족시킬 수 있는 상품과 서비스를 제공하여야 한다. 고객은 개개인마다 서로 다른 성장배경과 학습경험 · 생활환경 등에 의한 자신만의 독특한 행동양식에 따라 다른 어떤 방법으로 욕구를 만족시키려 한다.

예컨대 같은 형제자매라도 배고픔을 느꼈을 때 그 배고픔을 해결하는 방법은 다르다. 형은 얼큰한 뚝배기로, 동생은 햄버거로, 언니는 냉면으로, 동생은 김밥으로 허기를 때우는 경우가 그 예이다. 이것은 나라, 민족, 종교, 교육수준, 직업, 빈부의 격차, 성별, 연령, 가치관, 문화 등에 따라 저마다 욕구를 만족시키고자 하는 구체적 해결수단이 다름을 의미하는 것이다.

(3) 효 익

효익(benefit)은 특정 상품이나 서비스가 욕구나 필요를 만족시켰을 때 그 상품이나 서비스를 통해서 얻게 되는 부분을 의미한다. 효익은 고객이 특정 상품이나 서비스를 구매, 또는 소비하기 위하여 투자하는 각종 노력과 그 상품이나 서비스의 구

매와 소비를 통해서 얻어지는 보상에 따라 결정된다.

상품이나 서비스의 구매와 소비로부터 얻어지는 보상이, 자신이 상품이나 서비스의 구매와 소비에 투자한 노력보다 같거나 크면 효익이 있는 것이다. 그 반대의 경우는 효익이 없는 것으로 손해를 입었다고 느껴진다. 고객은 상품이나 서비스를 구매하는 데 따른 소비시간과 도달거리, 정신적 · 육체적 고통, 그리고 상품이나 서비스의 실제 지불가격 등을 종합하여 그 상품이나 서비스가 주는 보상과 비교하여 효익을 판단한다. 때문에 호텔기업은 자사의 상품이나 서비스가 고객에게 어떤 효익을 제공할 수 있는가를 부단히 연구하고 개발하려고 노력해야 한다.

예컨대 자사의 상품이나 서비스가 기능적인 측면(호텔은 이용고객의 신변을 안전하게 보호해주고, 생활에 쾌적한 환경을 제공)과 경험적인 측면(호텔은 이용고객의 품격을 높여주고, 항상 따뜻한 서비스와 상품으로 세심한 배려)에서 경쟁사보다 우수하다고 고객이 인지하여야 한다.

(4) 효 용

효용(utility)은 사용자의 욕구와 필요에 부응하는 상품이나 서비스로부터 사용자가 받는 유용성에 대한 가치만족을 말한다. 효용은 형태 · 장소 · 시간, 그리고 소유 등 4가지의 기본적 유형이 있다. 여기서 생산활동은 형태의 효용을 만들어내고, 마케팅 활동은 장소 · 시간 · 소유의 효용을 창출한다.

예컨대 형태의 효용은 고객의 욕구와 필요에 부응하는 상품이나 서비스를 구체적 형태로 만들어내는 것이고, 장소의 효용은 고객의 욕구와 필요에 부응하는 상품이나 서비스를 어디서 구매할 수 있는가와 관련되며, 시간의 효용은 고객의 욕구와 필요에 관련되는 상품이나 서비스를 필요한 시점에 적절하게 구매할 수 있는가와 연결되며, 소유의 효용은 고객의 욕구와 필요와 일치하는 상품이나 서비스를 거래를 통하여 합법적으로 구매하여 소유할 수 있는가와 관련된다.

(5) 수 요

수요(demand)는 고객이 얻고자 하는 자원과 일치하는 상품이나 서비스에 대한 고객의 욕망으로 고객이 자신의 필요를 만족시키는 자원이나 자신이 원하는 것과 연결되는 구매력의 결과를 의미한다. 즉 구매력이 있는 고객이 자신이 원하는 상품이나 서비스에 대하여 구매를 희망하는 것을 의미한다.

인간의 욕망은 끝이 없지만 그 욕망을 충족시키기 위해 소용되는 자원(소득 · 저축 · 시간 · 에너지 등)은 한계가 있으므로 고객은 그들이 지불할 수 있는 금액에 대해 가장 큰 만족을 주는 상품을 선택하게 된다. 이러한 욕망이 구매력을 수반할 때 '수요'가 된다.

연휴나 방학기간을 이용하여 외국여행을 가고 싶어하는 사람들, 봄과 가을에 신혼여행을 준비하는 사람들, 그리고 초·중·고등학교의 학기중 수련회에 가고 싶어하는 학생들은 모두 특정기간·특정장소의 여행상품을 구매하기 원하는 사람들이다.

한편, 호텔기업의 경우 계절·요일·특별행사·국제대회 등에 따라 호텔상품을 구매하고자 하는 고객들이 있다. 이처럼 특정 상품이나 서비스에 대하여 구매하기를 원하는 고객을 '수요'라고 한다.

(6) 상 품

상품(product)은 고객의 욕구와 필요를 만족시킬 수 있는 소비·사용·획득·관심 등에 대하여 시장에 제공될 수 있는 어떤 것을 의미하는 것으로, 상품은 물질적 대상(physical objects), 경험(experience), 용역(service), 사람(people), 장소(place), 조직(organization), 정보(information), 아이디어(idea) 등을 포괄한다.

상품의 개념은 욕구를 만족시킬 수 있는 가능성을 가진 모든 것으로 그 물질적 대상의 범주가 무한하며, 또한 실체가 없는 무형의 상품(서비스)까지 포함한다. 이와 같이 상품은 고객의 욕구와 필요를 만족하는 교환과정에서 제공되는 사람·장소·생각·상품·서비스를 말한다. 따라서 상품이란 인간의 욕구나 욕망을 충족시킬 수 있는 것으로서, 주의(注意)의 대상이 되거나 취득·사용 및 소비를 위해서 시장에서 제공되는 것을 말한다.

어떤 사람이 매력적으로 보이기를 원한다고 하자. 이때 이러한 욕구를 충족시킬 수 있는 상품군(商品群)을 '상품 선택집합'이라고 부른다면 이 집합에는 화장품, 의복, 부산 해운대에서의 일광욕, 제주도 여행, 운동기구 및 기타 여러 가지 품목이나 서비스 등이 포함된다. 그러나 이러한 상품들이 모두 경합하고 있고, 모두 균등하게 필요시 되고 있지는 않다. 욕구를 채워줄 화장품·의복 등과 같이 구입하기가 쉽고, 값이 싼 상품들이 먼저 구입될 가능성이 높다.

상품은 간혹 제품으로도 불리고 있으나, 제품은 서비스와 결합되어서 상품이 된다. 즉 제품은 상품의 하위개념이고, 판매되는 시점에서는 서비스와 제품이 결합되므로 상품이 거래의 대상이 되는 것이다.

한 상품이 고객의 욕구를 보다 효과적으로 충족시킬수록 그 상품은 성공할 가능성이 더 높다. 따라서 호텔·관광 마케터는 고객의 욕구를 잘 파악하고, 그 욕구를 가장 잘 충족시킬 수 있는 상품을 공급해야 한다.

상품의 개념은 유형적 물건에 한정되는 것은 아니다. 욕구를 충족시킬 수 있는 것이면 무엇이든 상품이라고 부를 수 있다. 소비자는 어떤 연예인이 출연하는 텔레비전 프로를 볼 것인가, 어디로 휴가를 갈 것인가, 어떠한 이동수단을 이용할 것인가, 어떠한 여행상품을 구매할 것인가를 결정한다. 소비자의 입장에서 보면 이 모든 것이 곧 '상품'이다.

(7) 서비스

서비스(service)는 한 당사자가 다른 사람에게 제공할 수 있는 효익이나 어떤 행위로서 본질적으로 무형이며, 어떤 것에 대한 소유의 결과가 되지 않는다. 서비스는 무형성 · 소멸성 · 동시성 · 변화성 등을 특성으로 가지고 있으며, 상품처럼 판매되는 상품과 같다. 때문에 고객이 서비스를 구매하고 소비하기 위해서는 대가(화폐)를 지불해야 한다. 하지만 고객은 상품의 구매와 달리 서비스의 구매를 통해서 가질 수 있는 유일한 것은 경험뿐이다. 왜냐하면 서비스는 가질 수도, 만질 수도, 느낄 수도 없기 때문이다.

이렇게 서비스를 상품으로 판매하는 대표적 기업은 이동통신 · 방송 · 언론 · 호텔 · 리조트 · 여행사 · 은행 · 보험 · 증권 · 항공사 · 차량정비소 · 세무사 · 회계사 · 변호사 · 운송업 등이다. 예컨대 고객이 여행사를 통해 여행을 하는 동안에 호텔에서 숙박을, 식당에서 식사를 제공받고, 교통수단을 이용한다. 여기서 여행사 · 호텔 · 식당 · 교통수단은 고객이 그 서비스를 이용하기 위하여 대가를 지불하는 곳이다.

(8) 가 치

가치(value)는 상품이나 서비스를 얻기 위해 투자한 비용과 상품이나 서비스의 사용과 소유로부터 얻어지는 가치의 차이에 의하여 결정된다. 예컨대 호텔을 이용하는 고객은 다양한 효익을 얻게 되는데 호텔이 제공하는 정중하고 빠른 서비스와 서비스 이용과 관련된 신뢰성이 가장 큰 비중을 차지한다.

가치는 다양한 상품과 서비스가 제공하는 가치에 대한 자신의 지각을 기준으로 구매선택을 결정한다. 고객은 종종 상품의 가치와 비용을 정확하게 또는 객관적으로 판단하지 못한다.

(9) 소비자

소비자(consumer)는 상품이나 서비스를 구매하는 궁극적 사용자를 의미한다. 따라서 소비자는 서로 매우 다른 욕구를 가진 개인, 조직, 기업, 정부, 종교단체, 학교 등이 될 수 있다.

소비자는 마케팅 교환과정에서 가치있는 상품이나 서비스를 제공받는 어떤 사람이나 조직을 말하며, 이들은 상품이나 서비스의 실제 사용자일 수도, 그렇지 않을 수도 있다.

(10) 고객만족

고객만족(customer satisfaction)은 구매자의 기대에 부응하는 상품이나 서비스의 지각된 성능을 말한다. 상품이나 서비스의 성능이 구매자의 기대에 미치지 못하면 불만족하게 되고, 상품이나 서비스의 성능이 구매자의 기대에 부응하거나 초과하게 되면 만족하게 된다.

고객기대는 과거의 서비스 이용 경험, 서비스 이용 경험에 대한 친지들의 의견, 서비스 기업이나 경쟁자가 제공하는 정보나 약속 등에 의하여 형성된다.

성공한 호텔기업들의 경우 기업이 고객에게 제공하기로 약속한 것 이상을 고객에게 전달함으로써 고객이 만족하게 된다.

(11) 품 질

품질(quality)은 상품이나 서비스의 성과에 직접적으로 영향을 미친다. 때문에 품질은 고객만족과 고객가치와 밀접하게 관련된다. 품질은 협의의 관점에서 상품이나 서비스가 원천적으로 하자(결점 또는 불량)가 없어야 함을 의미하며, 품질관리 관점에서 고객의 욕구를 만족시키는 능력이 있는 그 상품이나 서비스가 가지고 있는 전반적 특성을 의미한다.

품질은 상품이나 서비스가 가지고 있는 본질적 성능이기 때문에 그 상품이나 서비스의 성능이 구매자의 기대에 미치지 못하면 품질이 낮아지는 경우에 해당하고, 상품이나 서비스의 성능이 구매자의 기대에 부응하거나 초과하게 되면 품질이 우수한 것으로 평가된다.

(12) 교 환

교환(exchange)은 판매자와 구매자 사이에 발생하는 가치와 관련된 이전과정으로 자신이 줄 수 있는 어떤 것을 제공하고서 누군가로부터 자신에게 필요한 대상을 얻기 위한 행위를 의미한다. 교환은 사람이 자신에게 필요한 대상을 얻을 수 있는 많은 방법들 가운데 단지 하나만이 존재한다.

예컨대 배고픈 사람은 사냥 · 낚시 · 과일채집을 통해서 자신에게 필요한 음식을 직접 얻을 수 있고, 구걸행위를 통해서 또는 다른 누군가로부터 음식을 얻을 수 있다. 또는 배고픈 사람은 음식을 얻기 위해 돈을 지불하기도 하고, 다른 상품을 대신 내놓기도 하고, 서비스를 대신 제공하기도 한다.

교환의 가정은 다음의 조건이 충족되어야 한다. 교환은 판매자와 구매자가 있어야 하고, 그 대상이 서로에게 필요한 가치 있는 것이어야 하고, 상호간 제안과 수용에 제한이 없어야 한다. 예를 들어 자급자족은 배가 고픈 경우에 자신이 음식을 만들어 먹는 행위이고, 강요는 음식을 빼앗아 먹는 행위이며, 구걸은 음식이나 물건을 구걸하는 행위이고, 교환은 화폐나 다른 물건 또는 서비스를 제공하여 필요한 음식을 얻는 행위이다. 여기서 교환이 가장 합리적인 방법이다.

교환은 마케팅 개념의 핵심이다. 교환이 발생하기 위해서는 다음의 조건이 충족되어야 한다.

① 최소한 양자가 성립되어야 한다.
② 양자는 상대방에게 가치가 있는 어떤 것을 가지고 있어야 한다.
③ 양자는 상대방과 연락 및 수송이 가능하여야 한다.
④ 양자는 상대방의 제의를 자유로이 거부, 또는 승낙할 수 있어야 한다.
⑤ 양자는 상대방과의 거래에서 타당하고 바람직하다고 생각하고 있어야 한다.

이러한 의미에서 볼 때, 생산이 가치를 창조하는 것과 같이 교환도 가치를 창조하므로 교환은 사람들에게 소비의 가능성을 확대시켜준다.

(13) 거 래

거래(transaction)는 두 당사자 사이의 가치의 매매, 또는 거래로 구성되는데 한쪽이 다른 한쪽에 X를 주고 대신해 Y를 갖는 경우를 말한다. 거래는 장소의 일치, 시간의 일치 등 적어도 2개 이상의 가치 있는 조건을 만족하는 두 당사자 사이의 교환을 의미한다.

예를 들면 어떤 사람이 백화점에서 30만 원을 주고 텔레비전을 구입하였을 때, 이를 금전적 화폐거래라고 한다. 그렇지만 모든 거래가 화폐로 이루어지는 것은 아니다. 예컨대 물물교환 거래의 경우도 있는데 낡은 냉장고를 이웃의 중고 텔레비전과 교환하는 경우가 이에 해당된다. 또는 변호사가 의사에게 유언장을 작성해주고 그 대가로 의료서비스를 받는 경우도 이에 해당된다.

거래가 성립되려면 적어도 두 가지의 가치있는 상품이 있어야 하고, 교환조건 · 교환시기 및 교환장소에 대한 양자간의 합의가 있어야 한다.

거래는 다음과 같이 몇 가지 측정 가능한 요소를 포함하고 있어야 한다.

① 적어도 두 개의 가치가 있을 것
② 동의하는 조건
③ 계약시간
④ 계약장소 등

거래는 이전(移轉, transfer)과는 구별되어야 한다. 이전에는 교환 상대방 가운데 한쪽이 상대방에게 무엇인가를 제공했다고 해도 그 대가로 무엇을 받았는가를 확실하게 알 수 없다.

(14) 관 계

관계(relationship)는 양자간의 교환의 회수에 의해 형성되는 세기를 의미한다. 두 당사자 사이의 만남의 횟수가 작거나 그 교환의 세기가 작으면 관계의 끈이 짧거나 약한 경우에 해당하며, 그 반대의 경우라면 관계의 끈이 길고 관계의 강도가 큰 경우에 해당한다.

때문에 기업은 고객과의 관계를 돈독하고 끈끈하게 형성하여 자사가 생산한 상품이나 서비스에 대한 충성도를 높여 안정적인 판매기반을 구축하기 위하여 노력하는 것이다.

(15) 시 장

시장(market)은 상품이나 서비스에 대한 모든 실제적이고 잠재적인 구매자 집합으로서 특정 상품이나 서비스를 통해서 만족할 수 있는 공통의 욕구를 공유하는 모든 고객과 잠재적 고객들이 교환의 대상이 되는 자원을 가지고 있으며, 기꺼이 교환에 참여하고자 하며, 교환을 위한 권한을 가지고 있는 것을 의미한다. 특정 욕구나 필요를 공유하는 구매자들은 교환과 관계를 통해서 만족을 추구한다. 때문에 시장의 크기는 표출된 욕구를 가진 고객들의 수가 얼마나 큰가에 달려 있다.

호텔·관광기업이 판매자들의 집합이라면 시장은 구매자들의 집합이라고 할 수 있는데 기업은 시장에 상품과 서비스를 공급하고, 시장은 기업에 상품과 서비스를 구매하게 된다. 예를 들면 노동시장에 노동력을 제공하고 그 대가로 임금, 또는 상품을 받으려는 고객들로 구성된다. 그래서 노동시장이 그 기능을 원활히 할 수 있도록 도와주는 고용안내소나 직업상담소와 같은 기관들이 노동시장 주변에 생겨나 성장하고 있는 것이다.

유익한 토막상식 : 상표충성도(brand loyalty)

어느 사업이든 새로운 고객을 끌어들이는 비용보다 기존고객을 유지하는 데 드는 비용이 더 저렴하다. 현재의 고객은 과거에 꾸준히 투자한 결과 축적된 집단으로 특정 상표에 대한 브랜드 충성도가 높아 경쟁상대에게는 시장진입의 큰 벽으로 작용한다.

3. 마케팅의 추세적 방향

호텔·관광서비스는 현재 일고 있는 경제적·사회적 및 정치적인 영향으로 그 수요에 미치는 영향이 대단히 클 수 있기 때문에 정확한 추세의 변동을 파악해야 할 필요가 있다. 따라서 호텔·관광이 시장의 경쟁에서 우위에 서기 위해서는 다음과 같은 점을 명심해야 할 것이다.

(1) 경영수단의 변화

현재의 호텔·관광산업에 영향을 주는 추세로는 컴퓨터의 사용으로 파생되는 여러 현상들이 가장 영향력이 크다고 할 수 있다. 최신 컴퓨터 기술은 중앙집중식 예약시스템을 개혁하였으며, 호텔로 하여금 객실예약을 즉각 확인할 수 있도록 여행사 및 항공사 예약시스템과 직접 연결을 도모하였다.

컴퓨터는 또한 현재고객과 미래고객에 대한 마케팅 데이터베이스를 만들어내는 데 있어서, 판매노력을 관리하는 데 있어서, 그리고 개별판매 서신을 발송하는 등 다양한 영역에 걸쳐 중요한 역할을 하고 있다.

컴퓨터 기술은 조사정보 관리, 월별 보고서 작성, 그리고 판매노력을 계획하는 데 필요 불가결한 도구이다.

(2) 유통방법의 변화

호텔객실의 유통방법도 고려해야 할 또다른 요소이다. 컴퓨터는 물론 객실예약에 중요한 역할을 해왔다. 즉 여행계획이 점차 복잡해짐에 따라 여행사와 항공사 시스템을 통한 컴퓨터 예약제도가 증가하고 있다. 그러나 새로운 유통기술은 제3자인 공급자에게 국한되지 않는다.

소비자가 직접 연결하는 기술이 개발되고 있어서 고객은 홈텔레비전에 연결된 교환케이블 시스템을 통하여 집에서 편하게 앉아 항공편과 객실 패키지를 구매하는 일이 가능하게 되었다. 고객들은 이미 가정에 있는 컴퓨터 터미널로 쉽게 접근할 수 있는 데이터 서비스와 공항에 있는 데이터 뱅크를 통해서 호텔정보를 직접 알아볼 수 있다.

(3) 매체계획의 변화

매체계획도 호텔판매에서 중요한 역할을 하고 있다. 과거에는 호텔경영 관리사는 매체선택권이 거의 없어서 지방신문에 광고를 내거나, 아니면 전국 규모의 독자층을 가진 잡지에 광고를 내거나, 아니면 라디오 스팟광고를 할 수가 있었다. 그러나 오늘날은 폭넓고 다양한 인쇄매체와 방송매체의 이용이 가능하다. 일반잡지뿐만 아니라 여러 가지 특별 전문잡지, 업계저널, 소비자 간행물도 이용이 가능하다.

방송에 있어서는 텔레비전이 보다 중요한 역할을 하고 있다. 호텔업자는 텔레비전 협찬을 선택할 기회가 있으며, 케이블 텔레비전 선택권도 다양하다. 이같이 폭넓은 매체 선택과 더불어 청중은 더욱 적어져서 근접광고를 할 필요가 생겨났다. 그러므로 마케팅 담당자들은 과거에 한때 접근되었던 전국적 방송전략을 구사하기보다 특수시장에 소구하는 광고와 촉진을 개발하지 않으면 안 된다.

(4) 경쟁의 변화

서비스 기업이 소규모 독립적인 운영을 하던 시대는 이미 지났다. 더 많은 호텔들이 거대한 체인과 경쟁하기 위하여 지점을 설치하고 있다.

이러한 추세는 소규모, 혹은 독립업체에 큰 영향을 주고 있다. 몇몇 독립업체로서는 큰 업체와 경쟁하는 데 필요한 재정력을 얻을 수 있고, 건실한 영업기반을 가지고 있다면 살아남을 수 있지만, 다른 독립업체들은 고객층에 의존하거나 컨소시엄에 가입해야만 경쟁에서 살아남을 수가 있게 되었다.

(5) 고객취향의 변화

21세기 지식정보사회의 시대를 맞이하여 고객이 필요한 요구와 추구하는 바가 무엇인지를 정확히 예측하고 있어야 한다. 현대사회의 고객들은 가치를 우선하고 있지만, 서비스와 위락도 역시 중요한 요소로 인식하고 있다. 뿐만 아니라 고객들은 대부분은 같은 체인의 다른 호텔에 투숙할 때도 같은 형태의 경험을 추구하고 있다.

고객이 선호하는 호텔의 타입은 여행동기 · 예산, 기타 다른 요인에 따라 달라질 수 있다. 흑백 텔레비전이 컬러로 바뀌고, 지역 내 무료전화와 컨티넨탈 아침식사를 제공하는 호텔이 늘어났으며, 실내영화와 실내근무 영역의 가치를 이시하는 비즈니스 여행자들을 유치하려고 호텔 · 관광기업은 마케팅을 위해 사력을 다하고 있다.

고객의 취향이 변하고 새로운 시장이 추가되어(예를 들어 여성 업무여행자, 노년층 여행자 등) 호텔은 목표시장을 재평가하지 않을 수 없게 되었고, 보다 경쟁적으로 재편되었다. 이것이 오늘날 아마도 가장 중요한 추세가 되는 상품세분화로 이어지게 되었다.

(6) 상품세분화

상품세분화는 하나의 특별시장을 위해서 호텔을 설계 · 설비하거나 마케팅하는 것을 말하는데, 이것은 물론 전혀 새로운 것이 아니다. 호텔산업은 전통적으로 고급(luxury), 중간(mid-price) 그리고 저렴(budget)한 호텔의 3가지로 분류되었으나, 지금은 이와 같은 분류 외에 또다른 분류가 있어 호텔들은 다른 경쟁호텔과 스스로를 구별하기 위해 브랜드 이미지와 브랜드를 창출하고 있다.

오늘날 상품세분화는 3가지 기본형태가 있는데, 틈새마케팅, 호텔 내 호텔, 고급호텔이 그것이다.

상품세분화는 다른 타입의 호텔을 짓거나 가입 체인에만 한정되고 있지는 않다는 결과 '호텔 내 호텔'이란 콘셉트가 인기를 얻었으며, 특히 클럽이나 귀빈 전용층을 가지고 있는 것을 높이 평가하는 고급호텔 고객에게 특별한 경험을 제공하고 있다. 쉐라톤과 힐튼은 타워 섹션(Tower Section)을 제공하고 있고, 하얏트는 리젠시 클럽(Regency

Club)을, 메리어트(Mariott)는 콘시에지 레벨(Concierge Level)을 제공하고 있다.

고급호텔은 호텔산업의 핵심부가 되었으며, 전통적인 호텔에서 사용하지 않는 별도의 시설(라운지 · 수영장 · 헬스클럽)에 대해서 요금을 지불하기를 원치 않는 가치지향적인 여행객에게는 물론 체재연장 기간 중 스위트가 제공하는 별도의 안락함을 즐기는 여행자에게도 어필하고 있다. 다양한 욕구를 해결하기 위해서 고급호텔들은 고객에게 회의시설, 식당, 레크리에이션 시설을 제공하는 완벽한 리조트 같은 호텔에서부터 가치지향적인 여행자들에게 가정의 편안함을 제공하는 별도의 시설을 갖춘 호텔에 이르기까지 다양다종하다.

많은 고급호텔에서는 객실료의 일부로 컨티넨탈 아침식사나 주문에 따라 요리하는 아침식사를 제공하고 있으며, 풀코스 식당도 고객의 편의를 위해서 가까운 곳에 위치하고 있다. 이러한 호텔서비스의 수요에 영향을 미치는 이 모든 추세로 볼 때 호텔은 과거의 호텔들과 같은 방식으로 기능할 수 없다는 것은 명백하기 때문이다.

경쟁은 더욱 심화되고, 몇 번의 광고를 게재하고, 몇몇 판매원들을 판매방문에 내보내고, 객실과 업장을 채우기 위해서 구전광고(word-of-mouth)에만 의존하는 것은 적절하지 못하다.

오늘날과 같은 도전적인 시장은 집중적인 서비스 마케팅과 판매촉진 노력을 요구하고 있다.

유익한 토막상식 : POS(Point-Of-Sales)

경영에 관한 정보관리 시스템을 말하며, 이 시스템은 각 판매장에 컴퓨터와 연결된 포스 단말기를 설치하여 각종 데이터를 일단 2차 기록장치(포스 단말기)에 축적하였다가 중앙컴퓨터로 전송함으로써 판매에 관한 사무처리는 물론 시장조사, 재고조사 등 유통경제의 종합적인 관리를 가능하게 한다.

즉 상품 판매시 금전등록기가 하나의 특수목적 컴퓨터 단말기가 되어 사무처리를 감시하고, 재고정리를 위해 자료 파일에 직접 기록하며, 신용카드의 유효성을 검사하는 등의 처리기능을 수행한다. POS시스템은 보통 백화점이나 슈퍼마켓에서 많이 사용되고 있다.

4. 고객의 서비스 구매의사 결정과정

고객은 상시적으로 여러 가지 상품이나 서비스를 구매한다. 출근을 위하여 택시 · 버스 · 지하철 · 자가용 등 자신에게 가장 유리한 이동수단을 선택하여 의사결정을 하고, 점식식사를 어디서, 누구와, 어떤 메뉴를 할 것인지, 퇴근 후에는 누구와, 어디서, 무엇을 할 것인가 등의 구매의사 결정상황에 직면하게 된다. 이처럼 고객은 항시 선택의 기로에 서서 다양한 욕구에 대한 다양한 구매의사 결정을 하는데 호텔기업도 마찬가지로 구매활동을 하기 까지 매우 다양한 의사결정 과정을 보인다.

따라서 고객의 구매행동의 동기와 구매의사 결정과정을 이해하기란 쉽지 않지만 고객의 구매의사 결정과정은 필요인식 단계(문제인식), 정보탐색 단계, 대안평가 단계, 구매결정 단계, 구매 후 행동 단계로 나누어볼 수 있다. 이들의 단계가 반드시 순서대로 진행되는 것은 아니며, 때로는 추월할 수 있거나 순서가 뒤바뀌고 생략되기도 한다.

(1) 필요인식 단계

고객은 자신이 처한 상황에서 무엇인가 부족하다고 느끼거나 균형상태가 깨질 때 부족함을 해결하려고 하거나 원래의 상태로 복귀하려는 노력을 하게 된다. 이러한 노력의 하나가 필요 욕구 또는 문제를 인식하게 되는 단계이다.

욕구는 배고픔 · 목마름 등의 내부적 자극에 의하여 발생할 수 있으며, 식당 옆을 지나치다 갑자기 시장기를 느끼는 등 외부적 자극에 의하여 발생할 수 있다. 이처럼 내 · 외부석 자극에 의하여 문제를 인식하게 되는 것은 문제를 해결하려고 하는 노력의 하나가 되며, 구매의사 결정과정의 첫단계가 된다.

(2) 정보탐색 단계

고객은 다양한 정보원천으로부터 정보를 획득한다. 고객이 자신의 문제를 해결할 수 있는 정보를 많이 획득할수록 자신에게 유용한 상품이나 서비스에 대한 인식과 지각은 증가한다. 고객이 자신의 문제를 인식하고, 이를 해결하기 위하여 필요한 정보를 내 · 외부로부터 찾는 단계를 정보탐색 단계라 한다.

이러한 정보탐색 단계는 고객이 욕구 결핍상태에 따른 문제를 인식한 후 문제를 해결하려는 구체적 노력에서 시작되는데, 자신의 욕구를 만족시키는 해결책을 위한 정보가 기억에 있다면 내적 정보에 의존하지만 기억 속에 존재하지 않는다면 외부에서 관련정보를 찾기 위하여 노력할 것이다.

(3) 대안평가 단계

고객은 대안의 평가단계에서 자신의 욕구를 만족시키는 상품이나 서비스의 속성들에 관심을 가지고, 또한 각 속성들이 자신의 욕구에 얼마나 중요하고 합리적인가를 판단한다. 그리고 이들 속성들이 상품이나 서비스에 따라 어떤 효용을 제공할 것인가에 대한 신념들을 고려하게 된다.

이처럼 고객이 정보탐색을 하면서 많은 관련정보와 지식을 얻게 되며, 이때 자신의 욕구를 만족시킬 수 있는 가장 이상적인 대안이 무엇인가를 선택하는 문제에 부딪치게 되는데, 이 단계가 대안평가의 단계이다.

(4) 구매결정 단계

고객의 구매행동에는 자신에게 필요한 상품이나 서비스를 구매할 경우에 주변사람들의 태도를 고려하게 된다. 또한 구매결정에는 예상치 않았던 상황변수들이 영향을 미친다. 이처럼 자신의 욕구나 필요를 만족시킬 수 있는 가장 이상적인 각 상품이나 서비스들에 대한 대안의 평가가 이루어진 후 고객은 구매결정에 이르게 되는데, 이 단계가 구매결정 단계이다.

예를 들어 갑자기 화재가 나거나 돈을 사기당하는 등 돌발변수에 의하여 구매행동으로 이어지지 않을 수도 있다. 따라서 상품이나 서비스에 대한 선호와 구매의도가 실질적 구매결정인 구매행동으로 반드시 이어지지는 않을 수 있다.

(5) 구매 후 행동 단계

고객의 상품이나 서비스의 구매와 소비에 대한 만족 · 불만족은 그 상품이나 서비스에 대하여 고객이 갖는 기대와 실제로 지각한 성과 사이의 관계에 의하여 결정된다. 따라서 고객은 자신의 욕구를 충족시키기 위하여 특정 상품이나 서비스를 구매하고 나서 그 상품이나 서비스의 소비에 따른 만족 · 불만족 등의 반응을 나타내며, 그 결과에 따라 구매 후 행동으로 이어진다.

고객은 서비스나 상품의 구매 후 대부분 자기의 의사결정이 옳았는지에 대한 확신과 확신의 부족에 따른 인지 조화, 인지 부조화나 심리적 불편을 경험하게 된다.

〈표 2-2〉 호텔 · 관광고객의 서비스 구매의사 결정에 영향을 미치는 요인

구매의사 결정요인	요인별 정리
심리적 요인	동기, 지각, 학습, 신념, 태도 등
개인적 요인	나이, 생애주기, 직업, 경제적 상황, 라이프스타일, 성격, 자아 등
사회적 요인	소속집단, 가격관계 등
문화적 요인	문화와 하위문화, 사회계층 등

제3절 호텔 · 관광서비스 마케팅의 환경요인

1. 마케팅의 경쟁환경 변화

호텔·관광기업을 둘러싸고 있는 경영환경의 변화가 날로 심화되고 있다. 지금의 변화는 크게 3가지로 요약할 수 있다.

(1) 시장의 환경 변화

호텔·관광 시장별로 시점의 차이는 있지만 1990년대 이후 가속화된 공급과잉 현상으로 인해 시장은 상품의 포화상태로 접어들고 있다. 또한 수요를 월등히 초과하는 공급은 과당경쟁을 불러오고 있다.

(2) 고객의 변화

경제성장과 함께 늘어난 가처분소득은 고객으로 하여금 본격적인 소비생활의 패턴에 따라 기호를 변화시키고 있다. 이제 우리나라의 소비자도 과거 공급부족 시대의 단순하고 획일적인 소비자가 아니다. 고객은 이제 다양하고 까다로운 기호를 가졌으며, 높은 수준의 서비스를 요구하는 선진국형 소비자로 탈바꿈하고 있다. 게다가 최근에 확산되고 있는 정보화 혁명은 소비자를 완벽한 시장정보에 접근 가능하게 해 고객을 시장의 새로운 감시자로 부상시키고 있다.

앞으로 호텔시장 개방으로 인한 선진국 상품의 사용경험과 인터넷을 통해 획득한 시장정보로 완전무장한 신소비자들은 호텔기업에게 세계최고 수준의 상품과 서비스를 요구할 것이다.

(3) 경쟁환경의 변화

시장환경의 변화와 소비자의 변화는 경쟁여건을 근본적으로 바꾸어놓고 있다. 우선 공급과잉의 시장에서는 과거처럼 단순히 소비자의 수요를 양적으로 채워주는 상품이나 서비스로는 다양해진 소비자의 욕구를 충족시킬 수 없으며, 나아가서 경쟁에서 승리할 수 없다. 경쟁양상이 과거에는 소비자의 기본적 욕구(needs)를 누가 먼저 채워줄 수 있는가 하는 것이었다면, 이제는 다양해진 2차적 욕망(wants)을 어떻게 채워줄 수 있을 것인가 하는 것으로 바뀌고 있다.

설상가상으로 경쟁의 범위도 과거의 국내경쟁에서 이제는 국제경쟁으로 폭넓게 변화되고 있다. 호텔시장의 전면개방으로 인해 세계 각국에서 몰려오는 상품들은 소비자의 안목을 한껏 높여놓고 있으며, 경쟁여건을 더욱 심화시키고 있다.

2. 마케팅 환경

호텔 · 관광서비스의 마케팅 환경이란 상품서비스의 생산 · 홍보 · 판매 등 기업의 모든 마케팅 활동에 영향을 미치는 모든 요인들을 의미한다. 이러한 마케팅 환경은 정지해 있는 것이 아니라 계속적으로 변화하므로 기업활동은 이러한 환경변화에 끊임없이 적응하는 과정이라고 해도 과언이 아니다.

마케팅 환경을 구성하는 요인들을 내 · 외적 환경요인이라는 2가지 큰 범주로 나누어보면, 우선 내적 환경요인은 호텔과 마케팅 담당자들에 의해 주도되면서 기업에 의해 통제될 수 있는 요인을 말한다. 호텔의 최고경영층은 기업의 전반적인 정책을 제시하며, 마케팅 담당자들이 관련 의사결정을 함에 있어 지침서를 제시하는 역할을 한다.

이때 호텔서비스의 마케팅 환경은 마케팅과 관련된 의사결정이 이루어지고 실행에 옮겨지는 호텔 현장을 둘러싸고 마케터가 마케팅 계획을 수립하고 실행해나가는데 매우 중요한 의미를 갖는다. 따라서 호텔서비스 마케팅 담당자들은 이 같은 지침에 따라 구체적인 마케팅 계획을 수립해야 한다.

한편 외적 환경요인은 호텔이 통제할 수 없는 환경요인들을 말하는데, 법률적 · 정치적 · 경제적 · 기술적 요인 등이 해당된다.

3. 내부적 환경요인과 마케팅

호텔과 마케팅 담당자들에 의해 주도되며, 호텔기업이 통제할 수 있는 요인들을 호텔의 내부적 환경요인이라고 말한다. 내부적 환경요인들의 일부는 최고경영층이 통제하며, 기업 전반을 지배하는 정책적 의사결정들에 의해 좌우된다.

따라서 마케팅 담당자들은 전반적인 호텔의 목표를 달성하기 위하여 마케팅 계획을 수립하고, 이를 실행하는 책임을 진다.

(1) 사업영역 요인

호텔기업이 생산하는 상품이나 서비스의 종류, 지역적 범위, 소유구조형에 구체적 사업분야 등을 포함하는 전반적 의사결정은 최고경영자의 의사결정의 범주에 해당한다.

(2) 기업목표 요인

호텔 최고경영자에 의해 제시되는 기업목표는 측정 가능성을 전제로 결정되고, 기업성과는 제시된 목표와 실적을 비교함으로써 평가된다. 여기에는 매출액 · 시장점유율 · 이윤 등이 주로 이용되며, 최근에는 기업윤리와 사회적 마케팅을 통한 고객의 가치를 기업목표로 중시하는 경향이 나타나고 있다.

(3) 기업문화 요인

최고경영자의 리더십과 의사결정은 기업문화 창출에 결정적인 역할을 한다. 기업문화는 조직구성원들이 공유하고 따르는 가치규범 · 관행들을 말한다.

우리나라의 기업문화는 가풍 중시주의, 집합주의, 명분주의, 인간 중시주의, 위계질서 중시주의 등이 복합적으로 작용하고 있다. 최고경영자의 의사결정에 의하여 형성된 기업문화는 마케팅 활동에 크게 영향을 미친다.

신상품 개발의 경우 기업문화는 결정적으로 작용하게 되는데 그 기업문화가 고객중시와 효율성 중시 문화인가, 아니면 위계질서 중시와 전통 중시인가에 따라 신상품의 아이디어 창출과 설계 및 상품개발 과정에 영향을 미치게 된다.

(4) 목표시장과 마케팅 목표 요인

목표시장은 기업이 마케팅 프로그램을 통하여 만족시키고자 하는 특정 고객집단을 말한다. 목표시장을 선택함에 있어 마케팅 책임자는 시장을 어떻게 세분시장으로 나누며, 그 세분시장들 중에서 어느 시장을 목표시장으로 할 것인가를 결정한다. 목표시장이 결정되면 마케팅 목표를 설정하게 된다. 마케팅 목표는 기업목표보다 구체적 단위로 실행 가능한 목표를 설정한다.

(5) 마케팅 믹스 요인

목표시장과 관련된 마케팅 목표를 달성하기 위해 상품, 서비스, 촉진, 유통, 가격 등의 구성요소들을 적절하게 결합하는 과정을 말한다. 마케팅 믹스를 구성할 때는 반드시 목표시장의 욕구를 적절히 반영하고, 구성요소들 사이의 조화를 이룰 수 있어야 한다. 또한 기업의 자원한계를 고려하면서 차별적 우위를 가질 수 있도록 구성해야 한다.

마케팅 믹스는 목표시장에서 기업의 마케팅 목표를 달성하기 위하여 기업이 활용하는 마케팅 도구들의 집합을 말한다. 일반적으로 마케팅 믹스는 4P's를 일컫는데, 마케팅 믹스와 관련된 의사결정에는 상품, 서비스, 가격, 유통, 촉진이 있다.

4. 외부적 환경요인

호텔이 임의로 변화・조정하거나 통제하기 어려운 거시적 환경을 호텔의 외부적 환경요인이라고 한다. 이러한 외부적 환경요인은 다양한 기회요인과 위협요인을 제공하기도 한다.

(1) 고객요인

고객은 상품이나 서비스의 고유 특성에 따라 다양한 구매유형을 나타낸다. 일상적 소모성 상품의 구매와 가구・자동차・주택 등의 내구재 구매의 경우, 또는 저가상품이나 고가상품의 구매 경우 등 상품이나 서비스의 특성에 따라 구매패턴이 다르게 나타난다.

일반적으로 고객들은 고가상품의 내구재 구매의 경우에는 비교적 신중하게 고려하여 구매를 결정하지만, 저가상품의 일상용품인 경우에는 신속하며 덜 신중한 구매의사 결정을 한다.

또한 최근에는 고객들의 권익보호 단체가 적극적으로 고객권리 주장활동을 전개함으로써 호텔기업의 상품 및 서비스 생산과 마케팅 활동에 상당한 영향을 미치고 있다. 예컨대 계약조건 중 고객우선 및 의무조항 신설, 약정위반에 따른 교환・환불 계약조건의 성실한 이행들이 그것이다.

때문에 호텔은 상품 및 서비스의 특성에 대한 차별적인 마케팅 활동을 전개해나감과 동시에 고객간의 특성 차이에 대한 인식을 제고할 필요가 있다. 고객은 호텔기업이 생산판매하는 동일한 상품에 대해서도 자신의 특성 차이에 따라 차별적인 구매활동을 한다는 사실을 잊어서는 안 된다.

호텔은 자신의 주 표적시장을 자유롭게 선정할 수 있지만 선정된 목표고객들의 특성을 통제하기 어렵다. 또한 고객들의 나이, 소득, 직업, 학력, 주거지, 국적, 인종, 언어 등의 고객특성에 대하여 적절히 대응하는 마케팅 전략을 수행할 수 있지만 그들의 특성 자체를 통제할 수 없다. 고객이 상품을 구매하기까지는 고객 자신이 속한 소속사회의 관습, 문화, 가치관, 가족관계, 친지, 사회지위, 종교 등을 고려하지 않을 수 없다.

때문에 호텔은 고객의 마음에 드는 상품 및 서비스를 생산하고 판매하는 것을 목표로 해야 한다. 고객이 원하는 것이 무엇인지를 파악하고, 고객이 아직 인식하지 못하고 있는 욕구는 어떤 것이 있는가를 알아내고, 고객의 욕구에 부응하는 상품이나 서비스를 제공해야 한다.

기업이 효과적인 마케팅 전략을 수립하고 실행해나가기 위해서는 무엇보다 고객 및 고객이 속한 집단에 대한 충분한 이해가 선행되어야 한다.

〈표 2-3〉 호텔 · 관광의 경쟁환경 요소

경쟁환경 요소	내 용
독점 (monopoly)	전체시장에서 한 호텔기업만이 유일하게 특정 상품이나 서비스를 생산하고 판매하는 경우가 이에 당한다. 독점시장 형태는 지속적으로 유지될 수 없는데 일정기간 이후 곧 경쟁자가 시장에 출현하기 때문이다.
과점 (Oligopoly)	특정 상품이나 서비스를 소수의 기업들만이 대부분의 시장을 점유하고 있는 경우가 여기에 해당한다. 과점하의 호텔기업들은 규모가 상당히 크며, 비가격경쟁이 이루어지는 것이 일반적이다. 경우에 따라 기업간 담합이 이루어져 후발시장 진입업체를 견제 또는 억압한다. 때문에 후발시장 진입업체의 경우 성공을 위한 투자비용이 과다하게 지출되어 시장진출에 부담으로 작용할 수 있다.
독점적 경쟁	시장에서 특정 상품이나 서비스를 대상으로 많은 호텔기업들이 차별적 마케팅 믹스를 가지고 경쟁하고 있는 상태를 말하며, 가장 일반적인 경쟁형태이다. 경쟁자의 수가 많고, 치열한 경쟁이 이루어지는 경우 경쟁우위를 선점하기 위해서는 고객들에게 자사의 상품을 구매할 이유를 제공해주어야 하기 때문에 차별적 마케팅 믹스 전략을 구사하여 고객에게 접근해야 한다.
순수 경쟁	시장에서 특정 상품이나 서비스를 대상으로 무수히 많은 호텔기업들이 자유롭게 경쟁하고 있는 상태를 말한다. 순수 경쟁하에서 기업들은 어떠한 차별적 우위를 누리기 어렵다. 고객들은 호텔기업이 생산하는 상품이나 서비스에 대한 차별성을 인식하기 어려우며, 이것을 인식하지 않고 구매를 하게 되는 경우가 많다. 때문에 호텔기업은 차별적 마케팅 전략을 통한 경쟁우위가 거의 불가능하다.

(2) 경쟁사 요인

호텔 경쟁환경은 마케팅 활동에 영향을 미치며, 경쟁환경의 분석은 목표시장에 성공적으로 접근하기 위한 필수적 요건의 하나이다. 기업은 전반적 시장구조에 대한 이해와 함께 마케팅 전략차원에서 국내외 경쟁자의 규모 · 유통 등 전반적인 분석을 통해 적극적으로 대응해야 한다.

(3) 기술발전 요인

기술발전은 기업이 생산하는 상품과 서비스에 크게 2가지 영향을 주게 된다.

- 기존상품이나 서비스보다 우수한 품질의 신상품이나 서비스를 생산
- 기존상품이나 서비스보다 가격이 저렴한 신상품이나 서비스를 생산

이러한 기술의 발전은 기업 및 사업단위 수준의 전략에 변화를 가져다 줄 수 있다. 기술환경의 급속한 변화에 대하여 호텔기업이 보이는 가장 부정적 반응들 가운데 하나는 기존상품의 서비스를 그대로 유지하려고 하는 전략이다. 왜냐하면 기술의 개발은 상당히 많은 비용이 소요되고 곧 진부화가 일어나며, 개발자는 독점력을 행사하려 하고, 또 신기술을 도입하기 위하여 막대한 대가를 지불해야 하기 때문이다.

그러나 신기술의 출현에도 불구하고 기존상품과 서비스만을 고수하면서 신기술이 반영된 신상품으로의 전환을 거부할 때 당장의 투자지출액을 절감하여 단기적 시장성과를 좋게 만들 수 있지만 장기적으로 기업생존 자체에 위협을 받을 수 있다.

(4) 경제적 환경요인

경제적 환경은 호텔기업의 활동에 영향을 미치는 거시적 경제변수들에 의하여 창출된다. 국가 및 지역의 경제성장률은 기업의 마케팅 활동에 중요한 변수로 작용한다. 경제의 고성장은 시장의 잠재성이 매우 크다는 것을 나타내며, 저성장은 상품이나 서비스 판매율의 저하를 예측할 수 있다.

예컨대 경기가 호황국면에서는 고객들이 소비를 증가시키지만 경기가 침체국면에 들면 고객들은 자신의 소비를 전반적으로 감소시킨다. 경기의 침체 여부는 기업의 상품이나 서비스의 판촉활동에 영향을 주게 된다. 경기가 불황일 경우 호텔기업은 자사의 상품이나 서비스를 대형 할인매장을 통해 유통시키는 정책을 펴기도 하고, 고가품에 대한 저가형 대체품 개발에 노력하기도 한다.

(5) 사회문화 요인

호텔기업의 마케팅 활동에 영향을 미치는 사회문화 요인으로는 연령, 인종, 성별, 종교, 관습, 가치관, 예술 등이 있다. 사회문화 요인은 고객의 구매 및 소비행위를 결정하는 데 많은 작용을 하게 된다. 이들 요인은 국가와 같은 큰 집단 사이에서 차이를 보이며, 국가도시 안에서도 이질적 집단간에 큰 차이를 보이는 경우가 많다. 이들 환경은 다른 환경과 같이 지속적으로 변화하는 특성을 나타낸다.

인구증가율, 성별구성비, 결혼적령기, 기혼자비율, 학력수준, 소득수준 등은 꾸준히 변화하고 있다. 이들 환경의 변화는 곧 소비형태의 변화로 이어지기 때문에 기업활동은 이들 환경변화에 능동적으로 대처할 수 있어야 한다.

(6) 법과 정치 요인

호텔기업의 활동은 국가기관이 정한 법률에 의해 규제와 보호를 받는다. 기업활동의 법적 근간을 제공하는 상법과 독점거래 및 공정거래법, 고객보호법, 중소기업창업지원법, 가격규제법, 할인판매금지법, 원산지표기법, 지적재산권보호법, 교통유발부담금법, 유통제한법, 광고규제법, 제조물책임법 등이 그 대표적인 예이다.

법적 규제는 기업이 수행하는 마케팅 활동 중 광고규제로 나타나기도 한다. 경쟁사를 비방하는 광고나 자사의 상품에 대한 허위 과장광고 등이 그것이다.

정치환경도 호텔기업의 활동에 영향을 미치는 중요한 변수이다. 국가의 정치제도, 이익단체의 역할 등에 따라 국가의 정책이나 법률 결정에 영향을 미칠 수 있기 때문이다.

호텔기업이 정치권과 결탁하여 불법적이고, 비윤리적 방법으로 시장에서의 독점적 지위를 남용하거나 부당한 이익을 취할 수 있다. 국가의 호텔기업 활동 관련 정책의 투명성 · 안정성 · 편의성 등은 공정한 경쟁을 유발시킬 수 있으며, 우수한 외국자본의 투자에 결정적 역할을 수행하며, 공정경쟁을 통한 경쟁력을 갖춘 상품이나 서비스가 지속적으로 개발될 수 있는 환경을 제공할 수 있다.

(7) 매체 요인

호텔기업이 자사의 상품이나 서비스의 촉진수단으로 각종 매체를 이용하게 된다. 최근에는 기업들이 케이블 TV나 인터넷망을 이용함으로써 마케팅 활동의 범위를 확대해나가고 있다. 매체환경의 변화는 기업의 촉진활동이나 기업 이미지를 전달하는 방식에 변화를 가져오게 된다. 케이블 TV나 PC통신을 통하여 기업들이 적극적으로 고객들과 상호작용을 시도함으로써 기업 이미지 개선과 고개욕구의 파악 및 이를 상품 및 서비스에 반영함으로써 판매를 촉진시키기고 있다.

고객들도 매체의 다양화와 매체환경 변화에 대한 태도의 변화를 가져옴으로써 기업의 마케팅 활동에 변화를 초래하고 있다. 앞으로 쌍방향 디지털 시대의 도래는 또다른 마케팅 활동의 변화를 요구하고 있다.

5. 마케팅 SWOT 분석

현재 대부분의 기업에서는 마케팅 분석을 수립하는 것이 일반적이다. 이러한 마케팅 계획은 자회사와 한 브랜드, 혹은 상품의 현황과 강 · 약점, 경쟁회사와 상품에 대한 비교정보, 내 · 외부 환경에 대한 분석과 대처 능력을 키워주기 때문에 매우 중요하다. 또한 이런 마케팅 계획을 통하여 그 상품에 대한 콘셉트가 결정되고 4P 믹스(mix) 전략을 수립하고, 상세전술 등을 실시하기 때문에 정확하게 마케팅 계획을 수립하는 것은 그 상품의 성공 여부를 결정할 정도로 매우 중요하다.

호텔관광 기업의 환경요인들은 마케팅 전략 수립에 있어 주의 깊게 고려되어야 하는데, 환경분석 실시 후에 하는 일반적인 다음 단계는 기업의 내부적 강 · 약점과 외부 환경적 기회·위협 요인을 체계적으로 파악하여 전략수립에 활용하는 SWOT 분석을 이용할 수 있다. 여기서 SWOT란 Strength(강점), Weakness(약점), Opportunity(기회), Threats(위협)의 약자로서, 이러한 요인들을 전략적 시각에서 분석하여 가장 적합한 시장공략 전략을 수립하고 마케팅 계획의 방향을 설정하려는 것이다.

SWOT 분석은 내부 마케터들의 환경분석에 대한 결과와 전문가들의 시장 분석, 그리고 소비자 대상 설문조사 결과를 가지고 실시하고 있다. 또한 SWOT 분석은 문장으로 기술하여도 좋으나, 보다 명료하게 전체를 살펴보기 위하여 매트릭스(matrix)를 활용하는 것이 좋다.

(1) 경쟁사가 포함되지 않은 SWOT 분석방법

[그림 2-3]과 같은 형태의 SWOT 분석은 일반적으로 많이 실시하고 있는 분석모형이다. 이러한 틀에 따라서 ①에 해당이 되는 자사의 강점이면서 동시에 기회요인에 해당이 되는 전략이면 SO 전략이고, ②에 해당이 되는 자사의 약점을 극복하면서 기회요인을 활용하는 전략이면 WO 전략이다. 이러한 분석에 있어서 가장 큰 문제점은 경쟁자에 대한 고려를 거의 하지 못한다는 것이다.

	S	W
O	①	②
T	③	④

[그림 2-3] 경쟁사가 포함되지 않은 SWOT 분석방법

유익한 토막상식 : SWOT 분석

SWOT 분석은 강점(strength), 약점(weakness), 기회(opposites), 위협(threat)은 어떤 기업이 경영전략 수립을 위해 분석하는 내부환경과 외부환경으로부터 찾아내야 하는 기본적인 사항이다. 내부환경을 분석하여 기업의 강점과 약점을 발견하고, 외부환경을 분석하여 기회와 위협을 찾아내어 이를 바탕으로 전략을 수립하게 된다.

물론 환경적인 부분에 경쟁자에 대한 내용을 포함시켜서 하는 경우도 있지만 이는 외부환경 요인과 내부환경 요인, 그리고 경쟁자의 요인을 동일선상에 놓고 전략을 수립함으로써 경쟁자의 전략을 상당부분 무시하게 되는 결과가 나오게 된다. 또한 전략의 집중화가 요구되는 시기에 ④에 해당이 되는 약점과 위협을 동시에 극복해야 하는 필요성이 떨어지는 전략도 함께 수립해야 하는 단점이 있다.

(2) 경쟁사를 고려한 SWOT 분석방법

경쟁사가 포함되지 않은 SWOT 분석의 단점을 극복하기 위한 방안으로서 최근 많이 사용하고 있는 SWOT 분석은 [그림 2-4]와 같은 형태를 갖고 있다. 이런 SWOT 분석방법은 ①에는 자사의 강점, ②에는 자사의 약점을 기입하고, ③에는 경쟁사의 약점, ④에는 경쟁사의 강점을 기입하며, ⑤에는 환경부분에서의 기회요인, ⑥에는 위협요인을 기입하면 된다.

이와 같은 SWOT 분석은 먼저 경쟁사의 강점과 약점을 따로 작성을 하면서 자사의 강점과 약점을 좀 더 확실하게 파악을 할 수 있는 장점이 있다. 즉 첫번째의 SWOT 분석을 통해 발견하기가 힘들었던 경쟁사의 강・약점을 좀 더 면밀하게 파악을 함으로써 자사의 전략수립에 좀 더 객관성과 구체성, 그리고 경쟁력을 확보할 수 있게 된다.

	S	W
자사	①	②
경쟁사	③	④
환경	⑤	⑥
	O	T

[그림 2-4] 경쟁사를 고려한 SWOT 분석방법

(3) 외국계 회사에서 주로 사용하는 SWOT 분석방법

앞의 2가지 SWOT 분석방법 이외에도 외국계 회사에서 좀더 적극적인 의미로 사용을 하고 있는 SWOT 분석방법은 [그림 2-5]와 같은 형태를 갖는다. 즉 자사 전체, 경쟁사, 카테고리 환경, 4P에 대해 각각의 SWOT을 실시하는 방법이 있다.

이렇게 분석을 실시함으로써 좀 더 폭넓은 SWOT 분석을 실시하게 되고, 이에 따른 좀 더 정확한 결과를 도출할 수 있기 때문이다. 물론 이 경우에도 경쟁사의 경우에는 반대로 작성하여 각 세로 열마다의 전략을 수립할 수 있도록 도움을 주는 것이 일반적인 경우이다.

SWOT 분석방법은 각 호텔기업의 특성에 따라서 달리 적용이 가능하다. SWOT 분석방법을 사용하면 처음부터 분석을 잘못하여서 그 뒤의 모든 마케팅 전략수립에 악영향을 미치는 것을 막을 수 있을 것이다. 또한 어떤 상품이든지 시장에서의 유일한 상품은 없기 때문에 경쟁자에 대한 고려가 없는 마케팅 계획 수립은 시장에서 실패하는 상품이 될 가능성이 무척이나 높다.

따라서 최소한 위와 같은 방법으로 SWOT 분석을 실시하여 경쟁자를 생략하거나 무시하는 실수를 범하지 말아야 할 것이다.

	S	W	O	T
자사				
경쟁사				
환경				
Product				
Price				
Place				
Promotion				

[그림 2-5] 외국계 회사에서 주로 사용하는 SWOT 분석방법

1) 외부환경 분석

외부환경이 제공하는 기회요인은 더욱 세분해서 매력성과 성공 확률에 따라 매트릭스를 수립할 수 있다. 기회요인의 매력성이 높고 호텔기업이 그것을 이용하여 성

공할 확률이 높을 때 호텔기업은 적극적으로 이를 활용할 방안을 모색해야 한다.

또한 기회는 종종 위협과 더불어 찾아오므로 위협요인 또한 그 심각성과 발생 가능성을 각각 평가해볼 수 있다. 위협요인이 심각성과 발생 가능성이 모두 높을 때 호텔기업은 총력을 기울여 위기를 타개하고, 그 악영향을 최소화하는 방법을 강구해야 한다.

외부환경 분석에서 고려해야 할 점은 다음과 같다.

- 자신을 제외한 모든 것(정보)을 기술한다. 좋은 쪽으로 작용하는 것은 기회, 나쁜 쪽으로 작용하는 것은 위협으로 분류한다.
- 언론매체, 개인 정보망 등을 통하여 입수한 상식적인 세상의 변화 내용을 시작으로 자사에게 미치는 영향을 순서대로 점차 구체화한다.
- 인과관계가 있는 경우 화살표로 연결한다.
- 동일한 자료라도 자신에게 긍정적으로 전개되면 기회로, 부정적으로 전개되면 위협으로 나눈다.
- 외부환경 분석에는 스켑틱 체크 리스트(skeptic check list)를 활용하면 편리하다.

〈표 2-4〉 SWOT 분석시 고려되는 주요사항

Strength(강점) (내부적)	Weakness(약점)
• 경쟁력 있는 기술수준 • 원가상의 유리한 점 • 상품서비스 혁신능력 • 규모의 경제활용 • 경쟁상의 유리점 • 우수한 경영능력	• 쇠퇴해가는 경쟁력 위치 • 낙후된 시설 • 주요 기술이나 능력의 결여 • 미해결된 내부 운영상의 문제 • 협소한 상품계열 • 경쟁에 뒤지는 마케팅 기술 • 자금 동원력의 부족
Opportunity(기회) (외부적)	**Threats(위협)**
• 새로운 세분시장에의 진입 • 상품계열의 추가 • 관련상품으로서의 다각화 • 경쟁사간의 호의적 관계 • 빠른 시장성장 • 경제호황 • 경쟁업체의 경쟁력 감소	• 새로운 경쟁자의 진입 가능성 • 대체상품의 판매량 증가 • 시장성장 둔화 • 기업이익에 역행하는 정부방침 • 경기후퇴 및 경기변동 • 고객 · 공급자의 교섭력 증대 • 인구 수 감소

※ 자료 : Abell, Derek F., *Defining the Business : The Starting Point of Strategic Planning*, Englewood Cliffs, Nj : Prentice Hall(1980).

2) 내부환경 분석

외부환경의 위협요인을 최소화하고 기회요인을 발판으로 삼아 시장에서의 경쟁우위를 차지하는 것은 호텔기업 내부의 능력에 달려 있다. 따라서 정기적 또는 필요에 따라 조직의 강·약점을 세부적으로 자체 평가하고, 또한 각 요인의 중요성에 대해서도 검토하는 것이 필요하다. 높은 중요성을 가지고 있는데도 불구하고 성과가 떨어지는 부문에 대해서는 비판적 분석을 통해 개선책을 찾아야 할 것이다.

내부환경 분석에서 고려해야 할 점은 다음과 같다.

- 경쟁자와 비교하여 강점과 약점을 분석한다.
- 강점과 약점의 내용에서는 보유하거나, 동원 가능하거나, 활용 가능한 자원(resources)을 기술한다.

6. SWOT Case Study 사례 분석

(1) 강점(strengths)

- 자연경관이 수려함
- 청기와 및 신라시대 문양 사용으로 한국적인 전통미를 지님
- 외부인 접근이 용이하지 않으므로 안전문제 발생 가능성이 적음
- 일본시장에 강세를 보임
- 자체 내 서비스 교육원 운영으로 인력 자급
- Local Hotel로서 환경변화에 대응하는 독자적 정책수립이 용이함
- Local Market(특히 연회부문)에서의 강세
- 객실, 식음, 연회 부문 공히 정부 Market에서 강세
- 그룹의 계열회사이므로 관리부문이 강세이고, 그룹 차원의 지원 가능 및 장기적인 기업경영 기반 보장
- VIP가 묵는 호텔로 인식되어 상류층 내국인이 애용(식음, 연회)
- 호텔영내 환경이 사진촬영 장소로 적격
- 식음 부문 중 동양식(특히 중식, 일식)이 우세
- 2인 고객위주의 Twin Room이 다수
- 직원들의 일본어 구사능력 강세
- 리무진 서비스 및 공항 내 리무진 데스크 설치, 운영

(2) 약점(weaknesses)

- Nokn0chain 호텔인 관계로 해외 마케팅 능력 열세 및 구미시장에서의 낮은 지명도
- 스태프진의 국제감각 부족
- Local Hotel로서의 약점(예약망, 호텔관련 정보, 홍보, 상품개발 능력)
- 수영장의 상대적인 열세(규모 및 시설)
- 주변에 Foreign community가 없음
- 단기 업적주의의 팽배로 장기계획 수행이 어려움과 정책의 일관성 결여
- Business Town, Shopping Area와 떨어져 있음
- 투숙고객을 위주로 하는 Entertainment 시설 부족
- 경쟁사에 비해 연회시설의 노후화(방음, 음향, 조명류에서 낙후)
- 연회 부문이 외국인 Market에서 열세
- 식음 분야에 있어서 서비스 중견 인력층이 부족하여 고품위 서비스가 이루어지지 못함
- VIP 호텔로서의 인식으로 MIiddle Class Business 고객들이 거리감을 느낌
- 가격이 비싸다는 인식이 퍼져 있음
- 정문과 로비간의 기리가 길어, 걸어 들어오는 고객에게 불편
- 종사원의 영어 구사력이 떨어짐
- 로비 분위기가 어둡고 무거워 구미고객 기호에 맞지 않음
- 지나치게 격식을 차린 서비스는 고객에게 부담을 줌
- 고객욕구에 대한 분석이 미약

(3) 기회요인(opportunities)

- 국제 컨벤션 활발 및 상호 경제협력의 진전으로 컨벤션 수요의 증가
- 한류열풍으로 인한 아시아 지역 입국자의 지속적 증가
- 여행법 개방 및 관광사업 부문 활성화로 여행알선업체 국내진입이 용이해지며 이를 통한 상호보완 가능
- 유럽 및 사회주의 국가와의 교류 활성화로 유럽지역으로부터의 입국자 증대
- 소득수준 향상 및 여가문화 활성화로 내국인 수요증가 예상 및 소비의 고급화
- 다극화, 개방화된 국제질서에 편승하여 국가간의 빈번한 교류로 예상되는 정부행사 증가
- 소비구조의 변화를 통한 시장세분화 설정
- 소득수준 향상 및 풍요로운 삶에 대한 인식 등올 레스토랑 수요의 증가

- 새로운 라이프스타일의 대두와 의식구조 변모로 이를 충족시킬 수 있는 서비스 개발의 가능성
- 호텔 전문인력의 수요증가로 인력 수급 용이
- 첨단기기 발달로 서비스의 질 향상
- 중국이 개방되면서 한국이 중간 관문 역할로서의 중요성 부각
- 외국 항공사 취항 확대
- 국제행사 증가

(4) 위협(Threats)

- 국제 경쟁력의 우위를 지닌 해외 체인호텔의 국내진출 가능성
- 고임금 등으로 인한 비용 부문 지출증가로 수익성 감소 예상
- 해외 마케팅력에 있어서 Local Hotel로서의 열세
- 외국인 영세율 폐지에 따른 가격 상승
- 고객의 다양한 소비패턴을 충족시키기 위한 제비용의 과다지출 예상
- 교통체증 현상의 지속적 증가로 인한 강북과 강남의 연결시간 증가
- 경쟁사의 연회장 개보수에 투자 증대로 시장점유율 감소
- 강남지역으로의 상권의 점진적 이동
- 기업 공개로 인해 주주들의 이익배당에 대한 부담감
- 강남지역에서의 신규호텔의 지속적 영업 성장세
- 호텔이 사치산업이라는 그릇된 인식과 제반 법규의 강화
- 종사원의 복리후생 및 관련 간접비용 증가
- 대기업들의 호텔산업 진출 가능성
- 객실비품 고급화 및 객실 대형화 추세에 따른 비용 증가
- 신규호텔 등장으로 인한 인력이탈 가능성
- 시설 노후화에 따른 개보수 비용 증가
- 전문 패밀리 레스토랑의 증가로 식기음 부문 점유율 감소 추세

제 II 편

호텔 · 관광 세일즈 서비스 마케팅 시장의 접근전략 분석

제 1 장	호텔 · 관광서비스의 배경
제 2 장	호텔 · 관광서비스 마케팅 고찰
제3장	**호텔 · 관광 세일즈 서비스 마케팅(STP) 분석**
제 4 장	호텔 · 관광 세일즈 서비스 마케팅 믹스(MIX) 분석
제 5 장	호텔 · 관광 세일즈 서비스 마케팅 계획 및 정보시스템
제 6 장	호텔 · 관광 세일즈 서비스 마케팅의 연계성 전략
제 7 장	호텔 · 관광 세일즈 서비스 마케팅 커뮤니케이션 전략
제 8 장	호텔 · 관광 세일즈맨의 프로 세일즈십

제1절 호텔 · 관광 세일즈 서비스 마케팅 시장세분화 전략

1. 시장세분화 의의

시장세분화(market segmentation)란 용어는 스미스(Wendell R. Smith)가 처음 사용하였는데, 그는 시장세분화를 "소비자나 사용자의 욕구에 대하여 상품과 마케팅 노력을 합리적이며 보다 정교하게 맞추는 일"로 정의하였다.

또한 쉬프만(L. Schiffman)과 카눅(L. Kanuk)은 시장세분화란 "전체 시장을 수개의 동질적인 고객집단으로 구분하고, 하나의 독특한 마케팅 믹스로 도달될 수 있는 표적시장으로서, 하나 또는 수개의 세분시장을 선정하는 과정"이라고 정의하여, 시장세분화가 마케팅 전략을 전개해나가는 과정의 한 단계임을 명백하게 지적하고 있다. 이러한 관점은 기업의 핵심적 과정이 표적시장이 추구하는 편익과 욕구를 결정하고, 경쟁자에 비해 이 시장이 원하는 바를 보다 효과적으로 충족시키는 방향으로 마케팅 전략을 수행해야 한다는, 이른바 서비스 마케팅 지향적 사고(marketing oriented concept)의 출발점이라고 할 수 있다.

따라서 시장세분화는 "보다 효과적인 마케팅 믹스의 개발을 위해서 전체 시장을 상품에 대한 욕구가 비슷한 영업활동에 의미 있는 동질적 부분시장으로 나누는 작업"이라고 정의할 수 있다. 즉 이질적인 전체 시장을 동질적인 몇 개의 세분시장으로 나누는 행위를 말한다. 이러한 시장의 수용에 따라 마케팅 전략을 전개하는 데 그 의의가 있다.

호텔 시장세분화란 전체 시장을 구성하는 잠재고객들을 동질적인 하위시장들로 나누어 분리하는 과정을 말하는데, 이러한 과정을 통하여 산출된 하위시장들을 전체 시장과 구분하기 위하여 세분시장이라고 부른다. 따라서 하나의 세분시장을 구성하는 잠재고객들은 전체 시장을 세분하기 위하여 사용한 기준에 대하여 유사하며, 다른 세분시장에 속하는 잠재고객과는 기준에 대하여 상이성을 나타나게 된다.

호텔산업에 있어 시장세분화는 원래 상품 차별화에서 출발하였다. 1981년 로버트 하저드(Robert Hazard)는 퀄리티 인(Quality Inn)의 최고경영자가 되었는데 그가 물려받은 프랜차이즈 호텔(franchise hotel)들은 다양한 성격을 지니고 있어 고객들은 혼란을 느끼고 있었다. 그는 이를 타개하기 위해 상품・서비스를 컴퍼트 인(Comfort Inn), 퀄리티 인(Quality Inn), 퀄리티 로열(Quality Royal)의 3가지 범주로 차별화하고, 각 범주마다 상이한 지각을 낳도록 광고하였다. 이런 생각은 크게 성공을 거두게 되었고, 그 후 다른 호텔들도 이를 뒤따랐다.

오늘날 호텔기업에서 시장세분화는 보편적인 전략수단이 되었으며, 염가호텔(budget hotel), 저가호텔(economy hotel), 중가호텔(middle hotel), 고급호텔(suite hotel), 최고급호텔(up scale hotel) 등의 구분이 널리 이용되게 되었다. 환대산업에서 시장세분화를 실천한다는 것은 마케팅 콘셉트를 실현하는 것이며, 소비자 행동을 연구하는 주된 이유도 세분화 전략을 개발하는 데 있다.

유익한 토막상식 : 시장세분화(segmentation)

시장세분화란 소비자를 그룹으로 나누어서 같은 그룹 안에서 공통의 욕구를 발견하는 방법이다. 예를 들어 어느 의류회사가 신제품을 개발하려고 할 때 우선 남녀 성별로 나눈다. 다음으로는 연령과 직업에 따라 나누어본다. 그러면 가령 '20대 후반의 직장여성' 혹은 '50대 후반의 샐러리맨' 하는 식으로 좁혀진다. 이런 식으로 분류기준을 늘려가면서 소비자를 세분화하면 표적으로 할 시장과 욕구가 점점 분명해진다.

2. 시장세분화의 이점

호텔상품의 특성상 서비스를 고객들에게 전달할 수가 없으므로 고객들이 호텔까지 와야만 그때부터 호텔의 기본업무인 호텔서비스의 이용이 가능해진다.

상대적으로 말하면 소비자 모두가 자사호텔의 이용고객이 될 수 없으며, 다양한 관광수요(욕구)를 수용하는 데도 한계가 있게 마련이다. 따라서 호텔 · 관광 마케팅 담당자로서는 자사호텔 상품만으로 전체 고객시장을 상대하기보다 호텔 특성에 맞는 고객층을 발견하는 일이 중요한 과제가 된다. 왜냐하면 전체 시장을 하나로 생각하기에는 고객의 범위가 너무 다양하고 이질적이기 때문이다. 그러므로 다양하고 이질적인 전체 시장을 동질성을 가진 여러 개의 하위시장으로 나누는 마케팅 기법, 즉 호텔시장을 세분화함으로써 호텔기업의 잠재력에 걸맞는 시장을 선정하여 공략할 수 있게 된다.

호텔 시장세분화의 대표적인 이점을 정리해보면 다음과 같이 일곱 가지로 나누어 볼 수 있다.

① 시장세분화는 그 시장이 지니고 있는 마케팅 기회(marketing opportunity)를 발견할 수 있게 해준다.
② 시장세분화는 마케팅 기회에 입각하여 관련 상품의 수용특성에 맞게 조정할 수 있게 하고, 그 반응도를 얻을 수 있게 한다.
③ 시장세분화는 호텔의 자원배분과 지시를 최적화할 수 있게 한다.
④ 시장세분화는 변화를 감지하거나 전략을 변경시키기 위한 관련시장 정보를 활용할 수 있게 한다.
⑤ 시장세분화는 시장에 걸맞는 마케팅 믹스를 활용할 수 있는 능력을 가지게 한다.
⑥ 시장세분화는 경쟁호텔과 차별화를 잘할 수 있게 한다.
⑦ 시장세분화는 핵심시장을 개발하고 확대시킬 전략을 보다 훌륭하게 결정할 수 있게 한다.

3. 시장세분화의 기준이 되는 요인

(1) 지리적 세분화

지리적 세분화(geographic segmentation)란 지리적 위치에 있는 고객군을 나누는 것이다. 따라서 국가 · 시 · 지역, 시골, 도시 등과 같은 여러 가지 지리적 단위로 시장을 구분할 필요가 있다. 기업은 하나 또는 몇 개의 지리적 지역에서 영업활동을 하거나 또는 모든 지역에서 영업활동을 하기로 결정할 수 있으나, 지리에 따른 기본적인 욕구와 선호의 차이에 주의해야 한다.

지리적 세분화의 장점은 다음과 같다.

① 사용하기가 쉬우며, 텔레비전과 라디오방송국, 신문, 단체회원 명부, 잡지들이 이와 같은 지리적 구분을 사용하고 있기 때문에 널리 쓰이고 있다.

② 목표집단에 촉진 메시지를 전하려고 하면 불가피하게 지리적 세분화를 이용하게 된다.
③ 경제적 활동, 경쟁적 환경, 그리고 인구성장이라는 측면에서 흔히 측정되고 있는 성장 잠재성에 따라 평가되고 있다.
④ 국제적인 대형 호텔기업에서는 전세계를 남동아시아 지구, 동구라파 지역 등으로 세분할 수도 있다. 국내 숙박업체에서는 전국을 각 지역별로, 그리고 여행지역별로 나눌 수도 있을 것이다.
⑤ 텔레비전 · 라디오 · 잡지 · 신문 등과 같은 매체는 구매하는 데 매우 유용한 지침을 마련해주지만 특정한 광고를 계획하는 데 있어서는 다른 세분화 방법만큼 많은 지침을 주지는 못하고 있다.

(2) 인구통계학적 세분화

인구통계학적 세분화(demographic segmentation)는 연령 · 성별 · 가족수 · 라이프사이클 · 소득 · 직업 · 교육 · 종교 · 인종 · 국적 등의 인구통계학적 변수에 기초하여 시장을 몇 개의 집단으로 분할하는 것이다.

인구통계학적 변수는 소비자 집단을 구분하는 데 가장 널리 이용되는 기준으로서 소비자의 욕구 · 선호 · 사용빈도 등이 인구통계학적 변수들과 높은 연관성을 갖는다. 또한 인구통계학적 변수들이 대부분의 다른 변수들보다 측정하기가 수월하다.

시장세분화가 최초로 성격이나 행동 등의 다른 기준들을 사용하여 결정되었다 하더라도 표적시장의 규모를 측정하거나, 이에 효율적으로 도달하기 위해서는 인구통계학적 변수를 잘 이해해둘 필요가 있다.

다음에서는 일정의 인구통계학적 변수가 시장을 세분화하는 데 있어서 어떻게 응용되는가를 살펴보도록 하겠다.

1) 연령 및 라이프사이클에 따른 세분화

고객의 수요와 욕구는 인간이 육체적으로 성장할수록 변화하고 진화한다. 연령과 라이프사이클이 상이한 시장세분화에 진출하기 위하여 상이한 상품과 마케팅 전략을 제공하고 있는 기업도 있다.

예를 들면 맥도날드는 어린이용으로 장난감이 포함된 '즐거운 식사'라는 메뉴를 제공하고 있다. 이러한 장난감은 때때로 시리즈의 일부로 되어 있어서 그 세트 전부를 모으기까지 어린이들이 다시 찾아가는 동기 부여가 되고 있다. 또한 이 체인은 건강을 의식하는 성인용 시장에 대해서는 샐러드를 추가해서 함께 제공하고 있으며, 고령자 시장에 소구하기 위하여 나이가 든 배우를 이용한 광고를 내보내고 있다.

연령 및 라이프사이클에 따른 세분화는 실수를 범하기 쉬운 변수이다. 예를 들면 포드 모터(Ford Motor)사는 구매자의 연령을 고려하여 무스탕 표적시장을 개발하였다. 그러나 이들은 그 차가 모든 연령집단에 의하여 구입되고 있음을 알게 되자 그 표적시장이 육체적으로 젊은 시장이 아니고, 심리적으로 젊은 시장이라는 것을 깨달았던 것이다.

마찬가지로 사우스웨스트 에어라인(Southwest Airlines)은 많은 고령자들이 심리적으로 젊다는 것을 알고 있다. 고령자의 운임에 대한 이들의 광고는 자신들끼리 즐기는 활동적인 노년층을 이용하고 있다.

2) 성별에 따른 세분화

성별세분화(gender segmentation)는 이제까지 오랜 기간 동안 의류 · 머리모양 · 화장품 및 잡지 마케팅에서 운영되어왔으나, 최근에는 호텔업계에서도 응용되기 시작하고 있다. 이는 1970년도 당시 여성은 모든 비즈니스 여행자의 1%에도 달하지 못하였으나, 현재는 약 40%에 달하고 있어 호텔업계에서도 객실을 디자인할 때 여성을 고려사항으로 넣고 있다.

따라서 로비의 바, 피트니스 시설, 헤어 드라이어기와 보다 밝은 색조의 객실 등의 디자인이 변화되고 있다. 이러한 변화는 여성에게 매력적이지만, 많은 남성에게도 매력적으로 작용되고 있다. 또한 호텔들은 섬자 보다 많은 여성경영자를 그들의 광고에 내고 있다.

3) 소득에 따른 세분화

소득에 따른 세분화(income segmentation)는 마케터들이 자동차 · 보트 · 의류 · 화장품 · 여행 등의 상품 및 서비스 분야에서 오랜 기간 동안 사용해왔다. 그밖의 산업도 소득에 따른 세분화의 가능성을 인식하고 있다.

예를 들면 일본의 위스키 메이커인 산토리(Suntory)에서는 최고급 위스키를 찾는 고소득 애주가들에게 75달러로 스카치를 판매하였다. 골프클럽에서는 잠재회원을 발견하기 위해서 DM에 의한 홍보에 소득에 따른 세분화를 적용하고 있다.

하지만 소득으로 어느 고객이 어떤 상품과 서비스를 구입하는가를 반드시 예측할 수는 없다. 따라서 소득만을 기준으로 한 세분화 변수는 충분하지 않지만 소득에 따른 세분화는 일반적으로 가격설정 전략에 영향을 미치는 중요 변수 가운데 하나로 생각되고 있다. 가격은 단순히 소득에 의해서 결정되는 일은 없으나 때때로 밀접한 관련을 맺고 있기 때문이다.

뉴욕시의 세인트 모리츠 온더 파크(St. Moritz On-the-Park) 호텔은 소득에 따른 세분화 변수와 지리적 세분화 변수를 결부시키고 있다. 호텔의 요금은 경쟁호텔과 비교하여 적어도 반 정도로 책정되어 있고, 주로 세계의 중소득층 여행자에게 어필하고 있다.

싱가포르의 호텔에 관한 조사결과를 보면 소득은 방문목적만큼 강한 세분화 변수가 아니다. 이 조사는 조사의 중요성을 실증하고 있고, 시장별 접근을 위해 세분화 변수의 상대적 중요성을 명확히 이해하는 데 있어서 필요하다는 것을 나타내고 있다. 소득에 따른 세분화 변수와 그 밖의 변수는 모든 시장에 있어서 모두 똑같이 중요하다고 가정하는 것은 지극히 위험하다.

(3) 심리적 세분화

심리적 세분화(psychographics segmentation)는 고객들의 심리적 면모와 라이프스타일에 근거하여 시장을 세분화하는 것을 말한다. 이는 구매자들은 사회계급이나 라이프스타일, 개성의 특징에 기초하여 상이한 집단으로 구분되는데 동일한 인구통계학적 집단에 속하는 사람들이라도 매우 다른 심리적 특성을 나타낼 수가 있다는 것이다.

1) 사회계층에 따른 세분화

사회계층에 따른 세분화의 한 예로, 서울의 R호텔은 메뉴를 중상류층과 상류층을 겨냥하고 있으며, 공장 근처의 펍(pub)은 근로자 계층을 표적으로 삼고 있다. 따라서 사회계층에 따른 세분화를 통해 각각의 계층에 속하는 고객들은 스스로의 욕구에 맞는 범위에 만족을 하겠지만, 반대계층을 표적으로 하고 있는 시설물의 이용은 꺼려할 것이다.

2) 라이프스타일에 따른 세분화

마케터들은 점차 소비자의 라이프스타일을 기초로 그들의 시장을 세분화하려 하고 있다. 예를 들면 나이트클럽은 특정 단골고객을 고려하여 설계되고 있다. 이성과 접촉하고 싶어하는 젊은 독신자, 동성을 만나고 싶어하는 독신자, 독신의 장벽을 없애고 서로 친구가 되기를 바라는 커플 등이다.

3) 개성에 따른 세분화

개성에 따른 세분화에 대하여 마케터는 시장세분화를 위하여 개성 변수를 채택하고 있으며, 구매자의 개성에 적합한 특성을 그 상품에 부여하고 있다. 예를 들면 사우스웨스트 항공(SA : Southwest Airlines)은 스노모빌(snowmobile)을 마음껏 즐기는 노령자가 나오는 홍보물을 개발하였다. 이 광고의 방향성은 20대 젊은이들에게도 적합한 것이었다. SA는 자기가 아직 젊다고 생각하는 활동적인 노년층에게 어필하고 있다. 이 항공사는 모든 성인들을 대상으로 동심에 호소하고 있다.

4) 행태적 세분화

행태적 세분화란 이용률, 이용현황과 잠재성, 브랜드 충성도, 이용횟수, 그리고 추구하는 편익에 따라 세분화하는 것이다. 말하자면 특정상품이나 서비스 또는 브랜드에 대해서 고객이 보여주는 과거・현재・미래의 행동차원을 이용하는 것이다.

또한 숙박산업에 있어서 동기기준별 세분화라고 할 때에는 시장을 관광목적별로 세분화하는 것이다. 하지만 시장을 관광목적별로 세분화하였을 때 관광시장이라는 개념은 너무 애매한 것이어서 숙박산업으로서는 고객을 구분하는 데 아무런 도움이 되지 못하고 있다.

따라서 관광목적에 따라서 두 개의 분명한 관광시장, 즉 비즈니스 목적여행과 순수관광 목적여행으로 구분하는 것이 호텔로서는 훨씬 더 실제적이라고 할 수 있다.

〈표 3-1〉 행태적 세분화에 대한 관광목적에 대한 분류

목적별 분류	분류적 내용
비즈니스 고객	정기적인 비즈니스 고객, 컨벤션과 관련된 비즈니스 여행, 그리고 인센티브 여행 등 3대부류로 나눌 수 있지만, 호텔관광마케팅 책임자가 알아야 할 것은 어떤 부류에 속하든 비즈니스 여행자들을 상대하는 것은 재구매 이용자(repeat business)가 될 기회가 매우 높다는 점이다. 그러니까 비즈니스 여행자들을 만족시키는 것은 그들로 하여금 같은 목적으로 다시 방문하도록 확신시켜줄 뿐 아니라, 다음 휴가시 그들의 부인이나 가족들과 함께 호텔을 다시 찾아오도록 하게 할 수 있기 때문이다.
순수 관광목적 여행	호텔이 자리하는 지역이 제공하는 관광매력성, 상품과 서비스에 의존하는 특별한 시장으로 대체로 가격에 민감하고 국가경제 여건과 관련이 높아 변화가 많은 시장이다. 더구나 필요경비라고 생각되는 비즈니스 여행과는 대조적으로 휴가여행과 관련 숙박시설들로서는 여행자의 가처분소득은 물론 개인의 여가시간도 상대적 관련을 가지고 있다.

(4) 구매계기에 따른 세분화

구매계기(occasions)에 의한 세분화는 기업이 상품의 사용계기를 확립하는데 기여를 하며, 그에 따라 구매자들은 아이디어를 갖거나 구매를 하거나 상품을 사용하는 경우에 따라 구분될 수 있다.

1) 구매실시에 따른 세분화

① 항공서비스 구매

상용 관광자를 대상으로 하는 항공사의 광고는 서비스・편리성・운항시간표대로

정상 출발하는 것 등 몇 개의 편익을 내세우는 경우가 많다. 따라서 관광여행자를 표적으로 삼은 항공사의 마케팅은 가격, 매력적인 목적지, 사전에 기획된 휴가를 부각시키고 있다.

② 이벤트 행사 서비스 구매

구매실시에 따른 세분화는 회사가 상품 사용을 구축하는 일에 도움을 줄 수 있다. 예를 들면 어버이날은 자신의 부모님이나 가족을 레스토랑으로 모셔와서 외식하는 날로 판매촉진이 되어왔으며, 외국의 경우, 성 패트릭스 날(St. Patrick's Day)은 축복의 밤으로써 판매·촉진되고 있다. 또한 레이버 데이(Labor Day)와 메모리얼 데이(Memorial Day) 등의 휴일은 짧은 휴가를 즐기는 시간으로서 판매가 촉진되어왔다.

2) 잠재 구매고객에 따른 세분화

신혼여행 시장은 관광업계에 대하여 확실한 잠재성을 수반하는 구매계기를 제공하고 있다. 이는 신혼여행이란 가족문화가 수반되어 시장이 형성되는 양상을 보임으로써 수많은 구매동기가 발생되기 때문이다.

예를 들어 펜실베이니아(Pennsylvania) 주의 포코노(Pocono) 산에 있는 몇몇 호텔은 객실에 하트 모양의 침대와 샴페인 글라스의 모양을 한 욕조를 구비하여 신혼여행을 특화 시장화하고 있다. 또한 일본의 신혼여행 시장은 괌·하와이·뉴질랜드·오스트레일리아의 관광산업에 있어서 특히 중요한데, 일본 신혼부부가 복수의 목적지 여행에 참가하는 단체 신혼여행은 이제까지 성공을 거두고 있기 때문이다.

3) 예외적인 구매계기에 따른 세분화

구매계기에 따른 세분화의 가장 예외적인 것 가운데 하나는 캐나디언 패시픽 호텔 앤 리조트(Canadian pacific Hotel and Resort)의 더블트리(Doubletree) 호텔이 제공하는 가족적이고 고풍적인 소박한 객실과 봉사적 의미의 편의 제공이다.

더블트리 호텔은 추수감사절과 크리스마스 기간 동안 긴급한 숙박을 필요로 하는 여행자에 대하여 단기간의 무료숙박을 제공하고 있다. 또한 이 호텔은 긴급 의료처치를 받고 있는 사람들을 방문하기 위하여 여행하는 사람들에게 무료숙박을 제공하고 있으며, 지방병원과 적십자사에서는 이에 해당하는 고객에 대한 정보를 제공하고 있다.

(5) 편익 추구에 따른 세분화

구매자는 그들이 추구하는 상품에 대한 편익(Benefits Sought)에 따라 분류할 수 있다. 한 연구자가 세 가지 형태의 레스토랑, 즉 가족에게 인기있는 레스토랑, 분위기가 좋은 레스토랑, 미식가용 레스토랑의 단골 및 비단골 고객에 관한 연구를 한 결과 레스토랑 고객에게는 다섯 종류의 주요 어필 항목이 있다는 것을 발견하였다.

즉 요리의 질, 메뉴의 다양성, 가격, 분위기 및 편리성 등의 요소에 대하여 각 집단별로 분석하였다. 그 결과 가족 레스토랑의 여러 단골고객은 편리함과 메뉴의 질을 추구하는 것으로 밝혀졌으며, 분위기가 좋은 레스토랑을 찾는 다양한 단골고객들은 요리의 질과 분위기를 추구하는 것으로 밝혀졌다. 또한 미식가용 레스토랑의 단골고객은 특별히 요리의 질에 가치를 두고 있었다.

따라서 이처럼 고객이 추구하는 특징과 편익을 파악한다는 것은 다음 두 가지 점에 있어서 유익하다.

① 레스토랑 마케터는 특정 세분화된 고객을 유치하기 위하여 무엇을 제공하고, 무엇을 판매 촉진할 것인가를 이해할 수 있게 된다는 점이다.
② 고객유형을 구별하는 것이 가능해진다. 기존시장으로부터 분리하여 잠재고객을 식별하는 데 있어 기업의 현재시장에 대한 성격을 이해할 수 있다. 어느 연구에서는 레스토랑을 이용하는 고객들에 대한 유형에 대해 80%의 정확도로 분류할 수 있었다. 이러한 종류의 정보는 광고비용의 낭비를 막고 효과를 높이게 된다.

(6) 사용자의 지위에 따른 세분화

대부분의 시장은 비사용자, 과거의 사용자, 잠재사용자, 최초의 사용자 및 정기적 사용자로 세분화할 수 있다. 대형항공사와 같이 높은 점유율을 추구하는 기업은 정기적 사용자를 유지하면서 잠재적 사용자를 유치하는 데 특히 관심을 가지고 있다. 잠재적 사용자와 정기적 사용자는 때때로 각기 다른 마케팅 어필 방법이 필요하게 된다.

(7) 사용률에 따른 세분화

시장은 또한 상품의 소량 사용자, 보통 사용자 및 다량 사용자 집단으로 세분화할 수 있다. 다량 사용자는 시장의 작은 부분을 차지하지만 일반적으로 전체 소비량의 많은 부분을 차지한다. 예로 맥주를 보면 미국인 인구의 16%가 전체 맥주 소비량의 88%를 차지하고 있다. 맥주의 다량 사용자는 소량 사용자에 비하여 7배 이상을 소비하고 있다. 이것은 유명한 80대 20의 법칙을 증명하고 있는데, 이는 대부분의 사업이나 산업에 있어 차지하는 커다란 비율은 낮은 비율의 단골고객에 의하여 높아진다는 것을 보여주고 있다.

많은 연구자들이 밝힌 바에 의하면 4.1%의 항공 여행객들은 전체 항공여행의

70.4%를 차지하며, 관광목적으로 호텔이나 모텔을 이용하는 여행자의 7.9%가 전체 객실 숙박일수의 59.4%를 차지한다는 결과가 나왔다.

환대산업과 관광산업에서 중요 고객을 단골고객화하기 위해서 도입한 여러 프로그램들 중 가장 논란을 일으켰던 것은 상용 항공여행자(frequent flyer), 또는 상용고객 프로그램(frequent guest program)이었다. 많은 박사 · 경영상담원 · 기업경영자들은 이러한 프로그램이 장기적으로 가치가 있는가에 강한 의문을 품고 있었다. 그러나 단골고객 프로그램에 관한 한 연구에서는 다음과 같은 결론을 도출하고 있다.

> "상용고객 프로그램을 유지하려면 많은 비용이 들어가지만, 비즈니스 여행자 시장 중에서 커다란 부분을 차지하는 고객들을 다시 유치하는 데 있어서는 효과적이다."

명백히 마케터들은 대량 사용자를 식별하여 그들을 유인하기 위한 마케팅 믹스를 구축하는 데 초점을 둘 것이다. 너무도 많은 기업들은 그들의 마케터를 모든 잠재고객에게 공평하게 배분하고 있다. 경험이 풍부한 마케터들은 다량 사용자를 선별하여 그들에게 마케팅 전략을 집중시키고 있다.

(8) 충성도에 따른 세분화

충성도(loyalty status)에 의한 행태적 세분화는 소비자의 충성도 패턴에 따라 세분화하는 것이다. 예를 들면 투숙객들은 특수한 브랜드에 대해서 하얏트나 쉐라톤 같은 호텔을 선호할 수도 있고, 또는 어떤 특수한 호텔만은 선호할 수도 있다. 만약 여기에 다섯 가지 브랜드나 호텔이 있어(A, B, C, D, E) 고객이 선택한다고 가정한다면 그들의 충성도에 따라 다음과 같은 4개의 그룹으로 시장을 세분화 할 수 있다.

호텔기업에 있어서 마케터는 관계마케팅을 통하여 브랜드 충성심을 구축하려고 시도한다. 브랜드 충성도는 다음과 같은 여러 가지 방법으로 설명할 수 있는데 습관, 가격에 대한 가치의 극대화, 브랜드 변환의 비용, 대치물의 이용 가능성, 구매와 관련한 위험의 인지도, 상품이나 서비스에 대한 만족의 경험 등이다.

호텔로서는 시장에서의 충성도 패턴을 분석해서 많은 것을 배울 수가 있다. 예를 들어 충성도의 여러 가지 패턴을 연구함으로써 호텔은 어떤 브랜드와 가장 경쟁하고 있는지를 알 수 있고, 스스로의 약점을 확인할 수가 있다. 따라서 호텔로서는 많은 적절한 마케팅 전략과 전술을 구사함으로써 이들을 핵심 애용자로 전환시킬 수가 있다. 또한 호텔의 마케터들은 자신들의 고객과 직접적인 접촉을 하고 있다. 그들은 고객 데이터베이스 자료를 작성하여 이러한 정보를 가지고 고객과의 주문과 커뮤니케이션을 통일화할 수 있다.

한 레스토랑에서는 그들이 좋아하는 캡틴 · 와인 · 테이블 · 최종이용일, 그리고 그들의 외모까지도 상세하게 기록하고 있다(레스토랑 직원이 그 고객을 식별하기 용이하게 하고 있다). 이 레스토랑에서는 VIP 고객에 대해서는 별도로 예약을 할 수 있는 전화번호가 부여되고 있다. 이 번호로 걸어오는 개인은 즉각 중요 고객이라는 것이 식별되고, 또 우대된다.

리조트를 위한 마케팅 전략 중 가장 중요한 기본전략은 현재의 시장수준을 유지 · 확대하는 데 있음을 알 수 있다. 재방문 고객들에 의한 사업을 촉진하기 위해 리조트들은 특별행시, 할인요금 세시, 새로운 프로그램과 시설을 알리는 다이렉트 메일을 통해서 그들의 기존고객들과 지속적으로 접촉을 유지해나가야 한다.

〈표 3-2〉 충성도에 따른 세분화

그 룹	세분화 내용
Hard-core 애용자	이 소비자들은 한 브랜드만을 항상 애용한다. 그래서 A A A A A 구매패턴을 보임으로써 A브랜드에 대한 변함없는 충성도를 보여준다.
Soft-core 애용자	소비자들은 2~3개 브랜드에 충성도를 보이는 사람들이다. 구매패턴이 A B A B A로서 그 충성도가 A, B에 분산되고 있음을 보여준다.
Shifting 애용자	이 소비자들은 한 브랜드에서 다른 브랜드로 충성도를 이동시키는 사람들이다. 구매패턴이 A A B B B가 되어 충성도가 A에서 B로 이전되고 있음을 보여준다.
Switcher 애용자	이 소비자들은 어떤 브랜드에도 아무런 충성도를 보이지 않는다. 구매패턴이 A B C D E가 되어 판매중인 브랜드만을 사거나 매번 다른 브랜드를 사는 구매자임을 보여준다.

유익한 토막상식 : 브랜드 충성도

어느 사업이든 새로운 고객을 끌어들이는 비용보다 기존 고객을 유지하는 데 드는 비용이 더 저렴하다. 현재의 고객은 과거에 꾸준히 투자한 결과 축적된 집단으로 특정 상표에 대한 브랜드 충성도(brand loyalty)가 높아 경쟁상대에게는 시장진입의 큰 벽으로 작용한다.

(9) 구매자의 구매용의 단계에 따른 세분화

어떤 시점에서 한 상품에 대한 사람들의 구매용의 단계(buyer readiness stage)는 서로 다르다. 시장은 상품이 있다는 것도 모르는 사람, 알고 있는 사람, 정보를 가진 사람, 상품을 원하고 있는 사람, 구입의사를 가진 사람 등 여러 가지 사람들로 구성되어 있다. 이러한 사람들의 구성비율은 마케팅 프로그램을 설계하는 데 커다란 차이를 가져온다.

예를 들어 단체여행 도매업자는 언제나 가까운 여행목적지를 찾고 있는 포상여행(incentive travel) 기획자들에게 장거리여행을 판매하려 한다. 여행기획자들은 장거리여행에 대하여 알고는 있었으나 큰 관심을 보이지는 않았다. 단체여행 도매업자들은 단거리여행에서 장거리여행 구매자로 변경하도록 하기 위해 직접적인 마케팅 홍보를 실시하였다. 이 홍보의 목적은 포상여행 기획자들이 곧 개최될 여행상품 교역전의 여행도매업자의 전시장으로 찾아오도록 만드는 데 있었다.

DM 홍보, 전시장에서의 개인적 접촉, 판매 후 전화확인의 결과로서 상당히 많은 단체여행 기획자들로 하여금 아름다운 목적지로의 장거리여행이 그들이 고객 중에 몇몇 사람들에게 있어서는 적절하다는 확신을 갖게 하였다. 단체여행 도매업자에게는 이 홍보 캠페인으로 인하여 약 40만 달러의 매출액 증가를 가져다주었다.

4. 효과적인 시장세분화의 요건

모든 시장을 세분화하는 것만이 능사는 아니다. 시장세분화는 많은 제약과 문제점을 안고 있기 때문이다. 그러므로 각 하위시장의 규모와 구매력은 충분히 측정될 수 있어야 하며, 각 시장은 효과적으로 도달하고 상대할 수 있어야 한다. 또한 각 시장은 충분히 크고 수익성이 있어야 하고, 각 시장을 유치하고 상대하기 위하여 효과적인 프로그램이 형성될 수 있어야 시장세분화는 의미가 있는 것이다. 시장세분화는 마케팅 노력과 비용을 가장 효과적인 방법으로 집중시키기 위한 것이기 때문이다.

하나의 시장을 여러 가지 방법으로 세분화할 수는 있지만 모든 세분화가 효과적이라고는 할 수 없다. 예를 들면 호텔을 이용하는 고객에게는 쌍꺼풀이 있고 없는 것으로도 나눌 수도 있다. 하지만 쌍꺼풀의 유무로는 호텔상품 구입에는 아무런 의미도 없고, 영향 또한 미치지 않는다.

〈표 3-3〉 유용한 시장세분화의 특징

세분시장	특 징
접근 가능성 (accessibility)	**• 세분시장에 효과적으로 도달하여 실행할 수 있는 정도** 저자 중 한 사람이 대학 레스토랑 고객의 20%는 빈번하게 이용하는 단골고객이라는 것을 발견하였다. 그러나 빈번하게 이용하는 단골고객은 일반적인 특징이 없었다. 그들은 대학의 교원 · 직원 및 학생들이었다. 상근 · 비상근 또는 학생들의 학년 차이에 따라 사용의 빈도 수에서는 별다른 차이를 보이지 않았다. 세분시장이 밝혀졌지만 대량 사용자의 세분화에 접근하는 방법은 존재하지 않았던 것이다.

세분시장	특 징
측정 가능성 (measurability)	• **세분시장의 규모와 구매력이 측정될 수 있는 정도** 어떤 세분화 변수는 측정하기가 어려운데, 예를 들면 부모에 반항하기 위해 주로 술을 마시는 10대 음주가들의 세분시장의 규모는 측정하기 힘든 것이다.
실질성 (substantiality)	• **세분시장이 하나의 시장으로서 충분히 크거나 수익성이 있는 정도** 세분시장은 잘 마련된 마케팅 프로그램이 추구할 가치가 있을 만큼의 가능한 한 가장 큰 동질집단이어야 한다. 예를 들면 대도시 지역의 경우에는 여러 가지 민족 고유의 레스토랑을 유지할 수 있으나, 태국 요리, 베트남 요리, 모로코 요리를 제공하는 레스토랑들의 경우 작은 도시에서는 유지될 수 없을 것이다.
행동 가능성 (actionability)	• **세분시장을 유인하고 그 세분시장에서 실행할 수 있도록 하는 효과적인 마케팅 프로그램을 구성할 수 있는 정도** 예를 들어 한 작은 항공사가 7개의 세분시장을 발견하였더라도, 그 직원 수와 예산이 너무 작아서 세분시장을 위한 독립적인 마케팅 프로그램을 개발할 수 없는 경우이다.

5. 마케팅 시장의 세분화

시장세분화는 여러 가지 기준에 따른 세분된 시장을 통해 정확하게 파악된 욕구를 고객층에 부응할 수 있는 상품을 제공하게 되는 것을 의미한다.

다시 말해 호텔시장의 호텔상품, 즉 호텔의 시설과 공간, 식음료, 다양한 서비스 등에 대한 욕구, 구매할 의사를 갖고 있는 사람이나 조직의 집단을 구분하여 호텔상품을 고객의 수용에 충족시키기 위해 시장을 몇 개의 소시장으로 구분해서 그 구분된 시장에 적합한 호텔상품을 제공하는 것을 호텔시장의 세분화라고 한다.

호텔은 고객을 만족시키며 환대하는 사업이며, 호텔의 고객은 상품을 구입한다기보다 편익(benefits)을 구매한다. 각 개인은 그들의 개인적 혹은 직접적인 욕구(needs, wants), 욕망(desires), 희망(hopes), 열망(aspirations), 꿈(dream)을 만족시키는 효용들의 조합을 구매하는 것이다. 그러나 호텔은 이 모든 고객에게 효용을 제공할 수는 없다. 경쟁적 상황을 고려하면 더욱 그러하다.

따라서 호텔은 고객을 가장 만족시킬 수 있는 시장단위를 분리해내고, 여기에 맞는 상품, 즉 효용을 제공해야 한다. 단 호텔시장을 세분화할 때 호텔의 특성에 맞는 다음의 몇 가지의 부분을 반드시 고려해야 할 것이다.

(1) 특수시장의 계속된 성장

기존시장과는 다른 세분시장이 나타나는데 이들에게 적합한 서비스를 제공하기 위해 주의를 기울여야 할 것이다. 예를 들어 호텔에 투숙하는 비즈니스맨들은 호텔에서 제공하는 전통적인 서비스를 벗어나 사무실의 역할을 요구한다. 이들은 통신시설의 완비를 원하고, 이를 위해 직통전화 · 팩스 · 속기 · 번역서비스 등을 필요로 한다.

(2) 라이프스타일의 변화

고객의 미래에 대한 선호형, 욕구, 구매습관, 구매 선정기준에 영향을 미치는 일련이 라이프스타일의 변화를 파악해야 한다.

1) 시간절약

관광여행자나 상용여행자들은 점차 시간을 아낄 수 있는 서비스나 절차를 호텔측에 요구한다.

2) 단순화

고객들은 점차 단순한 절차(simplification)를 원한다. 즉 신속한 체크인, 체크아웃 절차, 빠른 세탁서비스, 아침식사 서비스 등을 요구한다.

3) 자기참여에 의한 신체적 · 정신적 안락

고객들은 점차 직접 자신이 참여하는 활동을 통해 자기개발하기를 원한다.

4) 개인적인 욕구

고객들은 호텔에 대해 과거의 "Home away from Home"이라는 인식에서 벗어나 일상생활의 반복되는 환경이 아닌, 꿈을 만족시킬 수 있는 기회를 호텔에서 찾는다.

5) 여행의 목적

동일한 고객이라 하더라도 특성시간에 어떠한 역할을 맡는가에 따라 완전히 다른 욕구를 갖는다. 예를 들어 어떤 사람이 사원 연수기간에 호텔에 투숙했을 때와 휴가기간에 호텔에 투숙했을 때의 욕구는 상이하다.

6. 효과적인 시장세분화

시장세분화를 효과적으로 이루기 위해서는 반드시 다음 4가지 부분이 이루어져야 한다.

① 시장이 측정 가능해야 한다.
② 접근 가능해야 한다.
③ 시장이 충분히 커야 한다.
④ 세분시장에 적절한 마케팅 전략을 실행할 수 있는 프로그램을 개발할 수 있어야 효과적으로 시장세분화를 할 수 있다.

하지만 문제는 시장세분화가 되지 않을 때보다 비용이 더 많이 소요되고, 한 시장을 세분화하는 최선의 기준을 선정하기가 곤란하다는 점이다. 또한 얼마나 정교하게, 또는 얼마나 광범위하게 세분화해야 하는가를 알기도 어렵고, 독자적이지 못한 시장까지도 소구하려는 경향이 있다는 점이다. 그러므로 담당 마케터들은 시장세분화에 있어서 각 전략시장 마다 개별적으로 상대해야 하며, 서비스와 가격구조를 마련해야 하고, 광고 및 촉진 활동도 개별시장의 특성과 기호에 맞아야 한다.

따라서 호텔시장을 세분화할 때에는 개별시장별로 세분화할 가치가 있는지를 검토해야 한다. 왜냐하면 하나의 전략시장으로 존립할 수 없는 하위시장도 많기 때문이다.

호텔업계, '젊은 고객' 공략 강화

전통적으로 중장년층이 주 고객이었던 특급호텔들이 실내장식 변화와 다양한 이벤트로 2~30대 젊은 층을 중점 공략하고 있다. 관련 업계에 따르면 롯데호텔, 웨스틴조선 호텔 등 서울시내 특급호텔들은 최근 식음료업장 실내장식을 젊은 층 취향에 맞게 바꾸고, 젊은 층 대상의 프러포즈 이벤트 등을 잇달아 열며 고객 '세대교체'에 힘을 쏟고 있다.

롯데호텔은 올해 중식당 「상하이」 등 4개 식음료 업장의 실내장식을 모두 바꿀 계획이다. 이 호텔 관계자는 "고전적인 분위기에서 벗어나 현대적인 감각을 살리는 방향으로 실내장식을 대폭 바꿀 계획"이라며 "작년에 실내장식을 바꾼 와인바 「바인」의 경우 젊은 고객이 많이 늘었다"고 말했다. 롯데호텔은 젊은 층 취향에 맞는 이벤트를 적극 개발하기 위해 지난해 9월 만 30세의 여성 이벤트 기획 전문가를 이벤트 총책임자로 영입하기도 했다.

인터콘티넨탈 호텔은 작년 말 「테이블 34」라는 새로운 레스토랑을 열었다.

호텔측은 강남 요지에 위치한 지리적 특성을 살려 젊은 비즈니스 고객 유치에 주력하는 한편 와인 애호가들을 위해 4천 병을 보관할 수 있는 와인 창고도 새로 만들었다.

웨스틴조선 호텔도 올해 상반기 중 지하 식음료업장 4곳의 실내장식을 모두 바꿀 계획이다. 갈색 계통이 주종인 고전적 실내장식에서 벗어나 호텔업계에서는 보기 드물게 다양한 색상의 실내장식으로 바꾸어 젊은 고객을 끌어들인다는 구상이다. 또 이 호텔 레스토랑 「오킴스」는 매달 2~30대 고객을 위한 이벤트를 열고 있다. 이달에는 우주 배경의 실내장식을 설치해놓고 게임 등을 진행하는 '스페이스 오디세이' 행사를 열 예정이다.

그랜드힐튼 호텔은 3월 말까지 호텔 내 전 레스토랑에서 '로맨틱 프러포즈' 행사를 연다. 미리 전화로 '로맨틱 프러포즈' 계획을 말하고 예약하면 가장 좋은 자리를 준비해 꽃다발과 축하 와인을 무료로 제공 한다.

호텔업계 관계자는 "대기업 간부들의 평균 연령이 낮아지고 벤처기업이 증가하면서 호텔을 찾는 청년층도 크게 늘었다"며 "식음료 업장의 실내장식은 물론이고 이벤트도 젊은 층 취향에 맞게 바꾸어나가는 호텔이 많다"고 말했다.

[연합뉴스]

제2절 호텔 · 관광 세일즈 서비스 마케팅 표적 전략

1. 마케팅 목표시장

목표시장(targe market)이라는 용어는 이제까지 장기간에 걸쳐서 여러 가지 의미로 사용되어왔다. 그 본래의 의미로서의 시장은 판매자와 구매자가 상품과 서비스를 교환하기 위하여 모이는 물리적 장소이다. 경제학자에게 있어서 시장이란 상품이나 서비스를 교환하는 모든 구매자와 판매자를 의미하며, 마케터에게 있어서 시장이란 어느 상품의 모든 현재적 구매자와 잠재적 구매자로 이루어진 집합이다.

하지만 모든 시장에 대한 판매자의 공통적인 문제는 자신들의 상품을 목표시장의 모든 구매자에게 소구할 수 없다는 것과, 또한 같은 마케팅 방법으로는 모든 구매자에게 빠짐없이 소구할 수 없다는 것을 인식하고 있다. 구매자의 수가 너무나 많고 광범위하게 분포되어 있으며, 이들의 욕구와 구매방법도 다르기 때문이다. 따라서 판매자는 정확한 목표시장 안에서 고객의 욕구와 욕망을 찾아내어 마케팅에 적용시키는 것이 중요하다.

(1) 대량마케팅

대량마케팅에 있어서 판매자는 모든 구매자에 대하여 하나의 상품을 대량생산, 대량유통, 대량판매 촉진을 실시한다. 과거 맥도날드는 모든 사람들에게 소구할 수 있다고 기대하며 전체 시장에 대하여 단일 사이즈의 햄버거만을 생산하였다. 대량마케팅의 장점은 초저가의 비용과 가격으로 최대의 잠재시장을 창조하는 데 있다.

(2) 상품차별화 마케팅

제품차별화 마케팅에서는 판매자가 서로 다른 상품의 특성, 스타일, 품질, 크기 등을 가진 2개 이상의 상품을 생산한다. 현재 맥도날드는 레귤러 햄버거, 빅맥(Big Mac)과 쿼터 파운더를 제공하고 있다. 이 상품 라인은 상이한 세분시장에 소구하는 것보다는 구매자에게 다양성을 제공하려 하고 있는 것이다.

상품차별화 마케팅은 소비자가 시간의 경과와 함께 변화하는 여러 가지 기호를 가지고 있다는 것을 인식하여 소비자의 다양성과 변화를 마케팅에 적용하고 있는 것이다.

(3) 표적마케팅

표적마케팅은 판매자가 세분시장을 구분하여 이 중에서 하나 또는 몇 개의 세분시장을 선정하고, 각 세분시장의 욕구에 적합한 상품과 마케팅 믹스를 개발하는 것이다. 예를 들면 맥도날드는 다이어트를 의식하는 구매자의 식사욕구에 대응하여 샐러드를 상품 라인에 추가하였다.

오늘날의 호텔기업은 대량마케팅 및 상품 차별화 마케팅으로부터 표적마케팅으로 이동하고 있다. 표적마케팅은 판매자가 마케팅 기회를 발견하는 데 기여하며, 기업으로 하여금 각 표적시장에 대하여 적절한 상품을 개발할 수 있게 한다. 그들은 표적시장에 효율적으로 도달하기 위해 가격과 유통경로, 그리고 광고를 조정할 수 있다. 마케팅 노력을 분산시키는 것이 아니라 가장 큰 구매관심을 가진 구매자에게 이러한 노력을 집중시킬 수 있다.

미국의 거대시장은 여러 가지로 다양한 욕구와 생활양식을 수반한 수백 개의 마이크로 시장으로 점차 세분화되고 있어서 표적마케팅은 마이크로 마케팅의 형태를 갖추기 시작하였다. 마이크로 마케팅을 채택하면 호텔기업은 소규모로 세분화된 지리적, 인구통계적, 심리적 또는 행태적 세분시장의 욕구와 잠재적 욕구에 자기들의 마케팅 프로그램을 적용시킬 수 있다. 표적마케팅의 궁극적인 형태는 고객 지향적

마케팅이 되는데, 여기에서 기업은 특정고객이나 구매조직의 욕구에 그들의 생산물을 적응시키고 있다.

2. 시장세분화에 따른 목표 전략시장 선택

호텔시장의 세분시장들에 대한 평가가 수행된 뒤 호텔은 어떤 시장을 공략해야 하고, 몇 개의 세분시장에 마케팅 활동을 집중할 것인가를 결정해야 한다. 여기서 호텔이 선택할 수 있는 마케팅 전략은 무차별 마케팅, 차별 마케팅, 집중마케팅 등 세 가지 전략이 있다.

(1) 무차별 마케팅 전략

무차별 마케팅(undifferentiated marketing) 전략은 세분시장 간의 차이를 무시하고 하나의 상품으로 전체시장을 공략하는 전략이다. 이 전략의 특징은 고객들 간의 특성의 차이보다는 공통점에 관심을 두고, 단일상품과 마케팅 프로그램으로 다수의 고객을 대상으로 대량유통·대량광고 방식 등으로 기업의 마케팅 활동 노력을 집중시키는 전략이다.

대부분의 현대 마케터들은 오늘날의 경쟁환경에 있어서 이러한 전략에 강한 의구심을 가지고 있다. 모든 고객 내지 대다수의 고객을 만족시킬 상품 또는 브랜드를 개발한다는 것은 어렵기 때문이다. 몇 기업이 최대의 시장세분을 목표로 하게 되면 치열한 경쟁은 불 보듯 뻔하다. 소규모의 기업은 일반적으로 거대기업과 직접 경쟁한다는 것이 곤란하다는 것을 알기 때문에 틈새시장 전략(market niche strategies)을 채택한다. 비교적 대규모의 시장 세분은 가격 인하를 비롯한 가격전쟁 가능성을 포함하고 있기 때문에 과중한 마케팅 비용으로 큰 이익을 낳지 않을지도 모른다. 이러한 문제를 인식하여 많은 기업에서는 상품 차별화가 인정받는 가능한 한 작은 시장세분, 또는 틈새를 표적으로 한다.

(2) 차별마케팅 전략

차별마케팅(differentiated marketing) 전략은 다수의 목표시장을 선정하여 각각의 목표시장에 적합한 마케팅 전략을 개발하고, 각 시장의 특성에 맞는 개별마케팅 전략을 집중하는 경우이다.

프랑스 기업인 아코르(Accor) 호텔은 12개의 다른 상표명으로 영업을 하고 있으며, 여러 개의 브랜드로 여러 종류의 호텔들을 경영하고 있다. 브랜드에 포함되어 있는 것으로는 국제적 최고급 호텔(Sofitel), 스리-스타(three-star) 호텔(Novotel), 투-스타(two-star) 호텔(Ibis), 한정 서비스 제공 호텔(Formula One), 중년층 이상을 대상으로 한 장기체재 호텔 등이 있다. 이런 세분시장으로 아코르(Accor)는 세계적 호텔 그룹이 선두가 될 수 있었다.

차별마케팅 전략은 일반적으로 무차별 마케팅보다는 총매출액을 더 올릴 수 있다. 예를 들어 아코르 호텔은 1개 도시에 1개의 브랜드를 운영하는 경우보다 3개의 서로 다른 브랜드를 가짐으로써 호텔 객실에 대한 시장점유율을 높일 수가 있었다. 아코르는 각 표적시장에 대하여 각각 상이한 마케팅 믹스를 제공하고 있었다. 즉 그들은 각각 브랜드에 대해 적합한 마케팅 계획, 마케팅 조사, 판매예측 및 분석, 판매촉진 계획 및 광고를 실시함으로써 그 제반 비용이 상대적으로 높아질 수 있다. 또한 소피텔(Sofitel)은 상류 상용여행자를 끌어들이고, 노보텔(Novotel)은 중류여행자를 유인하고, 포뮬러 원(Formula One)은 가족이나 예산이 제한된 여행자에게 매력이 있다. 따라서 호텔기업들이 차별마케팅 전략을 고려할 때에는 비용증가에 대한 매출액의 증가를 고려해야 한다.

또한 다수의 시장의 각각 마케팅 전략을 차별화시켜야 하기 때문에 기업의 마케팅 활동 노력이 분산될 수 있으며, 때문에 마케팅 비용이 증가하는 어려움이 따를 수 있다.

(3) 집중마케팅 전략

집중마케팅(concentrated marketing) 전략은 기업의 자원이 제한되어 있을 때 작은 시장에서 높은 시장점유율을 얻기 위한 전략으로 자신의 고객관련 욕구를 잘 이해하고 있기 때문에 강력한 포지셔닝 효과를 얻을 수 있다. 하지만 집중마케팅 전략의 구사는 기업에 많은 위험부담이 따를 수 있다. 경쟁자의 시장진입과 고객의 구매형태 변화로 시장성을 자칫 상실할 수 있기 때문이다.

집중마케팅 전략을 시행하는 기업은 영업활동을 하고 있는 세분시장에서 강한 시장 지위를 차지할 수 있는데, 그 이유는 세분시장의 기본적인 욕구에 대해 잘 알 수 있으며, 그 세분시장에서 특별한 명성을 얻고 있기 때문이다. 기업은 또한 생산 · 유통 · 판매 · 촉진에 있어서의 전문화 때문에 영업의 경제성을 얻을 수 있다. 만약 시장세분화가 잘 선택된다면 회사는 투자에 대해 높은 수익률을 올릴 수 있다.

동시에 집중마케팅 전략은 보통 이상의 위험을 내포한다. 즉 특정 세분시장의 사정이 악화될 수도 있다는 것이다. 예를 들면 빅토리아 스테이션의 메뉴는 주로 붉은 고기(육류) 상품을 취급하고 있었는데 육류 섭취량이 떨어지면서 빅토리아 스테이션 내에 있는 레스토랑의 고객 수는 급속히 감소하였다. 게다가 육류의 가격은 상승하였다. 빅토리아 스테이션에서 가장 많은 수익을 올린 상품은 주류였는데 이 또한 음주운전 금지 캠페인과 동시에 매출액이 감소하기 시작하였다. 따라서 그들은 매출과 이익률의 감소를 경험하고 사업에서 빠져나오게 되었다. 이러한 이유 때문에 많은 기업들이 여러 시장세분화로 다각화하기를 원하는 것이다.

유익한 토막상식 : 차별화 전략(differentiation strategy)

기업이 제공하는 제품이나 서비스를 차별화함으로써 산업 전반에 걸쳐서 그 기업이 독특하다고 인식될 수 있는 기업 특유의 것을 창조하여 경쟁적 우위를 달성하는 마케팅 기법으로 세분화 전략이라고도 한다.

3. 목표시장의 표적 커버리지 전략 선정

호텔기업이 시장 커버리지 전략을 선정할 때는 몇 가지 요소를 고려할 필요가 있는데, 그 첫번째 요소로 상품의 라이프사이클이 고려되어야 한다.

기업이 신상품을 도입할 때 단일상품을 도입하는 쪽이 현실적이며, 무차별 마케팅이나 집중마케팅이 보다 적합하다. 예를 들면, 초기 맥도날드(Mcdonald's)는 메뉴의 수가 현재의 메뉴와 비교하여 제한되어 있었다. 이는 상품을 알리고 작은 시장에서 높은 점유율을 올리고자 하는 목표가 내재되어 있는 것이다. 하지만 상품의 라이프사이클이 성숙단계로 접어들면 차별마케팅이 보다 적합해진다.

두번째 요소는 시장의 동질성이다. 만약 구매자들이 같은 취향을 가지고 있고, 구매량이 같고, 마케팅 노력에 대한 반응도 같다면 무차별 마케팅 전략이 적합하다.

마지막 요소는 경쟁사의 전략도 중요하다. 만약 경쟁사가 시장세분화를 사용한다면 무차별 마케팅은 자살행위가 될 수 있다. 반대로 경쟁사가 무차별 마케팅을 시행하고 있는 경우 차별마케팅이나 집중마케팅을 사용함으로써 우위를 점할 수 있다.

제3절 호텔 · 관광 세일즈 서비스 마케팅 포지셔닝 전략

1. 마케팅 포지셔닝의 이해

한 상품의 포지션이란 그 상품의 중요한 속성이 소비자에 의해 정의되는 방식을 말한다. 즉 그 상품이 경쟁상품과 비교하여 상대적으로 차별화되고 독특화된 상품으로 소비자의 마음속에서 차지하고 있는 위치를 결정하는 것이다. 표적시장이 자사호텔을 인식해주는 것은 절대적으로 중요하다.

가령 고급시설과 서비스를 갖추고 상류시장을 표적으로 삼고 있는데, 고객들이 그렇게 인식하지 않고 있다면 고객과 호텔 경영자의 기대 사이에는 커다란 괴리가 생기게 된다. 또 합리적인 가격과 흥겨운 분위기를 원하는 젊은 층을 주요 대상으로 하여 바를 오픈하였는데, 고객들이 사회 부유층 기성세대들이나 출입하는 고급주점으로 알고 방문할 생각도 하지 못하고 있다면 이것 또한 문제점으로 지적될 수 있다.

표적시장의 마음속에 자사의 존재를 정확히 자리매김하는 것을 서비스 마케팅에서 포지셔닝(positioning), 또는 위치정립이라고 부른다. 포지셔닝이라는 용어는 라이스(Ries)와 트라우트(Trout)가 처음 사용한 용어로서, 표적시장 내의 고객들의 마음에 전략적 위치를 계획·정립한다는 의미이다. 기업 또는 상품의 몇몇 특징적 요소나 이미지를 부각시켜 이것을 고객의 마음에 분명히 인식시킨다는 것이다.

많은 수의 호텔이 상품계층과 관련하여 자사의 포지션을 설정하려 할 때 얼마나 자사가 타사와 다른가를 강조하려고 한다. 예를 들어 여러 장의 두꺼운 타올, 비누와 샴푸의 무료제공, 여분의 베개와 담요 등을 제공하고, 특히 정중한 직원을 자랑하고 있기도 하다.

호텔의 포지션 선정에서는 두 가지 관점에서 접근할 수 있다. 즉 브랜드의 경영자적인 측면과 고객들의 측면이다. 호텔 브랜드의 경영자는 기업이 추구하는 위치에 대한 개념을 가져야 하며, 판매촉진의 노력은 브랜드가 제공하는 것과 그들의 상표가 다른 상표와 어떻게 다른지를 분명하게 제시해야 한다. 그러나 결론적으로는 한 브랜드에 대한 포지션은 소비자에 의해 결정된다.

유익한 토막상식 : 포지셔닝

포지셔닝(positioning)이란 제조업자(또는 마케터)들이 원하는 대로 그들의 상품을 소비자가 인식하게 하는 방법으로 브랜드 마케팅의 기초가 된다. 예를 들면 충치를 우려하는 소비자들에게 「페리오」는 충치를 가장 잘 막아주는 치약이라고 인식시키는 것이다. 즉 포지셔닝의 목적은 자사 상품 외에 소비자의 욕구를 만족시킬 수 있는 대체 상품은 전혀 없다는 것을 소비자에게 확신시키고자 하는 것이다.

2. 마케팅 포지셔닝의 전략

호텔 마케터는 다양한 방법으로 상품이나 서비스를 포지셔닝 시킬 수 있으며, 특정상품의 속성에 따라 자사상품의 포지션을 설정할 수 있다. 중저가 호텔은 저가격을 광고하고, 고급호텔은 그 입지를 광고한다. 상품은 또한 그들이 충족시킬 수 있는 욕구와 제공하는 편익을 기준으로 하여 포지션을 설정할 수 있다.

한 외식업체는 그 자체로 즐거운 장소로서 자사를 홍보하고 있고, 반면에 많은 바(bar)들은 독신자들의 미팅 장소의 이미지로 촉진한다. 서비스 마케터들은 또한 여성 전용 호텔로서 자사를 광고하는 호텔과 같이 이용자의 일정 계층에 대하여 위치를 설정할 수도 있다. 또한 홍콩과 싱가포르와 같은 아시아 시장에서는 페닌슐라(Peninsula), 만다린(Mandarin), 샹그릴라(Shangrila), 레전트(Regent), 힐튼 인터내셔널(Hilton International), 하얏트 호텔(Hyatt Hotels) 등의 세계 최상급의 5성(five-star)의 풀 서비스 호텔로 점유되고 있다. 약간 고급스럽지 못한 호텔들도 존재하나, 이들은 주로 인근시장과 단체여행의 시장세분을 어필한다. 이러한 시장에서 랙 레이트(rack rate)가 인상되고, 고객들이 목적지에 익숙해지면서 틈새상품들이 등장하기 시작했다.

홍콩에서는 의외의 틈새시장 경쟁사로 YMCA가 출현하였다. YMCA는 항구 부근에 위치하여 좋은 입지조건을 갖추고 있고, 미국인 · 유럽인 및 호주인의 욕구를 충족시키기 위하여 개축되었다. YMCA의 객실 이용률과 고객의 만족도는 높고, 고객이 대체 숙박상품을 받아들이고 있는 것에서 전통적인 5성(five-star) 고급호텔들에게 경각심을 주고 있다.

두개 혹은 더 많은 기업이 동일한 시장 위치를 추구하는 경우 각각의 기업은 저가격의 비즈니스 호텔이라든가 입지조건이 좋은 비즈니스 호텔과 같은 새로운 차별화를 추구할 필요가 있다. 각각의 기업은 시장세분 가운데서 다수의 집단에게 어필할 수 있는 자사만의 독특한 경쟁적 우위성을 확립하지 않으면 안 된다. 이러한 하위 포지셔닝을 종종 '틈새마케팅'이라 부르고 있다.

대부분의 크루즈에서는 장기간의 순항일정에 몇 개의 정해진 항구에 정박하는 상품을 제공한다. 소수의 틈새 크루즈에서는 정박 일정이 없는 1일의 크루즈로 이익을 얻는다는 것을 알았다. 크루즈선의 롤스로이스라고 할 수 있는 QE-2[퀸 엘리자베스(Queen Elizabeth 2)]는 수천 달러의 비용을 들여 장기간의 크루즈를 느긋하게 즐길 수 있는 순항여행을 개발하여 틈새시장을 공약하는 데 성공하였다.

상품은 다른 상품 계층에 대응하여 위치가 설정될 수 있다. 크루즈는 휴양지와 같은 다른 휴가방법들과 대체안으로 위치를 설정하였으며, 고객은 B&B를 다른 모든 숙박형태에 대체안으로 위치를 설정하였다. 회의센터는 항상 회의시설을 갖추고 있는 호텔과 대항하여 자기들의 상품을 위치설정하고 있다. B&B는 호텔에 대항하여 편안한 집의 분위기를 포지션으로 잡았다.

3. 마케팅의 포지셔닝 설정

호텔 · 관광 세일즈 서비스 마케팅 포지셔닝 설정업무는 다음 3가지 단계로 구성되어 있다.

① 포지셔닝을 설정할 수 있는 경쟁적 우위성의 집합을 확인하는 작업
② 적절한 경쟁적 우위성을 선정하는 작업
③ 신중히 선정된 표적시장에 대하여 선택한 포지셔닝을 효과적으로 전달하고 명백히 하는 작업

호텔은 경쟁적 우위성을 확보함으로써 경쟁호텔과 차별화할 수 있다. 이는 유사한 상품에 대하여 경쟁호텔보다 값싼 가격을 고객에게 제시하거나, 보다 값비싼 가격을 정당화힐 수 있는 많은 편익을 제공함으로써 경쟁적 우위를 확보할 수 있다. 따라서 호텔은 자사의 가격과 상품을 경쟁호텔의 그것과 비교하여 항상 개선해나갈 필요가 있다. 한 호텔이 경쟁사보다 더 나은 실적을 올린다는 것은 그 호텔이 경쟁적 우위를 이룩했다는 의미이다.

다음과 같은 예를 통하여 경쟁적 우위를 설명할 수 있겠다.

1970년대 초기까지 많은 휴양지에서는 아메리칸 플랜(American Plan)으로 알려진 F&B와 같은 휴양지 서비스의 모든 것, 또는 그 대부분이 포함되어 있는 한 다발로 된 상품만을 판매하였다. 고객들은 이미 1일 3회의 식사와 패키지에 포함된 금요일 저녁의 공식댄스를 원하지 않게 되는 등 소비자의 선호는 변화하였다. 이러한 행동 변화를 감지한 휴양지 경영자들은 중식이 포함되지 않는 수정된 아메리칸 플랜, 또는 어떤 식사도 포함되지 않는 유러피안 플랜(European Plan)을 제공함으로써 그들의 상품에 차별화를 시도하였다.

모든 서비스 기업이 경쟁적 우위를 확보하기 위한 다수의 기회를 얻게 되는 것은 아니다. 어떤 서비스 기업은 쉽게 모방될 수 있어 곧 소멸해버리는 적은 경쟁적 우위만을 얻게 된다. 이러한 기업은 항상 새로운 잠재적 우위성을 식별하고 하나하나씩 도입시켜 경쟁사보다 우위를 차지할 수 있게끔 해야 한다. 지속적이고 영구적인 우위성을 확보하는 기업은 거의 없으나, 그 대신 장기간에 걸쳐서 시장점유율을 유지하는 데 유리한 작은 경쟁적 우위성을 획득하고 있는 기업은 존재한다.

어떤 경우, 호텔 · 휴양지 · 레스토랑 등은 해안이나 공항 부근, 스키장 언덕 또는 비즈니스 중심가의 입지조건이 자신들에게 영구적으로 우위성을 제공하는 것이라 믿는다. 하지만 시간이 지남에 따라 해안은 침식되고 오염되며, 스키장은 그 인기를 잃어가고, 공항은 다른 넓은 공간으로 이전해가며, 비즈니스 중심가는 그 매력을 상실해간다. 여러 경우 지속적인 우위성을 유지하고 있다고 생각하는 환대산업의 경영자들은 고객과 직원에 대하여 관심을 상실하게 되며, 자기들의 파산을 피할 수 없게 된다.

유익한 토막상식 : 클럽 메드

'클럽 메드(Club Med)'는 젊은 층의 세분시장에 대하여 소매 이외의 모든 제품과 서비스를 결합한 전략을 채용하였다. 젊은층 세분시장이라는 것은 팁을 지불하는 일, 메뉴에 의한 주문, 와인의 선정, 테니스 레슨을 습득하기 위하여 지도원에게 지도를 받는 것 등에는 그렇게 익숙해 있지 않았다. 「클럽 메드」는 이러한 모든 제품 및 서비스를 한데 묶어서 휴양지에서의 요금지불을 생략했던 것이다. 달러 · 페소 · 프랑 대신 '클럽 메드'의 다국적인 고객들은 체크인 시 그들에게 지급되는 비즈(beads)를 사용하여 음료수 등을 구입할 수 있다.

4. 마케팅 포지셔닝의 상품차별화 전략

호텔은 상품을 차별화(product differentiation)하기 위하여 경쟁호텔과 유사한 상품을 제공할 수도 있다. 오늘날 거의 모든 상품 및 서비스는 경쟁호텔과의 그것과 차별화를 시도하고 있다. 모든 호텔은 자사호텔의 상품과 서비스를 경쟁호텔과 차별화할 수 있는 방법을 찾아 차별화 전략을 세워야 할 것이다.

따라서 물리적 특성, 서비스, 직원, 입지 또는 이미지 등을 착안하여 차별화하는 것이 가능하다.

(1) 물리적 속성 차별화

샌프란시스코의 쉐라턴 플레이스(Sheraton Place), 시카고의 팔머 하우스(Palmer House), 뉴욕의 왈도프 아스토리아(Waldorf Astoria), 싱가포르의 라플스(Raffles) 등의 보수적이며 전통적인 호텔들은 과거의 위엄을 살려서 스스로를 차별화하고 있다. 이러한 물리적 환경은 새로이 건설된 호텔이 할 수 없는 무엇인가를 제공하고 있다.

예를 들어 영화산업에서 각종 기념품을 사용한 플라넷 할리우드(Planet Hollywood)와 음악산업을 이용한 하드 록 카페(Hard Rock Cafe)와 같은 곳이 제공하는 환경들은 경쟁사가 모방하기에는 상당히 어려울 것이다. MGM 항공은 1등석 승객만이 이용할 수 있게 설계된 항공기를 제공하고 있다. 이 항공기는 대형 국내항공기 내의 2등석에서는 찾아볼 수 없는 입석 바와 침대 및 그 밖의 물리적 시설을 갖추고 있었다.

(2) 서비스 차별화

호텔 중에는 서비스를 중심으로 차별화하고 있는 곳도 있다. 예를 들면 서울의 S

호텔의 경우 객실 내에서의 체크인 서비스를 제공한다. 레드 랍스터(Red Lobster)에서는 고객이 집에서 전화를 걸어 대기자 명단에 이름을 올려놓아 레스토랑에서 기다리는 시간을 줄이는 방식을 사용하고 있다.

또한 다른 레스토랑들은 차별화의 일환으로서 직접 가정으로 배달하고 있다. 표적시장에 대하여 편익이 되는 서비스를 제공함으로써 기업은 차별화를 이룩할 수 있다.

(3) 개성 차별화

기업은 경쟁사보다 우수한 직원을 채용하고 교육과 훈련을 통하여 강력한 경쟁적 우위를 확보할 수 있다. 싱가포르 항공이 탁월한 명성을 획득한 것은 승무원들의 서비스 때문이다.

사우스웨스트 에어라인(Southwest Airlines)의 허브 킬디어(Herb Killdeer)는 “경쟁사는 우리의 저가격 시스템을 모방할 수는 있어도 결코 사우스웨스트 직원의 정신과 유사한 서비스 정신을 창조할 수 없을 것이다”라고 주장하고 있다.

직원에 따른 차별화는 기업이 그들의 고객과 접촉하는 직원들을 신중하게 선발하여 충분한 훈련을 거쳐야 하는 것을 요구하고 있다. 이러한 직원은 유능하며, 요구하는 기술과 지식을 겸비해야 한다. 또한 예의바르고 친절하며, 우호적이어야 한다. 고객에 대하여 지속적으로 올바른 서비스를 제공해야 하며, 고객의 입장을 이해하여 그들과 명쾌한 의사소통을 하고, 고객의 요구와 문제에 대하여 신속하게 대응해야 한다.

(4) 입지 차별화

호텔산업에 있어서 입지(location)는 강력한 경쟁 우위성을 확보할 수 있다. 예를 들면, 뉴욕 시의 센트럴 공원으로 향해 있는 호텔들은 공원으로부터 한 블록이 떨어져 있어 공원을 볼 수 없는 호텔들에 비하여 경쟁적 우위성을 가지고 있다. 고속도로 톨게이트에 위치하는 모텔은 한 블록 떨어져 있는 호텔에 비하여 객실점유율에 있어 2배 이상의 우위를 가질 수 있다. 산 정상에 있는 레스토랑은 그 경관을 경쟁적 우위성으로서 광고하고 있고, 바다 경관을 조망할 수 있는 레스토랑도 이와 마찬가지로 광고하고 있다.

국제선을 보유한 항공회사는 국내시장에서 그들의 입지를 차별화의 대상으로 정하고 있다. 예를 들면 콴타스 항공(Qantas Airlines)은 오스트레일리아 항공사로서 판매촉진을 실시하고 있으며, 국내시장에서도 강한 지지를 얻고 있다. 여행사들은 그들의 입지조건에 의해서 발생하는 이익을 이용하여 그들의 시장 내에서의 차별화를 추구해야 할 것이다.

(5) 이미지 차별화

경쟁하는 제공물이 동일한 것으로 보일 때에도 구매자는 기업과 브랜드의 이미지(image)에 따른 차이를 지각할지도 모른다. 따라서 기업은 경쟁사와 자기들을 구분할 수 있는 이미지를 확립할 필요가 있다. 기업과 브랜드의 이미지는 상품의 주요 장점과 위치설정을 전달할 수 있는 단일하고 명확한 메시지를 전달할 수 있어야 한다. 강력하면서도 명확한 이미지를 확립한다는 것은 창조성과 많은 노력을 필요로 한다. 기업은 몇 가지 광고를 이용하여 하루아침에 일반대중의 마음속에 이미지를 심어줄 수는 없다.

칠리스(Chili's)는 편안하고 즐겁게 갈 수 있는 인근 레스토랑으로서의 이미지를 확립하였다. 이러한 이미지는 그들의 광고, 메뉴, 레스토랑의 분위기 및 종사원들 등에 의해서 전달된다. 이미지라는 것은 기업이 주장하는 것과 행동하는 모든 것들의 뒷받침이 없으면 안 된다.

스튜데베이커스(Studebaker's)는 자동차의 이름을 빌려 25세 이상의 성인 독신자용 나이트클럽으로서 위치설정을 하였다. 스튜데베이커스라는 명칭과 그 나이트클럽에서 스튜데베이커스의 자동차를 이용하는 것에 대해 젊은층 세분시장에서는 아마도 고속도로나 길거리에서 이 자동차를 본 적이 없을 것이므로 별 의미가 없었다. 따라서 스튜데베이커스는 그 표적시장에 대하여 의미를 가지고는 있었지만 젊은 층 시장에 있어서는 별 의미를 갖지 못하였다.

5. 포지셔닝에 따른 올바른 경쟁적 이익 선택

호텔이 몇 가지의 잠재적인 경쟁적 우위성을 발견했다고 가정하자. 이제 호텔은 그 위치설정 전략을 구축할 수 있는 경쟁적 우위성을 선택해야 된다. 따라서 어떠한 차별화를 통하여 얼마나 홍보해야 하는지 결정해야 한다.

(1) 차이의 정도

1) 표적시장에 따른 한가지 이익 추구

많은 마케터들은 호텔기업의 그 표적시장에 대하여 한 가지 이익만을 적극적으로 추구해야 한다고 생각한다.

표적시장에 있어서 중요한 위치를 차지할 수 있게 끊임없는 노력을 기울이고 항상 그 요구에 맞추어서 공급하는 호텔기업은 가장 잘 알려지고, 잊히지 않는 존재가 될 것이다.

☑ 광고전문가인 로저 리브스(Rosser Reeves)에 따르면 호텔기업은 각 브랜드마다 고유의 독특한 판매계획을 개발해야 한다고 말하고 있다. 따라서 각 브랜드의 특징을 선택하고, 그 특징 가운데는 제1의 브랜드라는 것을 인식시켜야 한다. 구매자는 특히 정보전달이 과도한 사회에서는 제1의 것이라는 것을 잘 기억하는 경향이 있다. 따라서 모텔 6은 항상 최저가격의 전국 체인으로서 자기회사를 촉진하고 있다.
☑ 서울의 R호텔은 가치의 선도자로서 자기 회사를 홍보하고 있다. 무엇이 제1의 위치를 확고하게 만드는가? 그 중요한 요소로는 최고의 품질과 서비스, 최저 가격, 최고의 가치, 최적의 입지 등을 말할 수 있다.

2) 한가지 이상의 차별화 요인에 따른 이익 추구

다른 마케터들은 그 기업은 한가지 이상의 차별화 요인에 위치설정을 해야 한다고 주장한다.

☑ 어느 레스토랑에서는 최고의 스테이크와 서비스를 제공한다고 주장할 수 있다. 또한 어느 호텔은 최고의 가치와 입지를 제공한다고 주장할 수 있다. 오늘날 기존의 대량시장이 적은 세분시장으로 분리되고 있는 실정에서 기업은 보다 많은 세분시장에 어필하기 위하여 자기들의 위치설정 전략을 확대하려고 한다.
☑ 애리조나(Arizona) 주 보울더스(Boulders)는 자기들을 최고 수준의 골프 리조트로서 판매촉진하고 있고, 또한 소나라(Sonora) 사막의 식물군과 동물군을 관찰할 수 있는 기회를 고객에게 제공할 수 있는 값진 휴양지로서 홍보를 하고 있다. 이러한 수단을 동원하여 보울더스는 골프를 즐기는 사람이나 골프를 치지 않는 사람들에게도 매력을 안겨줄 수 있다. 그러나 기업은 자사 브랜드에 대한 요구의 수를 늘림으로써 오히려 신뢰를 저버리거나, 명확한 포지셔닝을 상실할 위험에 빠져 있다.

(2) 차이의 의미

모든 브랜드의 차이가 의미가 있고, 가치를 가지고 있는 것은 아니다. 또한 모든 차이가 훌륭한 차별화라고는 말할 수 없다. 각각의 차별화는 고객에게 편의를 가져다주거나, 기업에게는 비용 증가를 초래할 가능성이 있다. 따라서 기업은 경쟁사와 차별화하는 방법을 신중하게 선정하지 않으면 안 된다.

다음의 기준이 충족되었을 때 차별화에 성공할 수가 있다.

① 중요성 : 중요성(important)은 이 차이는 표적구매자에게 높은 가치의 편익을 가져다준다.

② 명확성 : 경쟁사는 명확성(distinctive)을 제공하지 못할 수가 있다. 그러나 기업은 명확성을 제공할 수 있다.
③ 탁월성 : 탁월성(superior)은 고객이 같은 이익을 얻는 그 밖의 방법보다 탁월하게 제공한다.
④ 전달 가능성 : 전달 가능성(communicable)은 구매자에게 전달이 가능하고, 가시적이어야 한다.
⑤ 선발권 : 선발권(preemptive)은 경쟁사가 쉽게 모방할 수 없다.
⑥ 경제적 여유 : 경제적 여유(Affordable)에 구매자는 대하여 여분으로 지불할 수 있다.
⑦ 수익성 : 수익성(profitable)을 기업은 도입함으로써 이익을 얻는다.

많은 기업은 이러한 테스트 가운데 하나 이상에서 실패하는 차별화를 실시해왔다. 싱가포르의 웨스턴 스탬포드 호텔(Western Stamford Hotel)은 세계에서 가장 고층의 호텔이라는 점을 광고했는데 대부분의 여행자에게는 그리 중요한 차별화가 아니었으며, 오히려 고객들을 쫓아버리게 되는 결과를 초래하였다.

어떤 경쟁적 우위성은 너무나 사소하거나, 개발하는 데 너무도 많은 비용이 들었거나, 또는 기업의 속성과는 거리가 먼 경우는 모두 무시되고 만다. 자사의 위치설정 전략을 기획하여 경쟁적 우위성 항목을 4개로 좁혔다고 가정해보자. 그 기업은 가장 개발할 가치가 있는 하나의 우위성을 선정하기 위해서는 어떠한 틀이 필요하게 된다.

6. 포지셔닝에 따른 선택시장과의 교류와 유통

포지셔닝의 설정에 있어 특징과 내용이 명백해지면 호텔은 이 위치를 표적고객에게 전달하지 않으면 안 된다. 호텔의 모든 마케팅 믹스의 노력은 이 포지셔닝 전략을 뒷받침하는 것이어야 한다. 만약 호텔이 서비스의 탁월성을 구축하기로 결정하였다면 서비스 지향적인 종사원을 채용하여 이들의 교육훈련을 제공하고, 좋은 서비스를 유도하기 위하여 종사원에게 충분한 포상을 지급하며, 이러한 서비스의 탁월성을 전달하기 위한 판매 및 광고 메시지를 개발할 필요가 있다.

포지셔닝 설정전략을 개발하고 지속적으로 유지한다는 것은 그리 쉬운 일이 아니다. 많은 반대세력이 항상 활동하고 있다. 예를 들어 한 호텔기업이 활용하는 광고대행사는 선정된 포지셔닝을 좋아하지 않을지 모르고, 고의적으로나 타의적으로 이에 대해 반대로 작업을 할지도 모른다. 따라서 효과적인 위치설정을 실현하기 위해서는 경영진 · 종사원 · 유통업자 등의 지속적인 지원과 통일화된 장기적인 프로그램이 필요하다. 호텔기업은 일반적으로 그들이 원하는 위치를 전달하기 위하여 기억하기 쉬운 메시지를 작성한다.

버거킹의 "당신의 뜻대로"라는 메시지는 고객에게 자신이 원하는 내용물을 선택할 수 있다는 것을 알리기 위한 것이었다. 라 콴타스(La Quinta's) 호텔의 "Just Right Over Night"라는 메시지는 자동차로 와서 하룻밤 쉴 시설이 필요하지만 서비스를 필요로 하지 않는 여행자의 주목을 끌었다. 아비스(Avis) 렌터카는 자기들이 위치설정을 위하여 고객에게 확신을 심어주는 다음과 같은 메시지에 의한 자원 프로그램을 이용하였다. 즉 "우리들은 2등이므로 더 한층 노력할 것입니다."이다.

아비스는 동종업체의 선두인 렌터카 회사 허츠(Hertz)와 동격으로 위치를 설정하고 버드 겟(Bud Get), 달러(Dollar), 내셔널(National) 및 스리프티(Thrifty)와는 거리를 두었다. 이러한 문구는 표적고객의 마음에 긍정적인 이미지를 심어주기 위한 것이다.

올리브(Olive) 정원은 튜스캐니(Tuscany)의 레스토랑을 열고, 튜스캐니의 요리협회를 개발하였다. 그들은 접시를 그들의 메뉴에 추가하고, 그들의 요리사를 튜스캐니의 요리협회에 보내고, 그들의 새로운 레스토랑을 위해 토스카나 농가 디자인을 개발하였다. 그들은 또한 요리법과 요리용 팁을 그들의 웹사이트에 포함하였다.

이탈리아의 레스토랑과 요리협회는 올리브(Olive) 정원이 확실한 이탈리아의 레스토랑으로서의 포지션이라는 위치설정을 돕는다. 그들의 광고는 '올리브 정원'에서 정찬을 먹고 있는 이탈리아 가족을 특징으로 보강한다.

포지셔닝 결정에 따라 기업은 그 경쟁사가 누구인가가 결정된다. 이러한 위치설정 전략을 도입할 때에 기업은 자사의 경쟁적 강점과 약점에 대하여 검토하고, 여기서 위치설정에 따라 선정된 경쟁사와 비교하여 우위의 입장에 있어야 한다.

7. 포지셔닝 측정(인지도)

인지도(perceptual mapping)는 보통 브랜드의 포지셔닝을 측정하는 데 사용된다. 가격이 상승하면 서비스의 질도 올라가게 된다. 그러나 어떤 호텔들은 다른 호텔들보다 더 나은 가치를 제시하고 있는 것을 볼 수 있다.

예를 들면 이탈리아는 팰리스(Palace)보다 약간 높은 수준의 서비스를 제공하지만 가격은 상대적으로 낮다. 2 : 2의 인지도는 보기 쉬운 지각지도를 제공하지만 보통 여러 가지 다른 속성들을 인지도화하여 살펴보아야 시장의 전체적인 흐름을 알 수 있을 것이다.

또한 지각지도는 몇 가지 상품의 속성을 가지고 소비자의 지각을 이용하여 개발할 수 있다.

시장세분화
- 인구통계적 기준, 심리학적 기준, 구매행동 기준, 세분시장 니즈, 서비스 제공수준 등

↓

목표시장 선정
- 규모와 성장률, 경쟁우위, 자사와의 적합성 고려
- 집중화 전략, 차별화 전략, 비차별화 전략

↓

포지셔닝 전략 수립

↓

마케팅 믹스의 결정
- 7P

↓

세부 프로그램 개발

[그림 3-1] 포지셔닝 흐름도

유익한 토막상식 : 인지도

소비자는 친숙한 브랜드를 판매하여 구입하는 경향이 있으며, 이는 친숙한 브랜드가 기존의 다른 브랜드보다 신뢰할 만하여 품질도가 괜찮을 것이라는 가정에 근거한 것이다.

제1절 호텔 · 관광 세일즈 서비스 마케팅 전략

1. 마케팅 믹스의 의의 및 종류

마케팅 믹스(marketing mix)는 고객의 욕구와 필요를 충족시키기 위하여 사용할 수 있는 모든 수단의 총합이라고 정의할 수 있으며, 기업이 판매 목표를 이루기 위해 제품 계획, 가격 설정, 광고, 입지, 공급 경로, 서비스 따위의 요소를 합리적으로 계획하는 과정이다. 또한 시장 접근방법과 노력을 통합적으로 체계화시킨 것을 기본적인 마케팅의 전략적인 방법으로 마케팅 관리자가 특정의 마케팅 목표를 달성하기 위해 이용 가능한 여러 가지 마케팅 수단들을 최적 조합한 상태를 의미한다. 따라서 마케팅 믹스는 고객에게 직접 영향을 미치는 다분히 전술적 실천 방법이고 서비스마케팅 관리의 절차 단계이다.

마케팅 믹스는 상품은 개발에서부터 최종 소비자의 손에 전달될 때까지 복잡한 단계를 거친다. 기업은 제품을 개발하기 전에 서비스기업의 내부적 · 외부적 환경을 분석하고 예측해서 새로운 시장의 기회를 찾는다. 따라서 마케팅 믹스는 기업이 마케팅 목표를 달성하기 위하여 사용하는 실질적인 기본적인 마케팅 요소이다. 일반적으로 마케팅 믹스 전략이라고 하면 마케팅 4P인 상품(Product), 유통(Place), 가격(Price), 촉진(Promotion)요소로 구성되며 보통 4P라고 부른다. 4가지 측면에서 그 전략 방안을 적절하게 배합하여 수행하는 것이라고 할 수 있다. 즉 목표시장에 효과적으로 도달하기 위하여 관리하여야 할 통제 가능한 마케팅 요소들을 통일적이며 합리적으로 배합하여 최적결합을 결정하는 마케팅 활동을 마케팅 믹스 전략이다.

즉 서비스 기업이 표적시장에서 마케팅 목표의 달성을 위해 사용하는 보다 실질적인 마케팅 도구들이다. 통상 4p로 일컫는 제품(product), 가격(price), 유통(place or distribution), 촉진(promotion) 등 기업의 마케팅 시스템의 핵심을 구성하는 투입 변수의 결합을 기술하는 데 사용되는 용어이며, 이를 효과적으로 조합하는 것이 가장 중요한 과제이다. 최근에는 4P가 너무 공급자 지향적인 해석이란 비판이 있어 소비자 관점으로 해석하고자 하는 경향이 있어, 4C 개념(product → customer value, price → cost, promotion → communication, place → convenience)으로 바꾸어 부르기도 한다.

마케팅 믹스는 하버드 대학의 보든(Neil Borden)에 의하여 개발되어 오늘날에는 마케팅 믹스의 기본이 되는 4P's로 널리 알려지게 되었다. 하지만 서비스 산업에서는 전통적인 마케팅 믹스만으로는 설명할 수 없는 시장환경의 특수성으로 인하여 변화되어 트렌드에 맞게 서비스마케팅 믹스를 조정할 필요가 나타나고 있다. 이런 점을 감안하여 붐스(Booms)와 비트너(Bitner)는 기존의 4P's에 참여자(participants), 물적 증거(physical), 과정(process)을 추가해서 7P's를 제시하였다. 또한 코프만(Coffman)은 상품기획(product planning), 가격(pricing), 상표(brand), 분배경로(channels distribution), 인적 구성(personnel setting), 광고(advertising), 패키지(packaging), 전시(display), 서비스(service), 취급절차(handling), 시장조사(marketing research)의 12개 요소로 구분하였으며, 모리슨(A.M. Morrison)은 기존의 4P's에 종사원, 패키징, 프로그램 및 제휴(partnership)가 추가된 8P's를 제시하였다.

물론 이러한 요소들을 호텔기업에 알맞게 그 용어를 고쳐 부를 수도 있겠지만, 무엇보다 그 개념을 이해하는 것이 중요하다.

〈표 4-1〉 확장된 서비스 마케팅 믹스(7P)

상품 (product)	가격 (price)	촉진 (promotion)	유통 (place)	과정 (process)	물적증거 (physical evidence)	종사원 (people)
- 물리적 특징 - 품질 - 보조서비스 - 상품계열 - 브랜드	- 유연성 - 가격수준 - 거래조건 - 할인	- 인적판매 - 광고 - 판촉 - 홍보 - PR	- 경로 유형 - 중개상 - 매장 위치 - 경로 관리	- 서비스 활동이 흐름 - 서비스 제공단계 - 고객의 참여수준	- 시설 - 장비 · 설비 - 건물 - 종사원 복장 - 명함 - 팸플릿 - 계산서 등	- 종사원의 선발, 교육, 동기부여 - 고객 믹스 - 고객관계 관리

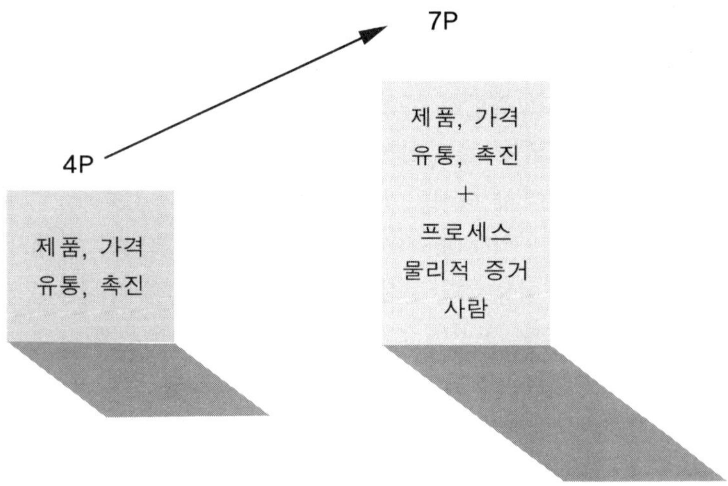

[그림 4-1] 서비스 마케팅 믹스

〈표 4-2〉 학자들의 마케팅 믹스(marketing mix) 요소

학자	마케팅 믹스요소
Neil Borden(1964)	상품기획, 가격, 유통, 촉진, 서비스, 시장조사
E.J McCarthy(1975)	상품, 가격, 유통, 촉진
R. Doswell(1979)	상품, 가격, 유통, 촉진
B.H. Booms & M.J. Bitner(1981)	상품, 가격, 유통, 촉진, 참여자, 물적 증거, 서비스 조립과정
L.M. Renaghan(1981)	상품, 가격, 유통, 촉진, 상품 서비스, 제시, 정보 교환
C.D. Coffman(1984)	상품기획, 가격, 상표, 분배경로, 인적 구성, 광고, 판촉, 패키지, 전시, 서비스, 취급절차, 시장조사
A.M. Morrison(1989)	상품, 가격, 유통, 촉진, 종사원, 패키지, 프로그램, 제휴
R.W. McIntosh(1990)	적시성, 상표명, 패키지, 가격, 유통구조, 상품, 이미지, 광고, 판매, PR

※ 자료출처 : Roland T. Rust, *Service Marketing*, Harper Collins College Publishers, 1996, p.10.

부엘(Buell)의 개념적 정의에 따르면 마케팅 믹스의 개념은 상품 · 가격 · 유통 · 촉진 등에 투입된 기업자원의 산업분류, 시장에서의 위치, 경쟁적 상황 등에 따라 여러 가지 비율로 혼합되어야 함을 제시한다는 것이다. 이것은 마케팅 믹스의 구성요소들이 상품을 만들고, 가격을 결정하며, 그것을 고객에게 도달하게 하는 그 상품에 대해 고객들에게 알려주는 데 있어서 기업자원의 정교한 균형을 나타내고 있다. 실제로 마케팅 믹스는 모든 마케팅 의사결정의 산물이며, 마케팅 믹스의 목표는 고객이다.

정상적으로 마케팅 믹스의 종합적 균형이라는 것은 어떤 두 기업이 동일할 수는 없는 것이다. 각 기업의 임무와 목표시장, 그리고 포지셔닝이 약간씩 다르듯이 마케팅 믹스의 각 요소의 비중 역시 다르기 마련이다.

호텔·관광 마케팅에서 이 4P's가 가지는 문제점은 그 개념의 문제가 아니라 상품마케팅에 따른 믹스의 구성요소의 문제이다. 호텔서비스의 마케팅은 제조품의 마케팅과 다르기 때문에 마케팅 믹스에 대한 접근방법도 달라야 한다고 요구하고 있다. 이러한 목적으로 마케팅 믹스의 개념을 호텔관광마케팅 결정을 위해서 좀더 유용하게 하고, 응용 가능하게 하고자 하는 것이다.

2. 마케팅 믹스의 변화

현재의 우리 시장상황은 급속히 변화를 보이는 과정에서 복잡하고 다양한 양상을 형성하고 있다. 이러한 변화는 마케팅 4P's에서 정확히 나타나고 있는데 현재의 마케팅 믹스의 상품(product)은 새로운 상품과 서비스, 그리고 복합적인 시스템이 매우 다양하게 생산되고 있으며, 상품의 차별화가 어렵고 상품 수명주기도 짧아져 새로운 상품의 부각이 어렵기 때문이다. 시장(place)의 범위도 세계화 추세 속에 유통시장의 단일화와 자체 유통시장의 개발로 인하여 소비자는 어디에서나 상품을 구입하기가 용이해졌다.

현 시대의 호텔기업의 유통시장의 경우는 통신기술의 발달에 따라 여행사 및 항공사와의 연계된 컴퓨터 통신망 이용과 인터넷 등으로 예약 및 호텔서비스 상품에 대한 정보를 고객이 직접 활용하고 있다. 가격(price)의 경우도 차별화가 어려워 효과적인 마케팅 기법이 되지 못하고 있다.

그러나 마케팅 4P's 중에서 판매촉진(promotion)은 호텔 관계 마케팅을 하는 데 주요 요소를 꼽을 수 있다. 그 이유로 판매촉진(promotion)은 고객을 유인하는 방법으로서 인적 판매, 광고 및 홍보를 이용하며, 고객과의 직·간접 커뮤니케이션 활동을 포함하고 있다. 판매촉진을 통해 상품과 서비스에 대한 인식고양은 물론 상품서비스를 실제로 구입하도록 하는 것, 즉 고객구매 태도의 변화에 초점을 맞출 수 있는 고객관계 지향적인 관계마케팅을 통하여 예상고객을 끌어들이고, 기존고객과의 장기적인 유대관계를 통하여 구매결정 단계로 인도하는 것이다.

이러한 호텔서비스 세일즈 마케팅의 촉진은 서비스 상품을 제공하는 기업의 시각을 공급자 중심에서 사용자 중심으로 변화하는 계기를 형성하였다. 즉 고객이 마케팅 활동의 중요한 핵심으로 인지된다는 것이다. 따라서 이러한 마케팅 변화는 1980

년대의 거래 마케팅이 개별판매에 중점을 두었는데 비해서 1990년대의 마케팅은 개별고객에 중점을 두고, 고객과 기업간의 장기간에 걸친 고객과 기업에 교감하는 상호관계 형성을 추구하면서 고객가치 평가와 고객가치 만족에 역점을 두면서 변화된 시각을 보이고 있다.

특히 호텔기업의 마케팅 전략은 이러한 추세로 인하여 새로운 변화를 추구해왔다. 이는 호텔기업의 고객 창출과 긍정적인 구전 활동에 의한 기업의 관여를 증진시키는 이유로 고객가치 평가와 고객가치 만족에 역점을 두어 새로운 고객보다 현재 고객들과의 장기적인 유대관계를 유지하는 것이 비용이 적게 든다는 것을 호텔기업에서 인식하였기 때문이다. 또한 고도화된 시장일수록 고객의 욕구는 더욱 개인화됨으로써 고객 개개인의 만족을 주기 위해서는 개별마케팅이 필요하므로 상호간의 신뢰, 고객욕구의 공유, 고객접촉과 같은 고객 개개인과의 관계를 중요시하는 호텔관광 서비스마케팅이 필요하다.

고객과 호텔 측의 장기적인 안목의 유대관계가 밀접하게 이루어진다면 고객마다 더 낮은 마케팅 비용을 요구하는 계속적인 상호교환을 이끌 가능성이 높다고 하겠다.

특히 시장을 형성하는 소비자들의 중요성이 증대됨에 따라, 고객 지향적인 일부 호텔기업들은 조직 자체를 소비자의 필요 · 욕구 · 선호를 제대로 파악하고, 또한 만족시키는 데 적합한 고객 중심직인 소식으로 개편하는 경향을 보인다.

이처럼 호텔기업이 서비스 품질 강화와 신뢰도 증대를 통하여 고객불만에서 고객만족으로 변화시키고, 이를 통하여 고객과의 굳건한 관계를 구축함으로써 호텔의 경쟁우위를 점유하는 호텔관광 서비스마케팅의 필요성이 크게 대두되고 있다.

따라서 마케팅 활동의 수행계획은 기업영업 활동이 미래 지향적 설정을 의미하며, 인포메이션(information), 목표(goal), 전략(strategy) 수립, 통제(control), 예산(budget) 등으로 구성하여 장기 및 단기적으로 활용되고 있다.

유익한 토막상식 : 마케팅 믹스(marketing mix strategy)

시장의 기회가 발견되면 시장을 세분화하여 목표시장을 정하고 마케팅 목적과 제품 컨셉트를 설정하여 고객이 자사제품을 구매할 수 있도록 마케팅 활동을 수행한다. 이런 복잡한 흐름의 중심에 있는 제품가격, 유통, 촉진 등을 일관된 방향으로 흐르게 만드는 것이 바로 마케팅 믹스이다.

마케팅 믹스 전략은 각각 독립적으로 작용하지 않는 이 네 가지 요소들을 효과적으로 조합하는 종합적인 마케팅 전략이다.

훌륭한 호텔마케팅 전략으로서의 스타우드 성공 사례

고급스럽고 수준 높은 호텔과 리조트를 지향하며 세계적인 사업을 펼쳐나가고 있는 스타우드(starwood)는 직접 운영과 위탁경영, 프랜차이즈 등을 통한 사업을 펼쳐나가고 있다.

본사는 미국 뉴욕에 두고 있다. 스타우드의 경영전략은 크게 다섯 가지 핵심요소로 나누어볼 수 있다. 우선 브랜드의 힘을 키우는 것이다. 스타우드는 기존고객의 충성도와 새로운 고객의 유입을 활발히 진행시켜 나가고자 한다.

이러한 노력으로 지난 4년간 세번에 걸쳐 「비즈니스 트레블 뉴스」가 수여하는 2013년 톱 호텔체인 부분에서 웨스턴과 W호텔이 각각 1~2위를 수상하기도 하였다. '포포인츠'도 중간가격대의 호텔 카테고리 중에서 1위로 선정되기도 하였다. 두번째 경영전략인 SPG(Starwood Preferred Guest)는 전 세계적으로 1,500백 만 명의 회원을 확보하고 있으며, 여러 차례 호텔 상용고객 프로그램 부문의 수상하기도 하였다.

이 프로그램은 호텔산업에서 가장 먼저 도입된 상용 고객우대 프로그램으로 회원이 원하는 시간과 장소에 머물 수 있도록 제한을 두지 않고 있는 것이 특징이다. 또 다른 전략 중 하나는 현금유통과 자산을 다양화하는 것이다.

브랜드와 시장부문, 수익처, 지리적 위치 등을 다양화하는 것이 글로벌 브랜드로서의 스타우드의 이익을 극대화하는 데 있어서 안정된 기본이 되어줄 것이다. 그리고 포인트제도를 통해 숙박과 항공 마일리지로 사용할 수 있도록 하고 있다. 이외에도 품격 있고 차별화된 시설과 규모 · 위치 등도 스타우드의 성공적인 경영전략 중 하나이다.

예를 들어 '세인츠 레이스'가 고급스러운 호텔과 리조트를 지향한다면 포포인츠 BY 쉐라톤은 좀 더 경제적인 가격에 서비스와 시설을 제공하는 것이다.

제2절 호텔 · 관광 세일즈 서비스 마케팅 4P믹스

1. 마케팅 상품의 이해

고객의 필요와 욕구를 충족시킬 수 있는 유형 · 무형의 대상이 호텔상품을 구성하는 요소가 되기 때문에 호텔 상품은 호텔 · 관광 마케팅 믹스 가운데 대표적인 것이라고 할 수 있다.

고객은 <표 4-3>과 같이 호텔의 물질적 상품과 비물질적 상품을 구매하게 되는데 호텔상품을 구매한다는 것은 그 호텔이 고객에게 제공해줄 것을 바라고, 그것이 고객의 욕구와 필요를 충족시켜줄 것을 바라는 기대라고 말할 수 있다. 그러므로 호텔상품 판매는 당연히 품질 지향적이어야 한다. 이런 면에서 종사원들은 대단히 중요한 역할을 수행하는 호텔상품의 중추가 된다고 말할 수 있다.

그러나 호텔상품은 본질적으로 서비스 상품이기 때문에 다른 상품과는 아주 다른 특성인 무형성(intangibility), 동시성(inseparability), 이질성(heterogencity), 소멸성(perishability)이라는 특성을 가지고 있다.

이와 같은 호텔상품의 특성으로 볼 때 호텔상품을 훌륭하게 마케팅하기란 대단히 어려운 일임을 짐작할 수 있다. 이런 관점에서 몇 가지 유용한 전략들을 살펴보면 다음과 같다.

〈표 4-3〉 호텔상품의 구성과 특징

구 성	종 류	특 징
물질적 상품	객실, 식음료, 연회장, 수영장 등(유형적 상품)	• 실체적이고 객관적임 • 서로가 비교, 측정이 가능함 • 가격과 상품의 관계가 명백함 • 단기적으로 실현 가능
비물질적 상품	서비스, 쾌적함, 분위기, 아늑함, 즐거움, 다정함, 친절함 등(무형적 상품)	• 추상적임 • 주관적으로 가치를 평가함 • 소극적으로 받아들여지기 쉬움 • 고객이 사전에 입증해볼 가능성이 전혀 없음 • 이미지를 만들기까지는 오랜 시간이 소요됨

유익한 토막상식 : 마인드 쉐어

고객 중에서 자사의 브랜드를 기억하고 있는 정도의 비율로서 기업은 어느 정도의 마인드 쉐어(mind share)를 증가시킴으로써 소비자의 구매 고려 의향을 높일 수 있다.

(1) 가시적 요소 활용

서비스 상품의 이용고객으로서는 서비스 상품을 구매함에 있어서 보다 확실한 구매결심의 근거를 구매하고 싶을 것이다. 상대적으로 판매하는 입장에서 보면 상품의 내용을 보여주거나 미리 알려줄 수 없기 때문에 그러한 마케팅 상의 문제점을 해결할 수 있는 방법으로서 가시적 요소를 활용하는 것은 이러한 양측의 욕구를 충족시키는 좋은 방법이 되는 것이다.

이처럼 상품의 제공자와 구매자의 필요와 욕구를 충족시킬 수 있는 가시적 요소로는 첫번째로 호텔상품을 구성하는 핵심부분인 호텔종사원의 행동·외모·유니폼 등이 있다. 대표적인 예로 디즈니랜드와 맥도날드를 꼽을 수 있는데, 이들 기업은 종사원들의 복장규정, 행동요강, 모든 사람이 인식하고 사용하는 독특한 언어 등에서 기업에 대한 고객의 이미지를 크게 향상시킬 수 있음을 인식하여 업계의 선두그룹이 될 수 있었다.

많은 호텔·관광 마케팅 계획에서는 종사원과 경영 프로그램에 대한 언급은 제시하지 않고 전적으로 촉진과 가격, 유통활동에 대해서만 집중적으로 거론하고 있다. 종사원의 업무수행에 대해서는 당연하다고 생각하는 경향이 큰데, 이것은 아주 중대한 과오이다. 왜냐하면 종사원이 호텔의 판매와 수익에 미치는 강력하고, 긍정적인 영향을 무시하고 있기 때문이다.

최소한 마케팅 계획에는 종사원의 유니폼 개선과 변화, 종사원 및 경영진의 인정 및 시상계획, 종사원 및 임원의 인센티브 및 포상계획, 판매 및 고객관계 훈련계획, 마케팅 계획 목표 및 활동에 관한 오리엔테이션 계획, 마케팅 계획 과정과 결과에 대한 커뮤니케이션 체계 등이 명시되어 있어야 한다.

두번째로 호텔기업은 빌딩 외부를 가시적 요소로 주로 활용하는데, 빌딩 외부는 호텔이 수많은 고객들을 건물 내부에서 상대하고 있다는 점을 감안하면 대단히 중요한 상품 구성요소라고 볼 수 있다. 왜냐하면 호텔건물의 전반적인 여건과 청결이야말로 고객들이 인식하는 호텔에 대한 이미지뿐만 아니라 그들의 만족도에 미치는 영향이 대단히 크기 때문이다. 허름한 빌딩구조를 가진 호텔이 디럭스 호텔의 포지셔닝을 가질 수는 없는 것이다.

세번째로 고객이 호텔을 평가하는 데는 그 호텔의 장비나 설비를 보고 평가하는 경우가 많다. 예를 들어 항공기·버스·기차·리무진이나 택시들의 청결함, 최신형 여부가 영향을 끼친다. 고객만족과 상품가치에 영향을 주는 것과 같은 맥락인 것이다. 따라서 이러한 맥락은 호텔 장비의 영선 유지와 청결 문제에 더욱 신경을 써야 하는 이유이기도 하다.

네번째로 가구 및 설치물은 많은 고객들이 호텔건물과 수송장비 내의 가구와 설치물의 질에 대해서 굉장히 민감하게 느끼는 부분이다. 많은 호텔에서는 질 높은 가구와 설치물로 질 높은 이미지를 뒷받침하고 있다.

다섯번째로 광고나 표지판은 호텔상품을 구성하는 또하나의 요소이다. 수많은 안내판, 광고, 외부광고판까지 포함해서 호텔을 많은 종류의 광고요소를 가지고 있는데, 고객들은 파손되거나 부실하게 관리된 것을 환경에 의해 파손되거나 관리태도의 부실로 생각하게 된다.

여섯번째로 광고, 인적 판매, 판매촉진, 상품화, PR 및 홍보활동 등은 고객의 구매를 유도하는 중요한 방편이다. 그러나 더욱 중요한 것은 이것들이 호텔에 대한 고객의 이미지를 형성하는 데 눈에 보이지 않는 역할을 한다는 것이다. 부정적인 홍보는 호텔의 이미지를 훼손시키지만 긍정적인 홍보는 호텔의 이미지를 높여준다. 광고의 질과 규모, 그리고 매체의 선정은 고객들에게 호텔에 대한 이미지를 제공하기 마련이다. 판촉물과 사은품은 호텔의 질의 이미지와 일치해야 한다. 이 모든 것을 고려해볼 때 마케팅 계획은 이들 여러 가지 구성요소들 간의 지속성을 확보해주도록 해야 한다.

(2) 인적 요소 활용

호텔은 무형상품의 제공이 많기 때문에 종사원들의 역할이 중요하다. 따라서 호텔종사원의 교육훈련이나 접객태도, 또는 세일즈맨십이 강조되고 있다. 하지만 이러한 인적 요소는 사전에 고지해주거나 제시할 수가 없으므로 상품을 사용해본 사람들의 구전은 매우 중요하고도 강력한 힘을 가지게 마련이다. 이와 같이 입에서 입으로 전달되는 이른바 구전효과(word of mouth)는 아주 훌륭한 판매전략이 될 수 있다. 그러므로 서비스 상품의 원활한 판매를 위해서는 종사원의 자질을 갖춘 사람을 선발하는 일과 종사원의 교육훈련을 강화하는 것이 매우 중요하다.

(3) 훌륭한 조직의 이미지 활용

이미지란 고객의 마음속에 비쳐진 그 기업의 종합적인 영상을 의미하므로 고객이 호텔에 대해 좋은 이미지를 가지고 있다면 그것은 그 호텔상품의 판매를 촉진하는 힘이 되는 것이다.

(4) 구매 후 커뮤니케이션 관리

호텔서비스 상품은 무형의 상품이므로 고객이 내리는 서비스 상품에 대한 평가는 어차피 주관적일 수밖에 없고, 그 평가의 내용도 상품의 부분일 수 없는 총체적 경험에 대한 것이므로 커뮤니케이션은 중요한 관리과정이다.

(5) 예약시스템 강화

호텔서비스 상품은 소멸성을 갖고 있어서 시간과 장소의 제한성이 높다. 그러므로 수요와 공급의 조정이 절대적인 과제가 되어 있다. 따라서 수요와 공급의 조정이 이루어질 수 있도록 예약시스템을 강화하는 것도 호텔상품 판매에 크게 도움이 된다.

(6) 패키징 활용

호텔서비스 상품은 여러 개의 이질적 요소들이 모여 하나의 상품을 이루는 까닭에 표준화하기 어렵고, 대량생산이 곤란하다는 약점을 지니고 있다. 이 점을 극복하기 위해서는 서비스를 규격화하거나 서비스를 주문에 따라 생산하는 것이 중요하다.

호텔상품의 패키징은 수출상품의 컨테이너와 같은 개념으로 이해할 수 있는데 패키징의 개념을 설명해보면 다음과 같다.

① 호텔 내와 호텔 밖에서 호텔고객이나 잠재고객과의 선전을 통해서 제시하고자 하는 총체적 개념, 즉 이미지를 말한다.
② 멀리서 보거나 외부에서 가까이 보거나 내부건물의 내부적 모양과 장식 등 건물 그 자체의 실제적 외모를 구성하는 미화적 개념이다.
③ 호텔시장에 판매하려고 하는 호텔 내의 서비스를 나타내는 복합상품화 개념이다.
④ 교통, 예약, 신용카드, 호텔을 상품화하는 판매망 등 전체 여행업계와의 연결제휴이다.
⑤ 호텔상품의 주요 요소가 되는 서비스를 제공하는 호텔 내의 종사원을 중시하는 인간중시의 개념이다.

그러므로 효과적인 패키징은 호텔상품이 고객에게 어필할 수 있는, 즉 호텔의 이미지를 심는 모든 것을 포함한다. 호텔 외부 모양새, 조경, 표지판, 고속도로변 표지판 등은 물론이고 실내장식, 청결함 및 관리유지, 종사원의 태도와 외모 등을 포함한다. 더구나 모든 광고와 판매물은 조화로운 디자인은 물론이고 상품유통의 채널 등을 동시에 포함하는 복합개념이다.

유익한 토막상식 : 마케팅 믹스(Marketing Mix)

제품은 개발에서부터 최종 소비자의 손에 전달될 때까지 복잡한 단계를 거친다. 기업은 제품을 개발하기 전에 기업의 내부적 · 외부적 환경을 분석하고 예측해서 새로운 시장의 기회를 찾는다. 시장의 기회가 발견되면 시장을 세분화하여 목표시장을 정하고 마케팅 목적과 제품 컨셉트를 설정하여 고객이 자사제품을 구매할 수 있도록 마케팅 활동을 수행한다. 이런 복잡한 흐름의 중심에 있는 제품 · 가격 · 유통 · 촉진 등을 일관된 방향으로 흐르게 만드는 것이 바로 마케팅 믹스이다.

제 3 절 호텔 · 관광 세일즈 서비스 마케팅 상품믹스

1. 마케팅 상품의 분류

고객은 상품이나 서비스를 구매할 때 이들이 구성하는 성능이나 요소들을 비교 평가하거나 이들의 결합에 의하여 형성된 전체적 이미지를 경쟁 상품과 비교하여 의사결정을 한다.

상품이나 서비스의 효율적 마케팅 전략을 수립하기 위해서는 기업의 핵심상품, 유형상품, 확장상품의 구성요소들에 대한 이해가 필요하다. 유형상품의 경우 상품의 질과 특성, 스타일, 포장, 상표명 등에 대하여 경쟁사보다 고객에게 더 많은 가치를 제공할 수 있어야 한다. 확장상품의 경우 책임과 보증, 대금지불, 배달, 설치, 판매 후 서비스 등에 있어서도 경쟁사보다 우월한 가치를 고객에게 전달해야 한다.

한편 호텔서비스 상품은 그 개념별로 핵심상품(core product), 보조상품(supporting product), 포괄상품(augmented product)으로 나누어볼 수 있다.

(1) 핵심상품

고객이 호텔상품을 구매함으로써 얻으려고 하는 가장 근본적인 효익(benefits)이나 효용(utility)을 의미한다. 핵심상품은 호텔사업의 가장 초점이 되는 상품 서비스로서 호텔이 존재하는 기본적 이유이기도 하다.

예를 들어 낯선 객지에서 호텔을 찾은 고객이 추구하는 핵심효익은 안락한 객실에서 편히 쉬는 것일 것이다. 또한 특별한 날을 기념하기 위해 호텔 레스토랑을 찾은 고객의 핵심효익은 기억에 남는 즐거운 식사의 경험일 것이다.

(2) 보조상품

핵심상품이 전달될 때 함께 수반되거나 추가로 제공되는 주변 서비스 상품을 의미한다. 예컨대 체크인 서비스나 세탁서비스, 객실의 샴푸, 비즈니스 센터 서비스, 신속한 청구서 작성 등이 여기에 해당된다. 이러한 보조상품은 고객이 호텔을 찾는 목적이 될 수는 없지만 결과적으로 핵심상품의 가치를 더해주는 역할을 한다.

고객이 추구하는 호텔 핵심상품은 비가시적이므로 차별화가 어려운 경우가 있다. 또한 이것은 호텔의 가장 기본적인 기능이므로 경쟁호텔별로 질 차이가 크게 나타나지 않거나, 질 좋은 핵심상품이 전달되어도 고객은 이를 당연시 여길 수가 있다.

이렇듯 핵심상품 서비스의 차별화가 어려울 때는 보조상품의 질을 향상시키고, 이를 차별화함으로써 경쟁우위를 가질 수 있다. 방콕의 오리엔탈 호텔은 호텔에 투숙하는 고객을 곧바로 객실로 안내하여 객실에서 체크인 절차를 받게 하였다. 이는 여행에서 지친 고객이 체크인을 하기 위해 프런트데스크에 서서 기다리는 불편을 겪지 않도록 세심한 배려를 기울인 것으로서, 이것으로 인해 확연한 차별화 효과와 고객만족 효과를 볼 수 있었다.

(3) 포괄상품

호텔의 위치, 전체적 분위기, 호텔의 고객층, 호텔종사원과의 상호관계 등 호텔서비스 상품이 전달되는 과정을 의미한다. 즉 포괄상품의 개념은 '무엇'보다는 '어떻게' 호텔서비스 상품이 고객에게 전달되는지와 관계가 있으며, 고객이 느끼는 포괄적인 편익을 결정한다. 가령, 같은 호텔을 이용하는 다른 고객들의 복장과 매너가 기대수준 이하라면, 그 호텔의 질은 낮게 평가되고 있는 것이다. 따라서 호텔은 고객에게 더 많은 가치와 만족을 주기 위해서, 호텔서비스 상품의 소프트한 포괄적 측면의 관리에 대한 주의와 노력을 기울여야 한다.

이처럼 상품전략은 마케팅 믹스에서 가장 기본적 요소라고 해도 과언이 아니다. 아무리 광고·홍보가 훌륭히 이루어지고, 가격이 적정선에서 책정되며, 고객 접근성이 뛰어나더라도 만약 상품 자체가 고객에게 어필되지 못하는 것이라면 그 효과는 단기간에 끝나게 될 것이다.

호텔 서비스 상품은 호텔을 찾은 고객의 다양한 필요와 욕구를 충족시켜주고, 그들에게 효용과 가치를 제공하기 위해서 고안된 여러 가지 요소들의 집합이다. 그것은 호텔 건물, 편안한 침대, 레스토랑 음식 등 유형적인 것일 수도 있고, 분위기나 품위 등 뚜렷한 유형적 단서가 없는 무형성 효익일 수도 있다. 그런데 호텔서비스 상품은 한 가지 상품만을 독립적으로 분리시켜 생각하기 어렵다. 고객이 원하는 만족스러운 서비스가 제공되기 위해서는, 보통 서로 연계성을 갖는 여러 가지 서비스가 일련의 상품 묶음을 형성하여 함께 전달되기 때문이다.

예컨대 한 고객이 호텔을 찾았을 때, 그는 일련의 상품 서비스 묶음을 구매하게 된다(bundle purchase). 그가 호텔에서 기대하는 효익은 휴식, 편안한 수면, 격조 있는 분위기, 좋은 음식, 종사원의 친절하고 신속한 서비스, 호텔의 등급 및 지명도 등 다양하게 나타날 수 있다. 그런데 이 중 하나라도 불만족스럽다면 그 호텔에 대한 고객의 지각은 전체적으로 하락하고 만다. 고객은 각 호텔서비스 상품에 대해 하나하나 별도로 평가를 하는 것이 아니라 호텔이 제공하는 서비스 상품의 질을 하나로 묶어서 인식하기 때문이다.

맥도날드에서 햄버거 등 음식을 관리하는 것뿐 아니라 매장과 인근도로를 깨끗하게 청소하고 환경미화에 힘쓰는 것도 상품 묶음의 총체적 질을 높이기 위해서이다.

유익한 토막상식 : 유일한 판매가치 안내

유일한 판매가치 안내(USP ; Unique Selling Proposition)는 기업이 제공하는 상품과 서비스에만 존재하며, 경쟁사와 차별화되는 독특한 가치요소

2. 마케팅 상품의 개발단계

호텔은 가정과 사무실, 레스토랑, 사교, 오락, 체력관리 등 다양하고도 종합적인 기능을 가지고 있다. 고객은 호텔의 상품을 요인별로 분리해서 따로따로 품질평가를 하는 것이 아니라, 일반적으로 호텔상품을 통합된 전체로서 인식한다. 그러므로 호텔고객의 총체적 만족을 이루기 위해서는 다양한 서비스 상품믹스가 조화롭게 개발, 관리되어야 한다.

(1) 브랜드 자산

브랜드 자산은 어떤 상품이나 서비스가 브랜드를 가졌기 때문에 발생된 바람직한 마케팅 효과(예컨대 애호도 · 시장점유율 · 수익률 등)를 말한다. 브랜드 자산은 고객의 관점에서 브랜드에 의하여 선호도가 증가되며, 기업의 관점에서 매출액의 증가를 생각할 수 있다. 브랜드 자산은 브랜드 인지도와 브랜드 연상에 의하여 비롯된다. 고객은 한 번도 들어본 적이 없는 브랜드를 구매하려 하지 않는다.

브랜드 인지도는 고객이 한 상품의 범주에 속한 특정 브랜드를 재인식할 수 있는 능력을 말한다. 따라서 브랜드 회상보다 상대적으로 강도가 약하다. 또한 브랜드 재인식은 고객에게 동일상품 내의 여러 브랜드명을 제시하고, 각 브랜드명을 과거에 들어본 경험이 있는지를 조사하여 측정한다.

한편 브랜드 회상은 기억 속에 저장되어 있는 특정 브랜드 정보를 인출할 수 있는 능력을 말한다. 이러한 현상은 고객들에게 동일한 상품 내의 생각나는 브랜드를 열거하도록 함으로써 확인할 수 있다. 이때 가장 먼저 기억나는 브랜드명이 강력한 인지도를 갖는 것으로 간주할 수 있으며, 시장에서 상당한 우위를 갖는 브랜드로 인식할 수 있다.

브랜드 연상은 브랜드와 관련하여 기억으로부터 떠오르는 모든 것들을 의미한다. 고객은 특정 브랜드의 사용경험이 많을수록, 그 브랜드에 많이 노출될수록 강한 브랜드 연상이 형성되며, 각 연상들간의 관계도 더욱 강해진다.

브랜드 이미지는 브랜드 연상과 밀접한 관련이 있는 개념이다. 브랜드 이미지는

고객이 그 브랜드에 대하여 갖고 있는 전체적인 인상으로 브랜드와 관련된 여러 연상들의 결합에 의하여 형성된다.

유익한 토막상식

① **인지도(Recognition)** : 소비자는 친숙한 브랜드를 판매하여 구입하는 경향이 있으며, 이는 친숙한 브랜드가 기존의 다른 브랜드보다 신뢰할 만하여 품질도가 괜찮을 것이라는 가정에 근거한 것이다.

② **마인드 쉐어(Mind share)** : 고객 중에서 자사의 브랜드를 기억하고 있는 정도의 비율로서 기업은 어느 정도의 마인드 쉐어를 증가시킴으로써 소비자의 구매고려 의향을 높일 수 있다.

(2) 신상품 개발

신상품은 고객들의 변화된 욕구를 반영하는 새로운 상품을 의미한다. 신상품 개발을 위해 고려해야 할 중요한 사항들은 고객관련 요인, 마케팅 전략관련 요인, 자원관련 요인, 시장환경 관련 요인, 조직관련 요인 등이다.

신상품 개발은 아이디어를 창출하는 단계에서부터 상품화에 이르기까지 7단계의 과정을 거친다. 기업은 새로운 상품을 시장에 출하시키기까지 아이디어를 창출하고, 아이디어를 평가하며, 개발과 시험을 거치고, 마케팅 전략의 개발과 사업성을 분석하며, 상품개발을 하며, 시험마케팅을 거쳐 최종적으로 시장에 출하시켜 상업화하는 과정을 거친다.

(3) 상품 수명주기

모든 상품과 서비스는 유기체와 같은 수명을 가지고 있다. 상품과 서비스는 시장에 출시된 이후 진화과정을 거치게 된다. 상품 수명주기(PLC : Product Life Cycle)란 한 상품이 시장에 출시되었다가 궁극적으로 생명을 다하기까지의 과정을 의미한다. 여기서 '상품'의 개념은 그 범주를 어디까지로 제한하느냐에 따라 일정한 상품 서비스 계열(㉾ 올스위트 호텔)이나 특정 브랜드명(㉾ 그랜드 힐튼), 혹은 개별상품(㉾ 레스토랑의 특정메뉴 : 바닷가재 스페셜) 등 사례별로 달라질 수 있다.

또한 호텔로비의 내부 장식도 고객에게 제공되는 물리적 환경 측면의 서비스임을 감안할 때 역시 수명주기 단계를 거치게 됨을 볼 수 있다. 따라서 고객이 싫증을 느끼지 않도록 계절에 따라 테마를 바꾸어 분위기를 환기시켜줄 필요가 있다.

상품 수명주기는 통상적으로 도입기 · 성장기 · 성숙기 · 쇠퇴기의 4단계로 구분되지만, 이 책에서는 도입기의 전단계에 신상품이 개발되는 상품 개발기를 추가하기로 한다.

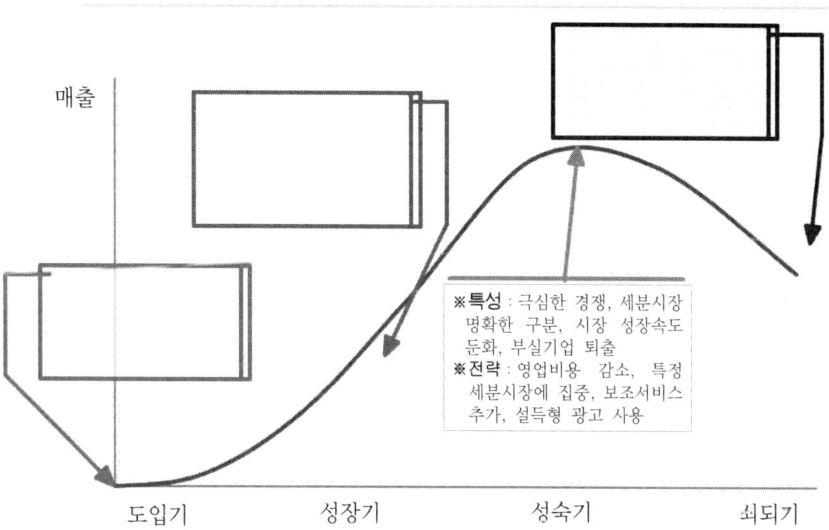

[그림 4-2] 상품 수명주기의 단계

상품 수명주기는 상품대상을 무엇으로 정의하느냐에 따라 짧게는 몇 주일부터 길게는 100년을 상회하는 것까지 다양하다. 전형적인 상품 수명주기 곡선은 [그림 4-2]와 같이 'S'자 모양이지만 이외에도 1자형, 역 U자형, 물결형, 꺾어진 화살형 등 상품의 성격 및 고객반응에 따라 여러 가지 형태를 띨 수 있다.

1) 상품개발기

상품개발기(product development stage)는 신상품 아이디어를 개발하여 구체적인 상품개념으로 전환시키고, 실제 상품화 작업을 하는 단계이다. 아직 시판이 되지 않은 상태라 수익은 전무한 상태이나 시간이 갈수록 개발비용이 축적된다.

이 단계에는 계속적인 환경 모니터링과 시장조사를 통해 고객취향의 변화추이가 면밀히 분석되어야 하며, 이것이 상품개발에 피드백이 있어야 한다.

2) 도입기

신상품이 처음 시장에 소개되는 단계에는 대체로 시장 인지도가 낮고, 수요가 적으며, 유통경로가 잘 개발되어 있지 않다. 이 시기는 신상품에 내재되어 있던 문제점들이 예기치 못하게 발생되는 시기이기도 하다. 도입기(introduction stage)에는 적은 판매량에 광고.홍보비 지출, 그 동안 축적된 R&D 비용 등 때문에 이익이 매우 적거나 심지어 적자가 현격히 높아지기도 한다.

		판촉 · 홍보 전략	
		고	저
가격	고	급속 고가격 전략	저속 고가격 전략
	저	급속침투 전략	저속침투 전략

[그림 4-3] 호텔상품 도입기의 세일즈 마케팅 전략

도입기에는 어떤 방법으로 시장에 접근할 것인지에 따라 서로 성격이 다른 전략을 취할 수 있다. 도입기의 마케팅 전략은 판촉 · 홍보 전략과 가격정책에 따라 급속 고가격 전략, 저속 고가격 전략, 급속침투 전략, 저속침투 전략으로 나누어볼 수 있다.

첫째, 급속 고가격 전략(rapid skimming strategy)은 가격을 높게 책정하고, 대량의 판매촉진 및 홍보를 실시하는 것이다. 이것은 일단 고급 이미지에 승부를 걸면서, 고가에도 불구하고 상품을 구매하려는 시장선도자들에게 우선적으로 어필하여 그들을 중심으로 시장 확장을 시도하려는 전략이다.

둘째, 저속 고가격 전략(slow skimming strategy)은 가격을 높게 책정하되 판촉.홍보는 낮은 수준을 유지하는 전략이다. 이는 초기의 상품 이미지 구축이 중요하거나 표적시장의 규모가 작고, 동질성을 보여 시장 내 구전효과를 기대할 수 있을 때 효과적으로 사용된다.

셋째, 급속침투 전략(rapid penetration strategy)은 가격을 낮게 책정하고 대량의 판촉 · 홍보를 실시하는 전략으로서, 단시일에 폭넓은 고객층을 끌어모으려 할 때 시도된다.

넷째, 저속침투 전략(slow penetration strategy)은 가격은 낮게 책정하고 판촉.홍보 활동도 최소화하는 전략이다. 이 전략은 가격에 민감한 고객에게 호응을 얻음으로써 서서히 시장에 침투해 들어가되, 홍보비용은 낮은 수준을 유지하고, 초기 투자액을 최소화하여 도입기에 보다 높은 이익을 획득할 목적으로 채택된다.

상품의 성격과 마케팅 전략에 따라서는 도입기를 곧 탈피하여 바로 성장기로 접어드는 경우도 있는가 하면, 올스위트 호텔들처럼 오랫동안 도입기에 머물며 서서히 성장하는 경우도 있다. 이런 경우 호텔기업은 규모는 비록 작으나 시장에 분명히 존재하고 있는 틈새시장(niche market)을 공략하게 된다.

성장률이 낮다는 것은 매출신장이 급속히 이루어지지 않는다는 약점이 있는 반면에, 경쟁업체가 앞다투어 뛰어들지 않는다는 이점이 있다.

도입기에 있는 상품을 이용하는 시장선도자(innovators)는 남들이 아직 채택하지 않은 상품, 서비스를 구매하는 위험을 스스로 감수하려는 혁신적 성향을 가진 고객들로 이루어진다.

3) 성장기

상품 서비스의 성장기(growth stage)에는 시장 인지도가 높아지면서 매출이 빠른 속도로 성장한다. 이 시기에는 경쟁호텔이 시장의 매력을 인식하고, 유사상품을 개발하여 차례로 시장에 진입함으로써 치열한 경쟁상황이 전개된다.

경쟁호텔의 출현은 자사의 시장점유율을 잠식하는 반면, 이들의 적극적인 활동으로 상품계열 전체의 홍보가 이루어져 시장의 크기가 확장되고, 총수요가 증가되는 효과를 볼 수 있다.

성장기에는 상품, 서비스의 질을 개선하여 상품과 기업의 이미지를 관리하고 차별적 우위를 확보해야 한다. 상품이 성장기에 이르면 생산경험이 축적됨에 따라 생산효율이 오르고, 원가가 떨어지는 경험곡선 효과(experience curveeffect)가 나타나기 시작한다.

이에 따라 적절한 시기에 가격하락을 시도하여 가격경쟁력을 갖추고 시장확장을 꾀하되, 성장 가능성이 높은 세분시장을 선택적으로 채택하여 공략할 필요가 있다.

4) 성숙기

성숙기(maturity stage)에는 판매량이 상한에 이르면서 판매 증가율이 현격히 감소하기 시작한다. 이 시기에는 시장의 전체 수요는 더이상 늘지 않는데 이미 많은 경쟁업체들이 시장에 들어와 있으므로 경쟁이 가장 치열한 양상을 보인다.

이러한 상황에는 시장수정 전략과 상품수정 전략, 그리고 마케팅 믹스 수정 전략을 시도함으로써 시장에서의 경쟁적 위치를 보다 오랫동안 유지할 수 있다. 이와 같은 수정 전략들은 상호연계 하에 조화를 이루어 수립될 때 상승효과(synergy effect)를 거둘 수 있다.

5) 쇠퇴기

고객의 선호도 변화 및 신기술 개발, 매력있는 신상품의 출현 등이 원인이 되어 상품은 수명주기의 쇠퇴기(decline stage)를 맞게 된다. 이 시기에는 시장이 포화상태에 이르러 수요가 감소되고, 이에 따른 공급과잉 현상이 심화되면서 필연적으로 판매가 부진하게 되고, 이익이 감소한다. 그리고 이로 인해 시장에서 철수하는 경쟁사가 생기기 시작한다.

쇠퇴기에는 철저한 원가관리와 홍보비용 축소로 마지막 자구책을 강구해야 한다. 그리하여 저가정책으로 시장에 남아 있는 마지막 고객들에게 접근하는 것이 쇠퇴기의 일반적 전략이다. 회생 가능성이 희박할 경우에는 사장에서 완전히 철수하거나 아니면 재투자를 통해 새로운 상품개념을 개발함으로써 다시금 시장에 접근할 방법을 모색해야 할 것이다.

던피 그룹(Dunfey Corporation)은 쇠퇴기를 맞은 구식 호텔을 인수해서 전체적인 개보수를 통해 완전히 새로운 모습으로 단장시켜, 요즘 고객의 취향에 맞는 호텔 콘셉트로 탈바꿈시키는 것으로 유명하다.

유익한 토막상식 : 제품 수명주기

전형적인 제품 수명주기(Product Life Cycle/PLC)는 도입기 · 성장기 · 성숙기 · 쇠퇴기의 단계를 거치는 S자 곡선을 보인다. 제품 수명주기는 아주 단순한 개념이지만, 여러 가지 특성을 보이는 각 단계는 중요한 전략적 시사점을 보여준다. 이를 바탕으로 시장에서 제품의 판매량, 지속기간, 이익 등을 예측하고 마케팅 전략을 수립하는 데 유용하게 사용할 수 있다.

3. 상품의 기획 · 관리

호텔 · 관광 세일즈 상품을 기획 · 관리하는 목표는 고객만족과 이에 따른 수요창출이다. 이를 위해서는 우선 호텔서비스 상품의 성과에 대한 고객인지에 대해 이해할 필요가 있다. 고객이 인식하는 호텔서비스 성과(perceived performance)는 도구적 성과(instrumental performance)와 표현적 성과(expressive performance), 그리고 호텔 고객 믹스(customer mix)에 의해 영향을 받는다.

① 도구적 성과는 상품의 물리적 · 기술적 차원으로서, 호텔의 설비수준과 물리적 환경, 자동화 등에 대한 고객평가에 의해 결정된다.
② 표현적 성과는 고객과 직접 접촉하는 호텔종사원(contact personnel)의 고객에 대한 관심과 서비스 정신 등 친절성의 표현과 관련된다.
③ 고객 믹스는 호텔을 사용하는 타고객들의 품위와 행동 등을 뜻한다.

이러한 3요소는 서로 상호작용을 가지고 고객이 호텔상품에 대해 인식하는 과정에 관여하는 것이다.

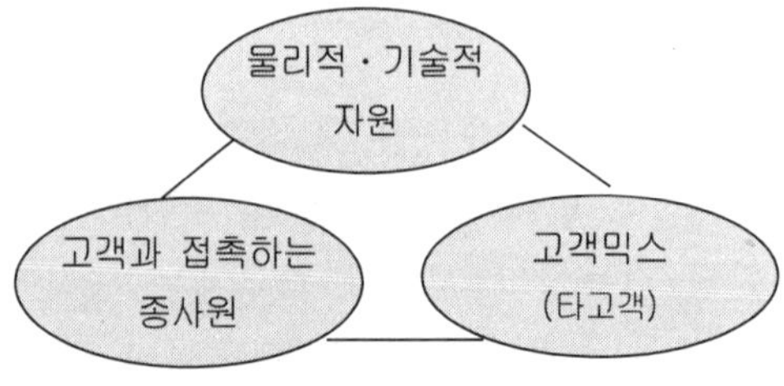

[그림 4-4] 호텔서비스 세일즈 상품의 고객인식 과정에 관여하는 영향 요소들

4. 마케팅에 관련된 상품적 특성

(1) 유형적 상품

호텔상품은 패키지(package)화된 안내책자의 내용을 보고 직접 가본 것처럼 장래성을 내포하는 일종의 약속된 판매로서 유형적 · 시험적 · 감정적 등의 취합적인 상품을 소비자가 구매하기 전에 미리 '약속한 것'이나 다름없다. 그러나 고객이 약속된 상품을 사전에 적절히 시험해볼 수 없을 때 은유적 확신(metaphorical reassurance)의 수단인 직유(similes)와 상징을 이용하여 미리 체험이나 준비될 수 없는 무형적인 것을 유형성(tangibility)으로 대리(surrogate)하게 된다.

〈표 4-4〉 호텔 · 관광 세일즈 서비스 마케팅 믹스에 따른 상품 수명주기

구 분	도입기	성장기	성숙기	쇠퇴기
판매량	낮은 수준, 서서히 성장	급속히 성장	정점 도달	감소
이익	적자	증가	높음	감소
고객	시장선도자	조기 수용층 및 중간 다수층	중간 다수층	후기 수용층
경쟁업체	소수	증가	다수	감소
마케팅 목표	상품 인지와 사용증대	시장점유율의 확대, 차별화	이익극대화, 점유시장 방어	비용절감, 투자회수
상품전략	초기 개발상품 기초 기능	상품개념 확대, 서비스 보증제도 실시	상품 다양화	취약상품 철수
가격전략	고가전략	시장 침투가격	경쟁대응 가격	가격인하
유통전략	유통경로 한정	유통경로 확대	유통경로 개발 최대화	선별적, 수익성이 적은 경로 폐쇄
광고전략	조기 수용층과 유통경로에 상품 인지 형성	상표 차이와 이점 강조	고객유지에 필요한 수준으로 감소	최소한의 수준
판매촉진	시용확보를 위해 강력한 판촉 전개	수요확대에 따른 판촉의 감소	상표 전환을 유도하기 위한 판촉 증대	최저 수준으로 감소
시장세분화	무차별	시장세분화 시작	시장세분화 극대화	역세분화

따라서 잠재고객은 그들이 마치 상품을 취한 것처럼 느끼기 위해 일반적으로 대리수단에 의존할 수밖에 없다. 예를 들어 휴양호텔에서는 화려하고 아름답고, 우아한 객실의 사진을 볼 수 있는데 이때의 사진이 바로 대리물이 된다.

구매자의 관점에서 볼 때 상품은 하나의 약속이며(product is a promise), 기대가치의 상품으로 약속과 기대가치는 무형재의 품질로서 유형재화의 필요불가결한 부분이 되므로 대리물의 본분인 호텔상품은 정직해야 되고, 정직하게 이행되어야 한다는 원칙 속에서 존재하는 상징성 상품이다.

(2) 무형적 상품

형태 없는 형상을 구입하는 호텔의 서비스는 무형적(intangible)이며, 이러한 무형재(여행, 운송, 보험, 수송, 상담, 컴퓨터 소프트웨어, 금융, 중개업, 교육, 병원 등)는 만질 수도 볼 수도 없으며, 다만 정신적으로 이해할 수밖에 없다. 뿐만 아니라 무형재이기 때문에 상품처럼 저장 · 수송 · 재판매가 불가능하다.

호텔상품의 속성은 무형적 · 비가시적인(invisible) 환상(꿈)을 구입한다고 할 수 있다. 휴가 패키지를 구입하는 것은 집에 가져올 수 있거나, 볼 수 있거나, 소유의 즐거움을 주는 어떤 유형적인 것(something tangible)을 구입하는 것이 아니다.

반면 관광지는 주어진 짧은 시간 동안 호텔의 침대와 같은 어떤 유형적인 상품의 이용권을 구입하지만, 더욱 중요한 것은 한국의 문화와 우정, 아름다운 해변, 새롭고 이국적인 환경과 정취를 구매한다. 여행자는 단지 기억과 추억을 구매한다고 할 수 있으며, 휴가 후 관광자에게 남는 유형적인 것은 사진과 기념품과 영수증 정도일 것이다.

호텔상품의 구매는 바로 무형적인 서비스의 구입에 관건이 있고, 서비스의 판매는 확실히 눈으로 볼 수 있고, 만질 수 있고, 실물 설명을 할 수 있는 상품판매보다 훨씬 더 어려우므로 소비자로 하여금 반복구매를 권유하기에도 용이하지 않다.

(3) 동시성 상품

호텔상품은 생산과 판매가 동시에 이루어진다. 즉 저장이 불가능한 상품으로 간주된다. 상품의 생산 · 소비과정에 있어 제반과정은 시 · 공간적으로 분리될 수 있고, 호텔기업과 고객은 주로 구매과정에서 상호작용(interaction)하며, 상품생산은 전적으로 고객의 눈에 띄지 않으며, 다분히 구매가 발생되기까지 수일 또는 몇 개월 전에 제작된다.

호텔상품에는 물리적 속성이 부여되고 있지만 그 내용상 시간적 · 공간적 제약을 받고 있다고 볼 수 있다. 시간적 제약이라고 하는 것을 서비스를 통상의 상품처럼 재고를 저장하는 것이 불가능하다는 것을 의미하며, 공간적 제약은 서비스의 수송 곤란과 수송능력의 제약을 의미한다.

또한 서비스 기업에서는 서비스의 생산 · 구매 · 이용 · 평가가 동시적으로 발생되는 불가분성(inseparability)이 성립된다. 기업과 고객은 전과정을 통해 상호작용을 하며, 서비스의 생산은 고객의 눈에 보이는 형상에서 일어날 뿐만 아니라 고객의 참여를 요구하거나 또는 그 결과로 본다.

유형상품은 일시에 제조되며, 필요할 때 사용된다. 이것은 판매되기 전 저장실에 입고되며, 조절해서 사용할 수 있고 질적 분석도 가능한 반면, 서비스는 상품이 이용될 때 생산되는데, 예를 들면 호텔의 상담 · 조언 및 판매와 같은 것은 호텔측이 고객과 상담을 할 때 생산된다. 결국 상품인 유통과 생산은 실제 구분되지 않는다. 라스웰(J.M. Rathwell)은 이의 명확한 차이점을 "재화는 생산되고, 서비스는 수행된다(goods are produced, service are performed)"고 표현하였다.

또한 적시성(timeliness)에 있어 또 한 가지 중요한 것은 서비스 인도에 서비스 관리자는 아무런 영향력도 행사하지 못할 때가 많아 좌절(frastration)을 느낄 때가 있고, 따라서 관리자가 계획수립, 가격책정 및 서비스를 촉진하고 있으나, 만약 기업의 일선 종사원이 자기역할의 중요성을 인식하지 못하거나 고객 지향적 철학(customer-oriented philosophy)을 가지고 있지 못하면 그 효과는 반감된다.

상호작용이란 고객과 종사원이 서비스 환경 내에서 동시에 발생되는 것을 의미한다. 이는 고객은 종사원과 접촉할 기회가 많으므로 종사원이 바로 서비스이고, 고객의 눈으로 보면 그들 자신이 기업이므로 상호간 접촉은 대단히 중요하다. 이러한 차원에서 보면 호텔기업의 종사원에게는 완벽한 마케터의 역할이 강조되고 있다.

(4) 지각의 위험성이 큰 상품

만져지거나 한꺼번에 볼 수 없기 때문에 현상을 시각과 함께 사는 상품이므로 지각의 위험성이 크다. 소비자의 서비스 상품 선정시 지각(perception)의 위험도는 제조업보다 훨씬 높을 수밖에 없다.

(5) 소멸성 상품(저장 불가능)

호텔서비스 상품의 또다른 차이점은 상품의 소멸성(perishbility)이 높다는 것이다.

호텔객실, 사용하지 않는 전력 또는 식당의 빈 좌석 등은 적기에 판매되어야 하고, 만약 당일에 판매되지 못하면 아무런 가치가 없이 손실을 보아야 하는 점이 서비스 기업의 특징이다. 아무리 값을 대폭 할인한다고 해서 판매되는 것이 아니며, 결코 재고품을 저장실에 쌓아놓을 수도 없다. 이러한 이유로 인하여 항공사와 호텔기업에서는 그 타개책의 일환으로 실제고객에게 나쁜 이미지를 주기 쉬운 초과예약(over-booking)이라는 바람직하지 못한 방법을 이용하고 있다.

(6) 계절성 상품

호텔서비스 상품은 성수기와 비수기의 격차가 큰 계절성(seasonality)으로 인해 자주 곤란을 받는 특성을 지닌 상품이다. 이러한 이유로 호텔은 연중 동일방식으로 그들의 상품을 판매할 수 없으므로 성수기(on-season)와 비성수기(off-season)라는 자장 보편적인 방법에 따라 가격차별화 정책을 이용하고 있다.

서비스 시장에서는 계절, 요일 또는 하루 중의 시간에 따라 서비스에 대한 수요가 크게 변동한다. 서비스의 소멸성과 수용의 변동 때문에 서비스 업체 경영자는 상품계획, 가격정책, 판매촉진에 있어 도전을 받고 있으며, 그들은 비성수기에 위락시설의 새로운 용도 물색을 강구하기 위해 동시화 마케팅(synchromarketing)을 채용하고 있다. 비수기 촉진방법 중의 다른 하나는 특별활동을 개발하는 빅 이벤트(big event)화된 상품 개발이다.

(7) 비가격 경쟁 상품

서비스 산업의 가격결정과 가격조작은 품질과 가격에 관한 소비자의 지각(perception)에 근거를 두는 비가격 경쟁(non-preice competition)에 의해 영향을 받게 된다.

상품구입시 소비자는 '예리한 직관'이 크게 작용되는데, 이 소비자의 직관은 상품의 종류 및 내용에 따라 다른 형태로 나타난다. 단순상품의 경우 직관에 의해 느낄 수 있는 가격의 타당성은 정확할 수는 없지만, 복잡한 시스템 상의 상품가격에 대한 고객의 직관은 불안정하게 작용된다.

서비스에 대한 매매결정에서 확실한 완전경쟁이 작용되지 못하고 있으며, 서비스의 이질성과 품질 표준화의 어려움 때문에 대부분의 서비스는 고도로 차별화되고 있다. 따라서 차별화 가격정책은 동일한 상품가격을 용도 및 시기 등에 따라 차별하여 적용하는 방식을 통해 시설의 합리적 응용과 고객의 편의와 이익을 충분히 고려한 가격책정이 관행이 되고 있다.

예를 들면 휴양호텔의 가격은 실제적으로 겨울철에는 하락한다. 봄과 가을에는 전통적으로 여행의 수요가 떨어지므로 도시호텔들은 비수기에 특별한 컨벤션 요금과 판매활동을 촉진하고 있다.

서비스 기업에 있어 서비스의 원가는 산정하기가 어렵고, 매각결정도 애매모호한 영역이다. 특히 장비 기준 서비스 기업보다 인적 기준 서비스 기업에 있어 원가결정이 더욱 어렵다. 따라서 서비스 기업에는 원가기준 매매결정(cost-based pricing) 방법 대신 주로 효과적 가치기준(effective value-based pricing)의 공식이 타당할 때가 많다.

어느 상품을 막론하고 상품생명의 장단에는 차이가 있을지 모르지만, 반드시 상품 생명주기(product life cycle)가 있으며, 호텔상품은 일반적으로 탄력성이 높기 때문에 때로는 경쟁으로 인해 저렴한 가격으로 마구 팔아버리는 자기 훼손적인 경쟁의 우려도 없지 않다. 이러한 관광수요는 고도의 탄력성으로 말미암아 관광치환(tourism displacement), 즉 대체의 법칙(law of substitution)이 작용한다.

(8) 한계효용 체감의 법칙의 부적용 상품

한계효용 체감의 법칙(law of diminishing marginal utility)이란 동일상품의 추가량을 구입할 때 한계만족(marginal satisfaction)은 추가 단위량의 구입과 함께 감소된다는 것이다. 즉 일시적인 선물이나 호화상품은 한두 개 구입으로 내개 소비자의 요구와 욕구를 만족시키며, 그 이상의 상품소비는 사실상 효용의 체감이 이루어진다. 그러나 호텔상품의 구입과 소비에 있어 내구력이 있거나 잉여적이며 유일한 것은 경험(experience)이나 추억(memory)이므로 이른바 한계효용 체감의 법칙이 적용되지 않는다.

속성이 특이한 숙박상품은 일반상품의 한두 개 구입으로 싫증을 느끼는 것과는 달리 더 많은 회복적 · 가능적 관광상품(RTP : Retrievable Tourism Product), 즉 관광상품의 재충전이라는 속성으로 인해 관광자의 흥미와 요구는 보통 소비와 함께 존속되거나 배가된다.

(9) 가치공학(비중이 큰 상품)

기격 사별화에 대한 공학적 가치(value engineering)는 평가가 곤란한 지위의 자존심을 구입한다는 관점에서 제조업보다 호텔기업이 더 어렵다. 왜냐하면 스위트룸과 싱글룸, 그리고 고급호텔과 저급 호텔간의 가격차는 소비 기능상의 속성에 근거한 가치공학에서 기인되기 때문이다.

호텔 가치(value for hotel)가 있기를 간절히 원하는 고객에게는 훌륭한 값과 가치를 지닌 수많은 관광상품이 존재할 것이고, 만약 가치가 있을 때에는 고가의 지불도 기꺼이 응할 것이다. 그러므로 서비스의 매가결정은 원가보다 가치에 기준을 둔다.

가치는 일반적으로 고객에 의해서, 때로는 경제에 의해서 결정된다. 고객은 특별한 서비스에 따른 지불액에 대해 어떤 수단을 갖는 경향이 있지만 감정의 원천은 불명확하다.

(10) 질적 통제와 표준화의 어려움

호텔 종사원의 미소나 심리적인 상태에 따라 수많은 상품이 제작된다. 서비스 마케팅은 만져보고 시험될 수 있는 유형재(tanglble goods)의 마케팅과는 다르다. 그 중요한 차이점의 하나는 질적 통제 능력이다. 호텔산업 내의 다수 상품은 서비스이고, 호텔의 종사원은 어느 정도 유사하게 그들의 실무를 수행하기 위한 기업의 이미지를 반영하기 위해 훈련될 수 있다.

그러나 서비스는 개인적으로 비표준적이기 때문에 균질적 통제(uniform quality

control)가 불가능하며, 이러한 어려움으로 인해 작업 매뉴얼이 개발되기도 한다. 즉 호텔의 객실은 동일한 가구와 청결성을 유지할 수 있으나 프런트데스크 종사원이나 현관직원의 행위는 다양할 수밖에 없다.

서비스의 경험적 성격에는 상품을 쉽게 표준화할 수 없는 이질성(heterogeneity)이 있는데, 그 이유는 각각의 경험이 독특하며, 이것은 서비스 기업과 개별고객의 흥망과 상호작용에 의존되기 때문이다. 대부분의 서비스 기업에서는 서비스 인도의 다양성(variability)이 그 기업의 강점이고, 그러한 결과의 표준화는 대단히 난해하다.

일반상품 기업에서 제조된 유형재나 계획적으로 정연한 유통망을 통해 유통되는 유형재는 자동화 일관 시스템, 즉 반복성과 시스템 제어식 생산을 통한 품질통제는 눈부신 성과를 도출해내는 반면 상품의 인력 집약도가 높으면 높을수록 신중성, 개인의 특유한 습성(idiosynrasy)과 실수와 지체가 생길 여지가 농후하다. 따라서 무형재를 생산하는 기업은 고도의 인력 집약적 응용을 하기 때문에 경영자는 심대한 질적 통제 문제의 고민을 가지고 있다. 따라서 서비스 상품은 용이하게 표준화될 수 없으므로 마케팅 관리자는 서비스 설계 촉진과 매가결정을 통해 높여진 고객의 기대가 실제 서비스의 경험에 의해 부응되고 있는지의 여부를 알 필요가 있다.

효과적 방안으로는 대개 모니터, 관찰 및 환류를 통해서 확인될 수 있으며, 절차의 진취적인 기준에 입각하여 해결된다. 대부분의 서비스 기업에서는 고객의 높은 상호작용이 이루어지므로 이러한 정보를 수집할 기회는 대단히 많으며, 만약 기대와 경험이 일치되지 않으면 그것은 수정되거나 보완되어야 한다.

(11) 상징적 상품

일반적으로 내구 소비상품(durable consumer products)은 즉각적인 이용을 위해 당장 구입할 수도 있고, 미래 사용을 위해 저장도 가능하다. 내구재는 일정기간이 지난 뒤에도 서비스를 제공받을 수 있으며, 더군다나 다른 것과 교체할 때도 약간의 잉여가치가 파생되는 경우도 있다.

그러나 호텔 숙박상품의 내구적이며 유일한 잉여가치는 경험이나 추억과 같은 것이므로 이는 상징성(symbolic)이 강하기 때문에 가치설계나 평판을 개발하기가 어렵다.

관광상품은 무형적 · 비가시적 환상을 구입하는 것이므로 이미지와 인상, 즉 상징성이 여행자에게 매우 중요하고, 이것이 또한 관광상품의 가장 중핵적인 본질 중의 하나이다. 현재의 국제관광자가 목적지를 선택할 때 경제적 고려보다도 개인의 기대감, 정서적 경험과 애착이 크게 반영된다는 점이다. 그렇기 때문에 전통적 유교사상과 보수성이 강한 한국의 정책 입안자들의 관광관이 혁신되지 않고서는 관광분야의 유능한 인재의 보유와 확보는 곤란할 것이며, 관광가치의 전도를 개선시키는 방안은 종사원할 것이다. 그러므로 상징성 상품을 표방하는 호텔상품의 특성이 의미 있는 생산으로 재고되어야 한다.

(12) 고부하 · 저부하 환경에 자극받는 상품

호텔서비스 기업에서는 물리적 환경(physical environment)이 제조업의 포장과 같은 유사한 역할을 수행하고 있다. 관광기업은 고객의 정서적 요구(emotional needs)를 인지해야 하는데, 이것을 위해 고부하·저부하 환경(high-load and low-load environment)을 고려해야 한다.

불확실성(예약의 필요), 신기성 및 복잡성(교통혼잡)은 고부하 환경과 관계하며, 반대로 저부하 환경은 확실성·동질성·단순성과 통한다. 전자의 경우는 휴가여행자에게, 후자의 경우는 상용여행자(business traveler)에게 더욱 적극적인 반응을 보인다.

상징성은 무형성과 비슷한 개념으로 관광상품을 포함하고 있는 물리적 환경과 분위기가 중요하며, 이는 고객의 정서적 욕망 충족에 직접 영향을 끼칠 뿐만 아니라 관광기업 경영자를 위해 중요한 마케팅 도구로서 함축성을 지니게 된다.

(13) 규모의 경쟁과 영업 레버리지가 큰 상품

제조업에서는 신속한 구매와 더욱 신뢰할 수 있는 기계에 의해 영업 레버리지(OL : Operating Leverage)를 향상시킬 수 있으나, 서비스 기업에서는 장비기준(equiped-based service)보다 인적 기본 서비스(people-based service)에서 규모의 경제(economics of scale)나 영업 레버리지를 획득하기가 일반적으로 어렵다. 왜냐하면 고정자산이나 고정경비가 타산업보다 비중이 훨씬 크기 때문이다. 따라서 서비스 기업에 관한 일반적인 오해(misconception)는 영업 레버리지를 획득하기가 거의 불가능하며, 따라서 한계이윤(profit margin)을 향상시키기가 어렵다는 것이다.

그러나 영업 레버리지는 경영의 변화를 통해서 상품이나 서비스의 단위당 상대원가(relative cost)가 감소될 때 기업에 존재한다. 노동 대신 자본으로 대체하는 것은 제조업이나 서비스 기업에 공히 영업 레버리지를 획득하는 고전적인 방법이다. 자본은 보다 빠른 속도로, 보다 일관된 품질로서 상품 또는 서비스를 생산할 수 있도록 기계장비를 구입하는 데 이용한다. 오늘날 많은 서비스 기업은 이러한 개발의 과정을 피드백화 하고 있다.

(14) 자산 획득과 이직률이 높은 상품

인적서비스 기업에서의 획득(acquisition)은 사람과 사람이 지닌 기술이 주요한 구매과정이다. 고용계약이 있음에도 불구하고 근무자에게 보다 유리한 조건이 제시될 때 직장을 이직하면 종사원이 보유하고 있는 기술과 함께 떠나버리는 위험이 상존하고 있다.

제조업에서 물리적 자산(physical asset)이 구매되면 서류에 서명과 함께 기업의 소유가 되며, 자산, 즉 장비의 이용과 폐각에 대한 결정은 취득・획득 기업에 의해서 모두 일임된다. 따라서 호텔상품은 이직률 부담이 큰 상품으로 존재하게 된다.

특급호텔과 이미지

"아무리 싸게 팔더라도 객실을 놀리는 것보다야 낫죠. 패키지 상품마저 내놓지 않는다면 호텔문을 닫아야 할 판입니다."

"최근 호텔 패키지 상품이 비정상적으로 많은 것 아니냐"는 기자의 물음에 한 호텔직원이 대답했다. 요즘 호텔의 경영상황이 얼마나 심각한지 짐작할 만하다.

서울시내 특1급 호텔의 패키지 상품은 철저하게 '수요와 공급의 원칙'에 따라 만들어진다. 통상 국제 비즈니스가 활발하게 이루어지는 4~6월에는 패키지 상품이 거의 없다. 따로 할인하지 않더라도 80% 이상 객실이 차기 때문이다. 반면 여름휴가가 시작되는 7월부터는 패키지 상품이 쏟아져나온다. 호텔 투숙객의 90% 이상을 차지하는 외국 비즈니스맨들이 격감하기 때문에 내국인 고객이라도 받아들이겠다는 의도다.

하지만 올해는 상황이 다르다. 코로나 바이러스 감염증 (COVID-19 : 감염성 질환, 호흡기질환)의 영향으로 국제행사가 대부분 취소되면서 호텔 투숙객이 크게 줄자 때 아닌 4월과 5월에 각종 패키지 상품이 나온 것.

롯데호텔은 창립 30주년 기념으로 아침식사 뿐 아니라 저녁식사까지 포함된 19만 원짜리 패키지 상품을 내놓았다. 여름과 겨울 패키지 상품을 빼고는 웬만하면 가격을 깎아주지 않는 신라호텔도 20만 원 이하의 상품을 내놓았다. 통상 성수기 호텔요금이 38만 원 정도인 것을 감안 하면 파격적이다.

패키지 상품 수도 많다. 5월 현재 조선호텔은 8가지를, 신라호텔은 7가지를, 롯데호텔은 5가지를 내놓은 상태다. 지난해 이맘때는 주말 패키지 1개 정도가 다였다. 통상 7월 중순에 선보였던 여름상품도 앞당겨 6월 초에 내놓는다고 한다. 세일의 연속이다.

결론은 단기적으로 호텔경영이 나아질 수 있다. 가뭄에 단비가 내리듯 패키지 상품을 이용하는 내국인들이 어느 정도 객실을 채워줄 것이다.

하지만 장기적으로 보면 어떨까? 호텔은 시설뿐 아니라 이미지를 파는 곳이다. 국빈이나 귀빈(VIP)이 찾아오는 특1급 호텔에 반팔 티셔츠 차림의 가족 고객은 잘 어울리지 않는다.

외국에서도 대부분의 호텔이 가격을 탄력적으로 적용하지만, 이른바 '최고급 호텔'로 지칭되는 파크하얏트나 포시즌호텔 등은 가격할인이 없다. 한국을 대표하는 특1급 호텔이라면 수익 차원을 넘어 이미지 관리도 필요하지 않을까?

『동아경제』

제4절 호텔 · 관광 세일즈 서비스 마케팅 가격믹스

1. 마케팅 가격믹스

호텔상품 가격은 호텔기업의 여러 국면을 규제하는 강력한 규제요소가 되어 호텔 전체 이익에 영향을 미치게 된다. 또한 호텔영업 이익의 상당부분을 결정할 수 있으며, 그것은 호텔고객을 더욱 많이 방문하게 할 수도 있고, 반면 방문하지 못하게 할 수도 있다. 이러한 고객 구매와 호텔의 이윤 추구에 대한 욕구와 목적을 동시에 가진 가격은 시장을 구성하는 여러 요인에 의하여 영향을 받는다. 때문에 호텔기업의 세일즈 마케팅 담당자는 가격을 결정하기 위해서 고객이 가격에 대하여 어떻게 반응하는가를 알아야 한다. 가격과 고객의 구매행동과의 관계를 이해하는 데 중요한 개념이 '수요의 법칙'과 '수요의 가격탄력성'이다.

수요의 법칙이란 고객의 상품이 가격이 낮아질수록 더 많은 양의 상품을 구입한다는 것이다. 수요의 가격탄력성은 상품이 가격이 변화함에 따라 판매량이 얼마나 변화하는지를 나타내는 지표이다.

수요의 가격탄력성은 탄력적, 비탄력적, 단위탄력적으로 나눌 수 있다. 여기서 탄력적 수요는 가격탄력성의 절대값이 1보다 큰 경우로 약간의 가격변화에 수요량이 크게 변화한다. 이 상황에서는 가격을 인하하면 총수익이 늘어나고, 반대로 인상하면 총수익이 줄어든다.

비탄력적 수요는 가격탄력성 절대값이 1보다 작아서 가격을 인하하면 총수익이 감소하게 된다.

한편 단위탄력적 수요는 가격탄력성 절대값이 1인 경우로 가격의 변화만큼 판매율의 변화가 없는 경우이다.

2. 가격믹스 전략의 결정 요인

호텔상품 가격전략을 개발하는 데 고려해야 할 사항은 가격결정의 목표 · 원가 · 경쟁 · 시장수요 · 고객 등 5가지 전략의 결정요인으로 나누어볼 수 있다.

(1) 목표전략

목표전략이란 우리가 목표를 달성하고자 하는 것을 말한다. 목표가 없이는 우리가 어디로 가고 있으며, 우리가 그곳에 어떻게 갈 수 있는지를 측정하기 매우 어렵다. 따라서 가격결정의 목표로는 재무적 목표, 매출목표, 고객목표를 설정해볼 수 있다.

1) 재무목표

재무목표는 가장 지배적이고 보편적이며, 영속적인 가격결정 목표이다. 하지만 재무목표가 기업의 성공이나 심지어 생존에 절대적으로 필요불가결한 것이긴 해도 재무목표를 지나치게 강조하다보면 다른 고려사항들을 생각하지 못하게 하여 어느 경우 실패에 이르게 할 수 있다.

재무목표는 형태가 각각 다르지만 모두가 이익으로 연관되어 있는 공통점이 있다. 총이익이나 순이익 중 어느 것을 강조하든 간에 이익을 극대화하기 위해 상품가격을 결정하기 때문이다.

그러나 가격결정에 있어 이익을 지나치게 강조하다보면 몇 가지의 문제점이 수반되는데, 첫째는 시장이라는 점을 무시하기가 쉽다는 것이고, 둘째로는 고정적으로 정해놓은 이익결정은 호텔기업에 있어서 대단히 이루어지기 어렵다는 것이다.

다시 말해 다른 기업에서는 원가・가격・이익간의 관계가 보다 직접적이고 명백하여 가격결정이 용이하지만, 호텔기업에 있어서는 이 관계가 간접적이고 모호하여 가격결정에 대한 초점을 맞추기가 어렵다는 것이다. 즉 선물을 만드는 공장에서는 변동비와 간접비를 상세하게 계산할 수 있어, 이익을 더해서 판매하기가 대단이 용이하므로 수요와 공급비율만 추정하면 된다. 따라서 예측만 잘 할 수 있으면 오늘 팔지 못한 것을 내일 판매할 수도 있고, 할인해서 이익폭을 줄여야 하는 경우라도 효율적인 판매가 가능하다.

그러나 호텔기업에서는 오늘 팔리지 않은 객실이나 레스토랑의 좌석은 할인을 한다 해도 내일에는 판매할 수가 없다. 그런데도 그 객실이나 레스토랑 좌석의 고정비와 반유동비의 상당 부분은 그대로 적용된다.

또한 호텔기업은 서비스 상품의 가격이 높으면 높을수록 이익은 더 커진다는 논리에 기초해서 가격을 결정하는 데 더 많은 초점을 두고 있다. 그러나 이 논리는 그 가격이 고객의 이용에 영향이 없다면 문제가 되지 않지만, 대부분의 경우는 사실과 다를 수 있다. 즉 가격이 높으면 대부분의 경우 고객에게 외면당하기 때문에 판매량이 감소되기 마련이다. 그러므로 호텔기업은 그에 대한 대응책으로 높은 가격을 설정한 후 가격할인을 통해 낮은 가격으로 상품을 판매하고 있다.

2) 매출목표

호텔기업에 있어서 매출목표는 가장 중요한 문제인데, 이는 호텔기업 자체가 대단히 판매량 지향적이기 때문이다. 즉 고정비는 높지만 객실당 변동비는 부서별 수입의 15%에서 25% 정도로 낮고, 일단 고정비를 넘게 되면 판매량이 조금만 늘어도 이익면에서 큰 증가를 가질 수 있게 되기 때문이다.

가격에 민감한 레스토랑의 경우 변동비는 판매의 35%에서 25% 정도로 낮다. 일단 고정비를 넘게 되면 판매량이 조금만 늘어도 이익면에서 큰 증가를 가질 수 있게 된다. 물론 호텔의 레스토랑이나 객실은 판매량을 추구한다. 그러나 호텔은 변동비가 낮기 때문에 판매량을 늘리기 위해 할인폭을 탄력적으로 조정할 수 있다.

판매량을 측정하는 데 중요하고도 널리 쓰이는 것은 시장점유율이다. 다르게 말하면 이 목표는 간단히, 원하는 판매 성장률이라고 말할 수 있다. 시장점유율이란 주어진 시장에서 같은 비즈니스가 가질 수 있는 총판매량에서 한 기업이 차지하는 비율을 말한다. 타 기업에서는 이 시장점유율은 이익을 진단하는 예비지표이며, 경쟁사에 비해서 얼마나 잘했는가를 측정하고, 또한 자기의 공정한 점유율이란 점에서 어떻게 잘했는가를 측정하기도 하는 것이다. 따라서 호텔은 다른 경쟁사보다 시장점유율을 높이기 위해서는 더 수준 높은 서비스를 제공하지 않으면 안 된다. 이것은 보다 좋은 상품, 보다 좋은 서비스, 보다 좋은 위치, 혹은 보다 좋게 느껴지는 상품가치일 수 있다.

가격을 낮추는 것이 고객들에게 많은 관심을 불러올 수도 있으나 가격을 낮추면 호텔기업의 이미지를 떨어뜨릴 수 있다. 그러므로 호텔기업에 있어서는 시장점유율만을 증가시킬 목적으로 낮은 가격정책을 결정하는 것은 고객에게 혼란을 가중시킬 뿐 호텔기업도 바람직하지 못할 것이다.

3) 고객목표

고객목표는 긍정적인 쪽으로 고객에게 영향을 미치는 것을 말한다. 이것은 가격결정의 진정한 호텔세일즈 마케팅 목표이며, 가격 안정성에 의해서 고객에게 신념을 심어주는 것이다.

과거의 인플레의 시기에 사람들은 지속적으로 인상되는 가격에 익숙해졌고, 고객들이 이용당하고 있다고 느낄 때 상품을 교환하는 기법도 터득하였다. 많은 호텔들은 실제로 인플레가 존재하지 않는 때에도 인플레의 물결에 휩쓸릴 수 있다고 믿는 것으로 나타나고 있다. 이것이야말로 고객의 신뢰를 크게 훼손시켰고, 이런 관례를 따르지 않는 호텔업계는 비즈니스를 향상시켜주었다.

호텔이 디스카운트율을 적용하고 있지만 책정된 가격을 결코 인하하지는 않으나, 사실 호텔기업에서는 가격을 높게 책정하고 할인율을 적용한다. 이것은 이례적인 호텔기업의 가격정책 현상이라고 볼 수 있다.

유럽과 아시아 지역에서는 책정된 가격을 낮추어 이에 상응해서 고객 이용률의 증가가 이루어졌고, 미국에서는 자기 훼손적인 가격정책을 통해서 호텔업계의 경쟁을 이루어냈다.

또다른 고객목표는 "이용하도록 하는 유인책"이다. 예를 들어 레스토랑에서는 한 품목에서 확실한 이익을 얻을 목적으로 동일가격에 두 가지 식사를 제공하거나, 낮은 가격으로 판매하는 방법 등이 여기에 속한다. 또한 호텔개관 특별판매 같은 것은 가격을 시험해보도록 하는 특별 유인책의 하나이며, 개별품목이나 신규 메뉴품목도 이런 목적으로 역시 낮은 가격을 책정한다.

실제로 호텔은 시장이 감당할 수 있다고 생각하는 최고의 가격으로 개관하는 경우가 많으며, 자연적 수요가 객실을 채울 것이라는 가정하에 초기할인을 피하는 경우가 많다. 이런 상황에서의 목표라는 것은 이용해보도록 유인하기보다 '이미지 높이기'라는 또다른 고객목표가 관건이다. 이것은 호텔이 대단히 특별하거나 새롭거나 차별화되어서 높은 가격을 지불할 만하다고 시도하는 것이다. 그러나 실제로 그렇지 아니한다면 결과적으로 고객을 잃게 되는 경우가 많다.

이와 같은 초기 고가정책은 '스키밍 프라이스(skimming price)'라고 하는데, 경쟁이 시작되어 가격을 낮추어야 하기 때문에 윗부분의 크림을 뽑아낸다는 의미에서 나온 말이다. 이 초기 고가정책은 호텔기업이 신상품을 시장에 도입했을 때 이익을 주는 경우가 있지만, 호텔과 레스토랑으로서는 높은 가격이라는 부정적이고도 가끔은 지속적인 이미지를 주는 것이 보통이어서 피해야 할 일이다.

상품이 정말로 독특하고 특별하게 가시화시키는 예는 있지만, 시장에서 이런 기회가 있는 것은 극히 적은 사례이다. 그러므로 이러한 고가정책이 현실보다는 자기중심에 근거하는 것이라면 경영에 실패하기가 쉽다.

가격정책상 또다른 고객목표는 소비자로 하여금 가격을 둔감하게 만드는 것이다. 예를 들어 대표적인 경우가 '클럽 메드'이다. '클럽 메드'는 가격 하나로 모든 것을 해결하는 정책으로 출발했는데 심지어 항공료조차 포함되는 경우가 있다.

훌륭한 가격・가치 관계는 또다른 가격결정 목표이며, 호텔업계에서 많이 쓰는 경영정책이다. 이것도 이미지 제고를 위한 또다른 형태라고 할 수 있는데, 시장이란 고액지출 고객을 제외하고는 일반적으로 가격이나 가치에 민감하기 때문이다.

① 상품 차별화를 위한 가격결정

상품 차별화를 위한 가격결정은 상품이 본질적으로 동일하다는 가정하에 소비자들이 상품간의 차이를 느끼게 가격의 차이를 이용하는 것이다. 예를 들어 한 호텔의 안심스테이크가 80,000원이라면 다른 곳에서 60,000원짜리 안심보다는 틀림없이 더 좋아야 한다.

② 상품 차별화를 위한 부가가치 및 시설 판매

공식상품 내에서 현재의 가격 차이를 정당화하기 어려우면 품위와 같은 핵심요소가 소비자들에게 값을 정당화시켜줄 수가 있다. 예를 들어 호텔 커피숍이 일반 커피숍보다 배가 비싸다는 것은 대부분의 고객들이 알고 있다. 이는 호텔 커피숍이 음료 뿐만 아니라 분위기도 판매하고 있기 때문이다.

(2) 원가전략

원가전략(cost pricing)은 가격의 하한선을 결정하는 데 중요한 요소로 작용한다. 기업이 일시적으로 경쟁사와의 경쟁에서 이기기 위해, 시장점유율을 높이기 위해, 현금 유동성을 확보하기 위하여 원가를 반영하는 전략을 가격전략에 반영할 수 있다.

원가가 지속적으로 상승하는 경우 기업은 첫째, 상품은 변함없이 원가상승분을 고객에게 전가하거나, 둘째로 상품은 변함없이 원가상승분의 일부분만을 고객에게 반영시키거나, 셋째로 상품수정을 통해 가격을 그대로 유지하거나, 넷째로 가격인상을 고객들이 받아들일 수 있게 상품을 수정하거나, 다섯째로 적정이윤이 나지 않는 상품의 생산을 포기하는 대응방안을 고려해야 한다.

반면에 원가가 하락하는 경우에 기업은 가격을 인하시켜 매출을 확대시키거나, 가격을 그대로 유지하면서 이윤을 증대시킬 수 있다.

원가 가격결정 목표에는 첫째, 매출 중심적 가격목표, 둘째, 이윤 중심적 가격목표, 셋째, 현상유지적 가격목표, 넷째, 기타 가격책정 목표 등이 있다.

원가 가격결정 방법에는 첫째, 비용 중심적 가격결정, 둘째, 고객 중심적 가격결정, 셋째, 경쟁 중심적 가격결정 등이 있다.

- 비용 중심적 가격결정은 상품의 생산과 판매에 들어가는 모든 비용을 충당하고, 목표한 이익을 낼 수 있는 수준에서 가격을 결정하는 방법이다.
- 고객 중심적 가격결정은 상품을 생산하는 데 드는 비용보다 목표시장에서 고객들의 상품에 대한 평가와 그에 따른 수요를 바탕으로 가격을 결정하는 방법이다.
- 경쟁 중심적 가격결정은 경쟁사들의 가격을 자사상품의 가격결정에 가장 중요한 기준으로 간주하여 가격을 결정하는 방법으로 시장 가격결정, 경쟁입찰 가격결정 등이 있다.

원가 중심의 가격정책이 호텔기업에서는 여러 가지 형태로 나타나고 있는데, 가장 널리 알려진 것을 보면 원가가산법, 가산치 가객정책법, 손익분기점 가격정책, 기여마진 가격정책 등이다.

1) 원가가산법

원가가산법(cost plus pricing)은 원가에 기초한 가격결정 방법 중 가장 단순한 형태로서 식음료 가격결정에 흔히 쓰이는 이 방법은 판매가격에다 총이익 마진을 연관시키는 것이다. 가령 원가 40%에 총이익 마진율이 60%라고 한다면 4,000원짜리 품목은 10,000원으로 가격이 정해지는 것이다.

각 상품이나 상품 라인의 모든 형태의 비용은 물론, 자체 변동원가도 적절히 배분되어야 하며, 각 상품은 자체의 이익을 얻을 수 있어야 한다.

이 방법은 총수입이 어떤 상품은 이익을 내지는 못하지만 전체에는 기여를 한다는 종합적인 노력이라는 개념을 무시하고 있다. 또한 감가상각, 영선유지비 같은 비용을 배분하지 않고 있다는 것이다. 이 방법은 가격결정에 융통성이 없으며, 상품의 가치에 대한 소비자의 인식을 고려하지 않고 있다. 이것은 전적으로 원가 지향적이며, 수요를 무시하고 있다.

2) 가산치 가격책정법

가산치 가격책정법(markup pricing)은 호텔 외식업계에서 대단히 선호하는 방법인데, 그 품목의 변동비에 1,000원씩 마크업하거나 아니면 원하는 구성비용 비율에 몇 %를 마크업하거나 이 둘을 결합하는 방법이다. 10,000원짜리 와인 한병에 5,000원씩 마크업하기로 하면 판매가는 15,000원이 된다. 따라서 마크업 비율은 50%, 즉 판매가의 33.3에 해당된다. 한편 50% 와인 비용을 원하면 판매가가 20,000원이 되려면 100% 마크업이 된다.

외식업계에서는 이런 가격결정 방법을 선호하여 식재료 원가와 음료 원가비율의 결과를 측정하는 기준이 되고 있다.

하지만 이 방법의 약점은 원가가 크게 등락하는 시기에 소비자들의 가치인식을 무시하고 있다는 점과 원가가 높은 품목을 소비자들이 지불하려고 하지 않는 수준까지 가격을 책정하기 쉽다는 점이다.

3) 손익분기점 가격정책

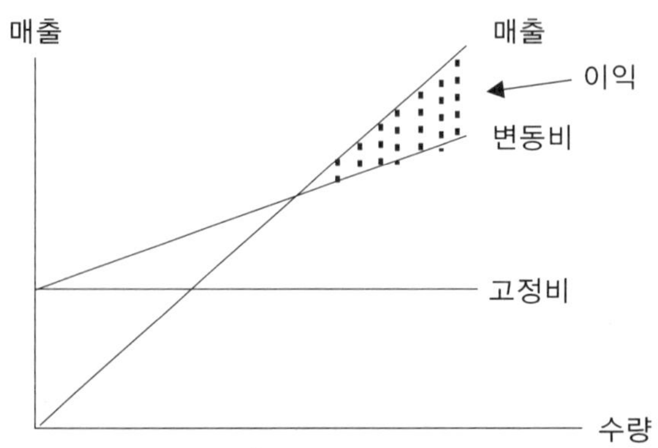

[그림 4-5] 손익분기점 가격정책

손익분기점 가격정책(break-even)은 한 상품이 얼마만큼의 판매량과 가격에 손익분기가 이루어지는가를 결정하기 위하여 사용되며, 이것은 고정비와 변동비를 구분한다. 손익분기점은 동일한 고정비와 유동비를 사용하면서 여러 가지 가격을 그래프에서 찾는다.

또한 여러 가격에서 요구되는 양을 찾아냄으로써 여러 수요에서 종합적인 이익이 얻어질 수 있도록 수입선을 그리는 것이다.

4) 기여마진 가격성책

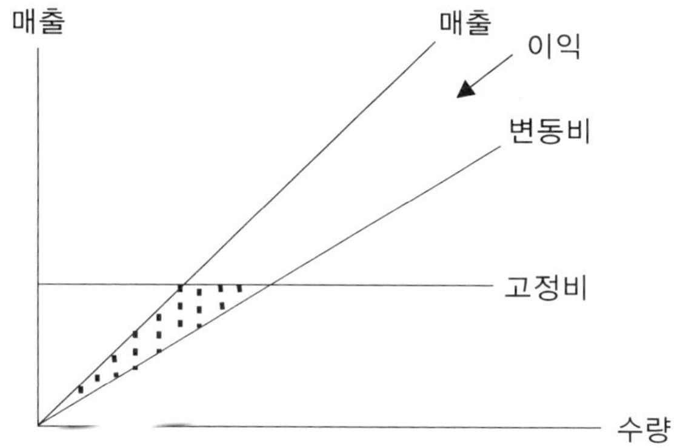

[그림 4-6] 기여마진 가격정책

기여마진 가격정책(contribution margin) 기법은 [그림 4-6]에서 보는 것처럼 변동비를 나타내는 선이 판매선과 같이 영점에서 출발하게 된다. 이것이 바로 기여의 개념으로서, 상품을 변동비보다 높은 가격으로 팔면 판매가 이익을 낼 만큼 높지 못할 때라도 고정비에 대해서 기여를 하게 된다는 것을 보여준다.

이 기법은 수요가 적을 때 호텔기업에서는 대단히 유용하다. 호텔객실 가격은 객실의 판매율을 높이도록 할인의 폭을 늘릴 수 있다. 이익은 나지 않는다 해도 객실이 판매되지 않았을 때 생기는 고정비의 일부를 커버할 수 있기 때문이다.

이 방법은 높은 원가품목을 지나치게 높게 책정하는 문제를 극복하기 위해 식음료 가격을 결정하는 데 유용하게 사용할 수 있다. 예를 들면 원가가 50,000원인 포도주 한 병은 기여마진 25,000원으로 판매가 75,000원으로 결정된다. 원가비율은 67%가 되어 업계기준에 비하면 대단히 높고 접근하기 힘든 비율이다. 그러나 그 기여마진 원가비율 50%씩 20,000원짜리 판매가인 10,000원짜리 두 병보다 더 높아진다.

유익한 토막상식 : 역마진

역마진(reverse margin or negative margin)은 보통 상품을 판매하면 비용을 제외하고 발생되는 마진이 생기며, 대부분 양(+)의 금액을 갖게 된다. 역마진은 상품을 판매함으로써 음(-)의 마진이 생기는 것을 말한다. 이는 판매가격이 비용보다 낮을 때 발생한다.

(3) 경쟁전략

가격을 결정하는 가장 직접적인 방법 중의 하나는 경쟁사가 정하는 가격에 기초하는 것이다. 경쟁사와 유사한 품질의 상품을 제공하면서 경쟁사보다 더 높은 가격을 제시한다면 고객 인지도가 높지 않은 상황에서는 매우 위험한 일이다.

경쟁사 가격은 업체간의 뚜렷한 차이를 소비자가 느끼지 못하는 가격구조가 그 수준의 가격을 용인하는 한, 그리고 경쟁사의 가격은 처음부터 옳게 책정되었다고 가정하는 한 생존할 수 없다. 이 전략은 시장이 그런 수준으로 사려고 하고 살 수 있어야 한다는 것을 의미하고, 더욱이 고객이 생각하는 것이 가격에 대한 공정한 가치를 결정함을 의미하는 것이다.

예를 들어 신규 고급호텔은 현재의 고급호텔과 경쟁적으로 객실가를 정하려고 할 것이다. 그것은 수요가 있는 고객의 구매가 용이할 수 있다. 그러나 만약 현재의 고급호텔이 객실 이용률이 낮고, 시장이 대체로 낮은 가격을 지향하고 있다면 고객은 구매하지 않을 수도 있다. 따라서 세분화되어 있는 두 개의 경쟁업체의 가격을 비교해서 적절하게 가격을 정하여 경쟁업체보다 상품은 고급스러우며, 다른 경쟁업체보다 가격을 낮게 하는 것이 호텔기업의 이익이 형성될 수 있다.

(4) 시장수요 전략

시장수요(market demand pricing)라는 말은 어떤 가격결정에 있어서도 고려해야 할 광범위한 요인들을 의미하는데, 이들 요인들에 대한 적절한 말은 수요분석일 것이다. 수요분석은 어떤 타당성 연구에서도 중요한 부분인데, 그 이유는 상품판매에 가장 중요한 요소이기 때문이다. 수요분석이란 이 상품을 사려고 하고, 살 수 있는 충분한 규모의 시장이 있는가를 물어보는 것을 말한다.

충분한 수요란 상품을 원하는 큰 시장이 있음을 의미한다. 구매하고자 한다는 것은 시장이 원할 뿐 아니라 실제로 구매하려고 하는 소비자 수가 충분하다는 것을 의미한다.

만약 구매하려고 할 때 구매할 수 있는 충분한 시장이 존재하지 않는다면 그 상품은 실패할 수 있다. 원가가 얼마이고, 투자회수가 어떻게 기대되고, 얼마나 많은 광고를 하며, 어떤 보증이 있는가 등은 중요하지 않다. 중요한 문제는 단순히 "시장이 받아들일 수 있는 가격수준이 얼마인가"이다. 호텔상품에서 객실이나 식음료도 기본적인 원리를 적용할 수 있다.

시장수요 분석에는 가격탄력성이라고 하는 수요분석의 개념이 있다. 가격탄력성이란 가격이 높으면 높을수록 수요는 적어진다는 개념이다.

이것이 바로 호텔객실이 충분한 비즈니스 고객을 얻기 위해 높은 할인율을 적용해야 하는지 그 이유가 될 수 있다.

(5) 고객가격 전략

1) 가격 · 가치

가격을 설정하는 데 있어서 몇 가지 요소들은 특히 고객과 관련되어 있는데, 이 중 가장 중요한 것이 가격 · 가치 관계에 대한 인식이다. 가격 · 가치의 평가에 있어 고객을 상대할 기준은 많이 있다. 각 고객은 가격에 대한 위치를 가격에 대한 품위, 가격에 대한 서비스, 품질 등 각기 다른 이익을 찾게 될 것이다. 모두가 전체적인 경험에 따라 평가하겠지만, 각자는 각기 다른 기준에 따라 편익군을 평가할 것이다.

호텔기업에서는 가격 · 가치 관계에 대해서 특별히 강조한다. 임원이나 지배인에게 상품의 강점을 확인해달라고 요청하면 "가격만큼 가치를 제공한다"거나 "우리 기업의 강점은 우리가 제공하는 가격에 대한 가치"라고 동일하게 대답한다. 그렇지만 가격 · 가치에 대한 소비자의 마음보다는 상품의 질의 수준이나, 경영진의 마음속에 있는 경우가 많다.

실제로 질은 경영진에 의해 영업면에서 물리적으로 가장 많이 규정되고 있지만, 질은 성격상 주관적이어서 우리 서비스가 최고다, 우리 음식이 뛰어나다, 또는 우리 호텔로비는 세계에서 최고라는 말을 하게 된다. 본질적으로 이런 것들은 대상에 따른 인지적 신념인 것이다.

한편 소비자들이 인지한 질은 특히 호텔서비스의 경우에는 좀 더 감정적이고, 경험적이기 쉽다. 호텔로비의 질은 그곳을 지나 되울리는 소음을 경험한 인지된 질에 의해서 무시될 수 있다. 그래서 경영진이 정한 객관적 가격은 소비자들이 주관적으로 인지한 가격과는 상당히 차이가 날 수 있다. 실제로 예의바르지 못한 데스크종사원이나 종사원은 '공정한' 객관적 가격을 불공정한 인지가격으로 순간적으로 바꾸어놓을 수 있다.

희생이란 금전적이든 비금전적이든 불편, 시간, 경험과 같은 것이다. 그래서 식사든 객실이든, 그리고 각각의 객관적 질은 금전적 가격을 정당화할 수 있다. 그러나 서비스 마인드가 없는 종사원, 소음이 나는 로비, 오래 기다려야 하는 승강기, 라운지에서의 귀에 거슬리는 음악, 글자가 너무 작아 읽을 수 없는 메뉴 등과 같은 인지된 질은 금전적이든 비금전적인 희생을 정당화하지는 못할 것이다. 이같은 설명은 이른바 가격·가치의 관계가 실제로는 보다 복잡하다는 의미이다.

따라서 호텔산업에서 질에 관한 논의가 많지만, 그 질이 고객의 인지에 의해서 측정되지 않는 경우가 너무나 많다. 고객의 인지를 기준으로 해서 많은 경영진은 이른바 가격·가치의 관계를 증가시키고, 또한 가격의 인상을 진정으로 정당화하는 가치를 부가시키는 방법에 대한 정보를 갖게 해준다.

2) 기대가격

소비자는 기대에 근거해서 상품을 구매한다. 따라서 가격에 대한 반응은 기대가격에 따라 달라지기 때문에 호텔기업이 파악해야 할 중요한 가격개념이다.

소비자 만족도 조사를 통해서 살펴보면, 만족은 실제경험이 기대보다 같거나 보다 상승될 때 일어난다. 그래서 소비자들은 지불된 가격이 지불하기로 했던 가격과 같거나 그보다 낮을 때 가장 만족하는 것이다. "지불하는 것만큼 얻는다"라는 말처럼 고객들의 기대심리의 만족감을 이끌어내고 있다. 고객만족은 소비자들이 지불한 만큼 얻었다고 느낄 때 파생되고 있다.

조사에 의하면 소비자들은 약간은 의도적으로 너무 비싸다고 생각되는 높은 수준의 가격과 상품의 질이 의심받을 수준 이하의 낮은 가격수준을 설정한다. 이 중간에 있는 것이 무관심 가격인데, 주어진 시장의 상품에 대해서 정상적이라고 느껴지는 가격이다. 이 정상가격은 이전의 경험, 자기 이미지, 사회적 기대, 그리고 구매의 내용에 따라 달라진다. 이 개념이 가격민감성이다. 따라서 가격결정에는 기대가 포함되어야 하며, 이는 가격기준이 기대를 갖기에 부족한 서비스의 가격을 정하는데 특히 유용하기 때문이다. 하지만 조사 결과에서 서비스 상품을 보다 높게 가격을 책정하여 고객들의 기대심리로 서비스 구매를 유도할 수 있다고 하였지만 반대로 기대보다 낮은 가격은 경쟁적 이점을 제공할 수 있다.

이는 고객들이 가격수준에 적응하기 위해 그들의 기대를 변경시키기 때문이다. 호텔객실 판매에서 시행하고 있는 큰 폭의 할인율은 소비자들이 최근에 지속적인 가격인상에 실제로 적응하지 못하고 있음을 암시하는 것이다.

3) 심리적 가격

가격은 소비자의 입장에서 심리적인 반응을 일으키는 원인이 된다. 앞에서 살펴보았듯이 높은 가격은 높은 질을 의미하고, 낮은 가격은 낮은 질을 의미할 수 있다. 그래서 높은 가격품목은 더 잘 팔리는 반면 낮은 가격품목은 잘 팔리지 않을 수 있다.

그러나 심리적 반응은 현실과 반드시 일치하는 것은 아니며, 고객들이 상품을 구매한 후 실수를 했다고 인지하는 것도 흔한 일이다. 따라서 현실이 인지와 일치할 때 심리적 가격은 고객을 창출하고 유지하는 데 성공할 수 있다.

이러한 심리적 가격은 호텔업에서는 가시적 관점으로 살펴볼 수 있는데, 고급호텔이나 식당에서 '보인다'는 것은 어떤 고객에게는 대단히 중요한 것이다. 예를 들면 어떠한 사업가는 고급호텔을 이용하면서 자신의 이미지를 격상시켜 비즈니스에 이용할 수도 있다. 이는 그 사업가가 호텔이 가능한 한 최고로 가시적 요소를 제공하는 상품으로 보이기를 원하는 것이다.

상품의 구매자와 비구매자도 역시 가격에 대한 인지도가 다르다. 이러한 대조는 고급 레스토랑의 경우에서 가장 잘 나타날 수 있는데, 대부분은 한 번도 그곳에 가본 일이 없는 사람들에게는 실제보다 훨씬 더 비싸게 느껴지는 것이다.

또 다른 심리가격 기법으로 프라이스 리닝(price-lining)이 있다. 이 기법은 가격을 한데 묶어 상당히 증가된 질을 인지하게 만드는 것이다. 예를 들면 와인 리스트에 보면 8달러~10달러 범위의 와인, 다른 그룹은 14달러~16달러가 있다. 그러면 인지 정도는 사실이 그러하든지, 아니든 간에 질이 분명 증가된 것으로 고객들은 인지한다.

심리가격의 또다른 종류는 이른바 홀수가격인데, 우리 모두에게 익숙한 전술이다. 한 품목이 7달러보다는 6.99달러라고 하면 팔리는데 낮은 가격이라는 인지를 주기 위함이다. 이러한 전술은 메뉴가격 결정에서 가장 보편적으로 사용된다.

크렐(Kreul)이 242개 식당을 조사한 결과에 의하면 메뉴가격이 58%가 9자로, 35%가 5자로 끝나고, 단지 6%만이 0으로 되어 있었다. 이런 기법의 효과는 불분명하지만 그럼에도 불구하고 널리 사용되고 있다.

사실 고객이 100% 만족하는 가격을 찾기란 쉽지 않다. 따라서 호텔과 레스토랑은 여러 외부적 요인에 따라 가격을 결정하기도 한다. 하지만 비교적 동질의 시장들을 찾고 제품과 가격을 그 시장에 맞게 결정하면 소비자 중심의 가격결정이 불가능하지 않으며, 이는 마케팅의 강점이 된다. 그러므로 호텔관광마케팅 담당자들은 소비자들이 경쟁상품과 서비스를 차별화하기 위해 가격을 어떻게 이용하는가를 숙지하여야 한다. 이것이 가격 포지셔닝의 핵심이며, 그 인지된 가치가 실제적이든 상상의 것이든 간에 가치인지는 항상 경쟁과 관계가 있다.

고객의사 결정과정의 단순성이나 복잡성은 이 모든 것을 가려내는 하나의 방법이다. 그래서 이 과정을 이해하는 것은 호텔관광마케팅 담당자나 가격 결정자의 일이다. 이와 같이 가격 믹스를 고려해볼 때 가격 믹스는 근본적으로 수요시장과의 상관관계에서 결정되어야 하며, 또한 고려되어야 할 점이다.

3. 가격결정의 평가요소

가격결정이란 가장 융통성이 있는 부분이므로 지속적인 평가를 요구하는 부분이다. 가격결정을 평가하는 요소는 다음과 같다.

① 가격은 원가 지향적이다. 원가가 오르면 가격은 오르게 되며, 소비자 수요의 강도와 소비자 심리를 고려할 여지가 없다.
② 가격정책은 변화하는 시장여건에 적용되지 않는다. 일단 정해지면 가격은 고체처럼 단단해진다.
③ 가격은 포지셔닝 전략의 한 요소라기보다 오히려 상품 믹스와는 상관없이 결정된다.
④ 가격은 경험・가치의식 및 전체 상품에 대한 소비자의 심리를 무시한다. 그러나 이것들은 소비자들의 선택과정에 영향을 미치는 가격 인지의 진정한 요소이다.
⑤ 가격은 마케팅상의 문제라기보다 경영진의 정책결정 사항이다. 사실 가격이란 마케팅 믹스의 하나일 뿐이다. 마케팅 믹스란 마케팅 목표를 달성하기 위한 전술적 수단을 의미한다. 상품과 유통과 촉진의 수단들이 조화되고 통합되는 가운데 비로소 가격도 중요해지는 것이다. 그러므로 모든 전반적인 부분에 가장 훌륭한 공헌을 할 수 있는 가격이야말로 고객을 정확하게 인지한 가격인 것이다.

4. 시장에 맞는 상품가격

호텔을 여러 개의 시장이 세분화되고 있다. 그렇지만 같은 날 같은 호텔에서 유사한 시설을 쓰고 있는 고객들이라도 같은 요금을 지불해야 할 이유는 없다. 마찬가지로 모든 사람이 비슷한 숙박시설을 이용한다고 해서 같은 요금을 지불해야 할 이유도 없다. 다만 다양한 시즌별로 부과되는 적정한 요금을 책정할 것을 요구한다. 다시 말하면 시장에 맞는 호텔상품 가격을 책정해야 한다.

또한 거대한 재구매자나 단체를 위해서는 빈틈없는 거래를 주저해서는 안 된다. 예를 들어 성수기, 비수기, 주중, 주말, 예약이 많거나 적을 때, 예약의 비용, 특별수요 등을 말할 수 있다. 이러한 정책을 철저히 결정하지 못하면 판매 감소가 생길 위험이 있다.

(1) 객실 부문의 가격결정

객실 부문이 가격결정에서 평균 객실료(average rate per occupied room)는 프런트 근무자들의 판매 효율성을 측정하는 기준이며, 또한 요금구조에 대한 중요한 정책 가이드이다. 그러므로 정상효율을 유지하려고 노력하고, 최고가격의 객실을 먼저 판매하도록 노력해야 한다. 가격을 결정함에 있어서는 적정한 비용을 측정하고, 시장의 요구와 필요에 대한 공정한 이익을 고려해야 한다. 따라서 객실 부문의 가격정책에는 탄력성이 필요하지만 호텔 프런트데스크에서 마음대로 변경시킬 수 없는 정해진 가격으로 출발하지 않으면 안 된다. 이는 가격변화란 경영관리 정책의 문제이기 때문에 단지 최고경영자만이 객실요금을 변경할 권한을 가져야 한다.

또한 특별한 거래를 할 수 있는 권한을 가지고 있는 사람은 최고경영자와 판촉부서장이다. 이들이 할 수 있는 요금형태는 투어단체를 위한 고정요금, 컨벤션 요금, 객실, 식사, 팁, 야외 레크리에이션이나 관광 티켓, 기타 특별 주말 패키지, 허니문 패키지, 골프 패키지 등이다. 경영진과 판매 종사원들은 회의시설 사용에 대하여 대금을 청구할 것인가도 결정해야 하는데, 보통 호텔객실을 이용하는 단체고객의 수에 따라 결정되는 것이 보통이다. 회의에 참석하는 대부분의 사람들이 호텔 내 투숙하는 경우는 회의실 사용은 무료로 하는 것이 보통이지만 예외가 있을 수도 있다.

그러나 컨벤션과 관련된 전시회를 위하여 공공장소를 이용할 때는 요금청구를 하는 것이 보통이다. 만약 호텔이 전시를 원하는 단체에게 장소를 허락했다 하더라도 전시회를 개최하는 협회나 단체가 개별 전시자에게 그 장소가 판매된 경우라면 호텔은 장소 사용에 대해서 요금을 청구한다. 하지만 그 전시가 순수한 교육적 목적이거나 비영리적이라면 장소 사용은 무료로 하는 것이 보통이다.

(2) 식음료 부문의 가격결정

식음료 부분의 가격은 최고경영자라 해도 마음대로 변경할 수 없는 부분이 있는데, 호텔에서 판매하는 식음료는 정해진 가격으로 외부에서 구매되어야 하기 때문이다. 즉 원가를 고려한 식재료의 구입에 따라 가격이 결정되기 때문이다.

일반적으로 호텔에서 구매하는 식사는 판매가격의 33% 이상 초과되어서는 안 된다. 변경을 위해서는 25%의 식사원가가 되어야 한다. 버리는 음식, 뷔페, 태우는 음식, 부족한 구매량, 도난 및 기타 요소들을 고려해야 한다. 노동원가는 32%가 알맞다. 기타 요소라 함은 린넨, 도기류, 실버류, 유리그릇, 가구, 장비대치 등을 포함해서 전체 수입의 15%~20%에 이르고 있다.

호텔과 리조트 식사부의 대부분은 임차, 중기관리비, 영선유지, 광고비에 대해서 비용부담은 시키지 않는다. 또한 식사부의 영업비에 대해서 이들 비용을 부분적으로 배분시키지도 않는다. 음료 부서에서도 거의 마찬가지만 이익의 비율은 훨씬 높다. 음료원가는 오락 · 리조트 또는 상업호텔의 여부와 상관없이 현지의 음료규정에 따라 약간 다르기는 해도 28%~30%가 되어야 하고, 노동비는 20%, 기타는 약 5%가 되어야 한다. 따라서 적어도 광열비와 기타 제비용 전부문 이익이 45%는 되어야 한다. 그래서 식사 부문 이익 15%, 음료 부문 45%, 그리고 식음료 이익의 종합이익 22%는 달성할 수 있기 때문에 이 정도가 가격을 책정하는 데 정당한 목표가 된다.

(3) 시장의 욕구와 필요 측정에 의한 가격 결정

호텔이 영업 부문의 목표를 완전히 달성하지 못한다 하여도 이익을 개선할 수 있는 또 다른 요소가 있다. 그것은 곧 경영이다. 즉 시장의 욕구와 필요를 측정하여 경영에 반영시키는 것이다.

객실 부문의 경우에도 객실요금의 인하가 반드시 보다 많은 고객이 이용할 것이라는 보증은 없다. 그러므로 객실료를 할인해주기 전에 장기적 전망을 측정해야 하며, 더욱 중요한 것은 효과적으로 영업을 통제하여야 한다.

또한 시장을 무시하는 가격은 책정하지 말아야 할 것이다. 한때 바하마 군도나 푸에르토리코에서는 호텔요금이 주로 조합의 요구로 자꾸 오르게 되어 휴가여행 시장으로부터 최대 이익을 얻을 수가 있었다.

호텔업자들은 최대의 이익을 얻는 고객들만 주시하는 영업을 하였기 때문에 새로운 리조트의 경쟁이 생기고 있음을 간파하지 못하였다. 따라서 카리브 지역의 호텔들과의 경쟁은 물론이고 모로코, 스페인, 포르투갈, 그리스, 이스라엘 등지와 갑작스런 경쟁을 하게 된 것이다. 값싼 항공요금, 값싼 호텔요금, 그리고 더 멀리 여행할 수 있는 매력이 주어져 바하마로 가는 같은 가격으로 마드리드나 카사블랑카, 타히티 등지로 갈 수 있게 된 것이다.

그렇게 때문에 호텔의 시장과 경쟁사를 부단하게 재평가하는 것은 반드시 필요한 일이다. 리조트에서는 더욱 그것이 필요한데, 왜냐하면 재조정이 바하마나 푸에르토리코의 형편을 변화시키지는 못했을지 모르지만, 시장과 경쟁추세를 보다 면밀히 주목했었다면 이곳 호텔들의 폐업을 예방할 수 있었을 것이다.

고객들은 높은 가격을 지불한다. 그렇지만 질이 좋지 않은 상품에 대해서는 높은 가격을 지불하지 않는다. 구매고객 가운데는 상품의 질에 대한 평가가 제대로 이루어지지 않은 고객도 있겠지만 모든 고객들이 그러하다는 잘못된 생각을 해서는 안된다. 일반적으로 고객은 스스로가 받은 가치에 대해서만 돈을 지불한다고 생각하고 있기 때문이다.

제5절 호텔 · 관광 세일즈 서비스 마케팅 유통믹스

1. 마케팅 유통믹스 전략의 이해

호텔기업은 고객들이 자사의 상품이나 서비스를 쉽게 이용할 수 있는 최선의 경로를 결정하고자 한다. 납기일과 서비스의 지연은 판매기회의 상실과 고객불만을 발생시킨다. 효과적 경로 시스템의 도입은 상품이동과 관련된 비효율성을 제거하거나 현저하게 감소시킬 수 있다.

상품이나 서비스의 유통경로는 매우 다양하다. 소비재의 경우 대체로 네 가지 유형의 유통경로를 생각할 수 있다. 생산자와 고객, 생산자와 소매상 · 고객, 생산자와 도매상 · 소매상 · 고객, 생산자와 도매상 · 중간상 · 소매상 · 고객 등이 그것이다.

한편 전통적 유통경로의 단점을 해결하기 위하여 등장한 것이 수직적 마케팅 경로 시스템이다. 수직적 마케팅 경로 시스템은 운영상의 경제성과 시장에 대한 최대한의 영향력을 확보하기 위하여 전문적으로 관리되고, 본부에 의해 설계된 네트워크 형태의 경로조직을 말한다.

호텔기업이나 외식산업에서는 프랜차이징 시스템이 활성화되고 있는데 이는 대표적인 수직적 마케팅 경로 시스템의 한 유형이라 할 수 있다.

유통경로는 여러 구성원들로 구성된 시스템이므로 경로 구성원들도 공통의 경로 목표를 달성하기 위하여 상호의존적 관계를 갖게 된다. 그러한 유통경로가 호텔과 같은 서비스 산업의 경우 무형적이며, 생산과 판매가 동시에 일어나는 특성으로 인해 유통경로가 필요하지 않다는 생각을 가질 수 있다.

그러나 서비스 역시 사회적 유통과정을 담당하는 주체들이 존재함으로써 엄연히 유통경로가 존재한다. 즉 유통경로의 주체들이 고객이 여가활동을 더욱 만족스럽게 하고, 즐거운 가치를 장조하고 있는 것이다. 이들이 제공하는 서비스나 촉진은 호텔업체가 독자적으로 수행하기 어려운 기능의 일부를 분담함으로써 고객의 인지와 매출을 증대시키는 역할을 하고 있다.

호텔유통은 호텔상품과 서비스를 공급자로부터 최종 고객에게 이전시키는 과정이다. 호텔기업의 실제를 이해하기 위하여 유통경로의 구조와 능력에 대해 이해를 한다는 것은 매우 중요하다. 이러한 유통경로는 표적고객에게 시간, 장소, 정보효용을 제공하기 위하여 도소매업자나 다른 조성업자와 같은 마케팅 전문가의 선택과 이용을 포함하고 있다. 유통경로의 결정은 상품, 가격, 촉진활동의 결정보다 변경하기 힘들다.

유익한 토막상식 : 유통

유통(place)은 제품이나 서비스가 생산자로부터 소비자에 이르는 흐름이며, 유통경로는 유통과정에 관련되는 일체의 상호 의존적인 조직을 말한다. 유통은 고객의 최종 구매반응과 밀접하게 연관되어 있으므로 기업은 표적시장의 소비자에게 적절한 시간 · 장소에 제품을 공급해서 고객이 제품을 구매하는 데 장애를 느끼지 않도록 해야한다.

2. 기업의 유통경로 유형

호텔기업의 경우 유통경로의 유형은 생산자와 소비자간에 숙박상품의 전달과 매개역할을 생산자가 직접 담당하는 경우도 있고, 중간업자인 도.소매업자를 통하는 경우 등 다양한 경로로 필요한 정보를 제공하며, 일단 선택이 이루어지고난 다음 필요한 예약을 가능하게 하는 목적하에 수행된다.

여기에서도 일반상품 마케팅에서와 같이 호텔기업의 유통경로는 대체적으로 [그림 4-7]과 같은 4단계 유통경로로 구성된다.

여기서 특수한 경로 참가자(specialty channeler)는 소매업자와 고객간에서 활동하는 이들로 고객이나 공급업자를 대표하는데 보상여행 기획자, 회합 및 모임 기획자, 협회 실무자, 기업의 여행담당 부서 등이 이에 해당된다.

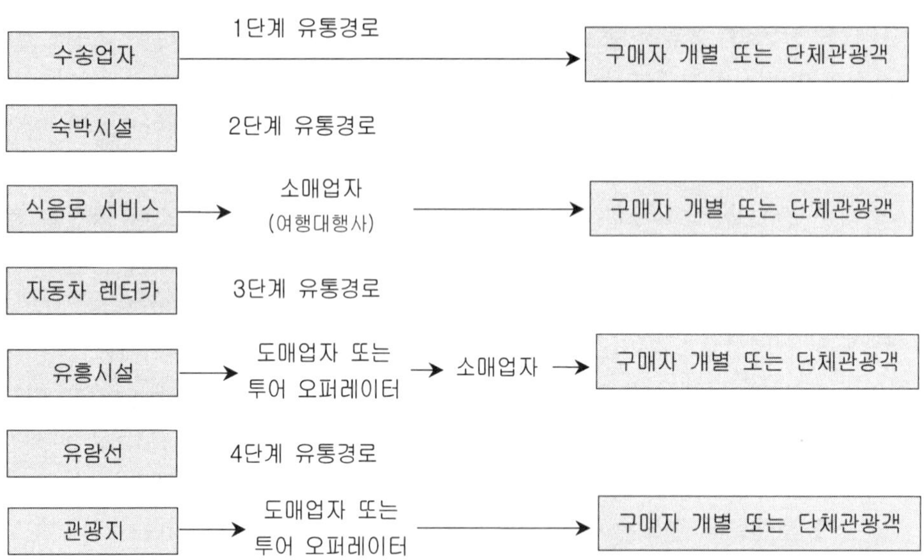

[그림 4-7] 호텔서비스의 유통경로

※ 자료 : Chuck Y. Gee, et al. *op. cit*, p. 127 & R.C. Mill, *Tourism : The International Business*, Englewood Cliffs, N.J, Prentice Hall, Inc, 1980, p.303, 재구성

(1) 1단계 유통경로

1단계 유통경로는 숙박서비스의 처음 공급자가 관광 · 숙박객들에게 직접 판매하는 것을 말하는데, 예를 들어 호텔은 그 자체의 판매부와 예약부를 통하여 고객에게 직접 호텔상품을 판매한다.

(2) 2단계 유통경로

2단계 유통경로에는 공급자와 숙박객 사이에 하나의 중간상만이 포함된다. 즉, 여행소매업자인 여행대행사가 개입하여 역할을 수행하게 되면 그 대가로 일정액의 수수료가 지급된다.

(3) 3단계 유통경로

3단계 유통경로는 두가지 중간상을 포함한다. 즉, 여행소매업자와 도매업자 또는 투어 오퍼레이터(tour operator)를 포함한 경로로서 일반적으로 여행상품 판매경로의 전형적인 형태라고 하겠다.

(4) 4단계 유통경로

4단계 유통경로는 3단계 유통경로의 형태를 따르고 있으나 추가적인 중간상을 포함한다. 즉, 판매업자의 입장에서 보면 특수한 경로 참가자는 여행단체 조직자(tour group organizer)가 되는 것이 보통이다.

[그림 4-7]에서 나타낸 바와 같이 개별적 수송업자들은 경로 믹스 구성을 대개한 가지 이상의 유동경로로 구성하고 있다. 대부분의 주요 항공사들은 일반고객 · 기업, 기타 집단고객들에 대해 직접 촉진을 하고 있다.

그러나 이러한 직접경로 외에도 고객은 여행대행사를 통해 예약을 하고, 항공권을 전달받는 간접경로를 이용할 수도 있는데 이런 방식이 항공여행의 상당한 부분을 차지하고 있다. 또한 항공사는 다른 유형의 여행중개업자들을 이용하는 방식을 택하기도 한다. 즉, 전문적인 업계지에 광고를 하고나 여행중개업자들이 기획한 여행 패키지의 일원으로 참여하는 수단이 이용된다.

호텔업은 이상과 같은 체계에서 설명될 수 있는데, 즉 고객은 여행목적지의 호텔에 직접 예약하거나 체인호텔의 중앙예약본부에 예약할 수도 있으며, 여행대행사나 항공사를 통해 간접적으로 예약할 수도 있다. 나아가 여행판매업자 및 투어 오퍼레이터, 보상여행 기획자, 기업여행 관리자, 또는 회합 및 모임 기획자 등을 통해 간접적으로 예약하는 것도 가능하다.

3. 상품 유통경로의 특수성

(1) 호텔서비스 상품의 특성으로 인한 특수성

호텔서비스 상품은 여러 가지 서비스가 부가된 상품으로서 복합상품이라고 할 수 있다. 따라서 호텔상품은 일반제조업에서 생산하는 상품과는 달리 관광상품으로서 독특한 특성을 가지고 있다.

호텔상품 유통경로의 특수성을 파악하기 위해서는 관광상품에 대한 서브시스템(system)으로서 호텔상품 특성의 이해가 전제되어야 한다.

(2) 외부환경의 특성으로 인한 특수성

호텔서비스 상품 유통경로의 외부환경은 크게 국내환경과 국제환경으로 구분할 수 있으나, 특히 통제 불가능한 요소로서 외부환경 중에서 유통경로에 독특한 영향을 미치는 유통구조상의 특수성을 중심으로 살펴보면, 우리나라의 호텔상품의 유통경로는 상품을 유통하는 기관인 여행도매업자(wholesaler), 여행소비업자(retailers)의 기능이 확실히 분담되어 있지 않다고 할 수 있다. 특히 여행도매업자가 직접 소매까지 담당하는 경우가 많은 유통형태가 형성되어 있다는 것이다.

이러한 측면에서 볼 때 우리나라의 호텔상품의 유통경로는 외국과는 다른 독특한 형태의 유통경로를 가지고 있다고 할 수 있다.

4. 상품의 유통경로의 이익

호텔 숙박서비스의 판매에서 수송 공급업자 및 목적지 마케팅 조직들이 전적으로 직접 유통경로만을 고집하지 않는 이유는 다양한 유통경로와 중개업자를 이용하는 것이 일반적으로 자체 마케팅 계획의 효율성을 증대시켜주기 때문이다. 즉 숙박서비스에 있어 유통경로의 구성원들은 다음과 같은 역할과 이익을 제공하고 있기 때문이다.

(1) 숙박객들에 따른 편의 제공

어떠한 숙박서비스 조직도 독자적으로 광범한 지역의 고객에게 직접 접근하기는 어렵다. 따라서 독립적으로 산재한 중개업자를 이용하는 것이 보다 현실적이고, 고객도 특정한 숙박서비스를 쉽게 인지할 수 있으며, 구매 또한 가능하다.

(2) 경로망 확대

모든 중개업자들의 활동은 궁극적으로 숙박서비스를 유통시키기 위해 보다 많은 경로를 고객에게 제공되는 것이다. 따라서 고객이 노출 식별 정도가 높아지게 되고, 내부적으로 예약률이 확대된다.

(3) 정보제공 수단

관광목적지, 가격, 설비, 일정 및 서비스에 대해 숙박객들에게 보다 전문화되고 도움이 되는 정보를 제공하는 수단을 제공한다. 예를 들어 여행중개업자들은 업무에 대하여 전문가들이며, 고객의 견지에서는 그들의 전문적인 충고와 조언은 수송 공급업자 및 목적지 마케팅 조직의 선정에 커다란 영향을 미친다.

(4) 여행경비 지출효과의 극대화

관광기업의 여행업무를 조정함으로써 여행경비 지출의 효과를 극대화시킬 수 있다. 즉 기업의 여행담당 부서나 여행대행사는 기업의 여행경비 계정을 합리적으로 조정・관리하여 더 큰 편익을 얻을 수 있게 한다.

(5) 패키지 구성의 용이

여행목적지와 수송 공급업자들의 서비스를 단일가격 체제 내에 조합함으로써 여행을 위한 패키지를 보다 용이하게 구성할 수가 있다. 다시 말해 여행 패키지는 다양한 서비스를 개별적으로 구입하는 것보다 많은 이익이 있게 되는데 특히 여행도매업자와 투어 오퍼레이터들은 이를 개발하는 전문가들이다.

이러한 여행 패키지는 고객들이 번거로움을 피하고 다양한 욕구를 충족시키는 여행을 가능하게 함으로써 수송 공급업자들이 제공하는 서비스를 더욱 매력적인 것으로 만든다.

(6) 여행계획의 수립 가능

보상여행 기획자들은 특별한 목적을 가진 여행계획을 수립하는 데 있어 전문가들이므로 잠재적인 여행객들의 욕구를 충족시키는 여행계획을 수립할 수 있다. 따라서 수송 공급업자나 목적지 마케팅 조직들은 이들을 이용함으로써 그들의 서비스를 고객욕구에 잘 적합 시킬 수 있다.

(7) 회합 · 모임 등을 보다 효율적으로 조직화 및 조정

기업, 협회, 정부 및 기타 회합 및 모임 기획자들은 그들 조직에 적합한 수송 공급업자 및 목적지 마케팅 서비스를 요구하게 되는데 여행업자들은 이러한 제반 서비스를 패키지화하여 조직의 요구에 보다 적합한 여행계획을 수립하는 데 조력할 수가 있다.

(8) 집단관광의 실시 및 안내

어떤 여행중개업자는 안내서비스를 제공하기도 하는데 그렇게 함으로써 관광객의 관광경험을 충실하게 하는 계기를 마련해준다.

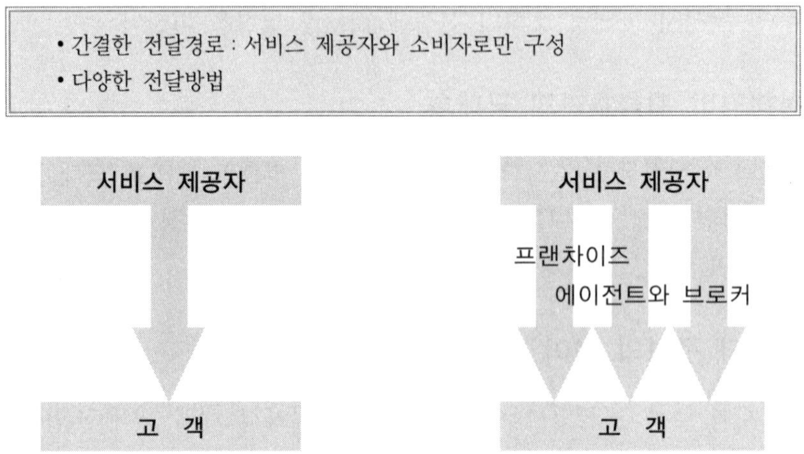

[그림 4-8] 호텔서비스 상품 유통의 특징

유익한 토막상식

① 공급사슬 관리(SCM : Supply Chain management) : 원료조달이나 상품배달 등 회사가 물류와 관련된 모든 부문을 하나의 체인망처럼 연계된 것으로 간주해 개혁하고 관리한다는 개념이다. 1990년대 초반 경기불황을 리엔지니어링이나 리스트럭처링이라는 경영혁신으로 극복한 미국 기업들이 아직도 부족하다는 지적이 있는 물류개선을 위해 이 개념을 새롭게 도입하고 있다.

② 수요사슬 관리(DCM : Demand Chain Management) : 일부 마케팅 학자에 의해 주창된 개념으로 공급사슬 관리의 반대 의미로 알려져 있다. 즉 기업으로부터 유통망, 고객에 이르기까지 하나의 체인망처럼 연계된 것으로 간주해 관리한다는 개념이다.

제6절 호텔 · 관광 세일즈 서비스 마케팅 촉진믹스

1. 판매촉진 믹스전략의 의의

판매촉진(sales promotion)은 회사가 특정상품이나 서비스의 단기적 초기구매 또는 다량구매를 유도하기 위해서 한시적으로 여러 가지 유인책을 사용함으로써 고객의 흥미와 구매욕을 자극하는 일종의 마케팅 커뮤니케이션 수단이며, 광고가 구매에 대한 이유를 제공하는 것이라면 판매촉진은 구매를 위한 유인의 기회를 제공하는 것이다. 또한 판매활동과 마케팅 활동을 유사한 개념으로 인식하는 사람들이 많지만 판매는 판매자의 욕구에 치중하는 반면, 마케팅은 구매자의 욕구에 주안점을 둔다는 데 차이점이 있다.

미국 마케팅협회(AMA)의 용어정의위원회는 1960년에 판매촉진을 광의와 협의의 두 가지 개념으로 규정하고 있는데, "광의의 판매촉진은 인적 판매, 광고, 홍보 등을 포함하여 소비자의 구매를 자극하는 모든 활동이고, 한정된 의미에서의 판매촉진은 소비자의 구매와 거래점의 효율성을 자극하는 인적 판매, 광고, 홍보를 제외한 마케팅 활동으로서 예를 들면 진열, 전시, 전람회 실연, 기타의 비상례적이고 비반복적인 판매활동"이라고 판매촉진에 대한 정의를 내렸다.

여기서 광의와 협의의 해석상의 차이는 판매활동을 촉진하는 대상범위가 전자는 인적 판매, 광고, 홍보 및 그 밖의 여러 가지 보완적 판매를 대상으로 하는데 반하여 후자는 인적 판매, 광고, 홍보를 보완하면서 효율성을 도모하는 활동을 주요 대상으로 하고 있다는 점이다.

〈표 4-5〉 판매촉진의 장 · 단점

구 분	내 용
장 점	• 단기간 수요조절이 가능(비수기 및 경기침체) • 신상품의 시용을 유도할 수 있음(할인, 샘플 제공) • 즉각적인 반응 유발(고객 반응, 매출증가)
단 점	• 상표애호도가 강한 고객은 구매패턴을 변경하지 않음 • 경쟁업체들의 모방이 용이함(경쟁적 우위가 단시간이 감소할 수 있음) • 경쟁사와의 지나친 판촉경쟁으로 인한 수익구조의 악화 우려

그런데 오늘날과 같은 치열한 경쟁환경 속에서 호텔의 판매촉진은 호텔고객이나 여행 알선업자와의 사이에 양호한 관계를 유지 · 형성하면서 기업의 판매력을 계속적으로 증대시키기 위한 인적 판매, 광고, 홍보, 기타 일체의 수요창조를 위한 판매활동이라고 정의내릴 수 있다.

호텔의 판매촉진 활동은 광고나 인적 판매와 상호보완적이어서, 판촉활동이 광고 · 인적 판매와 더불어 실시될 때 더욱 효과적이며, 또한 반대로 이러한 판촉행사가 광고와 인적 판매의 효율성을 높이는 역할을 하기도 한다.

(1) 판매촉진의 목적

판매촉진은 고객에게 상품과 서비스에 관한 정보를 전달하고, 이들 상품과 서비스의 편익을 알리며, 구매활동에 대하여 설득하는 수단과 여러 가지 아이디어를 제공하는 마케팅 관리자의 기구라 할 수 있다.

따라서 기업의 판매촉진 활동은 상품에 대한 정보 제공과 설득을 통하여 소비자나 거래점과 양호한 관계를 유지하면서 기업의 판매력을 지속적으로 확대시키는 등 상황에 따라 다양한 목적을 띠고 있다.

1) 수요의 창조 및 자극

스탠튼(W.S. Stanton)은 "판매촉진의 목적은 궁극적으로 수요창조이며 시장의 자극"이라 하였다. 소비자는 여러 단계의 심리적 과정을 거쳐서 구매활동을 하게 되는데 정보 전달과 설득을 통하여 소비자의 욕구를 환기시키고 자극해야 하기 때문에 수요의 창조 및 자극은 판매촉진의 기본적인 목적이라 할 수 있다.

그런데 기업은 마케팅의 본질을 망각하고 단지 판매 증대를 위하여 소비자의 욕구를 단지 환기시키고 자극하기 위해서 마케팅 활동을 실시해서는 안 된다. 소비자의 욕구를 환기 및 자극함에 있어서 사회적 및 윤리적인 범주 내에서 이 욕구가 합리적으로 처리되어 구매활동으로 이어지도록 도움을 주는 판매촉진이 되어야 할 것이다.

2) 판매저항의 제거

판매저항(sales resistance)이란 구매 예정자가 상품에 대한 확고한 구매의사가 없는 상태에서 구매를 망설인다는 의미로서, 구매자의 입장에서는 구매저항이라고도 할 수 있다. 구매저항의 원인으로는 가격, 품질, 서비스 등 여러 가지가 있다.

따라서 자사상품에 대한 구매저항이 있는지를 잘 파악하여 판매저항을 제거하기 위한 적절한 수단이 강구되어야 할 것이다.

3) 상표충성도의 획득

상표충성도(brand loyalty)란 어느 특정 상표에 대해서 충실하게 계속적으로 선호하는 행동경향을 의미한다. 호텔기업의 입장에서는 상표충성도에 대해 항상 관심을 가져야 하고, 특히 자사상품에 대한 시장점유율, 수요의 추이나 변화 등이 문제가 될 경우 세심한 주의가 필요하다.

호텔기업의 경우 유사상품이 범람하여 상표충성도의 부각이 용이하지 않기 때문에 고객에게 좋은 인상을 주기 위하여 알리고, 유인하고, 만족시키고, 고정고객으로 전환할 수 있는 판매촉진에 주안점을 두어야 할 것이다.

4) 조정의 활동

조정은 판매촉진의 간접적인 목적이라고도 할 수 있는 활동이며, 그 활동 내부에 있어서의 조직 내 조정뿐만 아니라 사내 콘테스트(in-house contest), 판매원 훈련, 판매회의 등에 이르기까지 광범한 사내촉진 문제를 포함하게 된다. 또한 대외적으로는 여행업자, 소비자, 지역사회와의 조정도 필요하다.

5) 신상품 확산의 목적

호텔이 개업한다거나 새로운 상품을 도입.소개할 때 고객에게 시용의 계기를 제공하여 인지도를 높인다.

6) 판매량과 시장점유율 증가의 목적

고객의 대량구매를 유도하고, 비고객을 경쟁호텔로부터 유인하여 고객기반을 늘리고 판매를 활성화하려는 것이다.

7) 고객의 관리

고객의 재구매를 유도하여 단골고객으로 만들고, 우수고객에게는 감사 표시를 함으로써 고객과의 관계를 더욱 깊게 형성하여 충성도를 한층 높이려는 목적이다. 또한 그들에게 고급서비스 상품을 좋은 조건에 제공하여 취급상품의 고급화 및 확대를 꾀할 수 있다.

중간상이나 조직원 대상 판촉의 경우에는, 그들의 충성심을 제고하고 관계를 강화하며 자사호텔 상품을 적극적으로 판매하려는 동기를 부여하려는 목적이 있다. 마케팅 관리자는 소구시장과 촉진목표에 따라 적절한 판촉기법을 선택해야 하며, 이때 호텔기업 전반의 목적과 시장에서의 위치, 이미지, 그리고 쟁쟁사의 판촉활동, 판촉수단의 효과 및 비용 등이 신중히 고려되어야 한다.

(2) 판매촉진 방법

판매촉진에 사용되는 수단은 매우 다양하다. 판매촉진 활동을 기획할 때에는 시장의 유형, 판매촉진의 목적, 경쟁조건, 수단별 비용 등을 고려해야 한다. 판매촉진 수단은 누구를 대상으로 실시되느냐에 따라 대판매점 판매촉진, 대소비자 판매촉진, 그리고 대사내 판매촉진 세가지로 구분된다.

1) 특별 판촉물의 제공

특별한 판촉물(give-away)의 제공은 잠재고객이나 판매가능 고객, 또는 유통경로 기관, 제휴기업들에게 무료 품목을 제공하는 것으로 흔히 광고주의 이름, 로고(logo) 또는 광고 메시지가 새겨지며, 사무용품 및 기타 평범하지 않은 품목이 채택된다. 펜, 컵, 모자, 재떨이, 열쇠고리, 손가방, T셔츠 등이 흔히 이용된다.

2) 견본 무료 사용

견본(samples)이란 소비자에게 어떤 상품의 사용을 위해 무료로 제공하는 것이다. 견본 제공은 신상품 도입시 가장 효과적인 방법이며, 가장 많은 비용이 수반된다.

호텔 개업시에는 종종 주변 오피니언 리더급 고객들에게 무료로 호텔객실을 사용하게 하는 판촉행사가 벌어진다. 이는 그들에게 호텔에 친숙감을 느끼게 하고 긍정적인 구전효과를 내기 위해서이다. 호텔상품의 무료사용은 고급상품 판매(upselling)를 목적으로 호텔종사원이나 여행업자들(familiarization trip)에게 제공되기도 한다. 자신이 경험해보지 않은 서비스를 최종 고객에게 권장하기란 어렵기 때문이다.

또한 호텔기업에서는 서비스는 무형성을 갖고 있기 때문에 견본품을 제공하는 것이 용이하지 않으나 레스토랑, 바, 라운지 등에서는 특정 메뉴품목이나 음료의 무료 견본품을 제공하기도 한다.

3) 쿠 폰

쿠폰(coupon)은 특정한 상품을 구입할 경우 구매자가 그 증서를 발부하여 그 소지자가 해당 상품을 구매할 경우 일정률의 할인혜택을 받을 수 있도록 하는 증명으로서, 호텔은 쿠폰을 제시하는 고객에게 특별할인 혜택을 제공한다. 이는 우편, 잡지, 신문, 상품포장, 브로슈어 등을 통해 전달되거나 고객에게 직접 전달된다.

쿠폰은 성숙기 시장에서 판매 증대에 효과적이고, 신상품의 조기 사용을 유발하는 데도 효과적이다.

4) 할 인

고객에게 가격을 할인하여 구매를 자극하는 방법이다. 호텔에서는 여러 가지 명목으로 가격할인을 고객에게 제공한다. 이는 흔히 특정 메뉴, 특정 객실, 특정 항공료 등과 같은 특정 서비스, 사업목적 여행자, 노인, 어린이 등의 목표시장, 지리적 영역 또는 시기 등에 따라 제한을 두기도 한다. 여기에는 단순히 한시적으로 가격을 인하하는 방법도 있으나 일정조건을 제시하여 고객의 흥미와 참여를 유도하고 대량구매를 유인하는 방법도 있다.

하지만 할인은 가장 용이하게 채택할 수 있는 판매촉진의 수단이지만 잘못하면 가격경쟁을 유발시킬 위험성도 배제할 수 없다. 따라서 이 방법은 단독적으로 채택하기보다는 다른 촉진 믹스의 일부로 이용하는 것이 바람직하다. 새로운 서비스 도입시나 광범위한 지역에서 단기에 선별적으로 이용할 때는 매우 효과적인 수단이다.

5) 경 품

경품(premium)은 소수의 고객을 뽑아 특별상품을 제공하는 방법이다. 이때 경품은 고객의 흥미와 관심을 끌 정도로 충분한 가치를 보유한 것이어야 한다. 하지만 경품 조건의 판매는 자극이 강한 즉효적 판촉수단이므로 만약 경품을 중단하면 효과의 지속을 기대하기 어렵고, 매력적인 경품개발이 힘들며, 소비자의 반발 혹은 정부규제가 많아 이용에 있어 신중을 기해야 하는 방법이다.

6) 구매시점 광고

구매시점 광고(point of purchase advertising)는 판매섬의 점두 및 점내에서 소비자에게 직접 소구하게 되는 각종 형태의 광고와 진열로서 판매점 촉진의 일환으로 제공된다.

7) 교육훈련 세미나 프로그램

판매점의 책임자, 관리자, 종사원 및 자사의 판매원을 대상으로 경영 합리화나 세일즈맨십(salesmanship)의 향상을 목적으로 이루어진다. 특히 가격이 비싸거나 상품이나 서비스의 교유한 특성을 강조해야 할 경우에 매우 효과적이다.

8) 시청각 자료의 제공

호텔기업의 서비스는 무형성이라는 특성 때문에 현장 판매시 여러 가지 문제에 직면할 수 있다. 특히 종사원은 유형의 상품을 제시하고 시연해 보일 수가 없다. 따라서 시청각 자료는 이들이 예상고객들에게 자신이 소속한 호텔서비스의 내용과 질을 이해시키는 데 매우 효과적인 수단이 된다. 사진, 슬라이드, 비디오테이프, CD 등을 제작 · 배포하여 판매점이나 자사 판매원의 판매 노력을 도울 수 있다.

9) 경연대회 · 추첨 · 게임

경연대회(contest)와 추첨 및 게임은 고객이나 중간상 또는 판매원이 현금, 여행, 선물 등의 행운을 잡을 수 있는 기회를 부여하는 것이다.

경연대회는 광고나 상품기획에 소비자를 참여시키는 방법으로서, 주로 상품을 구매한 결과를 단어 맞추기나 추측 또는 제안을 써넣게 하여 가장 적절한 답을 쓴 사람을 뽑는 것이다. 그리고 추첨(sweepstake)은 서비스를 구매하는 고객의 이름과 주소를 제출받아 제비뽑기를 실시하는 것이다. 게임은 특정한 게임 자료에 의하는데, 예를 들면 요리대회, 칵테일 조주대회, 호텔 연혁에 대한 퀴즈, 빨리 먹기(마시기)대회, 재료 알아맞히기 등이 여기에 해당된다.

10) 리베이트

리베이트는 서비스 기업에서 자주 적용되는 판매점 판매촉진의 하나로 판매업자 또는 사용자에 대해 일정기간의 판매액이나 판매량을 산출하여 인도가격을 변경함이 없이 일정기간 경과 후에 지불금액의 일부를 일정 비율로 환불해주는 방법으로 가장 전형적인 판매점 촉진수단 중의 하나이다. 구매량을 기준하는 수량 리베이트(rebate), 목표달성 리베이트, 성수기 이전의 구매자에 대한 계절 리베이트, 협조적인 거래처에게 지불되는 지불 리베이트 등의 유형이 있다.

(3) 호텔 판매촉진

호텔경영의 판매촉진은 호텔의 입지조건의 시설·서비스 요금을 검토한 후에 고객의 수요를 측정하여 판매촉진 업무를 집행해야 하며, 이와 같은 요건이 모두 결합되어 고객 유치를 증진시킬 수 있는 판매촉진 방법이 강구되어야 할 것이다.

외국의 경우에는 호텔 이용이 대중화되어 방송매체를 통한 광고 선전이 가능한데 반해 우리나라의 경우 아직까지도 광고매체와 판매원이 현장을 방문하여 판매촉진을 실시함으로써 매출이 증가되는 현상이 나타나고 있다. 따라서 현재 일반적인 판매촉진 방법으로는 선전간행물을 배포하거나 신문, 잡지, 장소협찬으로 인한 TV광고 등의 매스커뮤니케이션을 통한 적극적인 방법과 해외 홍보사무소를 설치하는 방법과 여행알선업자를 통하는 방법이 있다.

또한 호텔상품으로 인한 판매촉진에 대해서는 높은 고정비용(high fixed cost)과 호텔상품의 저장 불가능성(non-storing), 그리고 변동이 심한 수요(fluctuating demand)라는 특성을 갖고 있어 가격전략과 더불어 효율적인 판매 촉진 전략이 매우 어렵고 복잡한 문제를 가지고 있다. 관광호텔의 판매촉진 방법은 관광객과 고객의 측면에서 그 방법이 전개되어야 하며, 홍보·광고 내용이 수요자에게 주목을 끌고 즉각적인 반응을 불러일으킬 수 있는 홍보·광고 방식을 채택해야 한다. 또한 수요자에게 판매촉진 내용을 효과적으로 전달할 수 있는 시간과 장소를 선택하고 광고매체를 이용해야 한다. 예를 들면 텔레비전 시청시간이나 공항 대합실의 광고판 등이다. 그리고 촉진활동을 위한 서비스로는 할인요금제, 수불요금제, 환전, 환영 및 환송, 공항까지의 차편 무료제공, 각종 신용카드 취급 등이 있다.

1) 객실 판매촉진

객실 수입은 호텔경영에 있어서 매우 중요한 비중을 차지한다. 최근 호텔경영이 객실 수입 외에도 식음료.연회 등에 많은 비중을 두고 있으나, 수익성 측면에서는 객실 수입의 공헌도가 가장 높다.

그러나 객실상품은 저장할 수도, 전매할 수도, 이동시킬 수도 없는 특성으로 인해 당일에 판매하지 않으면 가치가 소멸하는 시간적・장소적 제약을 받는 상품이다. 따라서 객실상품의 판매는 호텔경영에 있어서 가장 기본적인 과제 중의 하나가 된다.

객실에 대한 판매촉진 활동을 전개함에 있어서 가장 먼저 고려해야 할 업무는 예상고객의 범위를 설정하는 것이다. 객실상품의 예상고객은 개인고객, 단체고객, 관광단체로 분류할 수 있다.

예상고객을 분류하는 것은 각 범위 내에 다양한 고객욕구가 존재하고 있고 기업이 제공할 수 있는 편익을 토대로 특별한 요구가 각 분류집단 내에 있는 예상고객에 대하여 이루어질 수 있기 때문이다.

예상고객의 범위가 설정된 후에는 고객의 편익으로 전환시킬 수 있는 기업의 특징을 평가해야 한다. 객실상품은 어느 호텔이나 별로 차이가 없으므로 객실에 부수적으로 따르는 안락감, 편리성, 분위기, 서비스, 특정욕구에 대한 고려 등 모든 요소들을 결합하여 상품 차별화를 도모헤야 하며, 객실상품의 특징과 함께 편익을 강조해야 한다.

편익을 상품화하는 능력은 객실에 대한 판매촉진의 주요한 평가기준이 되는데 객실을 상품화하는 방법을 제시하면 다음과 같다.

① 패키지 플랜

대개는 일반 FIT에 대하여 할인요금에 일부의 식사와 부대시설의 이용을 포함시키는 비수기에 대한 특별 패키지 상품을 판매할 수 있다.

② 프리미엄 제공

일반적으로 호텔 이용고객에 대한 판촉방법이다. 그렇지만 이 프리미엄이 호텔기업과 관계있는 회사 등의 호텔 예약 담당자에게 제공하는 경우가 많은데, 일정한 예약건수가 초과되면 프리미엄을 제공한다.

③ 국제여행자에 대한 판촉

국제수준의 호텔 중 특히 체인호텔이나 프랜차이즈 호텔들은 본사의 예약망이나 네트워크를 이용하여 지역광고를 통하여 고객유치에 많은 노력을 기울인다.

④ 전국적이고 세계적인 행사시의 판촉

객실상품에 대한 판매촉진을 위해서는 객실의 상품화와 아울러 본사 예약망에 의한 예약체계의 확립과 판촉계획의 수립이 요청된다. 이때 판촉계획에는 각 프로그램의 목적과 목표가 설정되어 표적시장에 도달하는 데 효과적인 매체, 즉 잡지・신문 등 그 외의 매체를 결정해야 한다.

판촉부서에서는 촉진비용을 효율적으로 사용할 수 있는 방안을 강구해야 한다. 효과적으로 대중매체를 이용하여 광고효과를 높일 수 있도록 신문・잡지・DM 등을 사용하고, 특급호텔의 판촉 부서를 원활하게 이용하도록 판촉조직의 체계화가 필요하며, 호텔의 고객과 직접 관련을 갖게 되는 여행사에 대한 정보교환이 요구된다.

2) 식음료 판매촉진

20세기 후반부터 호텔의 기업전략은 식음료 부문을 단순히 숙박객만을 대상으로 하는 서비스 부문에서 탈피하여 숙박의 유.무에 관계없이 널리 대중의 이용을 촉진하는 기회로 전환하기 시작하였는데 이는 호텔기업의 이익을 증대시킬 수 있다는 관점에서 당연한 경쟁 이념이라 할 것이다.

오늘날에는 식음료 부문의 경영성과의 중요성이 더욱 부각되고 있는데 그 이유는 객실 부문의 수입이 일정한도에 머무를 수밖에 없는 데 비하여 식당이나 주장은 경영방침의 여하에 따라 경영이윤을 기대할 수 있기 때문이다.

식음료를 상품화하는 특별행사로는 다음과 같은 것을 들 수 있다.

- 크리스마스, 신년, 민속의 날, 추석, 어린이날, 어버이날 등의 국가적 행사에 특별메뉴, 장식, 적절한 프로그램을 계획하여 촉진
- 지역사회의 축제나 각종 행사와의 연계를 통한 판촉
- 근처 백화점의 특별 할인판매나 패션쇼에 협동광고 및 판촉
- 연극, 연주회, 스포츠 행사의 참여자에 대한 판촉
- 졸업, 결혼, 생일, 진급, 진학, 회갑 등에 대한 선물로서 식음료 상품교환권의 제공을 통한 판촉활동
- 딸기, 벚꽃, 복숭아, 아스파라거스(asparagus) 등 계절에 따른 특별메뉴를 통한 판촉활동
- 특별한 국가의 전통행사 기획으로 관심 있는 사람들을 유치하는 판촉행사

따라서 일반적인 호텔 식음료 부문의 판매증진을 위한 요소는 다음과 같이 다섯 가지로 구별하여 설명할 수 있다.

① 환 경

호텔식당은 우아한 디자인, 시설, 전망 등이 좋은 환경요소일 것이다. 또한 호텔의 입지가 중요하듯이 식당도 사람들의 접근성이 양호해야 한다. 따라서 최근 호텔

기업은 식음료 매출 증진을 위해 외식사업의 일환으로 교통이 편리한 장소에 별도의 식당을 운영하기도 한다.

또한 환경에는 그 식당이 지니고 있는 특색이나 음식 메뉴의 특성을 지니고 있어야 한다. 다시 말하면 식당의 설비, 실내장식, 메뉴, 종사원의 유니폼, 식사에 필요한 은기(silver ware), 도기(china ware), 유리그릇(glass ware), 접시와 리넨(linen)류, 종사원의 서비스가 잘 조화되어야 한다.

그 외에도 식당 외부환경의 미화와 공공장소나 화장실의 청결이 큰 영향을 미치며, 주차장 시설의 확충 또한 중요하다.

② 친절과 훌륭한 서비스

웨이터나 웨이트리스의 신속한 응대와 친절한 서비스는 식당영업의 핵심이라 할 수 있으며, 고객에 대한 책임자의 헌신적 서비스 및 훌륭한 인격이야말로 그가 통솔하는 종사원으로 하여금 고객에게 친절을 베풀 수 있게 하여 고객은 그가 식사를 하고 있는 식당에서 환영을 받고 있다는 것을 몸소 느끼게 될 것이다. 따라서 호텔 식당종사원을 위한 교육이 필요하며, 종사원 교육·훈련 담당자나 지배인은 그 식당에 적합한 식당종사원 서비스 매뉴얼(service manual)을 제작 활용함으로써 그 목적을 달성할 수 있다.

이와 같이 식당의 성격에 알맞은 수준의 서비스가 필요한데 예를 들면 와인 바(wine bar)에는 조용하면서 음악을 곁들인 서비스, 카페테리아(cafeteria)라면 샐러드(salad) 요리를 직접 만들어 식사할 수 있는 서비스가 제공되어야 할 것이다. 식당의 종류에 관계없이 서비스 종사원들은 고객의 중요성을 인식하고 서비스하도록 훈련되어야 한다.

③ 식사와 음료의 질

식당을 성공적으로 운영하는 사례의 통계에 의하면 음식의 질이 가장 중요한 것으로 나타나고 있다. 맛있는 음식이란 맛있고 보기에 훌륭해야 하며, 그것은 곧 고객의 만족으로 이어진다. 훌륭한 식사와 음료의 봉사는 품질이 좋은 식품재료와 그 식당의 특수한 조리법에 달려 있다. 따라서 훌륭한 식사와 음료가 준비되고 종사원의 친절과 예의바른 봉사가 수반될 때 좋은 음식과 음료를 판매하는 식당으로 호평받게 될 것이다.

④ 고객가치

고객이 식당에서 식사를 하고 요금을 지불한 후에는 그 고객의 만족도에 따라 그 식사를 위해 소비할 만한 훌륭한 가치를 제공하였는가를 측정할 수 있다. 만약 고객이 만족하였다면 그 식당에서 제공하는 훌륭한 가치의 서비스를 주위의 사람들에게 구전할 것이다.

식음료의 가치를 형성하게 되는 요소로는 음식의 품질, 양, 맛, 친절, 서비스, 경쟁업체와 비교한 요금, 식당시설, 건물 내·외부의 청결과 환경, 주차시설과 교통문제 등에 기술된 모든 요소에 의해서 결정된다.

⑤ 경영관리

식당경영에서 훌륭한 경영관리는 식당경영에 필요한 조직과 회계 제도, 내부통제제도가 수립되어야 한다. 식당 경영관리의 내용은 적절한 요금의 결정, 도입된 식품재료의 정확한 검수 및 입고, 도입된 재료의 적절한 보관 및 출고업무, 조리된 식음료의 판매관리와 호텔경영 회계의 감사 등이다. 이러한 통제기능은 호텔 영업수익을 정확히 계산하고 합리적인 경영관리를 실현시킬 수 있게 한다.

3) 연회의 판매촉진

호텔기업의 입장에서는 연회가 호텔을 알리는 좋은 기회를 제공하며 식음료의 수입을 증대시키는 주요한 요인이 되고 있다. 호텔 판매촉진 부서는 연회 부서와 긴밀한 협력으로 업무를 수행하는 것이 매우 중요한 판촉활동이다.

연회행사의 판촉활동으로서 가장 바람직한 도구로 사용될 수 있는 것은 호텔에서 할 수 있는 각종 행사의 행사장면을 사진으로 만들어 홍보하는 방법이다. 연회행사의 종류에 따라 각종 기물이나 집기를 세팅해놓은 장면, 행사장의 요리가 제공되는 장면, 뷔페·테이블·바를 차려놓은 장면, 그 호텔에서 개최하는 여러 가지 행사와 행사에 참여하였던 사회인사와 행사내용과 사진이 수록된 브로슈어 등이다. 그 외에도 연회나 회의를 만족하게 마친 고객의 서신과 사실들을 브로슈어에 수록하는 방법을 들 수 있다.

연회상품의 판매량은 판매촉진 담당 종사원의 의지에 따라 많은 차이가 있기 때문에 영업증진을 위한 많은 노력이 필요하다. 각종 기념일, 공휴일, 약혼식, 결혼식, 피로연, 회갑연, 생일파티, 종교모임, 각종 국제행사는 연회 부서의 영업증진의 기회가 된다.

4) 컨벤션의 판매촉진

컨벤션의 행사는 식음료 매출증대에 많은 영향을 미치는 요인으로서 호텔산업의 발전은 물론이거니와 해당지역에 경제적·문화적 측면에서 이익을 가져올 수 있다. 우리나라의 경우 국제회의의 개최건수와 참가자 수가 점점 증가하고 있어 주변 경쟁국들과 비교해볼 때 그 성장 잠재력이 매우 높은 것으로 평가되고 있다.

이에 따라 정부 및 관련기구의 적극적이고 제도적인 지원이 절실히 요구되고 있으며, 일시에 대규모의 참가자를 수용할 수 있는 시설, 국제회의 전문가 육성 및 확보가 선결되어야 하고, 범세계적인 홍보활동에 있어서 독자적인 단독활동보다는 우리나라가 가입하고 있는 국제기구와 적극적이고 긴밀한 유대를 강화하여 홍보체제를 구축하여야 한다.

2. 호텔 홍보

호텔 홍보(publicity)는 중요한 촉진수단으로 판매와 밀접히 관련되어 있지만, 그 주목적은 판매 노력을 보완하는 데 있다. 즉 호텔상품과 서비스의 이미지를 수립하는 것이다. 또한 홍보는 여러 가지 관점에서 설명할 수 있다.

먼저 호텔과의 관계라는 점에서 노력을 기울여야 할 사람을 분류하는 것이다. 즉 고객 관계, 종사원 관계, 지역사회 관계, 업계 관계, 주주 관계 등이다. 홍보 노력을 구분짓는 또하나의 방법은 호텔 내에 있는 사람을 위한 노력과 호텔 밖의 사람을 위한 노력이다. 호텔 내에 있는 사람은 호텔고객과 종사원들이며, 고객들은 호텔의 개별 메시지나 접객종사원들의 메시지를 통해서 전달될 수 있지만, 고객이 항상 유쾌하게 영접받고 서비스를 좋게 받음으로써 호텔을 다른 사람들에게 추천해줄 것인가가 관심사항이다.

호텔 밖에 있는 사람들은 호텔과 관계를 가지는 광범위한 범주의 사람을 포함한다. 전에 호텔을 이용한 적이 있는 고객이나 잠재고객, 단체간부, 여행사들이다. 이들은 여신자일 수도 있고, 고객일 수도 있으며, 지역사회 주민 · 뉴스매체 · 경쟁업체 · 정부들일 수도 있고, 업계와 일반대중일 수도 있다.

홍보를 정의한다면 유인물이나 공공연설, 라디오와 텔레비전, 혹은 영화를 통해서 어느 개인이나 기관이 상품이나 서비스를 좋게 언급하는 것이다. 달리 말하면 모든 대중 커뮤니케이션의 채널을 이용한다는 말이다.

우선은 다른 판매수단이 갖지 못한 홍보의 이점은 광고에 비해 홍보가 독특한 수용성이 있다는 것이다.

효과적인 홍보를 하기 위해 홍보업무 종사원을 정식으로 둘 필요는 없는데, 많은 호텔에서는 홍보업무를 취급하기 위해 시간제로 외부회사의 서비스를 이용할 수 있기 때문이다. 현재의 판매 종사원을 통해서 홍보할 수 있기는 하나, 효과적인 홍보 결과를 얻으려면 따라야 할 기본법칙이나 원리가 적어진다. 정식 홍보 종사원이 필요하지 않다 해도 또한 홍보가 아마추어식이 되도록 내버려두어서는 안 된다.

한편 TV 드라마와 연예 프로그램이 인기를 끌면서 호텔들은 장소 제공을 함으로써 호텔 브랜드 광고 및 그에 따른 시너지 효과까지 누리고 있다. 이러한 홍보활동은 현대에 들어서 무척 다양해졌는데 인기연예인이 묵었던 객실과 이용했던 식음료업장을 홍보함으로써 다양한 판매전략을 펼치고 있다.

그랜드 하얏트 '여름 칵테일' 홍보 사례

그랜드하얏트 서울은 로비 라운지에서 다양한 색깔과 맛의 시원한 여름 칵테일을 선보인다. 여름 칵테일은 알코올·무알코올 두 종류로 구분해 알코올 걱정 없이 누구나 시원한 칵테일을 즐길 수 있다. 알코올 칵테일은 럼이나 진, 위스키, 미도리와 함께 코코넛 시럽과 과일주스 등 다양한 재료를 섞어준다. 무알코올 칵테일은 알코올 대신 탄산수나 과일주스를 이용해 다양한 맛을 낸다.

피텔 앰배서더 서울은 다음달 9일까지 네이버 블로그에서 여러 개의 보기 중 소피텔 앰배서더 서울의 로고를 찾고 호텔에서 '즐거운 휴가' 보내기를 주제로 아이디어를 제공한 응모자 중 추첨을 통해 70만 원 상당의 이그제큐티브 스위트룸 숙박권과 레스토랑 이용권 등 푸짐한 상품을 준다. 또 블로그를 통해 소피텔 앰배서더 서울의 서머 패키지를 구매한 선착순 구매자 50명에게 3만 원 상당의 케이크 쿠폰을 증정하고 있다.

『파이낸셜뉴스』

3. 호텔 PR

호텔 PR이란 다소 애매하고 너무 광범위해지기 쉽다. 이들 광고는 PR의 계획된 프로그램의 일부여야 하며, 연속되는 각 PR은 특별한 메시지가 있어야 한다. 이런 유의 광고가 지나치게 길어지는 경향이 있지만 몇 가지 내용을 살펴보면 다음과 같다.

(1) 종사원들에 의한 PR

직장 근무자들의 인간적인 관심이 가는 이야기가 해당된다. 총지배인에서부터 전체 직원에 이르기까지 이들의 개인적인 이야기가 재미있는 관심거리가 될 수 있다.

(2) 유명인사에 의한 PR

호텔을 이용하는 유명인사는 확실히 주의를 끄는 요소가 되지만 그들의 이름이나 사실들을 광고에 활용하기 전에 언제나 본인의 승낙을 얻어야만 한다.

유명인사나 기관으로부터 받은 추천서는 그 자체가 흥미있는 광고소재가 된다. 물론 이런 추천서의 활용도 승낙을 얻는 것이 필요하다.

(3) 호텔의 역사에 의한 PR

호텔이 이룩한 특별한 사업상의 업적을, 예를 들면 대단한 급성장이나 판매량의 급격한 증가 같은 것은 자랑스럽게 말할 수 있는 것이고, 흥미로운 읽을거리가 될 수 있다. 호텔이 여러 해 동안 영업을 해왔다면 기업의 오랜 역사 자체가 훌륭한 광고문안이 되며, 특히 50년 전의 광고를 재현하는 것도 그렇다. 개관 초기에 있었던 지역사회 축제와의 연대관계와 지역사회 발전에 있어서의 호텔의 역할 같은 것도 언제나 좋은 홍보거리이다.

(4) 노조관계에 의한 PR

호텔과 근무자들과의 관계 특히 노조와의 관계도 좋은 광고내용이 되는데 서로가 화목하게 지낸다는 점을 강조해야 한다.

(5) 국가에 의한 PR

[그림 4-9] Promotion Mix

〈표 4-6〉 판매촉진 믹스 관계모형에 따른 장 · 단점 분석

	도달범위	비 용	장 점	단 점
광 고	광범위	보통	신속, 메시지 통제 가능성	효과측정의 어려움 정보 양 제한
판매촉진	광범위	비싼 편	인지도 향상, 빠른 효과	경쟁사 모방 용어
인적 판매	개별고객	비싼 편	정보 양과 질이 탁월, 즉각적인 피드백	높은 비용, 느린 속도
홍보 · 스폰서십	광범위	무료 · 유료	신뢰성 높음	통제의 어려움, 간접효과 높은 비용

호텔이 국가기관으로부터 인정을 받는다거나 지역사회 기관을 통해서 특별예찬이나 상을 받았다면 이것은 특히 훌륭한 PR의 내용이 된다. PR는 판매광고와 기타 판매노력과 합치되어야 한다. 결코 따로 떼어내 보내서는 안 된다. 항상 명심할 것

은 판매를 위한 여러 가지 노력들이 서로 지원을 해야 한다는 점이다. PR은 모호하고 무형인 것으로 보이지만, 다른 판매노력과 더불어 실시함으로써 확실하고 생산적인 것으로 만들 수 있다.

유익한 토막상식 : PR

PR(대중홍)은 특별히 제품이나 서비스보다는 논쟁점을 다루어 주로 이미지 형성을 유도하는 의사소통의 형태로 PR(public relations)은 경영 체와 이를 둘러싼 이해자 집단의 관계가 서로 이해하고 좋은 감정을 가지고 신뢰하는 상태이다. PR의 이해자 집단에는 주주·채권자·소비자·정부·노동조합 등이 있다. 이밖에 공급처 PR, 거래처 PR, 동업자 PR 이외에 지역사회·언론기관·일반대중에 대한 PR이 있다. PR은 비용을 지급할 필요 없는 다양한 매체를 이용하며 종종 뉴스나 공공 이해관계의 주제로 다루어진다. PR의 기본은 경영체의 대외적 관계다.

4. 호텔광고

호텔광고는 촉진 믹스를 구성하는 요소 중의 하나로서 광고의 기본개념은 다음과 같다.

- 광고는 유로의 형태로 이루어진다.
- 광고는 비인격적 프리젠테이션이다(non-personal presentation).
- 광고는 아이디어, 상품 서비스를 그 내용으로 한다.
- 광고는 광고주를 명시하여야 한다.

광고를 실시하기 전에 고려해야 할 사항은 광고란 대단히 전문적인 업무이므로 광고계획을 추진하기 전에 철저한 시장조사를 해야 한다는 점이다.

또한 광고는 그 대중성 때문에 짧은 시간 내에 많은 대중에게 노출되어 브랜드 인지도를 높인다는 장점이 있다. 그러나 광고 메시지에 대한 피드백을 시장으로부터 바로 받을 수가 없고, 대체로 고비용이라는 문제가 있다.

광고매체는 신문·잡지 등의 인쇄매체와 TV·라디오와 같은 전파매체, 그리고 버스·전철 등의 광고, 그리고 옥외광고·직접우편(DM) 등 다양하다.

호텔기업은 시장이 선별적이고 고객이 구전과 같은 인적 정보원에 의지하는 경향이 높으므로 광고 의존율이 일반소비재들과 비교할 때 상대적으로 낮다. 특히 무차별적으로 대중에게 노출되는 TV나 라디오 등의 매체를 이용한 광고는 우리나라에서는 거의 활성화되지 않고 있다.

호텔에서 사용하는 광고매체는 항공 여행자들을 대상으로 하는 잡지, 출장 여행자들을 대상으로 하는 비즈니스 관련 잡지와 신문, 그리고 위락여행객을 대상으로 하는 여행관련 잡지가 주류를 이룬다. 그러나 선진국의 대형 호텔체인들의 광고활동은 우리나라보다 적극적이어서 다양한 광고매체를 사용하여 공격적인 시장공략을 하고 있다.

(1) 광고전략의 고려사항

1) 광고목적의 명확성

모든 광고는 한정된 역할이 있고, 이루려고 하는 분명한 목적이 있다. 그것은 개관을 알리거나, 예약을 바라거나, 새로운 가격정책에 주의를 환기시키거나 하는 것이다. 단순광고나 연속광고에 있어서 첫 단계는 계획되기 전 목표를 분명히 해두는 것이다.

2) 광고의 단순성

광고는 모양이나 메시지의 단순성을 가져야 한다. 복잡한 레이아웃은 매력이 없으며, 한 광고에 많은 메시지를 넣는 것은 독자를 혼란시킬 염려가 있으므로 광고의 레이아웃은 깨끗하고 산뜻한 것이 좋다.

또한 모든 광고는 고객들이 쉽게 알아볼 수 있는 로고 및 외형을 가지는 것이 중요하며, 조화로운 모양새를 갖추는 것이 좋다. 예를 들어 한 고객이 호텔 레스토랑 광고가 실린 신문을 대충 훑어보면서 광고문안 하나로 호텔에 대한 흥미와 주목을 끌 수 있다면 좋은 광고라고 말할 수 있을 것이다. 이러한 광고는 이미 호텔을 잘 알고 있는 사람들과 가장 확실하게 고객이 될 사람들에게 특히 효과가 있다.

3) 판매의 중심성

판매의 중심성은 하나의 판매 강점만을 강조해야 한다는 것이다. 즉 목표가 되는 한 가지 판매 강점을 주장해야 한다. 하지만 이 같은 원칙들은 호텔의 고객시장을 면밀히 분석해서 결정하지 않으면 아무런 의미가 없다.

4) 광고시기의 적정성

광고시기를 정하는 중요한 요소는 원하는 때에 결과를 얻을 수 있도록 판매노력을 계획하는 일이다. 하지만 광고를 추진함에 있어 일치성과 중요성이 중요한 요소를 작용하지만 매주, 매월, 한번 또는 이와 비슷한 간격으로 기준해서 광고시기를 결정할 필요는 없다.

예를 들어 일반적으로 레스토랑 광고는 당장의 효과를 얻으려고 하며, 어떤 특수 클럽은 유명연예인이 출연한 후 2~3주 지나서 효과를 얻으려고 할 수도 있다. 또한 호텔과 같은 숙박업소는 대체로 즉각적인 효과를 기대하지만, 리조트 광고는 최고 수용인원이 되는 시점에서 2~6주 전부터 시작된다. 그러므로 기업의 특성을 고려하여 광고시기를 결정하는 것이 중요하다.

5) 광고시점의 적정성

광고시점에 관한 원칙 중의 하나는 더이상 고객을 받아들일 수 없을 때 판매결과를 낳게 함으로써 광고비가 낭비되지 않도록 조정하는 일이다. 물론 광고의 지속적인 정책은 광고의 계획시 중요한 사항이지만 고객이 요구되지 않는 시기에 광고비의 지출과 관련 광고의 힘을 감소시키는 결과를 낳기도 한다.

따라서 호텔의 성수기와 비수기를 고려하고 고객의 필요와 욕구를 파악한 다음 광고의 시점을 결정하는 것이 중요하다.

(2) 호텔서비스 광고의 특성

호텔서비스 광고가 다른 판매촉진 수단과 구별되는 몇 가지 특성은 다음과 같다.

- 기사와는 달리 광고료를 지불해야 한다는 점이다. 이는 중 · 저가 호텔에서는 부담으로 다가오는 부분이 아닐 수가 없다.
- 광고는 사람이 직접 알리는 것이 아니라 비인적인 매체(신문 · 잡지 · 방송 등)를 이용하는 것이다.
- 광고는 반드시 광고를 추진하고 있는 특정한 광고주가 있다.
- 광고 메시지를 수용하는 사람은 불특정다수인 경우가 많다. 따라서 매스컴 광고가 많이 이용된다.
- 광고는 광고 메시지를 통하여 수많은 사람들을 설득시키려는 의도가 강한 커뮤니케이션으로서 이에는 감정의 이입, 정보교환, 의사소통의 의미가 포함되어 있다.
- 광고는 신문 · 라디오 · TV 등과 같은 비인적인 매체를 이용하지만, 인적 판매(personal selling)는 종사원이 직접 잠재고객을 설득한다는 점이 다르고, 홍보(publicity)는 매체에게 대금을 지급하지 않지만 광고는 광고료를 지불해야 한다는 점이 다르다.

(3) 호텔서비스 광고 프로그램의 개발전략

호텔광고 프로그램을 개발하기 위해서는 광고의 목표설정, 예산의 결정, 메시지의 설계, 매체의 선정, 효과의 측정과 같은 세일즈 마케팅 전략이 이루어져야 한다.

1) 광고목표의 설정

고객은 계속되는 의사결정 과정을 거쳐 호텔을 선택하여 결정한다. 한 번의 광고로 이 모든 단계에 영향을 미치기란 어려우므로 한 광고당 목표를 설정하여 이 목표를 달성하는 데 주력해야 한다.

광고 프로그램 개발의 제1단계는 광고목표 설정단계이다. 광고목표는 표적시장, 포지셔닝, 마케팅 믹스 등에 대해 이미 내려진 결정에 의거하여 설정된다. 마케팅 포지셔닝과 마케팅 믹스는 전체 마케팅 프로그램에서 광고가 수행하여야 할 직무를 규정한다. 만일 광고의 수행자가 그 자신이 행하는 광고의 목적이 무엇인가를 알지 못한다면 광고 프로그램이 어떻게 설정되어야 하는가에 대한 합리적인 의사결정을 할 수 없다. 따라서 광고의 목표는 되도록 구체적으로 표시되어야 하는데 적어도 표적고객, 기대하는 결과의 유형, 기대하는 결과의 수준을 분명히 하여야 한다.

2) 광고예산의 정책

광고예산을 결정하는 방법 가운데 하나는 과업 대 목표접근 방법이다. 이 방법은 목표를 설정하고, 그것을 달성하기 위해 필요한 특수활동에 대해 예산을 수립하는 것이다.

광고예산을 수립하기 시작하는 실제시간은 마케팅과 촉진의 잠재예산이 수립된 후이다. 촉진 믹스를 위해서 책정된 이 전체 예산은 잠정적으로 각각 관련된 믹스에게 우선 배정하여야 한다. 각 촉진 믹스들의 모든 세부계획이 수립되었을 때 이것을 잠정예산과 대비해야 한다. 그렇게 되면 각 계획들은 계획의 광고비와 잠정적인 배분을 보다 잘 일치하도록 조정되어야 하고 다시 계산되어야 한다. 본질적으로 촉진 믹스를 위한 예산책정 과정은 다단계 과정이어야 한다.

광고목적이 결정되면 상품별로 광고예산을 책정하여야 한다. 광고의 역할을 당해 상품의 수요곡선을 상향 이동시키는 것이다. 기업은 그들의 목표매출액을 달성하기 위해 소요되는 금액을 광고비로 지출한다.

광고예산의 책정에 흔히 사용되는 4가지 방법은 다음과 같다.

① 가용자원법

가용자원법(affordable method)은 기업의 자금사정을 고려하여 촉진에 할당될 수 있는 금액만큼을 촉진예산으로 책정하는 방법으로 임의할당법(arbitrary allocation)이라고도 하며 가장 간단한 방법이다. 이 방법은 매출액에 미치는 촉진예산의 영향을 완전히 무시하고 있는 것이 특징이다. 따라서 앞으로의 판매촉진 예산이 얼마나 될 것인가를 합리적으로 계획하기는 어렵다.

4장

② 매출액 비율법

매출액 비율법(percentage-of-sales method)은 기업의 과거 매출실적 또는 매출예상액의 일정비율을 촉진예산으로 결정하는 방법이다. 따라서 판매촉진 예산이 자사의 자금사정에 따라 다르게 책정되며, 경영자들은 촉진비용 및 판매가격과 단위당 이익과의 관계를 숙고할 수가 있다. 이러한 장점에도 불구하고 이 방법은 매출을 촉진의 결과로 보는 것이 아니라 원인으로 보는 논리상의 결함도 있다.

③ 경쟁사 기준법

경쟁사 기준법(competitive-parity method)은 자사의 판매촉진 예산을 경쟁사들이 지출하는 수준에 맞추어 책정하는 방법이다. 이 방법의 기초가 되는 사고방식은 매출액의 얼마 정도를 촉진예산으로 할당해야 할 것인가를 유사업종에 속해 있는 타 기업들의 수준을 알아본 다음 정하는 것이다.

〈표 4-7〉 호텔의 서비스 광고 예산책정 방법

S호텔	SG호텔	SW호텔	I호텔	L호텔
매출액 비율법(총매출의 1% 미만) : 전년도 실적+물가상승률 10% up(추가 사용시 품의서 작성)	매출액 비율법	매출액 비율법 : 물가상승률 10%, 경기참작 - 매출액 대비 2%	매출액 비율법	매출액 비율법 (비용초과 사용시에는 품의서 제출, 총예산의 2%)

④ 목표과입법

목표과입법(objective-and-task-method)은 판매촉진 예산 책정을 위한 가장 논리적인 방법이라 할 수 있다. 이 방법을 이용하는 마케팅 관리자는 우선 촉진목표를 규정하고, 원하는 목표를 달성하기 위해 수행되어야 할 과업을 결정한 다음 과업수행에 소요되는 비용을 추정하고, 소요비용의 합계를 촉진예산 총액으로 한다.

⑤ 판매단위법

판매단위법(unit of sales method)이란 매출단위법 또는 단위당 누적법으로도 불리는 방법으로 상품단위마다 일정한 예산을 계산해서 단위당 예산을 합계한 것을 예정판매량에 곱해 광고비 총액을 결정하는 방법이다.

이 방법은 총광고 예산을 먼저 정해놓고, 이 금액을 각 상품에 배분하는 방식의 총액할당법이 택해질 경우가 많다. 또한 광고예산의 총액이 결정되면 이를 세분시장법, 지역별, 매체별, 기간별로 할당한다. 상이한 세분시장은 그들의 중요도에 따라 광고액을 배정하고, 경쟁이 치열한 지역에는 더 많은 광고예산을 할당한다. 따라서 성수기에 수요를 강화하기 위해, 혹은 비수기에 수요를 유발하기 위해 계절별로 광고예산 할당을 달리할 수도 있다.

이 방법은 매출액 비율법과 비슷한 방식으로 항상 광고비와 매출액을 연계시키는 매우 간편한 방법이라 할 수 있다.

3) 메시지의 설계

호텔서비스 광고의 표적청중과 예산이 정해지면 소구대상에게 효과적으로 전달되어 희망하는 반응을 얻어낼 수 있는 메시지가 작성되어야 한다. 광고예산의 크기에 관계없이, 더 크게 효율적으로 소비자의 주의를 끌고 커뮤니케이션을 원활히 할 수 있는 광고가 성공적인 광고다. 따라서 광고예산은 효과적인 광고 메시지를 개발하는 데 투자되어야 한다.

메시지는 문안(copy)과 도안(illustration)으로 구성되며, 광고목표에 따라 작성된다. 여러 가지의 메시지 대안 중에서 가장 양호한 것을 선정하려면 이를 평가하는 기준이 마련되어야 하는데 이에는 유망성(desirability), 배타성(exclusiveness), 신뢰성(believability)의 3가지가 있다.

메시지의 효과는 메시지 내용에 의존할 뿐만 아니라 메시지가 제시하는 방식에 따라서도 달라진다. 따라서 메시지는 목표 대상의 주의와 관심을 끌 수 있는 방식으로 제시되어야 한다. 또한 메시지 아이디어는 광고에서 전달된 주제, 소구, 편익 등을 말한다. 카피 플래터 홈이란 메시지 아이디어를 충분히 기술하는 내용이며, 이것은 광고문안의 기초를 이루는 것이다.

메시지 형식이란 메시지 아이디어를 목표청중에게 전달하기 위해 쓰이는 폭넓은 창조적 접근방법이다. 이것은 다음 7가지 항목을 포함해야 한다.

■ 기초 광고문안 포함사항

① 목표시장(어느 시장이 목표인가?)
② 주 소구점이나 편익(메시지 아이디어는 무엇인가?)
③ 정보지원(광고주의 요구를 지원하기 위해서 어떤 통계나 정보를 사용할 것인가?)
④ 포지셔닝 접근방법(광고주는 경쟁자에 비해 어떻게 인식되기를 바라는가?)
⑤ 주장의 강도(핵심 소구점이나 편익을 감정적으로 아니면 이성적으로 표현할 것인가, 경쟁자를 언급할 것인가, 메시지를 어떤 강도로 전달할 것인가?)
⑥ 합리성(광고목표 달성을 위해서 위의 다섯 항목들이 어떻게 작동할 것인가?)
⑦ 타 촉진 믹스와의 제휴(광고를 다른 촉진믹스와 어떻게 혼용할 것인가?)

4) 매체의 선정

호텔서비스 광고매체란 광고 메시지를 표적대상에게 전달해주는 수단 내지 경로를 말한다. 광고 메시지가 아무리 효율적으로 설계되어 작성되었다 하더라도 표적대상에게 전달해줄 매체가 잘못 선택된다면 소기의 광고효과를 얻을 수 없으므로 광고계획 및 관리에 있어서 매체의 선택은 중요하다.

광고매체의 선정은 도달범위와 빈도 및 효과강도의 결정, 핵심매체 유형의 선정, 구체적 매체기관의 선정, 매체별 광고시기의 결정 등으로 이루어진다.

5) 광고효과의 측정과 평가

호텔서비스 광고효과(advertising effect)의 측정과 평가는 세심하게 통제되어야 하고 측정되어야 하며, 마케팅 관리면에서 다음과 같은 두 가지 의미를 가진다.

- 광고가 판매증가에 기여한 정도를 의미하는 것으로 광고비와 기업이 획득하게 되는 성과, 즉 수익을 대비시킨 개념을 말한다.
- 광고가 어느 정도 광고대상에게 영향을 미치느냐 하는 기술적인 면에서 측정하는 광고효과가 있는데, 이러한 효과에는 광고에 주의를 끌게 한 정도를 나타나는 주의효과, 기억효과, 흥미효과, 선호효과, 신뢰효과, 소구효과와 같은 것이 있다.

전자는 광고활동을 과학적으로 조사 · 분석하여 광고비 지출의 판매촉진적 효과 내지 경제적 효과를 얻으려는 목적으로 행하는 것이며, 후자는 광고 자체가 광고대상에게 미치는 심리적 효과를 측정함으로써 광고매체의 과학화 내지 정밀화를 목적으로 하는 것이다.

또한 광고효과의 측정방법으로는 광고의 판매효과 측정법과 광고의 기술적 효과 측정법이 있는데 광고의 판매효과 측정법으로는 판매액 조사법 · 상품 사용자 조사법 · 통제실험법 · 실험계획법 등이 있으며, 기술적 효과 측정법으로는 소비자 배심법 · 조회법 · 인지 또는 열독률 조사법 · 광고지적 조사법 등이 있다.

광고 후 테스트 방법의 선택은 광고의 목적과 선정된 매체에 따라 결정되는 것이지만 다음과 같은 기준으로 측정될 수 있다.

- 노출 조사(광고에 노출된 잠재고객은 얼마나 많은가?)
- 반응도 조사(광고에 대한 고객의 반응은 어떠한가?)
- 커뮤니케이션 효과측정(고객은 광고목표에서 의도한 대로 반응하였는가?)
- 목표대상 행위조사(목표고객은 우리가 원하는 행동을 하였는가?)
- 판매 또는 시장점유율 조사(우리가 원하는 판매나 시장점유율을 얻었는가?)
- 이익측정(우리는 원했던 이익을 얻었는가?)

(4) 광고의 목표

호텔 판매촉진 믹스의 3가지 주요 목표는 고객에게 정보를 제공하고(informing) 설득하며(persuading), 기억나게 한다(reminding)는 것이다. 광고의 목표도 흔히 이와 같은 부류로 나누어질 수 있다. 즉 정보를 제공하는 내용의 상기목적의 광고, 기억환기 목적의 광고가 그것이다.

1) 정보제공 목적의 광고

- 새로 도입된 서비스를 주지시킨다.
- 새로운 서비스의 특성을 설명한다.
- 고객에게 가격변화를 알린다.
- 호텔기업의 서비스에 대한 잘못된 인상을 시정한다.
- 새로운 목표시장에 어필한다.
- 서비스 구매에 따른 불안이나 공포를 줄인다.
- 호텔기업의 이미지를 세우거나 높인다.

2) 설득목적의 광고

- 호텔기업의 서비스에 대한 고객의 선호도를 높인다.
- 호텔기업이나 브랜드에 대한 고객충성도를 높인다.
- 고객으로 하여금 경쟁사의 서비스를 전환하도록 촉구한다.
- 고객으로 하여금 지금 또는 가까운 장래에 서비스를 구매하거나 또는 예약하도록 확신시킨다.
- 제공된 서비스의 질과 형태에 관한 소비자의 인식을 변화시킨다.

3) 상기목적의 광고

- 고객들에게 어디서 서비스를 구매하거나 예약할 수 있는가를 기억시킨다.
- 고객들에게 광고주 업체에게만 있는 시설과 서비스에 대해서 기억시킨다.
- 고개들에게 언제 서비스를 예약해야 하는가를 기억시킨다.
- 고객들에게 서비스의 존재를 기억시킨다.

호텔서비스 상품광고를 실시함에 있어서 호텔 자체에서 할 것인가, 외부 광고회사를 이용할 것인가를 결정하는 것이 그 다음 단계이다. 중·대기업체에서는 외부업체를 이용해 광고를 실시하고 있지만, 이러한 광고회사의 선택은 그 광고회사의 광고 실시의 성공 여부에 따라 결정되는 경우가 많다.

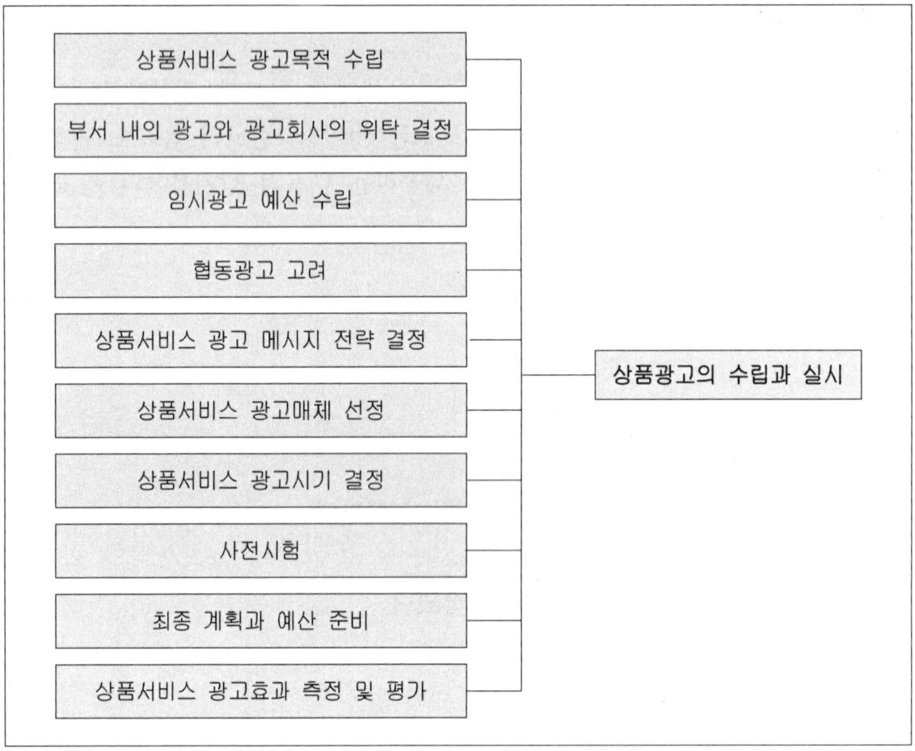

[그림 4-10] 호텔서비스 광고의 수립과 실시단계

(5) 협동광고의 장 · 단점

관광업체는 서로 이질적이고 보완적이기 때문에 이들 간의 밀접한 협조는 필수적이다. 그러므로 2개 이상의 업체들이 함께 협동광고를 하거나 광고 캠페인의 비용을 분담할 수도 있다. 특히 여행업계와 호텔과의 협동광고는 좋은 예가 된다.

협동광고를 실시하는 것은 여러 가지 이점이 있을 수 있다. 우선 협동광고는 광고를 위해 쓸 수 있는 전체 예산을 증가시킨다. 이것은 보다 많은 광고게재를 가능하게 하고, 보다 비싼 매체를 이용할 수 있게 하며, 광고의 크기나 설득효과를 증가시킬 수 있게 한다. 또한 협동광고는 광고주의 이미지나 포지셔닝을 증가시킨다. 예를 들면 아메리칸 익스프레스 카드사와 제휴하는 호텔은 보다 많은 비즈니스 여행자들이나 순수관광 여행자들에게 소구할 수 있으므로 이미지를 증가시킬 수 있다.

협동광고는 고객의 욕구와 파트너의 서비스간의 더 좋은 결합을 전해줄 수 있다. 광고는 또한 파트너의 서비스나 목적지와의 편리한 패키징 때문에 보다 설득력이 높아진다.

물론 협동광고가 이러한 이점이 있긴 하지만 약점 또한 가지고 있다. 모든 협동자들이 준비에 만족해야 하므로 광고를 계획하는 데 시간이 많이 소요되며, 각 광고주는 광고 메시지 전략을 완전히 통제할 수가 없게 된다. 따라서 각 파트너들은 자기만의 서비스나 관광지를 보여줄 기회를 잃게 되면서 판매촉진 목표와 서비스 상품 광고목표에 대한 타협이 필요하기 때문에 신중히 생각해볼 필요가 있다.

(6) 호텔광고의 기본적인 고려사항

호텔광고는 치밀한 목표대상이 있어야 한다. 훌륭한 고객 1천 명을 바라면서 대략 10만 명을 대상으로 진행되는 광고는 불필요하다. 또한 한 번의 광고로 그 효과를 완벽하게 얻을 수 있는 광고란 없다. 따라서 축적되는 효과를 추구해야 하므로 광고는 상황에 따라 반복되어야 하며, 일관성 있게 진행되어야 한다.

광고의 전반적 주장이나 모양새는 호텔의 모든 것을 정확히 반영해야 한다. 만약 호텔의 장식이 보수적이라면 광고의 외모도 현대적이어서는 안 된다. 또한 고객의 모든 것을 대변해야 한다. 가령 광고가 스포츠면에 관한 것이라면 우아하다거나 매력적이면 어울리지 않는다. 세분시장을 조심스럽게 분석하고 호텔의 주장을 반영하려고 한다면 광고는 당연히 고객이 될 소비자들을 겨냥해야 하고, 모든 것을 대변해야 한다.

(7) 실질적인 호텔광고의 적용

호텔광고에는 신문, 잡지 광고, 텔레비전과 라디오, 야외 입간판, 포스터와 플래카드, 그리고 호텔 내부의 모든 유인물이 포함된다. 광고의 목적은 말할 것도 없이 객실.식음료.호텔시설을 판매하기 위한 것이다.

그러나 모든 매체가 모두 호텔에 맞는 것도 아니며, 또한 최고의 판매수단이 되는 것도 아니다. 어떤 매체를 쓰느냐, 언제 어디서 쓰느냐는 시장과 상품, 그리고 촉진예산에 달려 있다. 광고예산을 얼마로 할 것이냐는 물론 자금이나 앞으로의 수입과 관련되는 것이지만, 일반적으로 판매예산을 책정하는 몇 가지 지침은 호텔체인이 크면 클수록 매출의 비율도 점점 커지며, 호텔요금이 높으면 높을수록 매출의 비율도 점점 커진다는 것이다. 또한 신규호텔의 개업, 신규시설이나 개.보수, 신시장 개척, 새로운 경쟁의 극복, 부정적인 것의 사전제거 등과 같은 특수목적을 달성하기 위해서는 예산이 필요하다.

프랜차이즈에 가입한 경우 본부에서 전체 가입자에 대한 광고를 공동적으로 실시하고, 또한 각각 프랜차이즈 가입자들에게 판촉물들을 공급해준다. 각 가입자는 이 광고에 대한 비용을 지불하지만, 자체 광고대행사를 유지할 수도 있다. 광고대행사는 현재의 시장을 알아내기 위해 시장조사를 실시하고, 그 세분시장에 맞는 광고 프로그램을 설계하며, 광고계획의 사후관리를 도와주기도 한다.

1) 호텔의 전반적인 광고

- 눈을 끄는 소구가 있어야 한다. 광고의 일반적인 패턴은 놀랍도록 흥미가 있어서 다른 광고보다는 눈에 띄어 독자들이 머물며 읽을 수 있는 것이어야 한다.
- 독자에게 이익을 주어야 한다. 광고의 문안은 독자들에게 광고되는 상품이나 서비스를 구매함으로써 이익을 얻거나 저축할 수 있음을 지적하고 있어야 한다.
- 입증하는 것이어야 한다. 광고의 이야기는 상품에 대한 주장을 입증하는 사실을 포함하고 있어야 한다. 이 사실 입증은 추천, 보증, 사업 성공이나 특별판매 프로그램에 대한 공공 반응 등과 같은 사실의 형태 등이다.
- 설득의 내용이 있어야 한다. 광고 문안은 판매상품이 제공하는 이익을 독자들에게 설득해야 한다. 독자들에게 광고 메시지에 대한 반응을 요구하지 않은 채 그저 말하거나 입증만을 제시해서는 안 된다.
- 소비자들에게 구매할 것을 요구해야 한다. 광고는 가능하면 어디서든지 특별주문이나 예약을 요구해야 한다.
- 응답체계를 갖추어야 한다. 전화번호, 연락주소, 그리고 적절하다면 개인의 이름까지 적어놓아야 한다.

① 신문광고

신문광고는 다른 매체보다 특별한 매력을 가지고 있는데, 이것은 어떤 특정한 지리적 위치를 겨냥할 수 있기 때문이다. 예를 들어 사업가를 겨냥하는 광고는 뉴스섹션신문 첫 페이지에 게재하거나 여성고객에 대한 것은 여성란, 또는 신혼부부에 대한 광고도 같은 위치에 게재해야 한다.

② 잡지광고

잡지는 보다 분명한 계층의 고객들을 겨냥한다. 가령 『포춘』지 같으면 대기업가층, 『리더스다이제스트』 같으면 일반계층을 독자층으로 하고 있다. 『타임스』이나 『뉴스위크』는 기업체 간부와 전문가들을 겨냥하는 홍보수단이다.

③ 업계지광고

업계지는 특정기업이나 전문가들이 구독하는 것이다. 예를 들어 특정지는 의사들에게만 배포되며, 백화점 고객들만을 위한 것도 있다. 『Meetings & Convention』 같은 호텔뉴스 관련잡지는 호텔이나 컨벤션을 개최하는 협회나 학회, 기타 기구의 임원들과 그에 관련된 고객들을 위한 것이다. 이러한 간행물에 호텔광고를 하는 것은 특별서비스를 인센티브로 준비하고 있기 때문에 고객들의 세분시장을 공략하는 홍보수단으로 효과적일 수 있다.

④ 기타 광고

『뉴욕타임스』와 『시카고 트리뷴』 같은 신문은 '일요판 여행섹션'이 있어서 여행관련 기사나 수많은 호텔광고들이 지역별로 게재된다. 여행을 계획하는 사람들은 호텔광고를 검토하기 위해 이 여행섹션을 읽으며, 심지어 아주 작은 광고까지도 주의를 끌게 된다. 그러므로 광고를 게재하고 싶은 신문의 구성을 검토하고, 위의 광고원리를 참고해서 훌륭하고 효과적인 광고를 연구해야 한다.

2) 객실부문 광고

호텔객실을 이용하는 고객의 특성을 보면 여행객이나 상용여행자가 대다수를 차지하고 있으므로 광범위한 계층을 대상으로 호소하는 대중매체는 배포의 낭비를 가져올 수 있기 때문에 마케팅 조직을 통한 강력한 소구활동을 할 수 있는 매체가 필요하다. 따라서 호텔이 방문객을 중심으로 직접우편이나 계층고객에게 도달할 수 있는 업계지, 전문지를 이용하는 것이 매우 효과적이다. 설득적 기능을 수행하기 위해서는 해외홍보 사무소나 각 여행사에 소책자를 제공함으로써 접근방법과 예약을 위한 다양한 정보를 제공할 수 있다.

한편 공항 · 역 · 터미널 주변의 안내소에 좋은 정보의 원천을 제공하기 위해 옥외광고나 소책자, 광고시를 활용하면 표적시장에 접근하기 쉽다. 또한 객실은 구매량이 제한되는 특징이 있기 때문에 대량판매를 위한 대중매체보다는 판매의 유효도를 제고시키는 인적 판매도 매우 중요하다. 따라서 광고는 인적 판매를 조성하고 주의와 관심을 집중시키며, 정보를 제공하는 촉진기능을 수행해야 한다. 객실은 일반 소비용품과는 달리 고가격의 상품으로서 규모의 경제성을 추구하는 대중매체 선택은 매우 어렵고, 초과수용을 가져올 수도 있기 때문이다.

체인(chain)이나 프랜차이즈(franchise) 시스템으로 운영되는 호텔에서는 운영본부에서 상용객이나 관광객을 위해 세계적으로 명성이 있는 관련 잡지나 TV매체를 통하여 공동광고를 하여 호텔 운영회사의 명성을 유지한다.

3) 식음료 부문 광고

호텔식음료 부문은 이용객의 특성상 타부문과 다르다. 이용고객이 호텔투숙객도 있겠으나 도심지 호텔의 경우 인근 지역민들에 의해 구매되는 특징이 있다. 따라서 식음료 광고는 신문이 최선의 매체 중의 하나이다. 이들 식음료 광고는 선전대상이 되는 사람들이 읽는 신문에서 위치를 면밀히 고려한다면 각 광고형태는 가장 효과적일 수 있다. 예를 들어 연예광고나 결혼이나 리셉션 광고는 여성란에, 연예오락광고는 문화 · 오락란에 게재하는 것이다.

현지광고가 따를 수 있는 일반 패턴은 4가지가 있다.

① 식사 중심 광고

특정 식사품목이나 식사서비스의 전체 스타일을 강조한다.

② 음료 중심 광고

연중 시즌별, 특별 가격별, 회전식 바, 기타 개별판매 포인트별로 음료서비스, 특별음료 등을 집중해서 실시한다.

③ 연회 중심 광고

조찬, 오찬, 만찬, 칵테일파티, 결혼파티 등 개별식당 사용을 촉진한다. 대체로 DM광고가 보다 잠재성 있는 수단이며, 인적 판매는 더욱 강력한 수단이다.

④ 오락 중심 광고

오케스트라, 무대쇼, 손금보기, 마술, 기타 오락성 연예를 중심으로 한다.

4) 부대시설 부문 광고

호텔 부대시설은 대도시 호텔이 경우 각 업장별 이용고객에 노출될 수 있는 광고매체가 선택되어야 할 것이다. 호텔의 나이트클럽, 극장식당 등과 같은 유흥부대 부문은 비교적 이용계층이 넓어 스포츠·레저 전문지, 신문, 라디오 매체를 이용해 젊은 층을 소구하고, 헬스·사우나·스쿼시·실내골프 등과 같은 건강시설 부문은 이용고객이 제한되어 있기 때문에 광고지나 직접우편, 전문잡지 매체를 이용해 중·장년층에 소구해야 한다.

한편 휴양지호텔은 이용고객이 투숙객이므로 객실부문 광고와 연계하여 실시하며, 유원지나 휴양지의 관광객을 유도하기 위한 포스터나 광고지, 옥외광고 도구를 이용해야 한다. 그러나 호텔의 위치적 조건을 가진 스키·요트·수상스키·낚시·사냥·골프 등과 같은 부대 부문은 전문잡지를 이용하거나 대중매체를 사용하여 광고활동을 수행하는 것이 바람직하다.

호텔마케팅 전략 사례

☑ 고급상품들, '저가마케팅' 두둥실-

그동안 고급소비 영역으로 여겨졌던 호텔업계가 저가마케팅 전략으로 고객들을 끌고 있다. 기존업체에 비해 서비스 수준을 약간 낮추거나 DIY(Do It Yourself : 스스로 하는) 개념을 도입하는 대신 가격을 대폭 낮추어 중산층을 공략하는 틈새시장을 열고 있는 것이다.

서울 강남구 대치동의 중저가 비즈니스 호텔인 이비스 호텔도 서비스를 줄이는 대신 가격을 낮추어 평균 80~90%대의 높은 객실점유율을 보이고 있다.

특급호텔에 비해 60% 이상 저렴한 객실 요금(주중 9만7,000원, 주말 8만7,000원)을 받는 이곳은 특급호텔의 도어맨·벨맨·발레파킹 등의 서비스를 과감히 없애고, 고객이 쉽게 짐을 운반할 수 있는 카트를 로비에 두었다. 객실에는 미니바 대신 자판기를 설치하였다.

☑ 특급호텔들, 주류 · 안주 '원하는 만큼 무제한 리필'–

식사를 하고 음식점을 나설 때 늘 부족한 듯한 이들에겐 가장 반가운 말이다. 대부분의 음식점이 밑반찬 정도는 리필해 주지만, 아예 '주 메뉴 무제한 리필'을 내걸고 손님을 모으는 곳도 있다. 저렴한 가격과 한두 가지 메뉴만 리필 해준다는 점에서 뷔페와 또 다르다.

고급스런 이미지의 특급호텔 매장들 중에서도 무제한 리필해주는 곳이 등장해 고객을 기쁘게 하고 있다. 평소 호텔을 잘 이용하지 않는 고객들을 흡수하기 위한 목적이 크다. '싼 게 비지떡'이라는 인식을 피하기 위해 오히려 더 신경써 서비스를 준비하기 때문에 손님들로서는 고급스런 분위기와 경제적 효과를 동시에 누릴 수 있다. 주로 일과를 마친 직장인들과 친목모임을 갖는 사람들이 서비스를 이용한다.

서울 강남구 삼성동 코엑스인터컨티넨탈서울 '로비라운지'와 그랜드인터컨티넨탈호텔 '헌터스 터번'에서는 오후 6시부디 8시까지 생맥수와 와인을 무제한으로 마실 수 있다.

소시지·찹스테이크 같은 안주도 무제한 제공된다. 가격은 헌터스 터번이 1만3,000원, 코엑스 라운지가 1만2,000원이다. 중구 소공동 롯데호텔서울도 오후 7시부터 9시까지 로비 라운지에서 1만5,000원에 가벼운 뉴욕 스타일의 마티니 6종류를 무제한 제공한다.

『동아일보』

5. 호텔 인적 판매

인적 판매(personal selling) 관리란 어떤 기업의 종사원 또는 대리인이 현재 및 잠재적 고객에게 그 기업의 상품을 구매하도록 개인적으로 정보를 제공하거나 설득시키는 모든 활동을 말한다. 즉 판매를 위한 가장 잠재적인 수단이 곧 인적 판매이다.

따라서 인적 판매는 고객과의 직접적인 면담을 통하여 반대를 극복하며, 문제를 해결하고 판매를 체결, 사후관리를 할 수 있다. 그러므로 호텔판매원과 고객간에 나눈 말은 인적 판매여야 하며, 그것은 전적으로 판매원에게 달려 있는 문제이다

인적 판매의 특성은 다음과 같다.

- 광고는 이질적 다수의 소비자를 상대로 하는 데 반해 인적 판매는 예상고객을 발견하고, 이들에게 중점적으로 효율적인 구매소구를 할 수 있다.

- 고객과 우호적인 관계를 유지하며, 장기적으로 거래관계를 이룩한다.
- 고객에 대한 교육과 조언을 하며, 구매에 대한 저항을 해소시켜 구매결정 내지 주문하도록 한다.
- 시장정보 및 구매자 동향 등에 관한 사항을 경영층에 제공한다.
- 고객에 대한 개별적인 서비스를 제공하여 반복구매 내지 상표충성심(brand loyalty)을 높인다.

(1) 호텔서비스 인적 판매의 중요성과 그 역할

인적 판매는 호텔산업에 있어 매우 중요한 역할을 수행하고 있는데 그 중요한 역할을 보면 다음과 같다.

- 인적 판매는 의사결정권자, 결정과정 및 자격을 갖춘 구매자를 확인할 수 있다.
- 인적 판매는 기업 · 여행업계, 기타 단체를 상대로 촉진역할을 수행한다.
- 인적 판매는 구매현장에서 판매를 증가시킬 수 있다.
- 인적 판매는 관광업계에 상세하고도 최신의 정보를 공급해준다.
- 인적 판매는 핵심고객과의 인간적 관계를 유지할 수 있다.
- 인적 판매는 경쟁자의 촉진에 대한 정보를 수집할 수 있다.

인적 판매가 의사결정권자, 결정과정 및 자격 있는 구매자를 확인할 수 있다고 하는 것은 기업이나 협회, 또는 기타 단체들을 목표로 할 때 가장 구매가 확실한 사람이나 의사결정에 결정적 역할을 할 핵심적 인사, 그리고 그 구매과정을 확인하기란 대단히 어려운 일이다. 이러한 중요한 정보가 판매원의 판매방문을 통해서, 또는 판매 대행기관의 문의를 통해서 효과적으로 얻어질 수 있기 때문에 부적절한 시기에 부적절한 인사와 커뮤니케이션을 한다든가, 또는 판매 대행기관과 관련 없는 주문을 요구하는 헛된 노력을 피할 수 있다.

호텔기업과 여행업계, 기타 단체를 상대로 촉진역할을 수행한다는 것은 인적 판매가 이들 기관들의 영향력 있는 인사, 컨벤션 기획자 또는 여행사에게 촉진활동을 전개하는 데 가장 효과적인 수단이 된다. 이런 사람들의 의사결정은 많은 개별여행자들의 여행계획에 영향을 미치게 됨은 물론 그 구매력은 대단히 높아서 인적 판매 비용을 투입할 만한 것이다.

인적 판매가 구매현장에서 판매를 증가시킬 수 있다는 것은 판매점에서 효과적으로 활용하기만 한다면 인적 판매는 고객의 구매 가능성과 구매액도 상당히 증가시킬 수 있다. 호텔 예약시보다 높은 등급의 객실을 판매하거나, 렌터카 데스크에서 좀 더 비싼 자동차 모델을 판매하거나, 식당에서보다 비싼 메뉴 품목을 판매하거나, 여행사에서 항공예약을 포함해서 호텔과 자동차를 예약하게 하는 경우이다.

또 한 가지 중요한 판매지점은 전화문의를 대답하고 예약을 받는 곳이다. 이러한 판매증가를 가져올 수 있는 것은 판매원들로 하여금 인적 판매 기법을 적절히 훈련시킨 데서 오는 것이다.

관광업계에 대하여 상세하고도 최신의 정보를 공급한다고 하는 것은 대부분의 광고와 판매촉진이 한정된 정보만은 제공할 수 있는데 비해 인적 판매는 기업으로 하여금 좀 더 상세한 정보를 전달할 수 있게 할 뿐만 아니라 고객의 관심과 질문도 즉시 처리할 수 있는 기회를 제공해준다. 이것은 사업의 일부나 전부를 관광 중간매체에 의존하는 업체에게는 특히 중요하다. 이런 경우 고객과 효과적으로 커뮤니케이션하기 위해서 그 업체의 서비스를 충분히 이해하는 것이 특히 중요한 일이다.

핵심고객과의 인간적인 관계를 유지할 수 있다는 것은 판매원이나 예약담당자들과의 커뮤니케이션을 통해서 대중매체를 통해서는 효과적으로 창출할 수 없는 개성을 인적 판매는 가질 수 있기 때문이다. 다시 말해 인적 판매원은 비인격적인 기업이나 정보기관의 인격적인 반영을 나타내고 있다고 보아야 한다. 그러므로 인적 판매원은 그 기업의 질적 수준과 이미지를 반영해야만 한다.

일반적으로 단체의 일원으로서가 아니라 개인적으로 접근될 때 대부분이 호의적인 반응을 보인다. 그러므로 개인적인 욕구와 요구에 대해서 세심한 주의를 기울이는 것이 가장 강력한 세일즈 마케팅 형태이다 또한 인적 판매는 인격화한 세일스 마케팅이다. 핵심고객들은 판매직원이나 예약담당자로부터 받은 개인적인 관심을 실제로 높이 평가하기 때문에 판매증가와 반복구매를 낳게 되는 것이 보통이다.

인적 판매는 경쟁자의 촉진에 관한 정보를 수집할 수 있다. 판매직원들은 많은 잠재고객들을 부단히 상대하고 있는데, 이 고객들은 역시 경쟁자의 목표고객이기도 하다. 많은 판매고객들은 경쟁자의 판매노력에 대한 정보를 스스로 전해주기 때문에 판매원들은 경쟁자의 정보의 중요한 원천이 될 수 있다.

(2) 호텔 인적 판매의 실시과정

호텔에서의 인적 판매는 현장판매, 전화판매, 내부판매 등 3가지 주요 영역으로 나누어 생각할 수 있다.

1) 현장판매

현장판매(field sales)란 호텔 밖에서 판매직원에 의해 일어나는 판매노력을 말한다. 흔히 판매방문(sales call)라고도 하는데, 이는 예비고객과의 대면을 통해서 판매하는 것을 포함하는 말이다.

호텔판매원이 컨벤션 기획자와 항공사, 크루즈 선박회사, 여행도매업자 등을 방문하는 경우와 렌터카 회사 직원이 여행사를 방문하는 경우가 모두 여기에 속한다. 이

4장

것은 가장 값비싼 인적 판매의 형태인데, 왜냐하면 판매원을 고용하는 문제라든가 이들이 본사를 떠나 출장을 갈 때 여비가 추가되기 때문이다. 물론 슬라이드 상영, 비디오테이프, 사진 매뉴얼 등과 같은 판매 지원물에 대해서도 투자가 있어야만 한다.

① 기존 거래처를 대상으로 한 판매

방문계획에 따라 정기적으로 방문하여 새로운 서비스 상품을 소개하고 구매를 유도하거나 호텔상품의 지속적인 거래를 할 수 있도록 상호 우호적인 관계를 유지한다. 그리고 이러한 우호적인 관계유지를 위하여 상품구매에 대한 정보와 반응 등을 수집하여 서비스를 향상시킬 수 있는 기회로 활용한다.

② 잠재고객을 대상으로 한 판매

사전에 방문에 대한 계획을 수립하고 방문 전에 반드시 약속한 후 방문을 한다. 이때 주의해야 할 사항은 방문 전에 그 잠재고객과의 거래를 위한 충분한 분석(예 회사의 연혁, 거래처, 잠재수요, 생산품목과 매출현황 등)이 절대적으로 필요하다. 또한 호텔상품에 대한 정확한 자료를 준비하고 필요에 따라서는 첨단장비(예 visual equipments, notebook computer)를 이용한 상품에 대한 제시가 효과적이다.

2) 전화판매

전화판매(telephone sale)란 전화를 통하여 직 · 간접적으로 판매를 유도하는 커뮤니케이션이다. 전화판매는 인적 판매에서 매우 중요한 역할을 하는데, 이 전화가 예상고객을 확인하고, 그 고객의 잠재적 가치와 수준을 정하는 아주 효율적인 방법이기 때문이다.

전화는 판매방문을 위한 약속을 정하고, 판매방문을 하기 전에 중요한 배경정보를 수집하고, 약속한 정보를 관리하고, 고객의 세부 요구사항을 확인하는 데도 사용된다. 어떤 경우는 판매방문의 대용수단으로도 사용된다.

호텔업계에서 또하나의 중요한 역할은 전화예약을 받고 문의사항을 처리한다는 점이다. 하나의 판매수단으로 인정되지는 못했어도 전화는 컴퓨터 통신과 더불어 판매유통에 큰 역할을 하고 있다. 현재는 수신자부담 전화로 통화해서 예약하고 정보를 얻는 일이 용이해졌으므로 전화판매를 취급하는 종사원들은 단순히 주문받는 사람이 아니기 때문에 판매직원 수준으로 교육하는 것이 중요하다.

3) 내부판매

호텔 내의 영업장에서 판매 가능성을 높이기 위해서나 고객의 평균 판매 수준보다 더 많이 판매하려고 하는 노력이다. 훌륭한 서비스와 효과적인 내적 판매(internal sales)부를 구분하는 것은 대단히 어렵지만 구분할 만한 내적 판매형태는 제안판매(Suggestive selling)인데, 이것은 판매직원이 보다 높은 가격의 품목이나 추가품목을 제안하거나 추천하는 것이다.

(3) 인적 판매 과정

1) 거래 지향적 판매(transaction selling)

고객의 욕구를 이해하기보다는 판매를 성사시키는 데에 초점을 맞추는 판매방식을 말한다.

2) 컨설턴트식 판매(consultative selling)

관계 지향적 판매(relationship selling)라고도 하며 거래 지향적 판매보다는 고객의 욕구를 이해하고 문제를 해결해줌으로써 장기적인 관계구축에 초점을 두는 판매방식을 말한다.

〈표 4-8〉 거래 지향적 판매와 관계 지향적 판매

거래 지향적 판매	관계 지향적 판매
판매에 초점을 맞춤	고객의 욕구를 이해하는 데 초점을 맞춤
듣기보다는 말하는 데 치중	말하기보다는 듣는 데 치중함
설득・화술・가격조건 등을 앞세워서 신규 고객을 확보하고 매출을 늘리고자 함	상호 신뢰와 신속한 반응을 통하여 고객과 장기적인 관계를 형성하고자 함

〈표 4-9〉 인적 판매 과정

단 계	활 동
판매 전 단계	
잠재고객 선별	• 광범위한 원천으로부터 명단 입수 • 욕구 존재 여부 및 지불능력 여부에 따라 잠재고객 선별 • 선별된 잠재고객의 우선 순위 결정
기초조사	• 선별된 잠재고객의 인구통계적, 지리적, 행동적인 특성 파악
접근방법 결정	• 방문약속을 어떻게 맺을 것인지 결정 • 몇 번에 걸쳐 방문할 것인지 결정 • 산업체의 경우, 누구를 방문할 것인지 결정

단 계	활 동
판매단계	
고객욕구 파악	• 잠재고객의 충족되지 않은 욕구 파악 • 말하기보다는 듣기에 치중 • 보충질문을 통해서 숨겨진 욕구 확인
프리젠테이션	• 마케팅 메시지 전달 • 보충질문을 통해서 숨겨진 욕구 확인
질문 및 반론 처리	• 잠재고객의 질문에 응답하고 보충설명 • 잠재구매자가 제기한 발론에 응답하면서 자기상품의 경쟁우위 차별적 편익 가치를 다시 한번 주지시킴
상담종료	• 방문목적을 달성하고 상담을 종료함 • 방문목적이 구매를 성사시키는 것이라면 잠재고객으로부터 확실한 구매의사 표시를 받아냄
판매 후 단계	
사후관리 및 관계 유지	• 상품을 이용한 후에 만족하였는지, 서비스가 완벽히 실행되었는지를 확인하고 문제가 발생되었을 때는 신속하게 처리함 • 고객에게 다시 한번 감사표시
이탈고객과의 관계 재구축	• 고객이 이탈한 원인을 파악 • 다시 고객으로 만들기 위한 회복전략 수립 및 실시

제III편

호텔 · 관광 세일즈 서비스 마케팅의 전략적 측면

제 1 장	호텔 · 관광서비스의 배경
제 2 장	호텔 · 관광서비스 마케팅 고찰
제 3 장	호텔 · 관광 세일즈 서비스 마케팅(STP) 분석
제 4 장	호텔 · 관광 세일즈 서비스 마케팅 믹스(MIX) 분석
제5장	**호텔 · 관광 세일즈 서비스 마케팅 계획 및 정보시스템**
제 6 장	호텔 · 관광 세일즈 서비스 마케팅의 연계성 전략
제 7 장	호텔 · 관광 세일즈 서비스 마케팅 커뮤니케이션 전략
제 8 장	호텔 · 관광 세일즈맨의 프로 세일즈십

제1절 호텔 · 관광 세일즈 서비스 마케팅 계획

1. 마케팅 계획의 기본

호텔서비스 마케팅 계획이란 일정기간 동안의 기업의 마케팅 활동을 안내하는 데 쓰이기 위해 작성된 계획을 말한다. 따라서 마케팅 계획은 다음과 같은 효익을 주기 때문에 가장 유용한 수단이 된다.

- 목표에 상응하는 마케팅 계획을 집중시킬 수 있다.
- 기업의 목표와 목표시장의 우선순위를 일치시킬 수 있다.
- 모든 사람에 공통되며, 그들의 노력을 일치시킬 수 있다.
- 마케팅 성공을 측정하는 데 도움을 준다.
- 기업의 장기계획과 연결된다.

그렇지만 모든 건물에 튼튼한 기초가 필요하듯이 호텔서비스 마케팅 계획도 세심한 조사와 분석에 근거하여야 한다. 마케팅 계획은 상황 분석이나 시장조사 · 시장세분화 · 목표시장 선정 및 포지셔닝 등에 기초해서 수립되며, 경영진에게는 행동계획이 되는 것이기 때문에 다음과 같은 기본에 맞아야 한다.

① 사실에 기초 : 사전에 실시한 조사와 분석에 근거해야 한다. 만약 한 개의 핵심적 가정이 잘못된 것으로 판명되면 전체 계획이 잘못되고 만다.

② 조직화되고 조정 필요 : 호텔서비스 마케팅 계획은 가능한 한 전문적이고 세부적이어야 한다. 그것은 특별업무를 책임지는 부서와 책임자를 명시해야 한다.

③ 프로그램화 : 호텔서비스 마케팅 계획은 모든 활동이 세심하게 연결되도록 조율되어야 한다. 시기(timing)는 마케팅에 있어서 대단히 중요한 것이므로 서비스 마케팅 계획은 세부적인 단계적 시간표를 가지고 있어야 한다.

④ 예산책정 : 모든 서비스 마케팅 계획은 면밀한 예산책정이 있어야 한다. 기업의 예산이 최종 확정되기 전이라도 실제로 여러 개의 잠정예산이 편성되어야 한다.

⑤ 융통성 : 예견치 못한 사건은 언제나 일어나는 법이다. 그러므로 목표를 분명히 달성할 수 없거나 기대하지 못했던 경쟁 움직임이 있는 경우 서비스 마케팅 계획은 조정되어야 한다.

⑥ 통제 가능 : 호텔서비스 마케팅 계획을 원래 계획대로 실행하는 것은 계획을 처음 작성할 때보다 더 어렵다. 그러므로 서비스 마케팅 계획은 계획기간 동안에 측정 가능한 목표나 측정방법을 포함하고 있어야 하고, 측정과정을 누가 책임지고 있는지를 결정해야 한다.

⑦ 내부적으로 일치하고 상호 관련성 : 호텔서비스 마케팅 계획이 대부분이 서로 상관되어 있기 때문에 일치되어야 할 필요가 있다. 예를 들어 광고 캠페인과 판매촉진 방법은 최대효과를 얻기 위해서는 서로 관련되어 있어야 한다.

⑧ 명백하고 단순성 : 계획을 세운 사람만이 그 계획을 이해하면 안 된다. 많은 사람들의 노력이 성공적인 서비스 마케팅 계획을 만들어낸다. 중복, 혼란, 오해의 소지는 제거해야 한다.

2. 마케팅 계획의 구성내용

호텔서비스 마케팅 계획에는 두 가지 부분이 있다. 하나는 마케팅 기본계획이고, 다른 하나는 실행계획이다. 마케팅 기본계획은 근거하고 있는 사실.분석, 그리고 가정들을 설명하는 것이다. 따라서 그것을 마케팅 기간 동안의 마케팅 전략과 목표시장, 포지셔닝 접근방법, 그리고 마케팅 목표를 기술하는 것이다.

실행계획은 마케팅 예산, 각 종사원의 책임 · 활동 · 시간표, 그리고 마케팅 활동에 대한 통제 · 측정 및 평가의 방법 등을 정한 것이다.

서비스 마케팅 기본계획의 출발은 지금 우리가 어디에 있느냐에 대한 현황 분석이다. 환경 분석, 지역사회 및 위치 분석, 경쟁자 분석, 시장 잠재성 분석, 서비스 분석, 마케팅 포지션 분석, 주요 장단점과 위기 · 기회 등을 분석한 내용으로 구성된다. 마케팅 기본계획을 구성하는 또하나의 내용은 어디로 가고 싶은가에 대한 마케팅 전략을 내용으로 한다. 시장세분화와 목표시장, 마케팅 전략, 마케팅 믹스, 포지셔닝 접근방법, 마케팅 목표 등으로 구성된다.

한편 실행계획은 어떻게 그곳에 가는가 하는 행동계획과 마케팅 예산, 우리 기업이 어떻게 그곳에 간다는 것을 확신하는가에 대한 통제절차, 그리고 우리 기업이 그곳에 도착했는지를 어떻게 아는가 하는 평가절차 등으로 구성된다. 목표시장별 활동, 활동에 대한 책임, 시간표 및 활동 스케줄, 목표시장별 예산, 마케팅 믹스별 예산, 긴급사금, 각 활동별 기대성과 보고 및 측정절차, 측정결과, 실적평가 기준, 평가시간표 등이 실행계획의 주요 구성내용이다.

유익한 토막상식 : 마케팅 컨셉트(Marketing concept)

경영학자 및 마케팅 학자에 의해 주창된 마케팅의 기본적인 이념을 기업경영에 적용시키려는 시도의 결과로 성립된 것이다. 따라서 정의를 내린다면, "마케팅 이념 또는 철학, 기업 마케팅 활동을 하기 위한 기본자세"라고 할 수 있다.

일반적인 마케팅 컨셉트는 조직의 목적을 달성하기 위한 핵심적인 이념으로서 고객의 만족을 창출하기 위해 통합적인 마케팅을 바탕으로 하는 소비자 지향적인 것이며, 소비자 욕구를 충족시킴으로써 기업목적을 달성하는 데 있다.

3. 마케팅 계획

호텔서비스 마케팅 계획(hotel service marketing plan)의 기본에 따라 호텔관광마케팅 계획은 상품 분석 - 시장 분석 - 경쟁자 분석 - 종사원조직 - 판매 프로그램 - 정비계획 - 영업예측 - 영업부서별 예산 - 영업정책 결정(결론) - 통제 및 평가 순으로 진행된다. 따라서 완벽한 호텔서비스 마케팅 계획을 작성하기 위해서 위의 내용을 항목별로 자세히 살펴보기로 한다.

(1) 호텔상품 분석

목적을 훌륭히 달성하기 위해서는 탄탄한 현황 분석이 필요하다. 이에 따라 계획이란 목표달성을 위해서 미래를 조직하는 것이 그 본질이므로 모든 계획의 기준은 현재이다.

1) 호텔 분석

호텔서비스 마케팅 계획도 지금 현재 우리 호텔이 할 수 있는 총체적 역량에 기초하는 것이므로 훌륭한 서비스 마케팅 계획은 호텔의 세세한 분석(property analysis)부터 시작된다.

〈표 5-1〉 호텔의 분석 사항

구 분	분석체크	분석사항
1	우리 호텔은 얼마나 큰가?	수용인원 수, 몇 층
2	어떤 시설을 갖추고 있는가?	객실 수, 주차시설, 좌석 수(식당 · 커피숍), 공공장소의 수(연회 · 회의 · 컨벤션)와 그 수용인원, 오락 및 위락시설
3	호텔 위치는 어떤 곳인가?	시내 중심지, 주요 산업시설, 비즈니스 센터, 관광지 주변, 고속도로, 공항 주변
4	영업의 성수기는 언제인가?	연중 어느 달, 주중 어느 요일, 일일 중 어느 시간대, 가장 영업이 저조한 때는(연중 · 주중 · 일일중)?
5	우리 호텔의 분위기는 어떠한가?	조용함, 품위, 상업적인 위치, 복잡, 사치스러워 보임, 어색한 분위기
6	우리 호텔의 건물여건은 솔직히 말하면 어떤 것인가?	현대적임, 깨끗함, 최신식임, 오래된 건물이지만 관리되어 있음, 비교적 현대적이지만 도색이 필요함, 낡았음, 재수리가 절실함.
7	우리의 고객은 누구인가? (객실별 · 식음료별)	부유층, 사업가 및 여성, 가족 및 관광객
8	우리 호텔의 서비스 질은 어떠한가?	접객부서별 인원 수, 음식의 질과 다양성, 오락 및 기타 영업활동
9	매출에 영향을 주는 영업정책은 어떠한가?	특정시장에 대한 특별요금제 실시, 온천요금, 무료 골프제공 등
10	요금정책은 어떠한가?	계절별, 요금의 변동, 요금의 변동추세(지난 3년간)

2) 지역사회 분석

호텔서비스 마케팅 계획을 수립하기 위해서 호텔 그 자체뿐만 아니라 그 호텔이 위치하는 지역사회의 분석(community analysis)도 병행되어야 한다. 호텔은 어차피 그 지역 사회의 경제 · 사회적 영향을 받지 않을 수 없고, 상대적으로 지역특성에 따라 영업활동도 규정되기 때문이다.

지역사회의 분석은 본질적으로 그 지역의 경제를 우선하지 않을 수 없고, 또 그와 관련된 사항들을 분석대상으로 한다.

〈표 5-2〉 지역사회 분석의 분석사항

구 분	분석체크	분석사항
1	지역 내는 물론 이 지역을 들어오고 나가는 교통편은 어떠한가?	
2	이 지역의 주요 산업은 무엇인가?	
3	이 지역의 관광객 유치기구나 컨벤션 뷰로는 있는가? 그 활동상황은 어떠한가?	
4	특별한 관광매력은 존재하는가?	카지노, 주제공원, 스포츠 경기장, 놀이공원
5	정기적으로 열리는 특별행사는 어떤 것이 있는가?	전시회, 축제, 스포츠 행사, 기타 행사
6	이 지역의 지도를 분석한다. (주요 고속도로, 신규 고속도로 계획)	특별한 지역정보를 얻고자 하고 또한 올바른 요인들을 선별하기 위해서는 그 지역의 은행이나 상공회의소 등을 통해서 알아볼 수도 있다.

3) 건물구조 분석

건물구조 분석(architectural analysis)은 원칙적으로 신규호텔에 해당되는 것이지만, 개보수에노 관련되는 사항이기도 하다. 이 분석은 호텔운영의 효율성과 경제성을 얻기 위해 건물 재배치(구성)를 의도하는 것인데, 분석사항을 보면 <표 5-3>과 같다.

가령 한 호텔의 주방과 서비스 지역이 너무 적다고 할 때 고객의 접대의 효율성을 기할 수 없을 것이며, 한 호텔의 엘리베이터의 위치에 따라 로비에서의 고객이동이 영향을 받지 않을 수 없다.

〈표 5-3〉 건물구조의 분석사항

구 분	분석사항
1	주방과 서비스 지역의 비율
2	통제와 안전의 관점에서 접객지역과 종사원 사용 입구
3	고객접객 지역에서의 고객의 이동로(신설 또는 변경)
4	모든 부서 내의 창고지역
5	식음료시설 비율과 객실 수 대비 회의 및 연회시설(기존 및 계획)
6	주차장
7	침실규격
8	성공을 거둔 사례에 따른 건축가의 조언

객실수입만을 의식한 나머지 연회시설을 전혀 갖추지 않고 개업한 한 지방호텔은 개업 후 다시 연회시설을 위해 새 건물을 헐고 공사를 새로 시작한 예도 있다. 충분한 주차시설이 없는 호텔은 그만큼 이용고객들에게 불편을 주게 되므로 호텔을 계속하여 이용하려는 욕구를 좌절시키는 마이너스 효과를 가져오게 된다.

결과적으로 건물구조적으로 그만큼 호텔영업의 효율과 경제성을 가지는 호텔은 호텔상품을 그만큼 강화하는 것으로 풀이할 수 있을 것이다.

4) 데코레이션 분석

호텔은 필연적으로 많은 실내장식을 필요로 한다. 호텔의 상징이 되고 있는 샹들리에에서부터 호텔객실의 벽지 색깔에 이르기까지 수많은 장식이 필요한데 실질적으로 이러한 장식들이 호텔상품화에 어떻게 기여할 수 있는가를 확인하려는 노력인 셈이다. 데코레이션 분석(decoration analysis)을 위한 확인사항을 보면 <표 5-4>와 같다.

〈표 5-4〉 데코레이션 분석사항

구 분	분석사항
1	원가요소
2	전반적인 영업정책과 요율 구조면에서 외부 모양과 비용이 적합한가?
3	성공적인 호텔과 레스토랑에서의 디자이너의 전문적인 경험을 강조하고 있는가?
4	디자이너와 호텔 소유주와 자주 화합을 갖는가?
5	객실 크기에 대한 적절한 규모를 강조하는가?
6	그 장식은 마케팅 담당자의 요구에 일치하고 있는가?

(2) 호텔시장 분석

호텔시장 분석(market analysis)은 호텔관광마케팅의 구성내용으로 볼 때 아주 중요한 부분임에 틀림없다. 호텔고객이 없는 호텔영업이란 생각할 수 없기 때문이다.

그러므로 호텔시장 분석은 호텔고객으로부터의 이용을 [그림 5-1]과 같이 생각하는 것이라 할 수 있다.

호텔시장 분석은 바로 호텔의 이용고객을 확인할 수 있거나, 또는 앞으로 이용고객이 될 수 있는 시장을 쉽게 확인할 수 있다는 점에서 꼭 필요한 일이다.

예를 들면 대도시의 모텔과 호텔의 이용자는 같은 연령층일 수 있지만, 호텔 이용자의 급여는 최고임원급인 반면, 모텔 이용자는 기술자나 판매업소 관계자가 대부분일 수 있다. 따라서 같은 임원을 대하는 사람은 지위를 보다 의식하고 다른 사람보다 더 많은 서비스를 요구한 반면 기술자나 판매업자는 교외의 거래처와 전화를 하면서 가능한 한 빠른 체크인과 체크아웃 절차를 원하는 특성의 차이를 보인다는 사실을 쉐라톤 워커힐호텔에서 발견한 일이 있다.

물론 한 호텔의 고객의 내용은 다른 호텔과는 다르고, 또한 한 호텔에서도 이용고객의 내용은 달라질 수 있겠지만, 그러나 어느 호텔이든 정기적으로 이용하는 주고객층이 있게 마련이다. 그러므로 호텔시장 분석은 이러한 주고객층을 확인하는 중요한 수단이라고 할 수 있다.

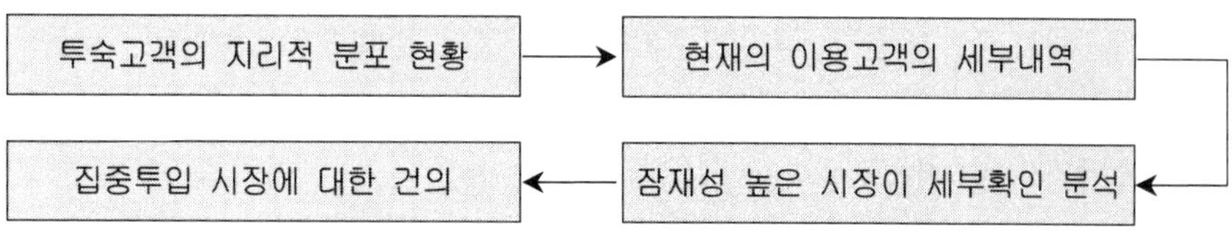

[그림 5-1] 호텔시장 분석에 대한 고객 분석

(3) 경쟁 분석

호텔기업은 이윤추구를 위하여 경쟁(competition analysis)을 하는 조직이다. 따라서 기업경영은 여러 기지 환경요인에 의하여 영향을 받고 있는데, 특히 기업 전반에 영향을 미치게 되는 인구 · 경제 · 기술 · 법률 · 사회 · 생태적 환경은 이른바 거시적 환경의 요체가 되지만, 경쟁이란 환경도 무시할 수 없는 기업환경이다. 그렇다면 호텔도 이러한 경쟁을 전제로 하지 않을 수 없기 때문에 중요한 것은 타호텔보다도 어떠한 경쟁상 우위를 점할 수 있느냐가 선결과제라 할 수밖에 없다.

1) 호텔 경쟁 분석의 목표

호텔 경쟁 분석의 목표로 우선시되는 것은 무엇보다 고객이다. 따라서 첫번째로 우리 호텔이 모시지 못하는 고객집단을 경쟁호텔이 모시고 있는가를 염두에 두고, 두번째, 경쟁자가 못하는 어떤 경쟁상의 이점을 우리 호텔이 가지고 있는가를 파악한다. 세번째로는, 우리 호텔이 이용할 수 있는 경쟁자의 마케팅 전략상의 약점 등을 발견하고자 함이다.

2) 호텔 경쟁 분석의 요지

경쟁이 평가되기 전에 호텔의 경쟁자가 누구인지를 아는 것이 중요하다. 쉽게 말하자면 경쟁자는 바로 인근지역에서 동일한 시장을 상대로 하며, 동일한 상품과 서비스를 동일한 가격으로 판매하는 호텔을 말한다. 일단 이러한 경쟁자가 확인되면 호텔의 마케팅 인력과 세일즈맨들을 각 시장별 경쟁자를 상대로 동원할 수가 있으며, 시장점유율도 계산해낼 수 있다.

호텔은 하나하나 비교하면 포지셔닝하고 판매하는 데 있어서 도움이 될 중요한 특성과 강점・약점을 나타낼 수가 있다. 그러나 간단한 재고조사만으로, 예를 들면 경쟁자의 객실 수, 식당 수 및 기타 시설들을 비교함으로써만 경쟁 분석이 되는 것이 아니다. 호텔 분석과 마찬가지로 경쟁 분석은 체크리스트 이상의 것이 필요하다.

경쟁 분석에는 경쟁자의 호텔로 걸어가서 그 호텔의 종사원들과 대화도 해보고, 경쟁호텔의 광고도 연구해보는 일이 모두 포함된다. 보다 명확한 확인을 위하여 실제로 경쟁자의 호텔에 투숙해보는 것이 필수적이다. 밤에 정기적으로 주차장을 통과하는 운전도 해보고, 자동차 타입에 대해서 특별히 주의도 기울이며, 그들의 허가 표지판, 상업용 차량 수에 주의해보고, 식당에서 직접 식사도 해보고, 브로슈어와 호텔내부 선전물도 읽어보고, 그 호텔의 고객과 대화도 나누어보는 것이 우리 호텔과 경쟁호텔과의 차이를 결정하는 훌륭한 방법이다. 일단 이러한 차이가 결정되면 각 목표시장에다 그 차이를 극복할 수 있는 목표를 정하는 것이 가능하다.

경쟁 분석에 요구되는 다른 정보로는 현지의 컨벤션 및 관광 사무국, 상공회의소, 세금납부서, 전화번호부, 호텔체인 명부, 여행 가이드 등인데 이것들은 여러 출처를 통해서 얻을 수 있다.

또한 다른 지역 호텔 지배인과 개별접촉을 갖는 것도 정보를 수집하는 효과적인 수단이 된다. 앞에서 호텔상품 분석을 위해서 여러 가지 질문을 설정한 바 있다. 즉 호텔의 크기, 시설, 위치, 영업시즌, 이용고객층, 호텔 분위기, 건물의 유지 정도, 요금 등에 관해서 스스로를 분석해서 자체적인 세부적인 리스트를 만들어보는 것이 중요하다고 했다. 이와 같은 질문을 주요 경쟁자들에게 방문해서 직접 보고, 검토하고, 확인해서 측정해두는 것이 중요하다.

주요 경쟁호텔의 모든 시설을 분석하는 항목을 보면 <표 5-5>와 같다.

〈표 5-5〉 시설 분석사항

구 분	분석사항
1	위치
2	호텔건물이 가진 여건
3	자사호텔에서 판매에 영향을 줄 수 있는 주요한 시설의 차이
4	자사호텔과 타지역에 대한 요율 대비
5	고객조사 결과
6	색다른 정책이나 서비스
7	주 이용고객
8	호텔시장의 지리적 분포

이와 같이 자사호텔과 경쟁호텔의 분석결과를 비교해보면 그저 당연하다고 생각했기 때문에 이용하지 못했던 판매 잠재성을 찾을 수가 있다. 또한 분석 결과에 따라 자사호텔로 하여금 보다 건전한 시장 분석을 하게 하는 관건이 될 수 있고, 그것은 또한 촉진매체를 가장 효과적으로 이용하게 하는 기본적인 지침이 될 수도 있다.

(4) 호텔조직

호텔서비스 마케팅 계획을 수립하는 필수과징으로 호텔조직에 대한 검토가 반드시 있어야 한다. 즉 호텔조직은 호텔업무를 수행하는 골격이라고 말할 수 있다.

물론 한 조직을 새롭게 구성한다는 것은 쉬운 일이 아니며, 더구나 아무렇게나 해서 될 일은 더욱 아니다. 그러나 호텔서비스 마케팅 조직은 마케팅 활동의 네 가지 재원, 즉 기능, 상품, 지역, 고객이라는 요소들을 내포하고 있어야 한다.

1) 기능별 마케팅 조직

가장 흔한 형태의 마케팅 조직 형태는 마케팅 팀장을 헤드로 정하여 기능적 마케팅(functional marketing) 전문가들로 구성된 조직(organization)이다. 즉 마케팅 관리자, 광고 및 판매촉진 관리자, 판매관리자, 마케팅 조사 담당자, 신상품 관리자 등이다. 물론 고객서비스 관리자, 마케팅 기획 관리자, 유통담당자 등이 추가될 수 있다. 이러한 기능적 조직이 갖는 이점은 관리가 단순하다는 점이지만, 호텔기업의 상품이나 시장이 늘어남에 따라 이 조직은 효율성이 떨어진다.

2) 지역별 조직

지역별 조직(geographical organization)이란 지리적 라인에 따라 조직화하는 것이다. 대량매출 시장에 대해서는 판매노력을 지원하기 위해 마케팅 전문가를 추가할 수도 있다.

3) 상품관리 조직

상품관리 조직(product managent organization)은 다양한 상품을 생산하는 기업에서 가지고 있는 상품이나 브랜드 관리조직을 말하는 것인데, 이 조직은 각 상품이 너무 상이하거나 아니면 상품의 수가 기능별 조직으로는 감당할 수 없을 때 쓰이는 것이다. 상품관리자(product manager)가 여러 상품 관리자들을 감독하게 된다.

이러한 부분화와 더불어 또 한 가지 중요한 조직의 과제는 조직 구성원들이 업무를 수행해나가는 데 있어 그 추진력으로 필요한 권한을 조직 전체의 입장에서 어떻게 배분하느냐는 것이다. 여기서 생각해야 할 것이 라인(line)과 스태프(staff), 그리고 집권화(centralization)와 분권화(decentralization)이다.

라인 기능은 호텔 기업의 목표를 달성하는 데 직접적인 책임을 지는 것이며, 스태프는 라인이 기업의 주된 목표를 달성함에 있어서 가장 효율적으로 일할 수 있도록 도와주는 조직의 요소들을 말한다. 따라서 생산 · 마케팅 또는 재무의 기능을 가진 사람이나 부서를 라인이라 보고, 구매 · 인사 · 품질관리 등의 기능을 가지고 있다. 그 부서를 스태프로 보는 것이 관행이었다.

집권화는 조직의 중요한 의사결정권이 조직의 상층부에서 이루어지는 것을 말하며, 이와 대조적으로 분권화는 조직 전반에 걸쳐 의사결정권이 대폭 완화되어 있는 상태를 가리킨다.

호텔서비스 마케팅 조직의 효율화를 위해서는 올바른 사람에게 올바른 임무를 맡겨야 하고, 계획 · 집행 · 통제가 지속적으로 가능해야 하고, 또한 실시되어야 한다. 또한 종사원을 규칙적으로 연수 교육시켜야 하며, 종사원들의 동기화를 위해 현대적인 경영방식과 경영기법을 도입해야 하며, 종사원들을 기업과 상품의 중요한 부분으로 인식하고 활용하도록 해야 한다.

〈표 5-6〉 집권화와 분권화의 장단점

구 분	장 점	단 점
집권화	• 최고경영자는 하위관리자보다 의사결정이 용이함 • 스태프를 이중으로 둘 필요가 없음 • 조정과 통제가 용이함 • 지속적인 이미지의 유지가 가능함	• 마케팅 부서가 운영부서로부터의 지원받기가 어려움 • 현재 계획수립자의 의사를 반영하기가 어려움 • 최고경영자가 불필요하게 세부적인 관리업무까지 얽매이게 됨
분권화	• 현지문제에 대한 신속한 결정이 가능함 • 하급자의 능력을 개발할 수 있고, 경쟁에 효과적으로 대처할 수 있음 • 권한과 책임의 중복을 피할 수 있음 • 최고경영자로 하여금 회사 전반의 정책과 계획을 추진할 수 있도록 세부적인 관리업무로부터 해방시켜줌	• 조정과 통제의 일관성이 상실되기 쉬움 • 능률에 제약을 줌

(5) 판매계획

시장 분석과 상품 분석을 통해서 호텔의 강점과 약점을 알고 경쟁사에 대한 지식을 갖추었으면 어떻게 호텔을 판매할 것인가에 대한 호텔 판매계획(sales program)을 수립한다. 이와 관련하여 호텔이 이용할 수 있는 판매수단들을 열거해보면 광고, 판매촉진, 인적 판매, 홍보, PR 등이 있다.

〈표 5-7〉 판매계획을 위한 확인사항

구 분	확인사항
1	판매계획을 수립하는 데 필요한 종사원은 어떤 사람인가 확인해야 한다.
2	어떤 대행회사를 추천할 것인가?
3	광고회사를 어떤 회사로 할 것인가?
4	지사는 어떤 지사로 할 것인가?
5	손익계산서를 조회하고 광고선전비 예산을 확인해야 한다.
6	광고대상 · 금액 · 형태를 결정해야 한다.
7	판매계획별 단계를 확인해야 한다.

(6) 정비계획

정비계획(maintenance plan)은 되도록이면 호텔을 잘 알지 못하는 사람일수록 정직하고도 객관적인 관점을 가지고 작성하도록 할 필요가 있다. 과거 호텔과 신규호텔을 영선유지 측면에서 예산비율을 비교해야 한다.

리조트 지역은 해변 · 풀 · 정원, 그리고 모래와 습기 때문에 진공청소를 사수 해야 하기 때문에 특별히 정비해야 할 요인을 지적해야 한다. 각 호텔의 영선유지에 관해 특별한 곳을 명시해야 한다. 상업지역과 리조트 지역을 검사하여 수리가 필요한 것을 분명히 지적해야 한다.

(7) 호텔영업 예측

영업 예측(operating projections)을 할 때에는 표준양식을 써야 한다. 영업중인 호텔로는 향후 2년간 수치를 저장 · 보관하고 있어야 하고, 신규호텔로는 향후 3년간으로 연장해야 한다.

이러한 예측은 받아들여져 인정됐을 때 호텔의 영업예산이 된다. 왜냐하면 수치가 너무 낙관적이거나 지나치게 보수적이면 문제가 되기 때문이다. 따라서 이 수치는 가능한 한 실행할 수 있는 치밀한 수치여야 한다.

(8) 부서별 예산

부서별 예산(departmental budget)은 원래 영업계산에 기초하지만 부서별 내용을 명시해야 한다. 예를 들어 관리부서(임원감사), 객실(프런트오피스, 하우스키핑, 벨 종사원), 식사(주방, 레스토랑, 룸서비스, 연회부), 음료, 전화, 광고 및 촉진, 기술(광열비), 영선, 레크리에이션(제반 스포트 시설), 교통, 경비 등을 명시하여야 한다.

(9) 호텔관광마케팅 정책

호텔이 갖추어야 할 시설 · 이미지 · 종사원, 앞으로의 계획들을 종합적으로 결론짓고 영업 각 분야의 목표를 가능한 수치로 표시함을 말한다. 즉 호텔관광마케팅 정책(statement of policy)은 호텔상품 분석, 시장 분석, 경쟁 분석을 통해서 얻어진 결론 부분이다.

예를 들어 품위의 수준(이미지), 고정부담금 변제를 위한 요금, 갖추어야 할 서비스 시설, 종사원, 지역사회의 관계, 호텔의 미래, 지점망에 관한 건의 등을 말한다.

(10) 통제 및 평가

호텔서비스 마케팅 노력이 세밀하게 측정되면 될수록 비즈니스나 수익성을 확보하기 위한 미래 활동과 프로그램을 계획하기가 더욱 용이해질 것이다. PR이나 판매촉진의 비용효과를 측정하는 일은 장기간의 효과일 수 있기 때문에 측정하기 어려운 한편 행동계획과 특별 촉진계획을 세우는 같은 시기에 통제 시스템을 구축하는 것이 중요하다.

1) 호텔서비스 마케팅 계획 통제방법

- 각 시장별 숙박 수를 기록한다.
- 광고 실시 전과 실시 후의 식당 회전율을 비교한다.
- 현지광고에 있어 가장 효과적인 매체가 무엇인가를 결정하기 위해 지프 코드(zip code)를 조사한다.
- 프로모션과 기간 중 각 고객의 평균지출을 통제하여 내부 상품화 캠페인을 평가한다.
- DM의 반응과 전화 문의를 기록한다.
- 쿠폰을 활용한다.
- 특정 반응기법을 활용한다.

2) 판매목표 미달성시 고려사항

① 무책임 : 세일즈맨이나 팀리더가 계획이 추진되고 결과가 얻어지도록 감독하는 책임을 지지 않았다.

② 의사전달의 부재 : 세일즈맨이나 타부서 종사원이 마케팅 계획에 대해서 알지 못하고 있다.

③ 시간의 부족 : 대상시장에서 광고노력을 지시하거나 판매방문을 하는 데 시간할당이 충분하지 못했다.

④ 권한의 부재 : 세일즈맨들이 특수 마케팅 노력에 대한 예산을 수립할 권한이 없다.
⑤ 소구력 부재 : 고객편의가 과대평가되거나 가격경쟁력이 없다.
⑥ 통제력 부재 : 외부요인에 의해 마케팅 계획을 하향조정하게 했다.
⑦ 현실적 목표의 부재 : 고객이 살 계획이 없거나 판매목표가 너무 높으면 고객을 표적화 할 수 없게 된다.

제2절 호텔 · 관광 세일즈 서비스 마케팅 조사

1. 마케팅 조사의 정의

호텔서비스 마케팅 조사는 마케팅 정부시스템의 하위시스템으로서 흔히 마케팅 의사결정에 도움이 되는 마케팅 활동에 관한 사실을 수집 · 분석 · 평가하는 경영기능이라고 할 수 있다. 단적으로 마케팅 조사는 마케팅 전략과 관련된 의사결정을 수행하는 데 유용한 정보를 제공하는 경영기능 활동이라 할 수 있다.

이에 대한 개념 정의는 학자간에 다소 이견이 있지만, 미국 마케팅협회(AMA)의 정의에 의하면 "마케팅 조사(marketing research)란 상품 및 서비스의 마케팅에 관한 문제의 자료를 체계적으로 수집하고, 기록하고, 분석하는 것"이다. 이는 마케팅 문제의 해결을 위해 외부기관, 기업 또는 기업의 대리점에 의해 행해진다. 또는 행동과학적 접근에서는 <표 5-8>과 같이 정의하고 있다.

호텔서비스 마케팅 조사는, 첫째, 상품과 용역이 마케팅과 관련되어 있고, 둘째, 마케팅 의사결정에 필요한 정보를 제공해주는 역할을 하는데, 여기서 정보는 정확성 · 객관성 · 관련성 및 이용 가능성의 의미를 내포하며, 셋째, 정보 및 자료가 체계적이고 과학적인 분석방법을 통해 수집 · 기록 · 분석되어 경영전략 수립이나 의사결정에 유용하게 활용될 수 있다는 점에 그 의의가 있다.

이와 같은 정의에 비추어볼 때, 마케팅 조사의 기본적인 목적은 마케팅 활동의 기반이 되는 마케팅 의사결정이 합리적으로 이루어지도록 그 판단의 기초를 제공하려는 데 있다고 요약할 수 있다. 환언하면 호텔서비스 마케팅 조사의 목적은 시장변화에 대응하는 마케팅 의사결정을 구체적으로 수립하기 위한 유용한 정보의 제공에 있다고 할 수 있다.

〈표 5-8〉 호텔서비스 마케팅 조사에 대한 연구자 정리

연구자명	개념정리
쉐레이어 (F.T. Schreier)	마케팅 조사란 사람들이 재화를 획득하거나 재화를 배급할 때, 또는 이러한 활동을 준비하고 실시할 때에 사람들이 무엇을 하는가, 즉 무엇을 생각하고, 무엇을 느끼고, 무엇을 바라는가를 파악하여 설명하고, 평가하고, 예측하는 것이다.
그린과 툴 (P.E. Green & D.S. Tull)	마케팅 조사란 마케팅 분야에서 문제의 발견과 해결에 관련된 어떤 정보를 체계적이고 객관적으로 탐색하여 분석하는 것이다.
코틀러 (P. Kotler)	마케팅 조사란 재화 및 서비스의 마케팅에 있어서 의사결정과 관리를 개선하기 위해 체계적으로 문제를 분석하고, 모델을 구성하고, 사실을 찾아내는 것이다.

2. 마케팅 조사의 역할

호텔서비스 마케팅 활동을 전개함에 있어 시장정보의 역할은 절대적이다. 마케팅 조사의 역할은 시장상황, 경쟁환경, 고객취향 변화를 추적하고 자회사와 타회사의 마케팅 믹스 변수를 평가하여 최적의 마케팅 전략이 수립될 수 있도록 객관적 자료를 제공하는 것이다. 이러한 마케팅 정보는 시시각각으로 변화하는 환경 속에서 마케팅 활동과 관련된 의사결정에 따르는 불확실성과 위험성을 감소시켜준다. 마케팅 의사결정과 관련된 객관적이고 적절한 정보가 수집·분석되기 위해서는 잘 짜인 조사계획이 필요하다. 또한 마케팅 정보를 체계적으로 관리하고 필요한 자료를 선택적으로 불러와 이용할 수 있는 마케팅 정보시스템이 요구된다.

호텔서비스 마케팅 조사(marketing research)는 호텔기업이 직면하고 있는 마케팅 문제와 관련된 정보를 체계적이고 객관적으로 수집·분석·보고하는 일련의 활동이다. 편향되지 않고 신뢰성과 타당성이 있는 자료가 수집되어 체계적·과학적으로 분석·해석될 때, 이는 마케팅 관리자에게 의미 있는 정보로 전환되어 전략수립에 활용될 수 있다.

마케팅 관리자는 마케팅 조사를 통해 시장 및 고객행동에 대한 정보를 얻을 수 있으며, 마케팅 믹스와 마케팅 활동의 평가 및 통제를 할 수 있게 된다. 마케팅 조사의 분야 및 세부기능은 <표 5-9>에 제시된 바와 같다.

호텔기업에는 상황에 따라, 그리고 기업철학에 따라 마케팅 조사의 주요 목표가 달라질 수 있다. 가령 서울 M호텔은 마케팅 조사의 최우선 목표를 시장세분화 및 규모조사, 상품 서비스의 개념 개발 및 테스트, 가격 민감성 측정, 광고홍보 평가, 고객만족도 등에 호텔서비스 마케팅 조사를 두고 있다.

〈표 5-9〉 호텔서비스 마케팅 조사의 분야 및 세부기능

시장상황	시장의 매력도 조사, 시장성장률 분석, 시장잠재력 측정, 고객의 특성 및 행동 조사, 경쟁사에 대한 분석, 자사의 강점과 약점에 대한 조사, 마케팅 활동과 관여된 법률 조사
마케팅 믹스	신상품 · 서비스의 수용과 잠재력 조사, 기존상품 · 서비스의 테스트, 브랜드 인지도 및 애호도 조사, 종사원(태도 · 행동)에 대한 조사, 광고문안에 대한 조사, 광고매체에 관한 조사, 각종 판촉수단의 효과에 대한 조사
평가와 통제	광고효과에 대한 조사, 고객만족 수준에 대한 조사, 판매분석 조사, 수익성 조사, 마케팅 믹스의 민감도 조사

3. 마케팅 조사의 효용성

호텔서비스 마케팅 조사는 호텔기업 경영자로 하여금 주요 당면과제에 관해 효율적 의사결정을 가능하게 할 수 있도록 의미있는 정보를 제공해준다는 효용적 가치를 지니고 있다.

(1) 통합적 경영관리면에서의 효용적 가치

기업경영자가 의사결정 대안들 중에서 최적대안을 선택할 경우 오류의 폭을 좁혀주는 의사결정의 한 보완수단으로서 효용가치를 지닌다.

(2) 마케팅 계획의 합리적 수립을 뒷받침해주는 마케팅 믹스의 효용가치

소비자 수요에 부응하는 가격책정과 판매가능 시장의 설정이 용이하다. 또한 상품과 서비스의 최적 판매 소구점과 잠재구매자에의 최적 도달방법 및 판매촉진의 최적 시기 결정이 가능하며, 판매 증대와 판매비 절감이 가능하다는 점 등이다.

(3) 광의적 측면에서의 효용가치

생산자와 소비자간의 의사전달 방식을 생산능률과 소비자 생활수준이 향상되는 방향, 즉 시장 참여자에게 경제적인 절약을 가져다주는 방향으로 제시하는 유통경제상의 효용가치를 가지고 있다. 호텔서비스 마케팅이 이러한 효용가치를 지니기 위해서는 다음 부분을 유념해야 한다.

- 유의정보를 예상함으로써 전략적 · 전술적인 향후의 의사결정에 관한 계획활동을 지원할 수 있도록 관련성을 가져야 한다.

- 최소의 시간과 비용으로 최대의 양적 · 질적인 유의정보를 찾아내어 적시에 조사 활동이 진행되어야 한다.
- 조사설계가 아무리 완벽하다 할지라도 표본계획과 같은 기타 요인 등으로 편향성이나 왜곡성이 개재할 가능성이 높으므로 이를 감소시킬 수 있도록 정밀조사가 이루어져야 한다.

4. 효과적인 마케팅 조사의 조건

효과적인 호텔서비스 마케팅 조사의 조건으로는, ① 문제의 규정 및 조사목적의 확정이며, ② 정보출처의 개발, ③ 정보수집, ④ 정보 분석, ⑤ 조사결과 보고 등의 과정을 통해서 이루어져야 한다.

> **유익한 토막상식 : 표본추출(Sampling)**
>
> 시장조사를 할 때 모집단 전체를 대상으로 하는 전수조사는 사실상 불가능하기 때문에 모집단을 대표할 수 있는 일정의 표본을 추출해 내는 것.

제3절 호텔 · 관광 세일즈 서비스 마케팅 정보시스템

1. 마케팅 정보시스템의 정의

호텔서비스 마케팅 정보시스템(marketing information system)이란 조직 내외의 정보원으로부터 마케팅 의사결정에 유용한 정보를 효율적으로 수집 · 보관하고 보관된 정보를 신속하게 검색하고 분석하여 활용하는 정보관리 시스템을 말한다. 따라서 이러한 마케팅 정보시스템을 활용하여 마케팅 정보를 관리하고 조정하여 귀중한 정보를 마케팅 의사결정과 고객관리에 적절히 활용해야 한다.

요즘과 같이 정보와의 접근이 용이한 때에는 정보의 부족이 문제가 아니라 홍수와 같은 정보를 어떻게 관리하고 활용하느냐가 관건이다. 필요할 때 적절한 정보를 추출하여 의사결정에 활용하기 위해서는 정보를 효율적으로 관리해야 한다.

호텔서비스 마케팅 정보시스템의 기능은 정보의 입수 · 분류 · 저장 · 분석 그리고 배포이며, 마케팅 정보시스템은 이러한 기업정보 관리에 관여하는 인원과 기계 및 설비, 그리고 정보처리 절차를 모두 포함하는 개념이다.

2. 마케팅 정보시스템의 구성요소

호텔서비스 마케팅 정보시스템은 [그림 5-2]와 같은 요소를 구성되어 있다. 정보의 필요성이 있다고 판단되면 내부보고 시스템, 마케팅 조사시스템, 마케팅 환경정보 관리시스템, 정보분석 시스템과 같은 하부시스템을 통해 정보가 개발되며, 이것을 경영자에게 전달하여 마케팅 의사결정에 활용하도록 해야 한다.

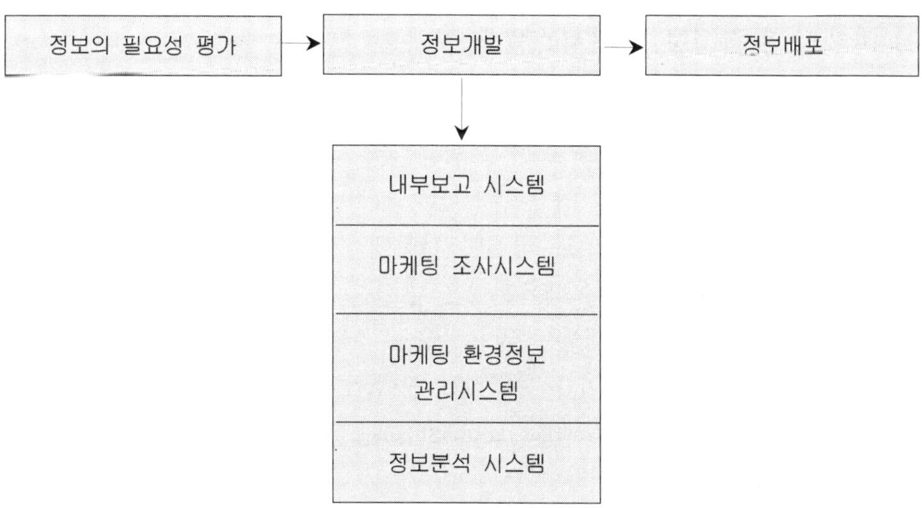

[그림 5-2] 호텔서비스 마케팅 정보시스템의 구성

(1) 내부보고 시스템

내부보고 자료(internal records information)는 마케팅 기획에 유용하게 사용될 수 있다. 예를 들어 어떤 호텔에서 여름 성수기를 위해 광고 · 홍보를 계획하는 경우, 고객들이 여름 성수기를 위해 언제 예약하는지에 대한 자료가 있을 때 비로소 광고 시기를 결정할 수 있다. 가령 고객들이 7~8월에 호텔을 사용하기 위해 보통 4~5

월에 예약한다면, 그 기간 후에 광고.홍보를 하는 것은 의미가 없을 것이다.

또한 내부보고 자료는 호텔의 부서별 업무보고 및 자료로 이루어진다. 예컨대 회계과에서는 수익・지출・현금흐름에 대한 자료를, 그리고 식당 등 각 업장에서는 총매출액, 종사원당 매출액, 메뉴 아이템 판매액, 고객의 수, 테이블당 평균매출액 등에 대한 자료를 제공할 수 있을 것이다. 또한 객실과에서는 투숙률, 평균 지불요금, 노쇼(no-shows) 비율, 호텔에 투숙한 단체의 수, 호텔예약 실적이 높은 여행사 등에 대한 정보를 제시할 수 있다.

(2) 마케팅 조사시스템

호텔의 현 상품 서비스에 대한 고객의 인지도 및 태도를 알고 싶을 때, 또는 신상품이 컨셉트에 대한 고객의 수용 정도를 파악하거나 가격을 결정하고 싶을 때 마케팅 조사를 통해 정보를 얻을 수 있다. 따라서 마케팅 조사시스템(marketing research system)이란 어떤 마케팅 관련 문제를 해결하기 위하여 조사를 통해 자료를 수집하는 시스템이다.

(3) 마케팅 환경정보 관리시스템

호텔서비스 마케팅 환경은 끊임없이 변화한다. 이와 같이 시시때때로 변화하는 환경을 모니터하고 대처방안을 마련하기 위해서는 일정 정보원이나 정보채널을 통해 외부환경에 대한 정보를 입수하고 관리하는 시스템이 필요하다.

예를 들어, 경쟁호텔의 움직임과 마케팅 전략에 대해 신뢰할 수 있는 정보를 입수할 수 있을 때 이에 상응하는 대응전략을 수립할 수 있을 것이다. 자사 및 경쟁호텔의 강약점을 측정하기 위해서는 위장고객을 투입시켜 고객의 관점에서 객관적인 평가를 내리도록 하는 방법이 사용되기도 한다.

마케팅 환경정보 관리시스템(marketing intelligence system)은 이와 같은 마케팅 정보부(marketing intelligence)의 역할을 담당한다.

(4) 정보분석 시스템

정보분석 시스템(analytical marketing system)은 여러 통로를 통해 수집된 자료를 컴퓨터 통계시스템을 이용하여 분석함으로써 경영자에게 의미있는 정보로 만들어주는 역할을 한다. 자료 분석을 할 때에는 자료 특성에 맞는 정확한 기법이 사용되어야 분석결과가 타당성을 가지게 된다.

웨스틴 조선호텔의 통합정보 시스템 사례

호텔마다 효과적인 고객관리를 위해 시스템을 정비하거나 업데이트하고, 새로운 정책을 써 현재 보유한 고객을 경쟁호텔로 빠져나가지 않도록 노력하고 있다.

웨스틴 조선호텔의 경우 2000년 9월 통합 시스템을 만들어 웨스틴 조선비치, 각 외부 사업부 등 조선호텔과 관련한 모든 시설 및 업장을 이용하면 어느 곳에서나 고객의 파일을 읽을 수 있어 고객성향을 빠르고 정확하게 파악할 수 있다.

특히 「Chosun VIP Club」이란 마일리지 개념의 멤버십 카드를 마련, 적립된 포인트를 조선호텔 레스토랑 및 외식사업부 등에서 사용하면 누적점수만큼 공제해준다. 대다수의 호텔이 객실고객만 접근해 관리하는 데 비해 웨스틴 조선은 식 · 음료와 피트니스 이용고객을 CVC를 이용해 효과적으로 관리하고 있다.

웨스틴 조선 마케팅팀 박모 주임은 "CVC 카드를 만들어 작년은 신규고객을 창출하기 위한 행사 및 프로모션을 했고, 이번 해는 집중적인 고객관리를 위한 여러 가지 프로그램을 실행했다"며 앞으로도 추진할 계획들이 많다고 밝힌다. 서비스 및 고객만족도 1위에 항상 거론되는 리츠칼튼 호텔은 객실고객만 대상으로 1회 이상 머무르면 리츠칼튼 고객으로 여겨 고객의 기호 · 성향 등을 기록한 히스토리(History)를 전세계적으로 공유해 보관한다.

특히 리츠칼튼을 계속 이용하거나 국내외적으로 유명한 연예인, 국제적인 회사의 간부 등을 VIP로 선정, Special Attention Guest로 분류해 고객이 호텔에 오기 전부터 고객기호 카드를 전사원이 인지해 무엇을 좋아하는지 싫어하는지를 파악해 서비스를 제공한다.

한편 식 · 음료를 이용하는 국내고객들을 위해 골드 멤버십을 마련해 각종 혜택을 제공한다.

3. 데이터베이스 마케팅

호텔서비스에 있어서는 고객 개개인의 특성과 욕구를 파악하여 이를 만족시키는 '맞춤서비스'를 제공함으로써 고객관리를 하는 것이 특히 중요하다. 이를 위해서는 고객자료를 수집한 후 이를 데이터베이스화하여 필요할 때 편리하게 활용하는 시스템이 갖추어져야 한다.

데이터베이스 마케팅이란 기업이 고객 개개인에 대한 정보를 수집하고, 그 자료를 컴퓨터에 입력하여 데이터베이스를 만든 다음 이 고객정보를 마케팅 믹스 전략에 활용하는 마케팅 정보시스템의 한 기법이다. 이 시스템을 통해 수집 · 관리되는 고객정보는 고객의 재방문시 그의 취향에 맞는 서비스를 제공하는 데 사용될 수 있으며, 고객이 필요로 할 만한 신상품이 개발되었을 때 선별적으로 고객을 추려내어 이를 전화나 우편으로 소개하는 데도 활용될 수 있다.

호텔에서 입수하는 고객정보의 예는 <표 5-10>에 제시되어 있다. 호텔고객 자료는 고객이 제시하는 호텔등록 양식과 그들의 코멘트를 이용하거나 세심히 고객들의 행동을 관찰함으로써 얻을 수 있다. 이뿐 아니라 고객카드와 컴퓨터 시스템을 이용하여 고객이 호텔 내 모든 업장에서 구매하는 호텔상품 및 서비스의 선호도를 컴퓨터에 입력함으로써 이를 고객정보로 활용할 수 있다.

〈표 5-10〉 호텔고객 정보

• 고객 신상정보 성명 주소(직장 · 자택) 우편번호 전화번호(직장 · 자택 · 휴대폰) 팩스(직장 · 자택) 직장 · 지위 **• 투숙인원** **• 여행목적** 상용 위락 관광 응급상황 **• 지불방법** 신용카드 현금 수표 **• 예약** 본인 직장 여행사 **• 특기사항** 특별요구사항	**• 구매상품** 객실(스위트 · 디럭스 등) 기타 상품 식당 · 바(개인 취향) 룸서비스 세탁서비스 장거리전화 미니바 헬스클럽 오락시설 기타 **• 체류기간** **• 체류시기** **• 도착교통편** 자가용 승용차 렌터카 투어버스 기차 택시 또는 리무진 **• 우수고객 회원권** 호텔 항공사 **• 생년월일** **• 결혼기념일**

4. 마케팅의 정보관리 체계

요즘과 같이 정보의 홍수 속에서 존재하고 있는 호텔기업은 그 정보관리(hotel

marketing information system) 능력에서 성공과 실패가 판가름 난다고 해도 과언이 아닐 것이다. 그만큼 정보관리가 중요하다.

호텔기업도 성공하려면 고객의 욕구와 필요를 충족시키는 일이 중요하고, 시장의 추세변화와 경쟁호텔의 움직임에 대해서도 대책이 있어야 한다. 더구나 요즘과 같이 급격히 변화하는 기업환경에 대한 정보가 없이는 신속하고도 정확한 의사결정은 불가능하게 되므로 정보는 곧 기업의 존폐의 문제라고 해도 과언은 아닐 것이다.

호텔정보의 흐름은 사외정보와 사내정보로 나누어볼 수 있다. 사외정보는 유통경로 · 경쟁자 · 공급업자, 각종 정부기관 및 협회, 그리고 시장에서 얻어진다. 사내정보는 호텔의 내부에서 얻어지는 것으로 객실점유율, 평균 객실료, 평균 투숙자 수, 회전율 · 주문율이 높은 품목 등이 그러하다. 그렇다면 호텔임원들은 내부적으로 쉽게 얻을 수 있는 정보들을 왜 희망사항에 넣고 있는가? 그 이유는 이런 분야의 정보시스템이 없기 때문일 것이다.

그러므로 호텔관광마케팅 정보시스템을 개발하는 첫 단계는 한 조직의 목표를 정하고, 필수적인 성공요인을 정하고, 그런 목표 달성을 위한 의사결정에 필요한 정보를 구명하는 일이다. 이렇게 되면 경영진은 중요 영역에 대해서 더 생각하고, 더 전념하게 하는 통로가 되는 셈이다. 주요 영역을 찾는다는 것은 그 부분의 진척을 측정하기 위해 필요한 정보를 더욱 너 찾아내게 되고, 그러한 필요는 그 정보를 저장한 시스템을 구축할 필요로 이어진다.

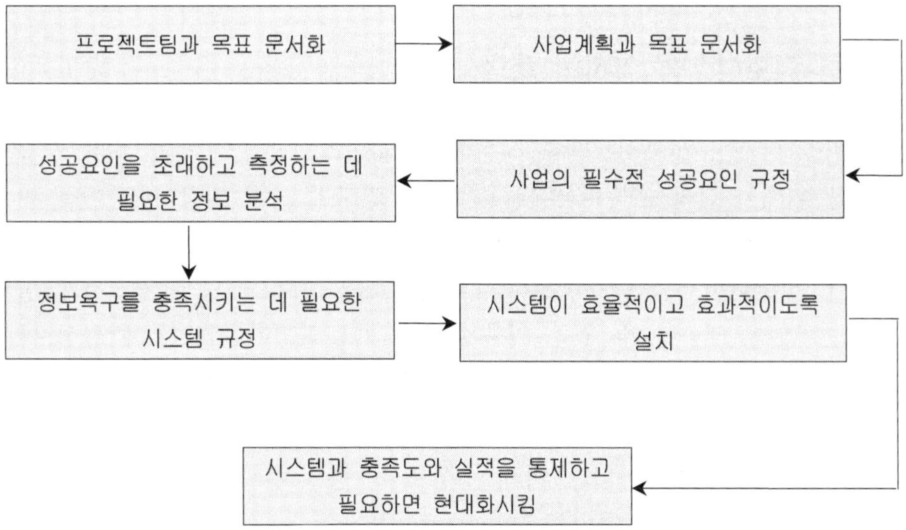

[그림 5-3] 호텔정보 시스템을 수립하기 위한 7단계

젤러(A.N. Geller)가 숙박업계를 가진 27개 호텔의 간부 74명을 대상으로 면접 조사한 바에 따르면 고객만족을 측정할 수 있는 보다 좋은 방법, 전산화된 불평처리 시스템, 일일매출 정보, 주중 매출 및 이용률, 수요예측, 예외보고, 고객정보, 마케팅 정보, 질적 정보, 재구매 고객 정도, 비매출 정보 등의 사항들에 대해서 정보욕구를 갖고 있는 것으로 조사되었다.

이외에도 사실 정보는 더 필요하다. 시장점유율, 경쟁자, 목표시장, 시장추세, 주요 거래처, 고객기대, 소비자의 인지, 마케팅 믹스, 상품과 서비스의 질, 유통채널 비율, 상품 믹스, 고객지출, 마케팅 조사, 광고효과, 기타 자료 등이다.

따라서 젤러(Geller)의 조사에 나타난 것뿐만 아니라 이와 같은 마케팅 투입자료를 얻기 위해서는 정보체계가 필요해진다. 특히 시장점유율, 상품 또는 서비스의 질, 마케팅 비용 지출 등은 투자액, 조사개발비, 기업의 다양성과 더불어 주요 산업의 수익성에 영향을 미치는 중요한 요인이 되는 것이다.

훌륭한 호텔정보 시스템은 다음과 같은 조건을 요구한다.

- 준비된 정보가 사용자 욕구를 충족시켜야 한다.
- 정보는 정확하고 객관적이어야 한다.
- 정보는 상호 연관되도록 요약되고 양이 많지 않아야 한다.
- 정보는 조직 내에서 빠르고 원활하게 흘러야 하며, 관련된 자에게 전달되어야 한다.
- 시스템은 융통성이 있어야 하며, 중요한 요인이 변할 때 변화할 수 있어야 한다.

5. 마케팅 정보시스템 설치의 목적

호텔서비스 마케팅 정보시스템을 설치하는 기본 목적은 경영자가 목표 지향적인 업무추진을 위해서 합리적인 의사결정을 할 수 있도록 하기 위함이다. 이를 위해서 마케팅 정보시스템은 경영자가 훌륭한 의사결정을 하기 위해 사용하게 될 정보를 수집, 처리, 전달하지 않으면 안 된다. 따라서 호텔 정보시스템은 경영자가 필요로 할 때 관련정보를 제공할 수 있는 이용자 시스템이 되어야 하는데, 관련정보를 적절히 평가 · 지적하고, 어떤 정보가 보다 합리적인 의사결정을 가능하게 하는가를 알고, 필요한 경우 결정된 규칙이나 실적을 피드백 해주어야 한다.

효율적으로 운영되기만 한다면 마케팅 정보시스템은 통제 · 계획 · 기초연구와 같은 경영활동 분야에서 많은 편익을 제공할 수 있다.

(1) 통제면에서의 편익

- 마케팅 비용을 통제할 수 있다.
- 불량한 판매실적을 진단할 수 있다.
- 유행상품을 효과적으로 관리할 수 있다.
- 탄력적인 촉진전략을 사용 가능하게 한다.

(2) 계획면에서의 편익

- 촉진계획 및 기업 장기계획에 응용된다.
- 산업용품의 수요예측이 가능하다.
- 자동적인 회상관리가 가능하다.
- 상세한 판매보고에 의해 경영자의 의사결정을 자동화할 수 있어 표준품목의 재구매를 가능하게 해준다.

(3) 자기 연구면에서의 편익

- 광고전략의 응용이 가능하다.
- 가격전략에 응용할 수 있다.
- 잘 설계된 자료뱅크로 광고 비평가에 응용될 수 있다.
- 고객유형별 촉진전략의 변화를 계속하여 판매결과에 대응하여 파악 할 수 있는 등 계속적인 실험을 할 수 있다.

따라서 호텔관광마케팅 정보시스템은 계속적인 시스템으로서 관심을 두고, 과거보다는 미래 지향적인 경향이 높으며, 컴퓨터의 데이터베이스로 활용된다. 마지막으로 마케팅 조사 이외에도 정보제공원이 있다.

또한 경영자가 필요로 할 때 관련정보를 제공할 수 있는 이용자 중심 시스템이 되어야 하는데, 이는 마케팅 조사와는 달리 외부 및 내부 정보를 동시에 취급하며, 마케팅 문제 해결뿐만 아니라 문제 예방에도 관심을 둔다.

6. 마케팅 정보시스템의 구성요소

호텔서비스 마케팅 정보시스템을 구성하는 주요 요소 중의 하나는 마케팅 조사시스템이다. 이것은 기업이 당면한 특수 마케팅 상황과 관련된 자료와 사실들을 체계적으로 설계, 수집, 분석, 보고하는 체계이다. 그러므로 마케팅 조사시스템은 호텔의 시장을 실제적으로 알 수 있는 유일의 방법이다.

따라서 호텔관광마케팅 조사의 필요성을 주로 야기시키는 것은 시장경쟁 상황이다. 고객을 창조하고 유지하는 일이 더욱 어려워짐에 따라 고객을 알고 이해하는 일이 더욱더 필요하게 된다. 이것 때문에 시장조사는 확실성을 높이고 직관보다는 사실, 시장의 흐름과 일치, 필요와 욕구를 결정, 하위시장과 목표시장 확인, 전략과 전술 계획, 미래 대비, 사업결정을 하기 위하여 필요해진다.

또한 호텔기업이 일반적으로 벌이는 조사활동은 시장특성 외 규정, 시장잠재성 측정, 시장점유율 분석, 판매 분석, 기업활동 추세에 대한 연구, 경쟁상품 연구, 단기판매 예측, 신상품 수용도 및 잠재성 조사, 장기판매 예측, 가격정책 등이 있다.

그러므로 호텔관광마케팅 조사를 필요로 하는 마케팅 담당자는 저렴한 가격으로 올바른 정보를 얻을 수 있어야 하므로 조사의 기획과 결과해석에 참여할 수 있도록 마케팅 조사절차를 숙지하는 일이 필수적이다. 그러나 2차 정보자료(secondary data)는 기업내부의 판매자료, 정부간행물, 정기간행물 및 문헌, 기타 상업적인 자료로서 조사비용이 저렴하고 이용하기 쉽다는 이익이 있으나 필요한 자료가 없거나 오래된 것이나 부정확 · 불완전하며 신뢰성이 떨어지기 쉽다. 1차 정보자료(primary data)는 2차 정보자료를 통해 얻을 수 없는 자료를 직접조사를 통해서 얻는 것을 말하며, 이때 이용되는 방법은 관찰조사 · 설문조사 · 실험조사 등이다.

이와 같은 마케팅 조사를 호텔 자체 내에서 할 것인가, 외부기관에 의뢰하여 실시할 것인가는 각각 장단점이 있으므로 신중히 결정해야 할 문제이다.

제1절 호텔 · 관광 세일즈 서비스 관계 마케팅

1. 관계 마케팅의 개념과 필요성

호텔서비스 관계 마케팅(hotel service relationship marketing)은 전통적인 마케팅 활동이 서비스 산업의 발전추세에 힘입어 탄생되었으며, 전통 4P's로는 설명이 부족하다는 요구에 의하여 부각되기 시작하였다. 따라서 4P's의 불만족을 극복하기 위한 서비스 마케팅은 페인(Payne)에 의하면 마케팅 자체가 상품 거래를 시작해서 거래를 성립하는 것으로 종결되어서는 안 되고, 구매자와의 반복되는 관계지속 과정을 개선시켜야 한다는 점에서 그 이론적 배경의 틀이 형성되었다.

마케팅 개념의 역사는 1950년대 대량화를 도모하는 산업 마케팅을 시작으로 1980년대 사회 지향적인 서비스 마케팅, 그리고 1990년대 이후 고객과의 상호 관계속성 파악의 변화를 고려한 고객관계 창조와 유지발전이 순환되는 과정(Gronroos)을 연구하기에 이르렀다.

다시 말해서 시장을 고객에게 한정시키지 않고 공급자 · 종사원(내부조직)·소비자로 확대하여 상호간의 공동 갈등을 유발하면서 기업의 이익을 추구하는 것보다 상호 협동적이고 우호적인 관계를 형성함으로써 공동이익과 고객욕구를 심미적으로 만족시킬 수 있는 관계 마케팅이 지속적으로 전개되어야 한다고 할 수 있겠다.

〈표 6-1〉 연구학자들의 관계마케팅의 개념과 특성

연구자명	개념 정의 및 특성
Gronroos(1990)	고객과의 관계를 수립하고, 유지하며 촉진시키는 것을 상품화하여 고객들간의 만남까지를 목표에 포함시키는 것
Shani & Chalasani(1992)	개인적인 고객을 만들고, 유지 및 동화를 집대성하며, 노력과 상호작용, 개별화, 장기적인 가치추구를 위해, 그리고 상호간의 이익을 위해 고객망(customer network)을 강화하는 것
J. Copulsky & M.J. Wolf(1990)	관계마케팅이란 관련상품과 서비스를 고객에게 효과적으로 접근하기 위해 광고 및 홍보, 프로모션과 같이 다이렉트 마케팅을 결합하는 것
Berry & Parasuraman (1991)	복합적인 서비스 조직 안에서 고객과의 관계강화를 시키는 유인력과 유지력을 갖고 있으며, 고객유지의 관계를 발전시키고, 더 나아가 자연적으로 고객과 기업상호간의 관계약속을 정립화하여 새로운 근간을 만드는 것
Mckenna(1991)	기업과 고객 사이의 관계를 강조하면서, 관계를 창조하기 위해서는 고객을 기업 속으로 통합하는 방법을 찾았다. 그의 이론은 두 사람 사이의 사적인 개인관계는 만남, 정보공유, 상호간의 적응, 진전, 상호이익으로 진전되는 과정에서 조직과 고객 사이의 관계와도 유사하다고 함
Webster(1992)	마케팅 분야의 재이동에 따른 고객유지 관계를 제시함
Morgan & Hunt(1994)	공급자 관계, 외적 관계, 구매자 관계의 성공적인 관계에서 중요 역할 변수로 몰입(commitment)과 신뢰를 가정한 일반이론을 제시함
Lewis & Chambers(1989)	고객에게 편익과 만족을 제공함으로써 고객의 예고를 확보하려는 호텔업의 경우 이런 관계마케팅을 적절히 실천하는 것은 절대적으로 필요하다. 이러한 관계마케팅은 일상적으로 수행되어야 하나 고객이 계속해서, 혹은 주기적으로 서비스 제공을 원할 경우와 호텔서비스를 이용하는 고객이 호텔을 자율적으로 선택할 수 있는 재량권을 가지고 있을 때 더욱더 관계마케팅의 필요성이 높다.
Crosby, Evance & Cowles(1990)	호텔서비스 종사원과 고객간의 우호적 관계가 관계마케팅 성과에 필수조건이긴 하지만, 호텔서비스 종사원의 속성 요인만으로는 관계마케팅이 형성되는 것은 아니다. 즉, 서비스 종사원과 고객간의 우호적 관계를 서비스 질에 따라서 많은 영향을 주는 관계마케팅 활동이 요구된다.
Martin(1990)	고객과의 관계 지향적 상호행동을 신뢰, 대화의 빈도(방향 · 도덕성 · 내용), 대화의 질, 규범(유연성 · 정보교환 · 협력) 등으로 제안하고, 이것들이 관계유지에 영향을 끼친다.
Payne, Martin & Ballantyne(1991)	관계마케팅은 호텔충성도를 갖는 고객을 확보하는 데 있어서 유효한 방법으로 현재의 고객은 예상고객보다 훨씬 더 중요한 의미로서 새로운 고객 확보보다 기존고객 유지가 더 중요하고, 평균고객보다 최신고객이 중요하므로 고객과 호텔상품 · 서비스를 연결시키는 관계가 중요한 것이다.

이러한 관계 마케팅은 현재 관심을 가지고 있는 고객관계 마케팅(CRM)의 전 단계라고 할 수 있다. 고객관계 마케팅과 관계 마케팅의 배경은 같다. 하나는 고객의

욕구가 다양화해지고 있는 것이고, 또한 기업이 매스 마케팅(mass marketing)이나 매스 프로덕션(mass production)처럼 매스(mass)가 붙는 경영기법을 가지고 영업하고, 운영하기에는 비용이 비효율적으로 많이 사용되고 있는 것이다. 즉 과다비용 지출 증가추세에 있는 것이다.

광고가 한번 히트하게 되면 판매가 엄청나게 올라간다. 하지만 어떤 경우에는 광고는 잘 했는데도 별로 효과가 없는 경우도 굉장히 많다. 어떤 사람도 그 광고를 다 기억하고 있는데 그것이 실제로 기업의 매출이나 수익성으로 연결이 안 되는 경우가 송송 있다. 그래서 실질적으로 매스 프로덕션, 매스 마케팅, 매스 매니지먼트(mass management)라는 패러다임을 바꾸어야 한다. 더이상 이런 비용구조로는 경쟁력을 갖출 수 없다.

정리하여 말하자면 관계(relationship)라는 단어의 정의는 필연적인 제휴나 연결로서 두 개체에 이익을 줄 수 있는 연결 및 연관관계를 포함한다. 즉 서비스 마케팅 안에서의 관계 마케팅(relationship marketing)이란 기업과 고객을 연관시켜 마케팅 활동을 지향하는 것이라 할 수 있다.

2. 고객들의 다양한 욕구

개인이 좀 더 자신의 취향에 맞는 상품과 서비스를 원하고 있는 고품질 · 고가치적인 것을 선호하고 있다. 소비자들이 원하는 상품특성은 신뢰성, 내구성, 쉬운 관리, 쉬운 사용법, 유명상표, 낮은 가격 등을 들 수 있다. 또한 고객서비스에 대한 욕구는 나날이 다양해지고 고도화되고 있다. 이런 다양한 욕구를 가지고 있기에 고객의 충성도는 시대가 가면 갈수록 저하되고 있다.

한번 떠난 고객을 매스 마케팅(mass marketing) 기법을 통해서 다시 끌어들이는 비용은 엄청날 것이다.

유익한 토막상식 : 매스 커스터마이제이션

매스 커스터마이제이션(mass customization)은 개인 맞춤 서비스나 상품(customization)을 대량생산(mass)해 원가를 낮추어 공급하여 차별화와 원가우위를 동시에 달성하기 위한 경영기법이다.

3. 관계 마케팅 활동

호텔기업은 고객과 개별적인 관계를 형성하기 위하여 다음과 같은 단계를 구축하고 있다.

- 데이터베이스 구축
- 고객의 소비동향을 주시하여 관계를 형성하고자 하는 고객 개개인의 소비성향을 조사
- 고객 식별을 통하여 관계구축
- 고객에 대한 보상으로 지속적인 관계거래
- 커뮤니케이션 활동에 의한 지속적인 대화

4. 관계 마케팅 활동요인

호텔기업에 있어서 관계시장을 형성하는 것은 고객과의 신뢰 및 신용관계를 공고히 하고자 하는 마케팅 사이에 선택의 기술로 되어가고 있다. 관계시장의 중요한 원칙은 호텔이 단골고객을 확보하여 단골고객에게 거래의 보상과 지속적인 커뮤니케이션을 시도했을 때 고객은 분명히 호텔을 재방문할 것이다. 호텔업은 고객들이 이용할 때마다 자신들에 관한 비평적인 호텔정보를 제공하는 몇 안 되는 산업 가운데 하나이다.

"관계 마케팅에 있어서 가장 중요한 성공요소 중의 하나는 조직 전체 구성원들의 서비스 마케팅 지향성이라는 것을 인식하는 것"이라는 조지(George)의 표현대로 대부분의 호텔기업에 있어서 마케팅 활동은 서비스 공급자로서 고객관계의 성공적인 형성과 지속적인 관리에 달려 있으며, 이러한 상호 만족적인 관계의 증진과 장기적인 관계의 조직관리를 통하여 기업은 이득을 획득할 수 있다.

기업간의 장기적 관계유지는 경쟁기업에 대한 진입장벽 관점에서 잠재적인 효과뿐만 아니라, 관계 내에서 물리적 역할의 다른 영역으로서의 파급효과에도 중요한 의미를 갖는다. 이러한 양자의 관계를 개선·발전시키고자 하는 의지를 가진 고객들에게 있어서는 매우 중요한 관건이 된다.

한번 이러한 관계에 도달하게 되면 호텔과 고객 사이에서는 실질적으로 의사소통이 증가하게 되며, 관계수립은 물론 안정적 관계가 유지된다. 또한 관계유지는 호텔기업의 불확실성 제거, 교환 효율성과 만족 등의 효용을 제공하는데 이는 호텔을 가격경쟁으로부터 벗어날 수 있게 한다. 이것을 호텔기업에서 고객을 일련의 분리된 거래로 보는 것보다는 다양한 복합서비스 시설, 상품 및 인적 서비스를 포함하고 있는 고객유지와 상호 신뢰성의 중요성을 인식한 것이다.

(1) 고객과의 신뢰적 서비스

호텔의 신뢰적 서비스 활동은 종사원의 공평정대한 서비스 분배와 태도, 예약제도에 있어서의 계약의 믿음성, 호텔 프로그램의 실효성(사용고객 우대 프로그램, 호텔 VIP 카드), 가치공유, 멤버십 제도의 고객유지 관리 등을 포함한다. 따라서 고객과의 신뢰는 최근의 마케팅에서 관계 마케팅에 관한 중요한 부분으로 묘사되고 있으며, 고객과의 장기관계를 개발 · 유지하는 데 매우 중요한 요소가 된다.

(2) 고객과의 접촉서비스

고객접촉 서비스 활동은 고객과 접촉 및 대화하려는 수단, 호텔의 불평유도 전략, 불평불만 처리, 고객상담, 고객설문 카드, 고객요구의 시정 등을 포함한다고 볼 수 있다.

호텔기업이 고객으로 받은 피드백은 대부분 고객측으로부터 시작되는 경우이다. 따라서 호텔기업은 고객과의 접촉이 관계마케팅 활동의 중요한 상호작용이므로 매우 중요하다.

크로스비(Crosby)는 "판매자가 소비자의 개인적 혹은 사업적 목적으로의 대화"를 일컬어 '접촉빈도'라 규정하고 있다. 윌리엄슨(Williamson)는 고객접촉을 "종사원과의 대화경로를 개설하고 관계유지에 노력하는 것"이라고 규성하였다. 따라서 관계 마케팅 활동에서 중요한 종사원과 고객과의 인간적인 관계 형성, 즉 사회 접촉 및 커뮤니케이션 활동에 의한 우호적 관계 노력에 힘을 기울여야 한다.

고객과의 접촉이나 대화하려는 수단 및 방법의 일환으로 호텔의 불평유도 전략, 불평불만 처리, 고객상담을 들 수 있다.

(3) 커뮤니케이션 서비스

호텔의 대고객 커뮤니케이션 활동요인은 호텔 뉴스레터, 브로슈어, 다이렉트 메일, 텔레마케팅, 회원모임 관리, 고객을 위한 이벤트 개최, 종사원의 대화의 질, 정보제공 등을 포함한다.

관계 마케팅 활동에 있어서 기존 항공사와 호텔에서는 로열티 프로그램(royalty programs)을 운영하고 있는데, 이것은 고객과 기업간의 커뮤니케이션 활동의 근간이라 볼 수 있다.

힐튼 호텔의 커뮤니케이션 활동의 하나로서 비즈니스 프리빌리지(business privilege) 부서는 자주 여행하는 호텔고객을 대상으로 외국을 방문하는 고객과의 커뮤니케이션 관계를 정립하는 것이 고객유지에 매우 중요한 요인이 되고 있다.

1 : 1 마케팅은 고객에 대한 가치(customer value)를 추출할 수 있는 관계마케팅에 있어서 매우 중요한 개념이다.

5. 고객만족 관계 마케팅 적용

호텔을 자주 이용하는 고객을 어떻게 관리하여 '우리 고객'으로 만들 수 있을까라는 고민은 서비스 업계라면 당연히 하는 하나의 과제일 것이다.

호텔 마케팅팀에서 매년·매주기 호텔을 이용하는 '고객'을 '우리 고객'으로 만들기 위한 방안인 고객관리는 과거의 단순히 고객 얼굴을 알아보던 것에서 최근에는 첨단장비를 이용해 고객 성향을 분석하고, 개개인을 위한 맞춤서비스로 변화되고 있다. 이른바 체계적인 고객관계관리(CRM : Customer Relationship Management)가 이루어지고 있는 것이다.

고객관계 관리는 고객과 관련된 자료를 분석하여 고객특성에 기초한 마케팅 활동을 계획·지원·평가하는 관리체계로서 1980년대에 등장한 채널에서의 고객관계 유지를 중시하는 관계마케팅(relationship marketing)과 CS, DBM 등이 진화하여 출현하였고 1 : 1 마케팅, 개인화된 마케팅도 단골손님 위주로 운영하던 지역상가의 전통적인 개별고객 서비스를 의미한다.

또한 기업가치가 고객으로부터 나온다는 기본 인식에 기초하여 마케팅 패러다임이 상품판매 중심에서 기존의 우수고객을 유지하고, 이탈고객을 최소화하는 관계마케팅으로 이동하였으며, 전산시스템만의 변화가 아니라 경영전략·조직·프로세스, 고객접점 채널 상의 모든 변화를 의미한다.

한편 호텔경영에 있어서 불변의 법칙은 호텔기업과 고객과의 장기적인 관계를 형성하는 관점에서 고객의 확보·유지·보존을 끊임없이 추구하여야 한다는 점이다. 이전까지 매스 마케팅을 중심으로 하여 세분화 마케팅, 틈새마케팅을 거쳐 조금 더 발전한 데이터베이스 마케팅으로 이어지면서 IT 기술의 발전이 호텔기업의 내·외부 정보를 통합하여 호텔·관광 마케팅 활동에 이용하게 되었다. 이러한 고객의 데이터를 통합·분석함으로써 진보된 방식의 마케팅 기법을 제공한 것이 고객관계 관리이다.

스타스클리드(Stathclyde) 대학의 토카스(Tzokas) 박사는 관계 데이터베이스가 고객관계 관리에서 중심적인 역할을 수행해오고 있다고 지적하고, "고객관계 관리란 IT가 강화된 가치 프로세스"라고 하였다. 그러나 호텔·관광 마케팅의 최근 연구에 따르면, 대부분의 고객관계 관리시스템이 호텔 소비자에게 전혀 초점을 맞추고 있지 않고 있으며, 필요로 하는 정보기술·세일즈·마케팅·훈련, 혹은 멤버 서비스와 같은 모든 부문에 관여하려 하지 않고 있다.

그 이유로는 고객관계 관리를 컴퓨터의 기술로서 인식하고, 마케팅과 서비스 전략으로 간주하지 않고 있기 때문이다. 또한 시시각각으로 변화하는 환경에 대처하지 못하고 한번 구축되면 하나의 도구로서만 이용하려 하기 때문이다.

또한 고객관계 관리는 시종일관 철학적 사고의 변화가 요구되는 호텔시장에서 주요한 경영전략으로 대두되고 있다.

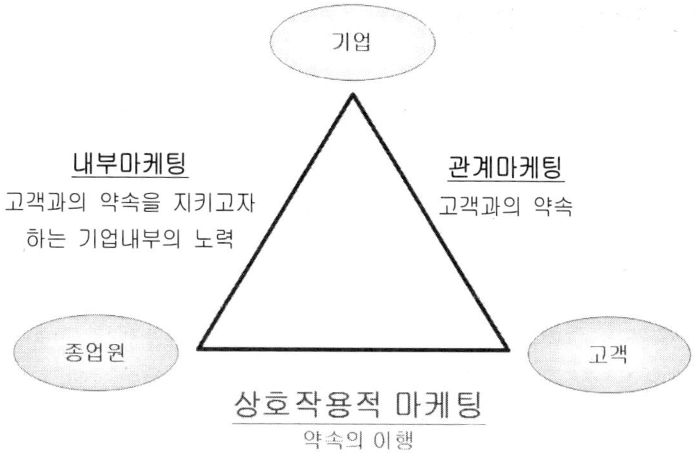

[그림 6-1] 호텔기업 - 종사원 - 고객의 관계마케팅

호텔 전종사원이 마케팅 사고와 고객을 위한 독특한 서비스 전략을 발전시키기 위해서는 고객관계 관리의 통합된 자료와 정보 및 프로그램을 사용하여야 한다. 이는 호텔경영에 있어서 고객관계 관리는 꾸준하게 호텔종사원과 고객의 모든 관점에서 접촉되어 만들어져야 되기 때문이다.

호텔경영과 고객관계 관리를 통합하는 기술 해법은 호텔서비스 전략 구성요소인 고객과의 접촉관리, 서비스 이익 계산, 고객의 행동추적 체계, 고객마케팅 판촉관리, 고객존중 등을 통합관리 강화를 통하여 이루어낼 수 있다. 예를 들어 권한위임을 부여받은 호텔종사원이 고객접촉시 고객들과의 사전행동적인 의사소통을 통해 고객의 특성을 읽은 다음 그러한 고객의 개인적인 욕구에 대한 서비스와 상품을 맞추어주는 것이다. 이는 고객이 호텔서비스 상품을 이용에 따른 혜택(benefits) 및 보상체계를 발전시키기 위해, 시장고객 정보자료(marketing customer information file) 체계를 사용해야 하므로 고객관계 관리와 호텔경영의 통합적인 관리가 필요한 것이다.

일반적으로 호텔의 고객정보 자료는 많은 장점을 가지고 있지만 호텔경영의 목적으로만 활용한다면 한계를 가지고 있어, 이러한 한계점을 고객관계 관리로 해결할 수가 있다.

올바른 고객관계 관리 기술은 호텔경영이 변화되는 환경문화에 적응해야 합리적이고 타당한 이유를 가지고 고객에게 접근할 수 있어야 한다. 일반적인 호텔경영에 따른 마케팅 기법은 고객에게 서비스와 상품 정보를 제공하는 것을 도와줄 수 있지만, 그것은 정상적인 상품과 서비스로 호텔의 특별고객으로 만드는 것에는 한계가 있기 때문이다.

이와 같이 고객관계 관리는 한 부문의 도구로서가 아닌 호텔경영에 있어서 거대한 투자를 동반하여야 하는 것이다.

6. CRM의 전략적 구성요인

고객관계 관리의 구성요인은 전략 · 사람 · 기술정보력이며, 그 전개과정 차원에서 모든 것이 이루어져야 한다. 구성요인을 살펴보면 고객관계 관리가 하나의 도구가 아니며, 호텔기업의 전사적 차원에서의 경영 미션이 호텔기업 곳곳에 스며들지 않으면 고객관계 관리 도입시 어떻게 활용하고 어떤 효과를 얻을지 많은 호텔경영 전략에 많은 의문점을 가질 수 있다.

따라서 고객관계 관리와 호텔경영의 모든 요소들이 관계를 만들고, 어떻게 그것들이 함께 어울릴 수 있는지를 고려해야 한다. 호텔의 경영조직은 전체적으로 복합된 요소와 연계되어 경영해야만 현명한 호텔고객과 직원들, 공급자, 유통, 제휴 파트너 등과 유기적인 체재를 구축할 수가 있다. 즉 성공적인 고객관계 관리와 호텔경영은 상호적 신뢰를 바탕으로 구축 환경에 의존하며, 관계들을 촉진시키는 호텔조직 구성은 호텔경영 전략을 구축하는 데 용이하게 해야 한다. 고객관계 관리와 호텔경영 관계는 상호간의 관계에 의해 더 잘 조직되어 고객연결의 다양한 관점과 관계경영을 할 수 있을 것이다.

현 시대의 고객관계 관리는 단순히 호텔관광마케팅의 전략도구가 아니다. 그것은 호텔경영을 하기 위한 기초적인 접근방법이라는 것을 명심하여야 할 것이다.

7. 고객만족과 CRM

일반적으로 고객관계 관리는 고객에 대한 정보를 수집하고, 수집된 정보를 효과적으로 활용해 신규고객 획득에서 우수고객 유지, 고객가치 증진, 잠재고객 활성화와 같은 사이클을 통하여 고객을 적극적으로 관리하고 유지하며, 고객의 가치를 극대화시키기 위한 마케팅 전략의 일환이다.

고객의 욕구를 고객집단이 아닌 고객 개개인으로 개별화 · 개체화하여 이들의 욕구를 충족시켜 줌으로써 고객의 신뢰를 개선시켜, 이것을 바탕으로 고객과 장기적 유대관계를 형성하는 경영기법이다. 즉, 고객들과 만족스러운 관계를 오랫동안 유지할 때 고객 1인당 구매액은 증가하고, 이들의 구매빈도도 높아진다.

또한 기업에 대한 충성도가 높아져 다른 경쟁사와 경쟁을 벌여야 하는 부담을 줄일 수 있으며, 기존고객들이 구전(口傳)을 통해 입에서 입으로 상품을 선전하고 소개함에 따라 신규고객을 쉽게 확보할 수 있다. 이렇게 되면 수익성이 높아지는 것은 당연한 일이다.

일반적으로 신규고객 획득비용은 기존고객을 유지하는 비용의 몇 배 이상이듯이 새롭게 예상고객을 찾아서 구입까지 끌어들이는 것보다 우선은 기존고객을 안정적으로 확보하고, 반복구입을 촉진한다는 자세가 비용면에서 보아도 대단히 효과적이라고 할 수 있다.

고객관계 관리에서는 기존고객 정착과 반복구입 촉진을 우선시하고, 다음으로 신규고객에 대한 접근을 생각한다. 흔히 우리가 알고 있는 고객만족과 고객관리는 기본적으로 고객의 요구를 만족시켜주는 것이지만 고객관계 관리는 거래관계가 있는 고객의 과거 · 현재를 포함하여 미래의 잠재고객까지 모두 그 대상으로 한다.

고객과의 접촉, 거래이력을 활용해 이 고객이 다음에 무엇을 필요로 하는지 예측해 능동적으로 마케팅에 활용한다. 반면, 고객만족은 현재고객이 무엇을 필요로 하는지에만 초점이 맞추어져 있다. 즉, 고객관계 관리는 체계적인 고객정보의 축적 및 분석 결과를 마케팅에 활용해 고객과의 관계를 지속적으로 유지해 경영성과를 극대화하고자 하는 일종의 경영전략이다.

8. 변화하는 CRM

과거 호텔에서는 객실을 이용하는 고객이 작성한 고객카드를 이용해 고객성향을 알고, 현재고객을 만족시켜주는 고객만족의 단계였다. 즉 고객이 다시 찾을 때까지 기다리는 소극적인 고객관리를 취했다. 그러나 최근 대부분 호텔에서 적용하고 있는 고객관계 관리는 고객 데이터베이스가 있는 멤버십 카드 회원을 관리하는 것이 대표적이다. 호텔을 얼마만큼 이용하느냐에 따라 고객을 분류해 멤버십으로 전환시키는 것이다.

멤버십 카드 고객은 크게 객실 이용고객, 식음료 이용고객, 피트니스 이용고객으로 나뉜다. 호텔 이용횟수에 따라 자동적으로 가입되는 멤버십과 연회비를 내고 할인혜택을 받을 수 있는 멤버십, 일정수준 이용시 가입되는 멤버십 등 각각 가입조건은 다르지만 호텔마다 멤버십에 가입된 고객의 특성을 데이터베이스화하여 마케팅 및 프로모션을 진행한다. 고객의 과거와 현재 정보를 발판으로 확실한 미래고객을 창출하는 것이다.

VIP 관리는 호텔마다 정도는 다르지만 고객이 '특별함'을 느끼기에 충분한 배려를 하고 있다. 대부분 호텔은 VIP 관리를 위한 EFL(Executive Floor Lounge)을 마련, 편리한 체크인 · 체크아웃 등을 비롯한 비즈니스 공간을 마련해둔다.

한편 VIP을 선정기준은 호텔마다 다르지만 대부분 사회에서 고객의 지위 · 재력 · 명성 등을 고려해 VIP로 선정하고, 호텔 이용횟수와 매출실적에 따라서도 선정한다.

한 고객관계 관리 담당자는 "VIP 고객은 어떤 할인혜택 등을 바라는 것이 아니고 남과 다른 서비스를 원한다"며, VIP고객에게 내 집과 같은 자연스런 서비스를 제공하는 것이 VIP 고객관리의 포인트라고 밝힌다.

즉 호텔에서 취하고 있는 고객관리를 보면 경영측면에서 호텔의 특성상 집단을 만들어 획일적으로 관리할 수 없었던 과거와 다르게 최근 멤버십이란 시스템을 이용하여, 효율적으로 단순작업을 처리하며, 특별한 고객을 위한 세심한 서비스를 제공해 대중마케팅(mass marketing)과 원투원 마케팅(one-to-one marketing)으로 전략적 마케팅을 실시하고 있다.

호텔의 '리츠 포즈' 사례

"리츠칼튼이 주는 경험은 행복을 심어주고, 그리고 손님들이 표현하지 않은 바람과 니즈까지도 충족시키는 것이다."

– 톰 피터

리츠 포즈란 이 호텔의 직원들이 고객들과 마주칠 때마다 잠시 멈추어서 "안녕하세요? 무엇을 도와드릴까요?"라고 말하는 것이다.

얼마 전 이틀 동안 두 호텔에서 하룻밤씩 묵은 적이 있었다. 첫번째 호텔은 애틀랜타 피치트리 센터에 있는 '리츠-칼튼'이었다. 하룻밤을 머무는 동안 약 25~30명 정도의 호텔직원들과 마주쳤다. 그 중에는 청소부도 있었고, 웨이터도 있었고, 정비사도 있었으며, 겨드랑이에 서류를 잔뜩 끼고 회의장으로 가는 회계부 직원들도 있었다.

그들은 하나같이 내가 '리츠 포즈(Ritz Pause)'라고 명명한 행동을 보여주었다.

즉 손님인 나와 마주칠 때마다 잠시 멈추어서 "안녕하세요? 뭘 도와드릴까요?"라고 말하는 것이었다.

둘째 날 머문 호텔에 굳이 이름을 붙이자면 '좋은 호텔'이었다. 그 호텔의 서비스에 아무런 문제가 없었다. 그러나 이 호텔에서 마주친 약 25명 정도의 직원 중 '리츠 포즈'를 취한 사람은 단 한 사람도 없었다. 정비사도, 청소부도 다 마찬가지 였다. 나는 그들에게 있어 눈에 밟히는 귀찮은 존재는 아니었다. 그들의 눈에는 아예 내가 보이지 않는 존재였다.

결국 '리츠 포즈'는 리츠칼튼만이 가진 트레이드 마크다. 누구나 할 수 있는 일이 아니기 때문이다.

☑ 서울신라호텔의 다양한 멤버십과 맞춤서비스 사례

서울신라호텔의 경우 식음료 · 객실 · 면세점으로 나뉜 멤버십을 운영하고 있다. 객실 고객의 경우 이용횟수에 따라 4가지 등급으로 나뉘어 혜택이 달라지고, 적립 포인트에 따라 신라호텔에서 이용할 수 있는 상품권이 주어진다.

고객관리팀 소모씨는 "이 멤버십 카드를 이용해 신라호텔 객실을 이용한 고객 중 20% 정도 관리할 수 있다"고 밝힌다. 식음료 고객의 경우 「Double Choice」라는 멤버십 카드를 만들어 일정금액의 연회비를 내면 인터컨티넨탈과 신라호텔 식음료업장에서 할인혜택을 받을 수 있다. 이 경우는 텔레마케팅으로 고객을 끌어들여, 호텔에서 드물게 신규고객을 창출해내는 대중마케팅(mass marketing) 중 하나인 셈이다. 때문에 대부분 멤버십 회원이 객실 이용고객과 겹치는 데 비해 이 멤버십 회원은 겹치는 부문이 적은 편이다.

소모씨는 신라호텔의 고객관리에 대해 "고객파일을 바탕으로 여행객의 분류와 체류기간, 계약을 어떤 방식으로 했는지, 방문횟수는 얼마큼인지를 보고 고객을 분류해 고객의 타입에 따라 그 조건에 맞는 맞춤서비스를 제공하는 것"이라며, 멤버십은 고객에게 베푸는 일종의 서비스일 뿐이라고 말한다.

아미가 호텔 고객관리 역시 객실을 이용하는 고객, 식음료 고객, 피트니스 및 기타 멤버십 회원으로 분류되어 관리된다. VIP 선정은 이용횟수와 고객 지위 및 명성, 지출금액 등의 상관관계로 호텔에서 지정해 다양한 경품행사 및 혜택을 제공한다.

고객관리에 관해 마케팅팀 조모본 부장은 "고객만족은 끝이 없다. 고객의 기준보다 호텔에서 정한 기준치에 맞게 고객을 위한 만족을 주는 것이 고객관리 방침이다"라며, 아주 근본적인 "고객접촉 기회를 높여 다시 찾게끔 하는 것"이라고 설명한다.

한편, 조모본 부장은 "효율적인 관리 프로그램 및 시스템을 도입하기 위해 아웃소싱을 의뢰하려 했지만 고객파일을 외부로 유출할 수 없다는 호텔경영상의 특성과 객실 및 식음료 고객 파일이 다른 점 때문에 데이터 공유가 되지 않아 어려움이 있다"고 밝힌다.

☑ 롯데, 회원관리가 곧 고객관리 사례

롯데호텔의 고객관리는 곧 회원관리이다. 고객별 집단을 만들어 집단별로 효과적인 관리를 하고 있다.

롯데는 「TREVI Club」과 「LGREEN Club」이란 회원제로 고객에게 다양한 서비스를 제공하고 있다. 또한 VIP 고객으로 피트니스 클럽 회원과 「Metropolitan Club」 회원을 관리한다. 「TREVI Club」은 텔레마케팅을 통하거나 호텔 이용고객들이 연회비를 내고 롯데호텔 관련 각종 할인혜택을 받을 수 있는 멤버십 카드이다. 「LGREEN Club」은 호텔을 자주 이용하는 고객이 원하면 가입할 수 있는 마일리지 카드이다.

특히 롯데 바우처란 유가증권을 이용해 지정한 국내외 롯데호텔 및 리조트에서 현금처럼 동일하게 사용할 수 있다. 특별히 VIP로 분류하고 있지는 않지만 피트니스 클럽과 「Metropolitan Club」은 롯데에서 주요 고객으로 선정한 고객집단이다. 특히 「Metropolitan Club」은 명실공히 20년 이상된 VIP 클럽 「Metropolitan Club」의 회원은 대사관 및 정부각료 명예회원을 포함해 약 650명 정도로 우리나라를 대표하는 지위와 명성 · 부를 가진 사람들이다. 회원은 여러 가지 조건을 충족할 수 있는 자격을 갖추어야 한다. 또한 롯데는 「Metropolitan Club」 회원들을 위해 모든 시설을 갖춘 VIP 전용업장을 특별한 층에 마련해 그들만의 공간을 마련하였다.

그렇게 함으로써 특별한 층을 이용하는 VIP 고객들은 특별한 존재임을 느낄 것이고, 그들이 오며가며 살짝 보이는 것에 호텔의 이미지 및 심리적인 등급도 올라간다는 게 관계자의 설명이다.

한편 고객관리와 관련해 마케팅팀 송모 계장은 "5회 이상 투숙한 고객에게 여러 가지 특전과 고객성향을 파악한 혜택을 제공하고 있다"며 고객이 요청하기 전 고객의 요구에 맞추어 만족시키는 것이 고객관리 방법이라고 설명한다.

또한 송모 계장은"객실 이용고객은 고객이력(history)를 바탕으로 데이터를 활용해 고객관리가 가능하지만 식음료 이용고객은 관리할 수 있는 인원이 한계가 있어 어려움이 있다"고 말한다.

☑ 인터콘티넨탈 호텔의 객실고객 관리에 대한 사례

인터컨티넨탈 호텔은 효과적인 고객관리를 위해 과거 부서별 고객관리에서 지난 7월 회원들을 통합 관리하기 시작했다. 마케팅팀 유모 차장은 "통합관리 후 운영 및 발송 등을 포함한 고객불만 및 여러 가지 고객관련 문제 등을 처리해 호텔경영 측면에서 업무의 효율로 시너지 효과를 얻고 있다"고 밝혔다.

인터컨티넨탈의 경우 객실 이용고객 85%가 외국인인 체인호텔이기 때문에 객실을 이용하는 고객은 본사에서 피델리오를 통해 고객이력(history)를 갖고 관리 및 운영하고 있다.

VIP 또한 본사에서 관리하는데, 장관 및 다국적 CEO등 호텔 자체 평가기준에 따라 등급을 나눈다. 그러나 식음료 이용고객과 피트니스 이용고객 등 국내고객의 비중도 높아 보다 세분화된 고객관리를 하고 있다.

유모 차장은 "객실고객을 뺀 국내고객은 식음료 고객 8천 명, 피트니스 고객 3천 명, 멤버십 라운지 고객 2천 명 정도이다"며 식음료를 이용하는 국내고객도 중요한 매출원임을 강조한다.

제2절 호텔 · 관광 세일즈 서비스 인터널 마케팅

1. 인터널 마케팅의 정의

호텔 · 관광 인터널 마케팅(internal marketing)의 개념은 조직 내의 인적 자원을 대상으로 한 마케팅 활동을 의미한다. 종래의 마케팅에서는 외부고객에게 초점을 맞추어 마케팅 연구나 계획 등이 실천되어왔으나, 내부 지향적인 내부마케팅은 내부고객인 현장직원을 대상으로 그들을 동기부여하기 위하여 계획되고 실시되는 것이라 할 수 있다. 따라서 내부마케팅이란 "사내고객인 현장종사원에게 내부상품으로서의 직무를 제공하고, 그 내부상품을 사내고객의 욕구에 적절히 합치도록 계획하는 것"(L.L. Berry)이라 할 수 있다.

호텔서비스 내부마케팅에 대한 정의는 다음과 같이 요약할 수 있다.

① 내부마케팅을 기업 내부의 종사원을 내부고객으로 인식하여 그들을 대상으로 욕구에 맞는 직무를 제공하도록 계획하고 실행하는 마케팅 활동이다.
② 내부마케팅은 종사원을 동기부여시키고 고객 지향적으로 개발함으로써 그들의 대고객 서비스 수준을 향상시켜 고객만족을 유도하려는 마케팅 활동이다.

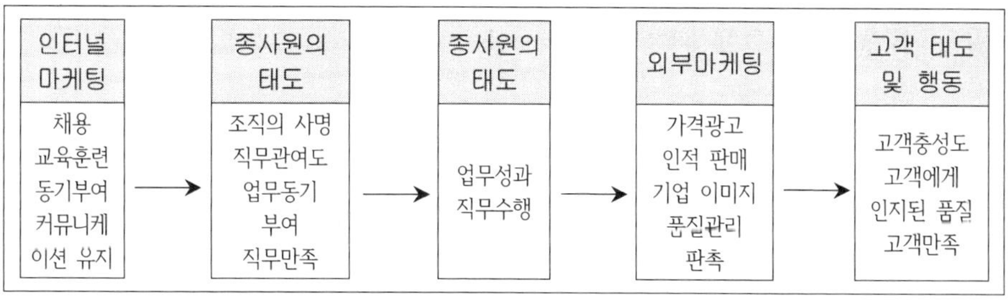

[그림 6-2] 인터널 마케팅이 세일즈 서비스 마케팅에서 차지하는 역할

2. 인터널 마케팅의 활동영역

호텔 · 관광 인터널 마케팅 활동은 기업이 서비스 문화를 바탕으로 전개할 수 있다. 호텔의 기업문화는 종사원이 서비스 행동을 할 때 가장 중시해야 할 공통적인 가치(values)를 형성하고, 암묵적인 행동규범(norms)을 결정한다. 즉 호텔의 기업문화는 어디에 중심을 두는가에 따라 경영인 위주 문화와 고객서비스의 문화로 크게 나눌 수 있다. 따라서 서비스 문화가 형성된 호텔의 종사원은 고객의 위주로 사고하고 고객의 만족을 위해 자신이 업무 외 서비스를 기꺼이, 그리고 자발적으로 제공할 수 있을 것이다.

이러한 호텔의 서비스 문화를 바탕으로 한 인터널 마케팅 활동은 호텔서비스업에서 서비스를 담당하는 사람의 태도와 행동이 고객만족에 가장 큰 영향을 준다는 점을 기반으로 한다. 경영자가 아무리 고객 지향적인 마케팅 전략을 계획한다 해도 이를 수행하는 대고객 서비스 종사원의 협력이 없다면 그 전략은 무의미한 것이 되고 만다. 동기부여가 되고, 고객 지향적으로 개발되어 만족감을 느끼는 종사원의 서비스가 고객만족을 낳고, 그것이 궁극적으로 서비스 기업을 성공적으로 이끌 수 있음을 다시 한번 인식함으로써 내부마케팅의 중요성을 강조한다.

(1) 인력관리

환대산업의 핵심인 호텔산업은 인적 서비스가 주종을 이룬다. 따라서 종사원의 선발에 있어, 서비스 마인드가 투철하고 대인관계와 의사소통에 능한 인적 자원을 요구한다. 이러한 인적 자원의 중요성을 띤 인터널 마케팅은, 외부마케팅이 외부시장의 외부고객에 대해서 시장조사를 실시하는데 반하여 내부시장의 종사원을 대상으로 직무나 정책, 기타 노동조건에 대한 만족도 조사를 실시하며, 제반정보의 분석을 통하여 내부시장에 대한 개선책을 고려한다.

또한 이러한 조사를 통하여 종사원의 개성 및 욕구나 직무수행상의 제안 등에 적합한 전략이 수립된다. 이러한 조사는 신중하게 조사되어야 하고, 조사의 결과는 쉽게 요약될 수 없으며, 그에 따른 종사원들을 위한 전략을 수립할 수 있다.

(2) 커뮤니케이션

호텔의 최일선 종사원이 고객에게 제대로 서비스를 제공할 수 있으려면 호텔 내 행사에 대한 정보교환이 충분히 이루어져야 하며, 이러한 서비스를 행사하는 종사원들은 고객과의 접촉에 의해 고객에 관한 정보를 수집하는 가장 중요한 원천이 되고 있다.

호텔의 종사원에 의해 수집된 고객에 관한 정보는 서비스 기업에게 두가지 측면의 의미를 제공한다.

첫째, 고객과 접촉하는 과정에서 얻어진 정보를 통하여 종사원은 자신의 경영활동에 수행되는 행동을 수정하는 데 도움을 받는다. 즉 종사원은 고객과 접촉하는 동안 받는 피드백(feedback)으로 그때그때 자신의 잘못된 행동을 수정하게 된다.

둘째, 고객들로부터 수집된 정보가 기업의 의사결정에 활용된다는 것이다. 종사원들은 고객들과의 빈번한 접촉으로 고객의 욕구와 문제점을 더 잘 이해할 수 있기 때문에 이들 정보를 바탕으로 기업의 효율적인 의사결정을 할 수 있다. 이러한 관점에서 현장종사원과 관리자간의 원활한 의사소통이 중요하다 할 수 있다. 종사원과 고객과의 올바른 커뮤니케이션의 확립은 고객만족도에 큰 영향을 미치게 되고, 종사원의 인간적인 커뮤니케이션 태도에 따라 고객에게는 서비스의 중요 부분을 차지하게 된다.

서비스 기업의 경영자는 인적 커뮤니케이션에 있어 성공적인 제도를 개발시켜왔는데, 내부적 정보의 교환과 태도변화의 영향으로 인해 기업들은 외부의 관심을 집중시키는 효율성을 증진시켜 그에 따라 고객을 많이 확보할 수 있고, 비용을 절감할 수 있게 된다. 따라서 조직에서 발생하는 커뮤니케이션은 조직적 기능의 중요한 요소로 인식되어왔다. 로저스(Rogers)와 아가왈라 로저스(Argawala Rogers)는 커뮤니케이션의 중요성을 다음과 같이 언급하였다.

"커뮤니케이션은 조직의 활력소이다. 만일 한 조직에서 커뮤니케이션의 흐름을 제거한다면 조직이란 있을 수 없을 것이다."

특히 호텔에서 인적 커뮤니케이션 제도의 효율성 측정을 위해 궁극적인 것은 고객이라 할 수 있는데, 그 고객들은 사람에 의해 서비스를 제공받는다. 결국 고객과 함께 하는 커뮤니케이션의 질은 고객과 접촉하는 정보의 양과 제공하는 사람의 역할에 따라 달라지게 된다. 이와 같은 커뮤니케이션을 위해 먼저 실행되어야 하는 것은 종사원과 관리자간의 커뮤니케이션 확립이라 할 수 있다.

종사원은 고객에게 정보를 알리기 전에 그 서비스 상품에 대해 먼저 인식하고 이해하여야 한다. 이를 위해서 관리자는 종사원과 충분히 의견을 교환하여 종사원을 서비스 기업의 전술에 참가시키고, 종사원 스스로 전술의 실현을 위해 노력하도록 만드는 것이 중요하다.

(3) 보상 관련제도

보상이란 기업과 종사원간의 교환과정에서 종사원이 기업에게 자신의 노동력을 제공하고, 그에 대한 대가로 받게 되는 임금, 상여금, 복리후생 등을 모두 포함하는 포괄적인 개념으로, 기업이 얼마나 우수한 종사원을 확보・유지시키고 생산적으로 활용하느냐는 적절한 보상수준, 공정한 보상구조, 동기유발적 보상지급, 균형있는 보상체계의 확립에 달려 있다.

브룸(Vroom)의 기대이론(Expectancy Theory)에 의하면 "인간의 행동은 그에 따른 보상에 대한 기대에 의해 결정된다"라고 하였다. 행동에 상벌이 따르지 않으면 인간은 나태해질 수밖에 없다. 따라서 호텔종사원의 직무성과도 거기에 상응한 상벌(진급・보너스 등)이 기대될 때 긍정적인 방향으로 강화될 것이다. 즉 종사원은 자신이 수행한 작업의 성과와 효율성에 대해 알아야 하며, 성과에 대한 피드백을 받을 수 있어야 한다.

인터널 마케팅 프로그램에는 서비스 표준(service standard)과 그 표준에의 도달 정도를 측정할 수 있는 수단이 포함되어 있다. 만일 종사원을 고객 지향적으로 개발하려 한다면, 그들의 성과를 파악하여 노력에 대한 보상을 해주어야 한다. 때로는 반드시 물리적인 상벌은 따르지는 않을지라도 상사에게 자신의 성실성을 인정받을 때 이것이 훌륭한 포상의 역할을 하여 종사원의 직무태도가 상당 부분 고무될 수 있다.

사회심리학이나 조직행위에 관한 연구들은 특정형태의 보상에 대한 선호에 영향을 미치는 개인적 성향의 중요성을 강조하였다. 이러한 연구들은 업무를 수행하는 종사원들은 각기 서로 다른 성향을 지니고 있기 때문에 서로 다른 보상을 기대한다.

다시 말해 내재적으로 동기가 부여되는 사람은 업무 자체에서 기인하는 보상을 추구하는 반면 외재적인 동기가 강한 사람은 자신의 업무를 다른 목적을 달성하기 위한 하나의 수단으로 인식하게 된다. 이러한 성향의 차이는 종사원들이 추구하는 보상의 형태에도 영향을 미친다.

기업이 종사원에게 제공하는 보상은 내재적 보상(intrinsic reward)과 외재적 보상(extrinsic reward)이라는 두 가지 유형으로 분류할 수 있다. 내재적 보상은 스스로 부여하는 보상으로 인정과 평가가 이에 포함되며, 외재적 보상은 업무를 둘러싼 환경에 연유한 것으로 재정적 보상과 부수적인 혜택 · 이익분배 · 경력 · 승진 · 배상 등이 포함된다. 이러한 내재적 보상과 외재적 보상의 상호작용은 종사원의 성과에 영향을 미치게 된다.

이렇게 보상형태를 분류하는 이유는 보상형태에 따라 통제의 정도를 달리할 수 있고, 개인의 특성에 따라 정책을 구체화할 수 있으며, 보상의 형태에 따라 역할이 다르기 때문이라 할 수 있다.

호텔의 보상정책은 종사원 개인에게는 경제적 생계의 원천이 되고, 인적 자원 개발에 대한 투자 및 종사원의 만족과 성과에 영향을 미치는 중요한 요인으로 작용한다고 볼 수 있다. 이러한 보상정책은 보상요인에 대한 개인적 욕구와 기업이 제공하는 구체적 보상형태를 적절히 결합함으로써 보상정책에 대한 종사원의 효용을 극대화할 수 있으며, 결국에는 고객 지향적 사고를 확립할 수 있다.

(4) 교육훈련

신입 종사원의 능력을 최대한 개발하여 활용하는 데 결정적인 역할을 담당하는 것이 교육훈련이다.

종사원에 대한 교육훈련은 내부마케팅에 있어 커뮤니케이션 관리 측면의 중요한 수단으로 볼 수 있으며, 태도관리의 일부분을 구성한다. 호텔에서 종사원의 서비스를 개선하기 위한 첩경은 교육훈련에 있으며, 서비스의 개선은 고객의 증대로 직결되어 기업경영에 지대한 영향을 미치게 된다.

기업이 종사원을 합리적으로 선발 · 채용하였다고 반드시 유능한 인재를 확보한 것은 아니다. 채용된 이들이 바로 해당 직무의 적응은 물론 기업의 조직풍토에 바로 순응하기가 쉽지 않기 때문이다. 또한 오늘날과 같이 동태적으로 급변하게 이루어지고 있는 발전은 모든 직종에 걸쳐 그 직무내용에 필연적으로 변혁을 발생하게 한다. 그러므로 이에 대처할 새로운 지식을 전달하는 교육훈련에 대한 관리는 서비스 수준을 향상시키기 위해 중요한 문제로 부각된다.

리츠칼튼 호텔의 인터널 마케팅 교육사례

☑ New Employee Orientation(신입사원 오리엔테이션)

이 과정은 리츠칼튼 가족의 일원으로서 원활한 업무를 수행할 수 있도록 돕기 위해 준비된 것이다. 리츠칼튼의 모든 직원은 업무를 시작하기 전에 반드시 이틀 과정인 이 교육에 참가하여야 하며, 다음과 같은 내용들이 다루어진다.

- 리츠칼튼의 역사
- 리츠칼튼의 가치와 철학, 즉 골드 스텐더드
- 기업문화의 비전
- 리츠칼튼 서비스 스탠더드
- 각 부서 소개와 상품 지식
- 기물과 린넨, 유니폼 관리
- 고객만족과 총체적 품질경영
- 안전과 화재예방 교육
- 복리후생, 인사제도

이틀 과정 동안 총지배인을 비롯한 임원진, 그리고 각 부서의 부서장이 직접 참석하여 호텔과 자신의 부서에 대한 소개를 하고 질문을 받는다. 오리엔테이션이 끝나면 신입사원이 근무하게 될 부서의 부서장, 또는 부서 교육자와 만나서 업무를 수행하는데 필요한 안내를 받고 이때부터 교육수료 과정(training certification process)이 시작된다.

☑ Day 21 Orientation(21일 후 오리엔테이션)

신입사원 오리엔테이션 후 21일이 지나면 모든 신입사원은 'Day 21 Orientation'이라는 과정에 참석한다. 이것은 신입사원들에게 골드 스탠더드를 상기시켜 강화하고, 그들의 만족도를 평가하기 위한 자리이다. 즉 신입사원이 교육팀장과 함께 21일 동안 근무한 느낌과 교육과정의 질, 동료들과의 관계, 골드 스탠더드의 실천상황 등을 이야기하는 것이다. 이 자리에는 총지배인이 참석하여 의견과 생각을 함께 나누고 질문을 받는다.

그리고 이 자리에서 나온 제안사항 등은 교육팀장이 임원진에게 전달하며, 인사총무부에서 참석하여 복리후생과 인사제도 등에 대하여 설명하고 질문을 받는다. 또한 이 시간에는 리츠칼튼의 역사와 철학, 상품지식, 서비스 스탠더드 등에 대한 신입사원의 인지도를 측정하기 위하여 시험이 실시된다.

☑ Training Certification Process(교육수료 과정)

모든 직원이 고객에게 리츠칼튼 스탠더드에 부합되는 전문적이고 일관성 있는 서비스를 제공하기 위하여 만들어진 교육과정이다.

6장

이 과정은 직원들을 효과적이고 체계적으로 교육하고 그들의 업무능력을 측정하기 위하여 시행되고 있으며, 리츠칼튼에서 근무하는 모든 직원은 이 과정을 통하여 일정수준 이상의 리츠칼튼 철학 · 상품지식 · 직무능력, 그리고 안전에 관한 지식을 습득하여야만 직원으로서 근무가 가능하다.

이틀 과정의 신입사원 오리엔테이션을 성공적으로 마친 직원은 21일 동안 각 부서의 트레이닝 플랜(training plan)에 따라 부서 교육자의 주관하에 다음과 같이 직무와 안전교육을 받게 된다.

① 직무교육

각 부서에 비치되어 있는 'Training Certification Manual'을 기초로 하여 직무교육이 이루어진다. 이 매뉴얼에는 각 부서의 업무에 대한 구체적인 설명이 사진 등 자료와 함께 서술되어 있으며, 업무와 병행하여 교육함으로써 현장감 있는 실질적인 교육이 이루어질 수 있다.

② 안전교육

각 부서에 비치되어 있는 'Loss Prevention Guidebook'을 기초로 하여 안전교육이 이루어진다. 이 매뉴얼에는 △산업안전보건법 개요 △호텔 안전관리조직도 △JSA(Job Safety Analysis) △사고발생시 보고절차 △사고발생 경위보고서, 안전보건 교육확인서와 같은 내용들이 수록되어 있다.

이 두 분야의 교육이 완료되어 소정의 시험을 통과하고, 'Day 21 Orientation'에서 리츠칼튼의 역사와 철학, 상품지식에 대한 교육과정도 성공적으로 마치면 교육수료 과정이 끝나고 교육수료증을 받게 되는데, 이것은 실질적으로 리츠칼튼 가족이 되었다는 확인서이다.

위의 교육수료 과정과 동일한 내용의 교육과정은 1년 이상 근무한 직원들에게도 이루어진다. 즉 Annual Training Re-Certification Calendar에 따라 모든 부서에서는 한 달 동안 리츠칼튼 철학과 상품지식 · 직무 · 안전에 관한 교육을 실시하고, 일정수준 이상의 평가를 받아야만 직원으로서 계속 근무할 수 있다.

이 과정은 목적은 다음과 같다.

- 리츠칼튼 철학과 가치, 즉 골드 스탠더드의 강화
- 각각의 직원들의 직무 지식과 기술, 서비스 마인드 재교육
- 문제점, 결함의 제거와 근무 효율성 향상
- 부서장과 부서 교육자가 더욱 효율적이고 정확한 업무 절차를 위하여 각 부서의 Job Description을 검토할 기회 제공
- 회사의 목표인 '상품과 이익 우위' 달성

☑ Total Quality Management Training(총체적 품질경영 교육)

리츠칼튼은 1983년 The Ritz-Carlton Hotel Company 설립 이후로 품질의 중요성을 인식

하여왔으며, TQM(Total Quality Management : 총체적 품질경영)을 통하여 상품과 서비스의 품질을 향상시키려는 노력을 기울여왔다. 이는 리츠칼튼의 목표와 전략이 나와 있는 피라미드(비즈니스 경영모델)에도 명시되어 있다.

리츠칼튼에서는 TQM의 품질과학을 적용하기 위하여 다음의 두 가지 기준을 사용하고 있으며, 이를 바탕으로 직원들에게 품질교육을 실시하고 있다.

① 말컴 발드리지 국가품질상 평가기준

리츠칼튼 호텔사는 미국 상공부가 매년 실시하며, 모든 기업이 수상하기를 갈망하는 최고 권위의 Malcolm Baldrige National Quality Award를 1992년과 1999년 2회에 걸쳐 호텔업계에서는 최초로 수상하였다.

이 상의 평가기준은 다음과 같다.

- Leadership(리더십)
- Strategic Planning(전략 수집)
- Customer and Market Focus(고객과 시장 중심)
- Information and Analysis(정보와 분석)
- Human Resources Development and Management(인력 자원 개발과 경영)
- Process Management(과정경영)
- Business Results(영업성과)

② Green Book

이 책은 리츠칼튼 호텔사의 Quality 부서 부사장인 Mr. Pat Mene이 쓴 것으로, 리츠칼튼에서 추구하는 품질에 대한 개념과 정의, 품질 향상을 위하여 사용되는 과정과 도구들이 나와 있는데 그 중 대표적인 두 과정을 소개하면 6단계 문제해결 과정과 9단계 품질향상 과정이 있다.

☑ '성공하는 사람들의 7가지 습관' 워크숍

직원들의 인성계발에 의한 균형감 있고 긍정적인 생활태도, 리더십과 효과적인 관리능력 함양, 업무의 효율화, 팀워크 협조적인 업무 분위기 조성으로 인한 대고객 서비스 향상을 위하여, 한국리더십센터가 도입한 스티븐코비 박사의 교육과정을 사내 양성과정으로 실시하고 있다.

이 3일 과정 워크숍의 내용은 다음과 같다.

- 습관 1 : 주도적이 되라
- 습관 2 : 목표를 확립하고 행동하라
- 습관 3 : 소중한 것부터 먼저 하라
- 습관 4 : 상호 이익을 모색하라
- 습관 5 : 경청한 다음에 이해시켜라

- 습관 6 : 시너지를 활용하라
- 습관 7 : 심신을 단련하라

☑ 화이브 스타 우수직원 시상식과 해외 벤치마킹

분기마다 5명의 우수직원을 선발하여 상금과 표창패, 영예스러운 리츠칼튼 배를 수여하고 있으며, 그 중 1명에게는 아시아 지역 리츠칼튼 호텔에서 벤치마킹할 수 있는 기회를 제공한다. 이 상은 리츠칼튼 철학과 서비스 스탠더드를 모범적으로 실천하고, 동료들과 협조적인 팀워크를 이룸으로써 다른 직원들의 귀감이 되는 직원에게 주어진다.

☑ 직원만족도 조사

미국의 Gallup Organization사에 의뢰하여 매년 전직원의 만족도 조사를 실시하고 있다. 이 조사의 목적은 직원들이 보다 창의적이고 효과적으로 근무할 수 있는 환경을 창출하는 데 도움이 되는 정보를 파악하기 위한 것이며, 궁극적으로 이러한 직원만족에 의하여 고객에게 보다 나은 서비스를 제공하기 위한 것이다.

문항은 크게 4가지 분야로 분류되어 있으며, 직원의 응답내용은 철저하게 비밀이 보장된다. 설문지는 Gallup Organization사가 직접 회수하며, 분석된 결과를 리츠칼튼에게 제공하여 직원만족도 향상을 위하여 필요한 것이 무엇인지 알려준다.

☑ 고객만족도 조사

호텔 리츠칼튼 서울에서는 고객에게 제공하고 있는 서비스 품질의 수준을 보다 정확하게 측정하고 개선방향을 설정하기 위하여, 미국의 Gallup Organization 사에 의뢰하여 매달 고객의 만족도 조사를 실시하고 있다. 호텔을 이용하신 고객으로부터 리츠칼튼의 서비스, 또는 시설 등에 대한 의견을 조사하여 각 업장별, 서비스 항목별로 취합·분석하여 서비스 품질 향상을 위한 자료로 활용하고 있다.

☑ 회사 내 커뮤니케이션 방법

호텔 리츠칼튼 서울에서는 조직 내 의사소통을 원활하게 하고, 직원만족과 서비스 품질 향상을 위하여 직원들의 의견을 경청하고, 최대한 정책에 반영하려고 노력하고 있다. 이를 위하여 호텔에서 시행하고 있는 방법 중 대표적인 것을 들면 다음과 같다.

① Daily Line-Up

매일 모든 부서에서 업무시작 전에 실시하는 회의로, 회사의 전달사항을 공유하고, 격언을 음미하며, 리츠칼튼 서비스 철학을 되새기는 시간이다. 이 시간을 통하여 각 부서에서 필요한 교육도 이루어지고, 직원들의 의견과 제안도 접수된다.

② Improvement Luncheon

총지배인 · 부총지배인이 매월 호텔의 한 업장에 7명의 직원을 초대하여 함께 점심식사를 하면서 근무중 불편사항과 개선이 필요한 근무환경 등에 관하여 의견을 나누고, 창조적 서비스 상품 개발과 서비스 품질 향상 등에 대한 발전적인 제안을 하는 시간이다.

이 시간에 거론된 의견들에 관하여 임원진에서 개선 · 해결방안 등을 검토하고, 가능한 한 조속히 조치를 취할 수 있도록 하고 있다.

③ Night Owl Breakfast

분기마다 임원진과 야간근무 직원들이 아침식사를 함께 하면서 야간근무 중 불편한 사항은 없는지, 보다 향상된 고객서비스를 위하여 필요한 것은 없는지 확인하고, 친목을 도모하는 시간이다.

④ Good Idea Program

직원들이 고객서비스 향상을 위한 아이디어를 자유롭게 회사측에 제시하는 프로그램으로서, 시간과 장소에 관계없이 좋은 의견이 생각났을 때 바로 양식에 기입하여 교육부에 제출하면 임원진과 검토한 후 타당성이 인정되면 정책이 정책에 반영하고 있다.

☑ 호텔 내 캠페인

직원들이 서로 만나면 항상 웃으면서 인사하는 것이 당연한 일상적 습관으로 인식되고 있는 호텔 리츠칼튼 서울에서는 이러한 긍정적인 분위기를 더욱 고조시켜서 대고객서비스에서도 더욱 친절하고 친근한 분위기를 조성하기 위하여 '인사 · 스마일 캠패인'을 실시하고 있다.

이밖에도 여러 가지 상황과 정세의 변화에 따라 호텔에서는 직원들에게 필요한 교육과 정보를 제공함으로써 날로 높아지는 고객의 수준에 적절하게 대응하고, 지속적으로 고객의 만족도를 최고 수준으로 유지할 수 있도록 하고 있다.

제 3 절 호텔 · 관광 데이터베이스 세일즈 서비스 마케팅

1. 데이터베이스의 이해 및 필요성

현대에는 더이상 관습적인 방법인 호텔고객의 통계적인 성향으로 시장과 호텔고객의 구매경향을 예상하기 어렵다. 고객들은 점점 더 까다로워지고, 시장목표도 1 : 1

마케팅 경향으로 가는 현 마케팅 패러다임에는 맞지 않는 방법이다. 따라서 데이터베이스는 데이터를 체계적으로 정리해놓은 파일의 집합체로서 필요시에 여러 용도로 사용할 수 있게 정리되어 있는 것으로서 데이터베이스에 의한 호텔고객 조사를 복잡한 통계경영 시스템으로 된 새로운 기술, 개인성향과 구매동향의 정보 등을 통하여 과학적인 분석을 가능하게 하였다.

이러한 경향은 특히 호텔고객 동향에 역설적 부분이 있기 때문에 호텔서비스 마케팅에 적절하다. 이것은 고객의 호텔선택 패턴이 상반되면서 개인적이기 때문이다. 이런 측면의 고객은 전통적이고 제도적으로 동기부여하기가 어려움에 따라 호텔서비스 마케팅과 호텔상품의 개발은 이러한 새로운 환경에 맞추어야만 한다.

호텔이나 관광상품은 데이터베이스화를 통한 서비스 마케팅 하는데 매우 이상적이다. 호텔관광 관련산업이 정보집약적인 산업이기 때문이며, 데이터베이스는 고객의 정확한 정보 획득에 있어 가장 효과적이고 효율적인 수단이기 때문이다.

호텔산업은 전세계에 산재해 있는 항공사 · 여행사 · 렌터카 등에 의한 호텔선택에 따른 객실예약, 상품이용 등을 위해 주요 호텔을 연결할 필요성이 있다. 데이터베이스는 호텔의 고객관리에 따른 적정 서비스를 위해 효과적인 고객정보 전달의 속도와 질의 향상 등을 이루고 있다.

현 시대의 호텔서비스 경영에 있어서의 새로운 경향은 개인고객이 필요로 하는 상품을 개발하여 그 상품을 훈련된 종사원으로 하여금 개인고객에게 직접 전달함으로써 고객들에게 유대감을 구축하는 일이 점차적으로 강조되고 있다. 이에 따라 호텔에서 개인고객에게 접근하여 그들의 욕구에 부응하기 위한 새로운 마케팅 요소들을 필요로 하게 되었다.

이러한 변화들은 고객과 공급자간에 직접적으로 접촉하여 전달하는 기능을 유도하는 기술에 의하여 가능하게 되었다. 따라서 '개인의 시대'에 마케팅 하는데 필요한 고객의 정보의 흐름을 관리 · 통제하는 데이터베이스에 따른 호텔경영에 초점이 집중되고 있다.

2. 데이터베이스의 이용목적

호텔기업이 고객에게 상품을 공급하는 데 있어서의 데이터베이스 구축활동은 일반적으로, 고객이 잠재적으로 무엇을 원하는가에 대해 더 많은 것을 알기 위하여, 고객에게 접근하여 자기상품을 설명하기 위하여, 고객을 만족시키어 다시 방문하여 좋은 소문을 구전시키기 위하여, 수익성의 신장 등에 호텔의 전략적인 목적을 가지고 있다.

또한 넓은 의미에서의 호텔 데이터베이스 구축은 호텔산업이 발전할 수 있는 환경조성 · 마케팅, 교육 · 정보제공 및 적절한 규제로 호텔산업의 성장에 기여하고, 호텔산업을 발전시킴으로써 경제적이고 사회적인 이익을 극대화하는 목적도 가지고 있다.

호텔 데이터베이스화에 있어서의 고객입장은 호텔이용 결정과정에 대한 신속성, 개인들로 하여금 광범위한 관광지 · 여흥에 대한 선택권, 적절하고 정확한 정보습득 및 비용절감 목적을 가지고 있다.

[그림 6-3] 데이터베이스 세일즈 마케팅의 기본전략

3. 데이터베이스화를 통한 마케팅 지원 프로그램

호텔에서 서비스 마케팅을 하는 데 있어서는 데이터베이스 마케팅 지원 프로그램은 상품 데이터베이스, 고객 데이터베이스, 고객과 상품을 연결하는 예약 데이터베이스가 필요하다.

상품 데이터베이스는 호텔상품에 대한 목록에 대한 시스템으로서 시설물 · 볼거리 · 숙박시설 · 서비스 · 특별 이벤트 · 관광 프로그램 등에 대한 정보를 제공하고, 전화번호를 이용하여 호텔상품 및 서비스 등의 판매활동을 촉진하며, 데이터베이스로부터 정보를 검색하여 고객들의 성명이나 주소를 관리할 수 있다. 즉 특별히 중요한 것은 고객에 대한 자료를 얻을 수 있는 능력으로서 광범위한 고객관리 마케팅을 확대할 수 있는 발판을 만들 수 있다는 점이다.

또한 가장 중요하게 고려하여야 할 사항인 상품 데이터베이스화는 컴퓨터 예약시스템을 개발하는 데에 도움이 된다. 컴퓨터 예약시스템은 상품에 대한 데이터베이스가 완벽하게 구축되지 않으면 그 효용성이 없기 때문에 호텔상품이 크로스 셀링 및 크로스 서비스하는 데 호환성이 없다. 고객에 대한 맞춤서비스의 연결고리를 수립할 수 없기 때문이다.

고객 데이터베이스는 표적시장에 대한 마케팅이 점차 증가함으로써 고객에 대한 자료는 중요하다. 앞으로 개인고객에 접근할 수 있는 컴퓨터 기술을 활용하지 못하면 경쟁력에서 상당한 불이익을 볼 것이다. 이것은 향후 호텔에서의 "누가 고객인가?"라는 질문에 현명한 해답을 제공한다. 우선 호텔의 방문고객 자체로서 기존 데이터베이스에 수록되어 있는 고객과 호텔을 접촉했던 고객들, 자료를 얻을 수 있는 과거의 방문자 고객, 이용한 적이 없는 미래의 고객으로 분류될 수 있는 특징을 보인 고객이다.

또한 호텔방문 고객에게 영향을 끼칠 수 있는 고객으로서는 여행사 및 관광운영자들, 협회 · 회의 기획자, 클럽 · 기업 및 특수관광 운영자들, 항공 · 기차 · 항해 및 자동차협회 등을 포함하는 수송 공급자들, 호텔체인, 자동차 임대회사 및 다른 관광산업 관련회사 등을 들 수 있다.

1980년대 중반 무렵 메리어트(Marriott), 홀리데이 인(Holiday Inn), 라디슨(Radisson), 그리고 하얏트(Hyatt)와 같은 호텔체인들은 데이터베이스를 통하여 호텔을 이용하는 고객들을 위한 서비스 마케팅을 하는 데 있어서 많은 시사점을 제공하고 있다. 메리어트의 'Honored Guest Program'의 5백만 명의 회원을 관리하기 위한 고객 개개인을 위한 시스템이 유지되기 위해 200여 명의 풀타임 직원들이 자사호텔을 이용할 수 있는 우량고객을 발굴하여 회원에 가입한 수가 60% 향상된 점에 주목할 수 있다.

라디슨 호텔그룹은 모든 호텔고객을 대상으로 조사한 결과 70%가 단골고객을 위한 프로그램이 고객이 호텔을 선택하는 데 영향을 미침을 보여줌으로써 'The Radisson Key Rewards Program'을 탄생시켰다. 대부분의 프로그램의 원리가 데이터베이스를 통한 마케팅 목표와 위치에 따라 만들어졌다.

4. 데이터베이스의 구조

고객 데이터베이스는 현재 방문객의 이해와 방문객들의 재방문과 새로운 방문자들을 격려하기 위한 정보를 모으기 위한 두 가지 기본적인 기능들을 제공한다. 현재의 방문객들을 이해시키는 데 있어 특정 · 전통적인 방문객 정보는 고객기록 작성을 위해 제공된다. 이 정보는 고객 인구통계 자료, 여행유형, 활동기록, 소비자료, 정보처, 과거 호텔평가, 만족도 및 거래내역 등을 포함한다.

이 기록들은 지속적인 수정과 고객과의 연락을 통해 현실성 있고 정확하게 유지되어야 한다. 이 전통적인 자료들은 고객 데이터를 사용하는 첫 단계를 제외하고서도 유효하다. 더불어 요구되는 것은 데이터베이스 기술을 통해 새로운 방문객들을 확보하기 위한 정보이다.

이러한 잠재적인 새로운 고객들에 다가서기 위해서는 인접지역을 찾는 방문객들, 우리가 개발하고자 하는 상품들을 찾는 방문객들과 같은 우리의 현재 방문객들처럼 고객들을 구분할 수 있는 데이터베이스를 볼 필요가 있다. 우리 현재 고객들과 같은 사람들을 찾기 위해서는 유사 특징들을 가진 사람들의 데이터베이스를 이끄는 현재 고객들에 대한 정보들을 모을 필요가 있다.

예를 들어 우리들은 고객들의 상품충성도, 주변단체, 클럽 멤버십, 사업 및 직위에 대한 기록 등에 대한 자료들을 모을 필요가 있다. 이러한 정보들은 새롭고, 가능성 있는 고객들을 담고 있는 데이터베이스를 확인할 수 있게 한다.

하나의 예는 ITT 쉐라톤(Sheraton)의 데이터베이스화 구축에 있어서 시장에 대한 정보와 고객의 성향을 이해하는 능력을 향상시킬 수 있는 새로운 예약시스템을 구축하기 위해 7,000만 달러를 투자하여 데이터베이스 마케팅을 할 수 있었다.

5. 데이터베이스의 마케팅 활용

호텔 데이터베이스의 세일즈 서비스 마케팅 활용은 다음과 같다.

첫째, 마케팅 계획은 정보의 활용이다. 즉 정보는 마케팅 계획을 하는 데 있어서 기초로서 최대의 효과를 볼 수 있도록 해준다. 호텔상품과 고객 데이터베이스는 정보경영 프로그램의 핵심요소로서 호텔이 무엇을 보유하고 있는지, 누가 호텔을 이용하고자 하는지 알게 해주며, 또한 마케팅의 방향을 설정하거나 효과적인 모니터링 능력을 제공한다.

둘째, 텔레마케팅을 활용함으로써 호텔의 정보 제공뿐만 아니라 고객의 흥미를 유발시키고, 호텔상품을 판매하는 데 유리한 고지를 점령할 수 있다. 이러한 데이터베이스는 호텔 입장에서는 매우 좋은 강점이 되며, 호텔이 보유한 지역적인 정보를 호텔 매니저에게 전달해줌에 따라 매우 강력한 판매기법으로 활용될 수 있다.

셋째, 반복적인 고객개발이다. 반복적으로 방문하는 고객들로 구성된 구조화된 집합체로 이루어짐을 알아야 한다. 보통의 호텔 클럽제도 등에 여러 가지 마케팅 기회의 제공과 고객들에게 충성심을 유발시키는 동시에 자사의 고객들을 빼앗아가려는 시도에 대한 대비한 전환장벽의 구실을 하기도 한다.

넷째, 연계고객 데이터베이스 마케팅의 적용으로서 데이터베이스에 있는 고객의 정보와 호텔에 많은 고객을 확보할 수 있도록 하는 연계된 다른 데이터베이스들과의 공유에 있다. 마케팅 데이터베이스와 다른 데이터베이스들과의 연계는 호텔방문 고객들을 특성별로 분류하여 기존의 데이터베이스와 새로운 데이터베이스 연결을 통해서 고객들을 특성별로 분류할 수 있다. 연계고객 데이터베이스 마케팅은 고객을 확장하는 가장 효율적인 방법이다.

〈표 6-2〉 데이터베이스 활용의 특징 및 이점

특 징	이 점
• 최고의 고객을 알 수 있다. • 새로운 고객을 유지할 수 있다. • 상품의 사용에 대한 일관된 메시지를 전달할 수 있다. • 고객의 구매결정을 강화할 수 있다. • 상품의 교차판매와 감사판매 • 판매촉진 전달의 향상 • 세련된 마케팅 과정 • 유통마케팅의 효과 향상 • 균형의 유지 • 비밀 커뮤니케이션 장점 • 고객에 대한 개인적 서비스 • 시너지 효과(synergy effect)의 제공	• 우수고객의 선택과 보상 가능 • 새로운 고객을 선택할 수 있다. • 효율적인 촉진정책 실현 • 교차판매 가능

제4절 호텔 · 관광 기타 세일즈 서비스 마케팅

1. 텔레마케팅

텔레마케팅(TM : Telemarketing)이란 전화 등의 매체를 이용하여 소비자들의 구매이력 데이터베이스에 근거하여 세심한 세일즈를 행하는 과학적 마케팅 방법으로서 전기통신(telecommunication)과 마케팅(marketing)의 합성어이다.

또한 마케팅 커뮤니케이션 믹스를 최적화하기 위한 관리시스템을 갖춘 텔레커뮤니케이션과 정보처리 기술의 통합적이고 체계적인 응용으로 구성된 마케팅 기업의 하나이다. 텔레마케팅의 형태로는 인바운드 시스템(inbound system)과 아웃바운드 시스템(outbound system)이 있다.

텔레마케팅의 목적

- 판매과정을 주도적으로 실행하기 위하여 실시한다.
- 잠재고객을 확보하고 선별하는 데 있다.
- 약속일정을 정하고 직접 판매를 할 수 있다.
- 잠재고객을 세미나(seminar)나 트레이드 쇼(trade show)에 초대한다.
- 약속을 확인한다.
- 미수금의 수금
- 고객서비스를 제공한다.
- 시장조사(market research)의 실시
- 새로운 서비스나 상품의 소개
- DM의 효과측정이나 광고의 지원
- 자선모금 활동

2. 인터넷 마케팅

사이버 마케팅(cyber marketing)이라고도 불리는 인터넷 마케팅(internet marketing)은 그 중요성이 날로 높아지고 있다는 사실을 부인하는 사람은 없을 것이다.

이처럼 기업의 생존전략에 근접하고 있는 것이 인터넷 마케팅이며, 오프라인 마케팅 비용이 많이 소요되는 관계로 사업자들이 관심을 높여가고 있는 추세에 있다.

인터넷 마케팅이란 인터넷을 활용하여 수익을 얻고자 하는 전략활동이라고 볼 수 있다. 인터넷을 통한 마케팅은 정보 제공자와 수용자간의 커뮤니케이션이 쉽고, 시간이나 공간 등의 제약을 받지 않고, 무제한적으로 정보를 주고받을 수 있다는 장점을 갖는다. 또한 기존의 시장점유율 위주의 마케팅에서 벗어나 고객의 구미에 맞는 정보를 직접 전달할 수 있어 인터넷 시대의 효과적인 마케팅 수단으로 떠오르고 있다.

아울러 기존의 유통방식은 경로가 다양하기 때문에 비용이 높지만 이 마케팅 방식에서는 거래가 기업과 소비자간에 직접 이루어지기 때문에 비용절감의 효과를 거둘 수도 있다. 전통적인 거래공간인 시장 또는 쇼핑센터 등의 물리적인 장소는 물론 영업시간도 별도로 필요하지 않고, 판매자와 구매자가 거래를 위하여 만나지 않아도 되며, 소비자의 입장에서는 아이디어 개발과 상품설계 등에 참여하여 자신의 의견을 반영시킬 수도 있다.

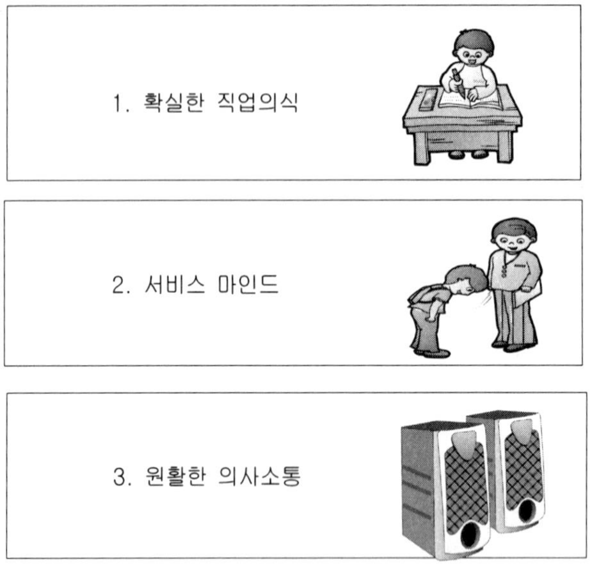

[그림 6-4] 텔레마케터의 핵심역량

(1) 인터넷 마케팅의 특성

- 인터넷 마케팅은 전통적인 유통경로 측면에서 분석
- 인터넷이라는 네트워크를 통하여 거래와 마케팅 활동
- 쌍방향 마케팅(interactive marketing)

(2) 인터넷 마케팅의 기능

호텔기업의 인터넷 마케팅 기능은 정보(information), 예약(reservation), 로열티 프로그램(loyalty programmes), 뉴스레터(newsletter), 피드백(feedback), 고객서비스(customer service), 홍보활동(public relations), 부가가치 서비스(value-added service), 종사원들을 위한 웹사이트(web site for employees), 경로 구성원(channel members), 조사(research)로 나눌 수 있다.

기타 마케팅의 유형

1) MOT 마케팅

MOT 마케팅은 일상생활 공간을 파고드는 마케팅 기법을 말한다. MOT는 'Moment of Truth'의 영문 약자로 굳이 번역하자면 "결정적인 순간 또는 진실의 순간을 포착하라"는 뜻이다. 소비자들이 아침에 일어나서 신문을 보는 순간부터 집을 나와서는 교통수단을 통해 식당에서 또는 친구를 만나 차를 마시는 곳, 그 어느 곳에서나 상품의 이미지를 심어주는 것이 MOT 마케팅의 핵심전략이다.
MOT 마케팅은 본래 1970~1980년대 스웨덴 항공사인 '스칸디나비아 항공'이 세계 최초로 고안해 큰 성공을 거둔 이후 많은 다국적기업들이 벤치마킹을 해오고 있다.

2) DB 마케팅

고객정보, 산업정보, 기업 내부정보, 시장정보 등 각종 1차 자료들을 수집 · 분석해 이를 판매와 직결시키는 기법이다. 데이터베이스 마케팅은 타 고객과는 차별되는 인적 정보와 구매정보를 활용, 고객의 요구에 따른 차별적인 정보를 제공함으로써 고객의 만족도를 높이고, 효과적인 마케팅 효과를 얻을 수 있다.

3) DM 광고

DM 광고(Direct Mail Advertising)는 우편에 의해서 직접 예상고객에게 송달되는 광고로 직접광고의 일종이다. DM 광고의 특성은 광고물을 예상고객에게 직접 우송한다는 점에서 시장의 세분화 전략에 적당하다. 따라서 DM의 가장 중요한 점은 메일 리스트의 작성이다.

4) POS

POS(Point of Sales : 판매시점)는 금전등록기와 컴퓨터 단말기의 기능을 결합한 시스템으로 매상금액을 정산해줄 뿐 아니라 동시에 소매경영에 필요한 각종 정보와 자료를 수집 · 처리해주는 시스템으로 '판매시점 관리시스템'이라고 한다.

POS 시스템은 POS 터미널과 스토어 컨트롤러, 호스트 컴퓨터 등으로 구성되어 있으며, 상품코드(bar code) 자동판독장치인 바코드 리더가 부착되어 있다. 이를테면 상품 포장지에 고유 마크(바코드)를 인쇄하거나 부착시켜 판독기(스캐너)를 통과하면 해당상품의 각종 정보가 읽혀지는 것이다.

5) 고객 로열티 마케팅

고객 데이터베이스를 기반으로 보상 프로그램과 퍼스널 마케팅 프로그램을 통합적으로 수행하여 장기적으로 고객 로열티를 구축하고, 기업 수익성의 극대화를 추구하는 마케팅 방식을 의미한다.

6) 관계마케팅

고객 등 이해관계자와 강한 유대관계를 형성, 이를 유지해가며 발전시키는 마케팅 활동을 말한다. 고객만족 극대화를 위한 경영이념으로 최근 관심을 끌고 있는 개념이다. 말하자면 기존 마케팅의 판매 위주의 거래 지향적 개념에서 탈피하여 장기적으로 고객과 경제 · 사회 · 기술적 유대관계를 강화함으로써 "나에 대한 고객의 의존도를 제고시키는 것"이다.

개별적 거래의 이익 극대화보다는 고객과의 호혜관계를 극대화하여 고객과 우호관계를 구축하면 이익은 절로 수반된다고 보고 있으며, 최근에 많은 관심을 끌고 있는 CRM과 관계가 있다.

7) 구전마케팅

구전마케팅(word of mouth marketing)은 소비자 또는 그 관련인의 입에서 입으로 전달되는 상품, 서비스, 기업 이미지 등에 대한 말에 의한 마케팅을 말한다. 사람들이 알게 모르게 이야기하는 입을 광고의 매체로 삼는 것이다. 구전마케팅의 기본 원칙은 전체 10%에 달하는 특정인의 공략이며, 90%의 다수 소비자는 10%의 특정인에 의해 영향을 받게 되므로 기업들은 10%의 특정인의 전달자를 공략한다.

특정인에게 무료샘플을 보내거나 기업들이 무료체험, 시공, 시음과 같이 소비자로 하여금 상품을 실제 써보고 품질 · 성능을 파악해보게 하는 체험형 판촉도 구전마케팅의 효과를 노린 것이다.

8) 귀족마케팅

귀족마케팅이란 VIP 고객을 대상으로 차별화된 서비스를 제공하는 것을 말한다. e-귀족마케팅이라고도 한다. 온라인 상에서의 귀족마케팅은 철저한 신분 확인을 통해 선발한 특정계층의 회원을 대상으로 고급와인 · 패션 · 자동차 등 상류계층을 위한 정보와 귀족 커뮤니티, 사이버 별장 등의 인터넷 멤버십 서비스와 오프라인의 사교공간 등을 제공한다.

귀족마케팅은 의류업체들이 같은 상표라도 블랙 라벨이라고 하여 디자인과 소재를 고급화하여 고가에 판매했던 것에서 비롯되었다. 일부에서는 신분상승의 욕구를 자극하고 계층간의 차별화를 조장하고 있다고 비판하기도 하지만 그럼에도 불구하고 젊은 층을 대상으로 한 '영 노블리안 클럽', '노블리안 닷컴', '아이노블레스 닷컴' 등 명품전문 쇼핑몰이 성황리에 운영되고 있다.

9) 그린마케팅

고객의 욕구나 수요충족뿐만 아니라 환경보전, 생태계 균형 등을 중시하는 마케팅 전략이다. 소비자 보호운동에 입각하여 공해를 유발하지 않는 상품을 제조하고 판매함으로써 삶의 질을 높이려는 새로운 기업활동을 의미한다.

전통적인 산업시대에는 자연환경의 훼손이 가시적이지 않았으나, 최근 들어 사회적 · 경제적 · 생태적 비용이 증가하면서 생산업체에게 자연환경 훼손에 대한 부담을 지게 하는 입법이 확대되고 있다.

10) 기상마케팅

기상변화에 대한 정보를 활용해 사업계획을 조정하는 마케팅 전략을 말한다. 기상마케팅은 정보기술을 활용한 서비스 마케팅으로 미리 예측된 기상변화 정보를 제공받아 이를 사업계획에 반영하는 것이다. 기상정보 서비스업체들은 국가 기상청으로부터 위성사진, 기상 데이터 등 자료를 건네받고 가공·분석한 뒤 필요로 하는 업체들에 제공한다. 각 업체들은 기상정보를 이용해 손실에 미리 대비하거나 재고량·판매량 조절 등 여러 가지 경영계획을 결정한다.

활용업체도 맥주 · 음료 · 빙과 등 식료품업체에서부터 의류 · 냉난방기 · 항공 · 해운업체 등에 이르기까지 그 폭이 점차 확대되고 있다. 국내에서는 1997년 7월 '일기예보 사업자제도'가 시행된 이후 기상정보 서비스업체들이 속속 등장하여 다양한 기상정보를 제공하고 있다.

11) 니치마케팅

빈틈을 공략하는 마케팅을 말한다.

12) 대의명분 마케팅

대의명분 마케팅(cause related marketing)이란 기업이나 상표(브랜드)를 자선이나 대의명분과 연관지어 이익을 도모한다는 전략적 위치설정의 도구이다. 예컨대 상품과 서비스 판매를 수재민 구호사업과 연계시키는 방법이 있다.

13) 디지털 마케팅

디지털 마케팅(digital marketing)이란 기존 마케팅 활동에서 장해요인으로 작용했던 시간 · 공간의 장벽이 허물어지고, 기업과 고객이 상호 연결되어 가치를 만들어가는 통합팅을 말한다. 구체적으로 디지털 쿠폰, 팩스, 셀룰러폰, 인터넷, e-메일 등 디지털 기술을 응용한 상품이 이용되는 모든 상업적 활동이 이에 속한다.

이에 비해 인터넷 마케팅은 인터넷을 기반으로 하는 상업적 활동을 가리키는 것으로 디지털 마케팅보다 협의의 의미로 사용된다.

14) 릴레이션십 마케팅

고객의 기호가 다양해지고 신상품의 개발은 경쟁기업의 즉각적인 유사상품 개발로 이어져 이익이 오래가지 못하며, 광고를 통한 판촉활동 또한 막대한 비용이 들 뿐만 아니라 이익과 직결되지 않기 때문에 전통적인 마케팅 수단인 4P(상품 · 판촉 · 가격 · 유통)만으로는 충분한 힘을 발휘하기가 어렵게 되었다. 이러한 전통적인 마케팅 수단의 한계를 극복하고, 변화하는 시장환경의 위협을 판매신장 · 이익증진의 기회로 바꾸고자 하는 것이 릴레이션십 마케팅이다.

릴레이션십 마케팅은 사회 전체의 효익과 복지를 증진시킨다는 기본 테두리 안에서 자사상품의 판매신장과 이익증진에 도움이 된다면 무엇이든 협조자로 만든다는 것이 기본 입장이다.

15) 마이크로 마케팅

소비자의 인구통계적 속성과 라이프스타일에 관한 정보를 활용, 소비자의 욕구를 최대한 충족시키는 마케팅 전략이다. 이를 위해 시장을 가장 작은 상권 단위로 나눈 다음, 시장별로 소비자 특성에 관한 데이터를 수집해 마케팅 계획을 세운다. 주로 많은 매장을 가지고 영업하는 대형유통업체 · 은행 · 보험회사 등에서 활용할 수 있다.

16) 복합마케팅

복합마케팅(hybrid marketing) 시스템이란 선도수요 창출, 판매수요 검토, 예비 판매, 판매 마무리, 판매 후 서비스, 거래선 관리 등 각 수요창출 과정과 소비자 규모마다 마케팅의 경로와 방법을 달리해 시장점유율 및 수익성을 극대화하는 효과적인 마케팅이다.

17) 비차별적 마케팅

소비자들의 욕구에서 공통적인 부분에 초점을 맞추는 것으로 하나의 상품이나 서비스를 가지고 세분화되지 않은 전체 시장을 대상으로 비즈니스를 하는 것을 말한다.

필요한 정보를 찾기 위해 사용하는 '야후'나 '알타비스타'와 같은 검색엔진이나 디렉토리 등이 대표적인 예이다.

18) 사업장소 마케팅

사업장소 마케팅(business site marketing)은 공장이나 점포 · 사무실 · 창고 및 회의실과 같은 사업장이나 장소를 개발하여 팔거나 혹은 임대해주는 것을 포함하고 있다. 대규로 개발업자들은 기업의 토지에 대한 기본적인 욕구를 조사하고, 산업시설의 주차장과 쇼핑센터 및 새로운 사무실 · 건물 등과 같은 부동산 문제를 해결해준다.

19) 소시얼 마케팅

소시얼 마케팅(social marketing)은 기업이 자기의 이익을 추구하기 전에 사회 전체의 이익을 손상시키지 않도록 하고, 구매자의 이익뿐만 아니라 사회 전체의 이익을 고려해야 한다는 사고방식에 기초를 두고 있다. 기업이 사회 전체의 이익을 손상시키지 않도록 배려하는 것이 중요하다는 사실을 강조하는 마케팅 방식이다.

20) 스포츠 마케팅

경기 시작 전부터 끝날 때까지 관련된 모든 업무를 대행하는 사업, 또는 여러 가지 프로모션 활동을 통해 팀과 선수의 부가가치를 높이고 상품화를 도모하는 활동을 말한다. 주된 업무 내용은 라이센싱 사업, 연감, 사진집 등의 출판업무, 팀 선수의 매니지먼트 업무, 그리고 이벤트 매니지먼트 업무 등이다.

21) 애프터 마케팅

고객만족 마케팅의 수준을 넘어, 다시 말해서 고객이 상품을 구입하도록 만드는 과정을 넘어 그 후까지 고객의 심리를 관리하고, 고객에게 상품에 대한 확신을 심어주는 '완전한 고객 중심 마케팅'이라고 할 수 있다.

그래서 애프터 마케팅의 당면목표는 또다른 구매를 촉발시키는 것이 아니라 고객에게 제대로 된 상품을 구매했음을 확신시켜주는 데 있으며, 이러한 고객의 확신은 장기적으로 이익을 가져다주는 요소가 된다. 특히 구매한 상품이나 서비스의 품질에 대한 고객의 기대가 현실적인 수준을 넘지 않도록 조절함으로써 만족도를 얻을 수 있도록 도와주어야 한다는 것이 애프터 마케팅의 요체다.

22) 원투원 마케팅

원투원 마케팅(one-to-one marketing)이란 고객에 관한 데이터베이스를 구축하여 필요한 고객에게 필요한 상품을 직접 판매하는 것이다. 개별고객의 데이터베이스 분석을 통해 서비스와 상품을 고객의 필요에 맞게 제공해 고객을 유치하고, 장기적으로는 경쟁력을 확보하기 위한 마케팅으로서 1 : 1 마케팅, 또는 개별마케팅이라고도 한다. 원투원 마케팅은 개별고객의 성별 · 나이 · 소득 등 통계정보와 고객의 취미 · 레저 등에 관한 정보 및 구매패턴을 데이터베이스화하여 고객에게 가장 적절한 상품 · 정보 · 광고를 제공하는 것이 핵심이다.

23) 임페리얼 마케팅

임페리얼 마케팅(imperial marketing)이란 가격파괴와 정반대의 개념으로 높은 가격과 좋은 품질로서 소비자를 공략하는 판매기법을 말한다. 이 전략은 최근 주류업계에서 고급소주 개발 등에 활용되었으며, 다른 업종으로 빠르게 확산되고 있다.

24) 지역마케팅

지역마케팅은 특정한 지역이나 장소에 대한 태도나 행동을 새로이 창출해내고, 유지화시키기 위해 행하는 제반활동을 포함한다. 지역마케팅은 크게 휴가마케팅과 사업장소 마케팅의 두 가지로 구분할 수 있다.

최근 들어 우리나라에서도 국가적인 차원, 또는 지방자치단체 차원에서 관광객이나 기업체의 시설 유치를 위해 많은 노력을 기울이고 있다.

25) 테스티모니얼 마케팅

테스티모니얼 마케팅(testimonial marketing)은 소비자나 구매자들을 직접 광고나 이벤트에 등장시켜 상품 성능을 테스트하게 한 후 증언이나 진술을 받는 방식으로 이루어진다. 유명 연예인을 등장시키지 않기 때문에 비용이 적게 들 뿐 아니라 소비자들에게 친근감을 주고 있다.

26) 텔레마케팅

텔레마케팅에(telemarketing) 대한 정의는 여러 가지가 있다. 텔레마케팅이란 "계획된 전화통화를 이용하여 예상되는 표적고객으로부터 의무감(obligation)을 유발하여 이익을 얻고자 하는 노력"이라는 관점이 있는가 하면, 마케팅의 관점에서 보다 간결하게 정의한 것으로서 "텔레마케팅은 보통 비대면 접촉을 사용하는 인적 판매로 특징지어지는 것으로서 잘 계획되고, 조직화되고, 관리된 마케팅 프로그램의 일부로서 텔레커뮤니케이션 기술을 사용하는 새로운 마케팅 분과 학문"이라는 관점도 있다.

텔레마케팅의 적용 분야는 ① 전화판매, ② 직접 반응 마케팅, ③ 주문 접수, ④ 고객에 대한 정보서비스, ⑤ 시장조사, ⑥ 마케팅 이외의 적용 등이 있다.

27) 퍼미션 마케팅

고객에게 동의를 받은 마케팅 행위를 말한다. 퍼미션 마케팅(permission marketing)은 오프라인 세계에서도 존재하고 있었지만 인터넷이 등장하면서 본격화되고 있다.

28) 퍼스널 마케팅

퍼스널 마케팅(personal marketing)이란 고객 한 사람 한 사람의 개별욕구에 적합한 마케팅 활동을 통해 차별적인 고객 각자의 니즈를 충족시켜 줌으로써 만족도를 극대화시키는 기업활동을 뜻한다. 고객 개개인의 주관이 뚜렷해져 자신의 욕구에 적합하지 않은 서비스는 수용하지 않는 경향이 생겨나자 퍼스널 마케팅의 필요성이 증대되었다.

29) 표적 마케팅

표적 마케팅(target marketing)이란 소비자의 인구통계적 속성과 라이프스타일에 관한 정보를 활용, 소비자 욕구를 최대한 충족시키는 마케팅 전략이다. 이를 위해 소비자들을 가장 작은 단위로 나눈 다음 계층별로 소비자 특성에 관한 데이터를 수집해 마케팅 계획을 세운다.

30) 풀 마케팅

풀 마케팅(full marketing)이란 광고 · 홍보 활동에 고객들을 직접 주인공으로 참여시켜 벌이는 판매기법을 의미한다. TV나 신문 · 잡지 · 쇼윈도 등에 물건을 전시하여 쇼핑을 강요하던 종전의 '푸시(push) 마케팅'에 대치되는 개념이다.

예를 들면 새로운 상품을 출시하면서 전국을 누비며 모델 선발대회를 개최한다거나 어린이 그림잔치 등을 열어 고객이 상품의 홍보에 적극 참여하도록 유도하는 것이다.

31) 프리마케팅

프리 마케팅(free marketing)이란 서비스와 상품을 공짜로 제공하는 마케팅 방법으로 말한다. 유료정보를 공짜로 열람하는 대신 화면에 광고를 노출시키거나 인터넷 무료접속 서비스를 사용하는 대신 개인의 신상정보를 공개하는 등 소극적 프리 마케팅이 주를 이루어왔으나, 최근에는 특정 통신서비스를 몇 년간 사용하겠다고 약속하면 PC를 무료로 제공하는 형태로도 발전하였다.

국내 이동통신업체가 특정 시간대에 무료통화를 제공하는 것도 프리 마케팅의 일종이다.

32) 휴가마케팅

휴가마케팅은 온천이나 휴양지 · 특정도시 등으로 휴가를 떠나는 사람들을 유치하려는 활동을 말한다. 이런 활동은 주로 여행사나 항공사 · 호텔 · 지방자치단체 등이 수행하고 있다. 오늘날 거의 대부분의 도시나 국가는 일반인들에게 그 지역을 관광지로서 알리는 활동을 하고 있다.

제IV편

호텔 · 관광 세일즈 서비스 마케팅 커뮤니케이션의 전략적 이해

제1절 호텔 · 관광 세일즈 서비스 마케팅 커뮤니케이션 이해

1. 커뮤니케이션의 의의

오늘날 호텔기업은 질높은 상품을 생산하여 저렴한 가격에 신속하게 공급할 수 있다고 해서 반드시 성공하는 것은 아니다. 그것은 서비스 기업과 상품에 대해 소비자가 가지고 있는 인상이나 이미지를 관리하지 않으면 안 되기 때문이다. 그러므로 기업은 잠재적 소비자와 계속적인 유대관계를 형성하고, 상호이익을 증대시키기 위하여 기업과 상품에 관한 정보를 지속적으로 전달하지 않으면 안 된다.

이러한 호텔기업의 의도적인 정보전달 활동을 서비스 마케팅 커뮤니케이션(marketing communication)이라 하며, 이는 궁극적으로 판매를 촉진하려는 것이므로 촉진 믹스(promotion mix)라고도 한다.

호텔서비스 마케팅 커뮤니케이션의 과정을 그림으로 표시하면 [그림 7-1]과 같다.

호텔 서비스 마케팅 촉진 믹스는 몇 가지 본질적인 기능을 수행한다.

첫째, 촉진 믹스는 기업과 목표시장간에 이루어지는 커뮤니케이션이다. 촉진 믹스가 쌍방 커뮤니케이션(two-way communication)이기 때문이다. 그러므로 촉진 믹스는 기업이 단순히 커뮤니케이션하는 것뿐만 아니라 기업이 얼마나 효율적인 커뮤니케이션을 하고 있으며, 이러한 효율적인 커뮤니케이션을 기업이 전해주는 목표시장으로부터의 피드백이 있어야 함을 의미하고 있다.

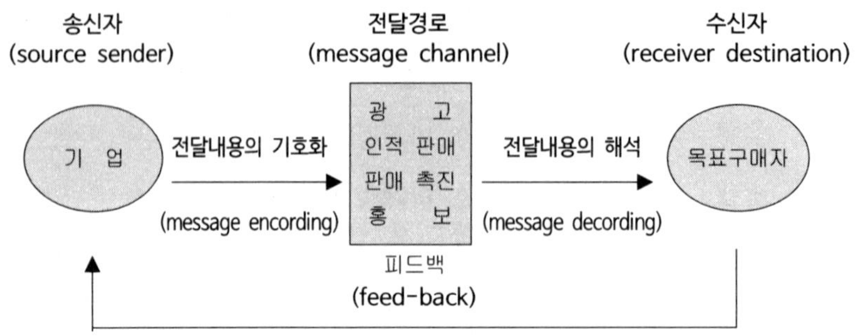

[그림 7-1] 호텔서비스 세일즈 마케팅 커뮤니케이션의 과정

둘째, 상품 믹스의 가시성을 증대시켜준다. 상품의 가시성은 상품을 전시함으로써 증가시킬 수 있지만 촉진 믹스는 상품 그 자체가 아닌 언어와 기호로서 상품의 가시성을 높여주게 된다.

셋째, 촉진 믹스는 소비자들의 기대를 발생하게 하거나 통제해주는 기능을 한다. 따라서 커뮤니케이션을 통해서 기대를 가지게 하면서도, 또한 그 기대가 변하거나 충족되지 못할 때에는 고객의 불만 및 기대욕구를 미리 인지할 수 있게 한다.

넷째, 촉진 믹스는 소비자들로 하여금 구매하도록 설득하는 기능을 한다. 물론 촉진 믹스는, 특히 광고와 PR은 주의를 환기시키고 기업 이미지를 제고시키는 특별한 목표를 가질 수도 있지만, 궁극적인 목표는 구매를 위한 설득이라고 할 수 있다.

유익한 토막상식

▌통합적 서비스 세일즈 마케팅 커뮤니케이션(IMC : Integrated Marketing Comunication)

광고, DM, SP와 PR 등 다양한 커뮤니케이션 수단들이 전략적인 역할을 비교 검토하고, 명료성과 일관성을 높여 최대의 커뮤니케이션 효과를 제공하기 위해 이들 다양한 수단들을 통합하는 총과적 계획의 부가적 가치를 인식하는 마케팅 커뮤니케이션 계획이다.

2. 커뮤니케이션의 목적

호텔서비스 세일즈 마케팅 커뮤니케이션의 기능은 기본적으로 명확히 정립된 오디언스(audience)에게 행동을 자극하는 정보 내지 마음의 윤곽을 제공.전달하는 데 있는데, 그 내용은 다음과 같다.

(1) 정보전달 기능

정보전달(informing)은 본원적 수요를 유발하려는 것으로 상품 수명주기상 도입단계에서 주로 이루어진다. 소비자는 상품과 그 상품의 편의성 및 이점을 알아야만 구매하게 되므로 이러한 목적은 가장 기본적인 것이다.

(2) 설득 기능

설득(persuading)의 목적은 상품이 성장단계에 이르면 추구되는 것으로 구매를 자극하기 위하여 수행되며, 장기적으로 구매자 행동에 영향을 미치는 긍정적인 이미지 형성을 시도하려는 것도 이에 포함된다. 설득이라는 용어보다는 소비자의 주체성의 입장에서 그들의 합의나 동조를 얻는 것으로 보는 것이 현명하다.

(3) 상기 기능

상기(reminder)란 상품의 성숙단계에서 활용되며, 상표명을 공중의 마음속에 각인시키려는 목적을 갖는다. 이때에는 목표 오디언스는 이미 설득되었다고 가정된다.

(4) 행동수정 기능

행동수정(behavior modification)이란 행동이나 생각의 수정 혹은 기존의 행동을 강화하려는 목적인데 좋은 기업 이미지나 구매동기를 유발하려는 경우가 이에 해당된다.

3. 커뮤니케이션의 중요성

호텔서비스 세일즈 마케팅 커뮤니케이션은 자체가 가지고 있는 긍정적인 측면과 부정적인 측면이 있으나 경제・사회적인 관점에서도 그 중요성이 인정된다.

(1) 판매증대 효과

호텔기업의 입장에서 볼 때 판매촉진은 판매를 증대시켜주므로 촉진활동을 수행하지 않고서는 장기적으로 존속하기 곤란하다.

(2) 고용효과와 복지증진

경제적으로는 고용효과를 가지고 있으며, 판매량의 증대를 통해 규모의 이익을 실현시켜 가격을 인하하여 보다 많은 사람이 혜택을 받을 수 있게 하며, 신문과 방송을 통해 상품에 관한 다양한 정보를 제공한다.

(3) 선택의 자유 확대

사회적인 면에서 볼 때 판매촉진은 상품에 대한 정보를 제공해준다. 따라서 시장에서 수용될 수 있는 상품이나 활동이 무엇인지를 알 수 있도록 해줌으로써 선택의 자유를 신장시켜주는 역할을 수행하고 있다.

4. 커뮤니케이션의 기법

설득적인 호텔 세일즈 서비스마케팅 커뮤니케이션을 수행하기 위해 사용되는 촉진 믹스의 구성요소에는 다음과 같은 네 가지 수단이 있다.

(1) 광고 기법

호텔 · 관광기업이 광고주(sponsor)의 생각이나 상품 · 용역을 인적 요소 이외의 수단을 통해 소비자에게 제시함으로써 소비자로 하여금 어떠한 사고를 정립시키거나, 또한 상품 또는 용역을 구매하도록 촉진하는 활동기법이다.

(2) 인적 판매 기법

인적 판매(personal selling)란 호텔 판촉직원이 직접 예상고객을 상대로 구두를 통해 상품이나 용역을 제시하는 활동으로서, 상품이나 서비스의 판매를 목적으로 하는 기존 또는 잠재고객에 대한 판매 프리젠테이션, 또는 대화 등의 개인적 커뮤니케이션을 말한다. 박람회 · 전시회 · 방문판매 등이 이에 해당된다.

(3) 판매촉진 기법

판매촉진(sales promotion)이란 광고, 인적 판매, 홍보활동 이외의 수단을 통하여 비상례적으로 행하는 모든 촉진활동이다. 즉 상품이나 서비스의 판매를 촉진하기 위한 단기적 동기부여 수단의 일체를 말한다. 호텔 판매촉진을 위한 수단에는 구매시점 진열, 가격할인, 쿠폰 제공, 상품사용 시범 등이 있다.

〈표 7-1〉 촉진 수단의 장 · 단점 비교

수 단	장 점	단 점
광 고	• 메시지 통제 가능 • 다수 대중에 전달	• 효과측정이 어려움 • 정보의 양이 제한
인적 판매	• 정보의 양과 질 • 즉각적 피드백	• 높은 비용 • 느린 프로모션 속도
판매촉진	• 즉각적인 효과 • 효과측정이 용이함 • 시행이 용이함	• 모방이 쉬움 • 단기적 효과
PR(홍보)	• 신뢰도가 높음	• 통제가 어려움 • 간접적 효과

5. 커뮤니케이션을 위한 사항

(1) 목표고객 파악

목표고객은 호텔기업이 세일즈 마케팅 커뮤니케이션 활동을 수행할 주고객을 의미한다. 어떤 메시지를 어떻게 전달하고, 언제 · 어디서 · 누가 전달할 것인지를 결정한다.

(2) 고객 필요 반응 선택

필요반응은 고객의 원하는 반응이 무엇인가를 결정하여 마케팅 커뮤니케이션의 효과로 구매를 유도하는 것이다. 따라서 고객은 호텔기업의 촉진노력에 의하여 상품 · 서비스 · 상표 등을 인지하게 되고, 이것들에 대한 지식 · 호감 · 선호도를 갖게 되어 구매에 대한 확신을 얻게 됨으로써 구매로 연결된다.

(3) 메시지 선택

효과적인 메시지는 목표고객의 주위를 끌어야 하며, 흥미를 유발하고, 욕구를 자극하며, 행동으로 이끌어야 한다. 이를 위해서 기업은 내용(무엇을 말할 것인가), 구조(어떻게 전달할 것인가), 형태(어떤 형태로 전달할 것인가)와 관련된 문제를 해결해야 한다.

(4) 매체 선택

촉진을 위해 사용될 메시지가 정해지고나면 기업은 어떤 방법을 통하여 고객들에게 전달할 것인가를 결정하게 된다. 기업의 매체 선택에 따라 기대할 수 있는 효과는 매우 다르므로 매체 선택은 매우 중요한 사항이다.

(5) 메시지 원천 선택

매체의 유형에는 인적 경로에 해당되는 구전과 비인적 경로에 해당되는 인쇄매체 및 방송 등으로 구분할 수 있다. 메시지 원천 선택은 목표고객이 메시지를 전달하는 발신자를 어떻게 평가하느냐와 관련되며, 메시지 원천의 신뢰성에 따라 메시지의 설득력의 효과는 다르게 나타난다. 정보원천의 신뢰성은 전문성・믿음성・매력성 등에 의하여 평가된다.

(6) 메시지 효과 측정

메시지 효과 측정은 목표고객들이 기업이 제공한 촉진활동에 의하여 얼마나 자사의 상품・서비스・상표・이미지 등에 대하여 노출되었는가를 확인하는 것이다.

메시지 효과 측정조사는 기억 여부, 노출횟수, 회상내용, 메시지 느낌, 메시지 노출 후 상품 서비스 평가 등이 포함된다.

6. 커뮤니케이션 전략

호텔 세일즈 서비스 마케팅의 커뮤니케이션 전략은 고객과의 설득 커뮤니케이션을 계획, 실시, 통제하는 일과 관련된다. 전략이란 계획을 말하는 것이고, 전술이란 실시를 의미한다. 호텔서비스 세일즈 마케팅의 커뮤니케이션을 실시함에 있어 전술적으로 궁지에 몰리는 일은 대단히 쉬운 일이다. 이런 일은 커뮤니케이션 전술이 전략목표와 일치하지 않을 때 자주 일어난다.

예를 들어 호텔 인적 판매에 있어 그 고객이 다음번 단체회의를 우리 호텔에 예약하도록 확신시킬 것을 희망하면서 고객을 방문할 수 있다. 그의 차기 회의가 언제 개최될 것인지를 파악한 후 그 기간에 예약하도록 설득하려 한다. 그것은 전술이며, 호텔세일즈 마케팅 전략이다. 그러나 이미 그 고객은 다른 호텔에 그 회의를 예약했다. 결과는 판매가 이루어지지 못했으며, 따라서 그의 다음번 회합을 위해서 똑같은 방문을 하지 않으면 안 될 것이다.

하지만 호텔로서는 전략적 설득을 사용할 수 있기 때문에 호텔의 전략적 목표는 그 고객에게 모든 호텔 중에서 우리 호텔이 그의 회의 개최 욕구를 가장 잘 이해하고, 고객의 회의장 사용에 있어 보다 효율적으로 진행할 수 있다고 설득하는 세일즈 마케팅 전략이 필요한 것이다.

고객의 욕구를 조정하고 고객의 반응을 들어 그 고객이 무엇을 원하는지 미리 예측 판단하여 세일즈 마케팅의 전략적 전술이 구체화되면 그 고객은 다시 되돌아올 것이다. 따라서 호텔서비스 세일즈 마케팅의 커뮤니케이션 5단계 전략은 다음과 같다.

① 첫단계 : 호텔이 목표가 무엇이며, 무엇을 이루고 싶은가를 결정하는 것이다. 즉 광고, 판매, 촉진, 상품화, PR 등의 선택에 심혈을 기울여야 하고, 이는 "무엇을 말할 것인가?"이다. 전략적 목표를 기억할 때 이 단계는 주제・특성・개념・포지셔닝・제공편익・약속 등이 측면에서 지침을 징하는 것이다.

② 둘째 단계 : 목표시장을 정하는 것으로, 즉 "누구에게 무엇을 말할 것인가?"이다. 적절한 조사를 실시하여 목표시장의 필요와 욕구가 명백히 밝혀졌으면 이 단계는 그 목표의 실행에 대한 지침을 정하는 것이다.

③ 셋째 단계 : "어떻게 말할 것인가?"의 단계로, 이것은 고객에 대한 소구이며, 실시 단계이다. 많은 선택이 있을 수 있지만 어느 것이 가장 소비자의 구매욕구를 일으킬 수 있는가, 어느 것이 가장 정확하게 확인된 목표시장과 일치하는 목표를 이룰 수 있는지를 나타낸다.

④ 넷째 단계 : 고객 지향적, 그리고 예산 지향적 단계이다. 선별적인 기억 유지를 돕기 위해 반복을 도입하였는데, 한 번 보고는 그것을 무시해버리는 고객들의 망각기능을 증대시키기 위함이다. 그러므로 이 단계는 언제 말할 것인가는 물론 "얼마나 자주 말할 것인가?"를 신중히 생각할 것을 요구한다.

⑤ 다섯번째 단계 : "어디서 말할 것인가?"이다. 인적 판매, 촉진, 상품화, PR 등 어느 것을 통해서, 또는 이 모두를 통해서 처음 4단계를 수행할 것인가를 결정할 수 있다. 중요한 것은 전략이 내내 일치되어야 한다는 것이고, 한 수단은 다른 수단과 갈등을 일으켜서는 안 된다는 점이다.

판매의 효율성은 상품화를 먼저 시도하기 전에 기울인 기획의 양에 항상 정비례하는 것이므로 판매의 양을 늘리기 위해 아무렇게나 시도할 수는 없다. 시간을 갖고 세일즈 마케팅 전략을 계획하는 것이 중요하다. 일시적인 세일즈 방식은 비효과적이기도 하고, 또한 낭비적일 수밖에 없다. 한 번의 노력만으로 성공하는 세일즈란 있을 수 없기 때문이다.

그러므로 성공적인 세일즈를 하기 위해서는 사전계획을 치밀하게 짜야 한다. 프로젝트를 검토하고, 계획을 세우고 일을 수행하는 데 필요한 예산을 확보하고, 그 일이 끝날 때까지 계획을 밀고나가야 한다. 성공적인 세일즈의 가장 기본적인 원칙은 지속성과 반복성이다.

지속성이란 계획대로 시행하는 것을 말한다. 세일즈 계획이 마침내 완성되면 그것을 지켜야 한다. 이는 세일즈가 끝나기 전에 포기하지 말아야 함을 말하는 것이고, 세일즈를 위해 쓰일 돈이 보다 절실해 보이는 다른 목적으로 전환되어서는 안 된다는 말이다.

일단 새로운 세일즈 노력을 해야 할 필요가 분명해졌다면 앞에서 말한 여러 가지 촉진 믹스들을 사용할 수 있다. 물론 세일즈를 위해 어떤 수단들이 효과적인지 정해진 법칙은 없지만 기본적으로 생각해야 할 일들이 몇 가지 있다.

① 전적으로 새로운 시장을 개발하려고 하지 말아야 한다. 과거 거래가 있었던 알려진 분야에서 시작해야 한다. 전적으로 새로운 고객을 만들기보다는 옛 고객을 다시 방문하게 하는 것이 훨씬 쉽고, 돈도 적게 드는 법이다. 만약 새로운 시장이 어떤 가능성을 가지고 있다고 생각되면 우선 소규모의 사전연구를 시작해서 개척해 볼 가치가 있는지를 검토하는 것이 좋다.

② 집중 공략해야 한다. 무엇인가 이루어질 것이라는 막연한 기대로 노력하기보다 정확한 목표를 겨냥함이 효과적이다. 많은 시장을 상대로 한 속삭임보다 이를 모아 한 시장을 상대로 크게 외치는 것이 효과적이다.

③ 전에 진행하였던 판매수단을 사용해야 한다. 전에 신문광고가 효과적이었으면 계속해서 신문광고를 하는 것이 좋다. 새로운 판매수단을 쓸 때는 정말로 전문가의 충고가 있을 때만 사용해야 한다.

④ 고객층에 맞는 수단을 사용해야 한다. 상대고객이 판매자라고 한다면 호텔의 사교적인 분위기를 강조하는 것은 낭비이다. 고객층에 맞는 판매 강점을 보여야 한다.

특정 판매문제를 해결하는 데는 지배적인 접근방법은 다음과 같다. 즉, 사업을 잘되게 하기 위해서 필요한 일이 무엇인가? 그 비용은 얼마나 드는가? 가장 확실한 고객이 될 만한 시장은 어떤 시장인가? 그리고는 필요한 돈을 계산해서 계획된 판매목적에만 그 돈을 쓰도록 주의하는 것이다.

제2절 호텔 · 관광 세일즈 서비스 마케팅 커뮤니케이션 기법

1. 세일즈 서비스 마케팅 커뮤니케이션 필요성

최근에는 치열한 경쟁을 벌여야 하는 호텔기업들이 많기 때문에 목표액을 달성하는 일이 간단하지 않다. 때문에 대부분의 기업들은 세일즈 부문을 가장 중요시하여 영업신장을 위한 강화책을 서둘고 있으며, 동시에 영업활동을 활성화시키려는 정책을 쓰기 시작하고 있다.

호텔기업이 매출액 증가를 위하여 시장에서 확고한 위치(position)를 확보하려고 노력하는 것은 너무나 당연한 일이며, 또 기업의 성장을 위해서도 필요불가결한 것이다. 다만 여기에서 주의해야 할 점은 세일즈 부문(세일즈 담당자)에서 "판매목표만 달성하면 그것으로 충분한가?"라는 점이다.

최근에는 사회적으로 '일상생활'이나 '소비'에 대한 관심도가 높아져 지구한경 · 자원보호 등의 중요성이 강조되고 있기 때문에 기업의 존재가치가 증대되고, 또 그 기업의 활동(상품 · 서비스 제공)이 산업계나 사회 그 전반에 걸쳐 공헌할 때에만 그 존재가 인정받도록 되어 있다.

기계 메이커를 한 예로 든다면, 그 메이커의 상품이 거래회사나 산업계를 확실하게 진보 · 발전시킬 수 있는지의 여부가 주요 관건이 된다. 거래처에서 그 기계를 사용함으로써 지금보다 더 생산성을 높이고, 품질을 향상시키고, 생산원가를 낮출 수 있으며, 납기를 더욱 단축시킬 수 있을 때, 그리고 그 기계를 판매한 세일즈맨이 그 기계의 성능 · 조작법 등 여러 가지 사항을 사용자에게 충분히 숙지시키고 제안 지도를 해준 결과를 상대방이 높이 평가하고 가치를 인정해줄 때 비로소 그 기계 메이커의 세일즈맨은 그 존재의의가 있다고 할 수 있다.

마찬가지로 어떤 식품 메이커에서 소비자의 식생활 문화를 향상시킬 수 있는 상품을 개발하였고, 세일즈맨은 거래처 소매점에 그 상품의 효과적인 판매방법(매장제안 등)을 제시했을 때, 그 점포에서는 그 세일즈맨의 제안대로 판매해본 결과 소비자들로부터 "물건사기가 쉬워졌다"는 평가를 받게 되었다. 그 결과 점포는 점포대로 손님이 늘어나고 사업이 번창하여 그 상품을 판매한 세일즈맨에게 감사의 뜻을 전할 때 그 식품 메이커의 세일즈맨 또한 존재의의가 있다고 할 수 있다.

세일즈맨은 이와 같이 거래처나 고객에게 공헌하는 활동(세일즈 활동)을 해주고 상대방으로부터 감사하다는 말을 듣고, 높이 평가받게 됨으로써 결과적으로 자기회사의 매출을 신장시키고, 목표가 달성되는 것이다. 단지 자신에게 부과된 판매목표 달성만을 위하여 자기 형편만을 앞세우고 억지로라도 '팔아버리는' 세일즈 활동은 상대방으로부터 점점 환영받지 못하여 매출액 감소는 물론 결과적으로 일한 보람도 없이 벽에 부딪치게 된다.

세일즈맨은 자신이 취급하고 있는 상품이나 서비스가 보다 상위개념의 목적에 공헌하고 있다는 사실을 이해할 필요가 있다. 예를 들면 호텔 연회 세일즈맨은 그 상품이 단지 호텔 및 자신에게 이익이 돌아오기 때문에 세일즈 활동을 하고 있다고 생각하지 말고, 고객에게 진정으로 도움이 되고 싶다는 어떠한 고차원의 입장에서 세일즈 활동을 할 필요가 있다.

바꾸어 말하면 호텔상품을 고객에게 판매하고 있는 세일즈 담당 종사원이 "나는 단지 고객에게 호텔의 상품만을 팔고 있는 것은 아니다. 고품격 서비스를 고객에게 선사하고, 그에 따라 고객에게 기쁨과 행복을 동시에 전해주고 있는 것이다. 그리고 이러한 일을 함께 실현해나가는 고객과 인간적으로 관계된다."고 생각한다면 그의 세일즈 활동방향은 고객에게 호텔의 상품이 어떻게 고객에게 행복을 전해줄 수 있는지, 어떻게 만족을 향상시킬 수 있는지 등에 대하여도 고객과 함께 검토하고 조언해주는 방향으로까지 발전할 것이다. 따라서 그 세일즈맨은 능력개발도 훨씬 달라질 것이다.

이와 같이 세일즈맨은 자기가 판매하고 있는 상품이나 서비스를 통하여 호텔기업사회의 문제 해결 및 진보·발전에 공헌하고 있기 때문에 "번영과 행복을 가져다주는 사람"이라고도 할 수 있다.

2. 세일즈 서비스 마케팅 커뮤니케이션 수행

호텔경쟁이 치열해 판매하기가 어렵다고 생각되는 고객에게 상대방의 현재상황이나 애로사항·희망사항을 세밀히 파악하고, 상대방의 입장에서 제안하고 꾸준히 설득시킨 결과 상대방의 기분이 변하여 드디어 판매를 하게 되었다. 이때의 성취감은 세일즈맨만이 알 수 있을 것이다.

세일즈를 담당하면서 심혈을 기울인 세일즈 활동이 열매를 맺어 처음으로 받은 고객과 계약하게 되고 판매를 하는 것은 감동적이고 추억에 남게 될 것이다. 이와 반대로 고객에게 정말로 기쁨을 준 일이 없는 세일즈맨은 '세일즈의 기쁨'을 모른다고도 할 수 있다.

그러나 기업은 경제·사회의 발전에 기여할 수 있는 상품이나 서비스 경쟁기업보다 더욱 효과적으로 제공함으로써 그 반대급부로서 공헌도에 따라 이익은 물론 시장위치도 넓힐 수 있다. 기업에서는 이들 활동을 수행하기 위하여 일반적으로 다음과 같은 4개 부문을 두고 있다.

① 인사·재무 등의 활동을 관장하는 관리부문
② 상품이나 시장의 연구·개발 등을 관장하는 기획·개발 부문
③ 상품생산이나 출하 등을 관장하는 생산부문(유통업자의 경우에는 구매부문)
④ 개개의 고객을 방문하고 상품·서비스를 판매하는 영업부문

호텔기업은 이들 4가지 부문이 유기적으로 작용할 때 비로소 목표를 달성할 수 있고, 또 이 부문 모두가 중요한 부문이라는 것은 명백하다. 그러나 이 중에서 '세일즈 부문의 일'(특히 방문활동을 하는 사람)은 타 부문과는 달리 다음과 같은 특색을 지니고 있다.

(1) 사람을 상대로 하는 일이라는 것

상품이나 서비스는 결국 사람에게 판매하는 것이고, 사람을 움직여 상대방에게 변화를 일으켜 행동으로 옮기게 하는 일이다. 그 '사람'은 이성이나 감정을 가지고 있는 사람이고, A씨가 설득은 받아들였다 하더라도 똑같은 방법으로 B씨를 설득한다 해도 반드시 받아들인다고 보장할 수 없다.

세일즈는 인간을 설득시키는 일이기 때문에 인간을 이해하는 깊이가 세일즈의 깊이가 되고 있다. 세일즈맨은 매일매일 여러 사람을 만나 커뮤니케이션을 하게 되고, 인간적으로 교제하면서 세일즈를 하고 있다. 따라서 영업은 그날그날이 인간연구의 장(場)이고, 자기성장의 장이라고도 할 수 있다.

(2) 언제나 새로운 상황에 대처해나가는 일이라는 것

시장도, 고객도 끊임없이 변화하고 있어 과거와 똑같지는 않다. 언제나 새로운 상황을 파악하여 그것에 알맞은 신선한 활동을 하지 않으면 고객이 받아들여주지 않는다. 그렇기 때문에 언제나 자기가 하고 있는 방법을 바로잡고 재검토(refresh)하지 않으면 안 된다. 이런 긴장이 일의 보람을 가져다주고, 자기혁신으로도 연계된다.

(3) 자신의 노력(창의 · 연구) 여하에 따라 거래액이나 시장을 확대시킬 수 있는 일이라는 것

세일즈를 반드시 이런 방법으로 해야만 실적이 오르는 것은 아니다(기본은 지킬 필요가 있지만). 고객의 상황에 맞추는 훌륭한 제안서(기획서)를 작성하여 창의력을 살리는 활동을 하는 사람은 그렇지 못한 사람에 비하여 몇 배의 성과를 올릴 수 있다. 따라서 세일즈 활동은 창의력이나 연구열의를 살릴 여지가 크다고 할 수 있다. 그리고 성과가 오르면 일도 즐거워진다.

(4) 일을 통해 고객으로부터 많은 것을 배울 수 있다는 것

세일즈맨은 영업이라는 일을 통하여 경험이 풍부한 많은 훌륭한 고객들과 접하고 있다. 그러는 가운데서 영업활동에 대한 사고방식 · 방법, 경우에 따라서는 인생의 교훈 등을 배우는 것이다.

다시 말하면 클레임(claim) 등을 당하여 본인이 미치지 못하고 있는 면을 지적받거나 시정요구를 받게 될 때 사회인으로 단련될 수도 있다. 따라서 자신을 갈고닦는 곳이기도, 하고 매일매일 인생을 배우는 곳이기도 하다.

(5) 자기관리가 중요시되는 일이라는 것

내근하는 종사원과는 달리 세일즈맨의 일터는 사무실 밖이다. 일단 회사를 나서면 감시하는 사람이 아무도 없다. 따라서 세일즈하는 장소는 자신이 자신과 싸우는 장소이기도 하고, 자기단련의 장소이기도 하다. 그러므로 자기가 자기기준에 맞추어 다룰 수 있는, 즉 자기관리를 할 수 있는 사람이 영업실적을 잘 올리고 집단의 리더가 되어가는 것이다. 따라서 세일즈 활동은 리더의 조건을 몸에 익히는 장소이기도 하다.

세일즈라는 '일'은 단지 물건(상품)을 판매하기만 하는 일이 아니다. 일을 하면서 시장이나 상품을 깊이 이해하고, 인간을 연구하고, 감각(sense)을 갈고닦아 창의력을 기르고, 사회성을 몸에 익히면서 동시에 그것을 발휘하는 장소이기도 하다. 이러한 능력이 종합적으로 갖추어지는 정도에 따라 영업실적도 양적으로나 질적으로 향상되어가는 것이다.

3. 세일즈 서비스 마케팅 커뮤니케이션 특성

물질적 풍부함이 고도에 달한 경제 성숙기의 불황은 다음과 같은 공통 특성을 가지고 있다.

(1) 가격저하 경향

사람들은 양질이면서 저렴한 것을 기대하며, 판매가격도 원가상승을 간단하게 가격에 전가해서 가격을 상승시키는 것이 곤란하므로 덤핑이 유행한다.

사실 높은 가격을 원칙으로 하고 있는 대부분의 호텔이 기본 숙박요금을 대폭 인하하고, 중규모 호텔같이 공동으로 저요금 수준 체제를 도입하는 실정이 고객유치 전략의 방법이다. 기업을 고도 성장기의 경영체제와는 반대로 철저한 합리화에 의해 경비, 특히 고정비의 삭감을 행하지 않으면 존속이 위험하게 된다.

(2) 광고력이 저하되고 판매활동이 중요하게 된다

광고를 해도 예상외로 매출이 증가하지 않는다. 오히려 DM이나 퍼블리시티(publicity)에 의해 직접 개인에게 접근하거나 이미지를 상승시키는 정책을 성실하게 실행하는 쪽이 효과가 크다. 광고보다 더 많이 방문하고, 많은 시간에 걸쳐 효과적인 상담을 하였는가가 고객유치의 관심사항이 된다.

(3) 에이전트가 숙박업을 좌우한다

성수기를 맞이하면 제조업자의 관심은 생산보다도 판매로 옮겨진다. 팔기 위해서 유통경로를 강하고 넓게 하거나 독자의 채널을 형성하기도 한다. 제조업자와 에이전트(agent)간의 30년 전쟁이라고 말하고 있는 미국에서도 양자가 주도권을 경쟁해왔다.

제조업자가 도매점과 소매점을 매수하는 케이스도 많이 있지만 일반적으로 에이전트의 힘이 강화되었다. 물자 빈곤기에는 제조업자에게 딜러가, 물자가 풍부한 오늘날은 딜러가 제조업자를 리드하게 된 것이다. 고객을 가지고, 고객을 만드는 힘은 강하다. 숙박업을 지우기까지 할 수 있는 힘을 활용해서 여행업자는 업계의 재편과 계열화를 진행할 뿐만 아니라 호텔산업의 계열화까지 추진하게 될 것이다.

(4) 점유율이 크고작은 매출의 확대를 결정한다

총수요가 2차곡선을 그리는 고도 성장기의 비율이 일정률의 증가를 나타내므로 점유율의 대소에 관계없이 어느 호텔에서나 매출이 증가된다. 점유율 차이가 일정의 증가를 나타내는 저성장기에 점유율이 높은 호텔은 이미 증가하지만 낮은 곳은 급감한다. 따라서 점유율 경영은 하나의 경영 존재방법이다. 이것을 탈피하기 위해서는 시설과 요리.서비스로 강점을 내세워야 한다.

(5) 호텔마다 경영성적에 차이가 있다

같은 관광지에서 같은 경영을 하고 있는 규모의 호텔에서도 고객 수와 매출에는 차이가 있다. 판매부진에 의한 도산과 경영체질이 약해서 도산을 당한 경우는 같은 지역 관광지, 같은 규모 호텔에서도 흔히 발생된다. 이는 하드웨어보다 경영력과 판매력 등 소프트웨어 부문에서 주로 나타나는데, 이와 같은 특성은 성수기의 시점에서는 어떻게 하면 살아남을 것인가 하는 문제로 인해 발생된다.

해결방법은 내부통제의 특징을 올바르게 잡는 것이며, 다른 하나는 판매력이다. 세일즈에 있어 제일 필요한 것은 세일즈맨의 방문과 순회이고, 상담체재 시간이다. 광고로 팔리지 않는 성수기의 시점에서는 발로 뛰는 세일즈에 충실하지 않으면 고객 창출이 어렵다. "세일즈 없이는 호텔이 없다"는 표현은 세일즈 없이 기업으로 존속하기 어렵다는 뜻이다.

4. 매상고를 좌우하는 세일즈맨 수(란체스터 판매전략)

란체스터 전략(Lanchster Strategy)은 공중 군사작전에 이용하기 위한 전략의 하나로 영국공군의 항공공학 기술자인 프리드리히 란체스터에 의해 개발되었다. 란체스터 법칙으로 불리는 이 전략이 시장계획, 상품화 계획, 혹은 유통전략을 포함하여 꽤 독창성을 가진 전략의 하나로 인정되어 1957년 이후 기업에서 활용되고 있다.

란체스터 법칙에 의하면 매상고와 고객처의 수, 세일즈맨 수 사이에는 <표 7-2>

와 같은 식이 성립된다.

여기에서 A는 매상고, B는 고객처의 수, C는 세일즈맨 수를 나타낸다.

결국 매상고를 넓히기 위해서는 4개의 요건이 있다는 것을 알 수 있다.

〈표 7-2〉 란체스터의 법칙

$$A = C \times \frac{A}{C}$$

$$= C \times (\frac{A}{B} \times \frac{B}{C})$$

그래서

$$\frac{A}{B} = \frac{A}{C} \times \frac{C}{B}$$

$$\frac{B}{C} = \frac{A}{C} \times \frac{B}{A}$$

그러므로

$$A = C \times (\frac{A}{C} \times \frac{C}{B}) \times (\frac{A}{C} \times \frac{B}{A})$$

$$= C \times (\frac{A}{C} \times \frac{\frac{1}{B}}{C}) \times (\frac{A}{C} \times \frac{\frac{1}{A}}{B})$$

〈표 7-3〉 판매 생산력과 정식

① 세일즈맨 수(C)를 늘린다.

② 세일즈맨 1인당 매상고($\frac{A}{C}$)를 올린다.

③ 세일즈맨 투입계수($\frac{C}{B}$)를 올린다.

④ 매상고를 차지하는 고객처의 수($\frac{B}{A}$)를 올린다.

<표 7-3>은 판매생산력과 정식을 나타낸다. 숫자를 넣어서 풀어보면 알 수 있지만 최종적으로 세일즈맨 수와 한 사람당의 매상고가 중요한 부분이라는 것을 알 수 있다.

세일즈맨 수를 증가시키는 것이 매상을 늘리는 키포인트이다. 특히 불황기에는 세일즈맨의 작전에 따라 판매를 넓히지 않으면 안 된다. 물론 갑자기 증가시킬 수는 없을 것이다. 우선 연간 5,000인의 고객 수에 대해 한 사람의 세일즈맨을 전담화하는 것이다.

다음에는 인사이동에 따라 유휴노동력을 일정 수 삭감해서 판매에 돌리는 것이다. 그리고 경영자, 또는 그에 준하는 자가 판매를 총지휘하고, 동시에 자사의 스태프를 수시로 판매의 응원에 내보내는 것이다. 따라서 판매 시스템의 증원이 가장 중요하다고 할 수 있다.

제3절 호텔 · 관광 세일즈 서비스 마케팅 커뮤니케이션 테스트 법칙

1. 고객을 대응하는 세일즈 커뮤니케이션 스킬 테스트

(1) 세일즈 스킬 커뮤니케이션의 설득

- 세일즈 : 고객을 찾아다니며 상품을 파는 것으로 판매를 의미한다.
- 설득 : 상대편이 내 이야기를 따르도록 여러 가지로 깨우쳐 말하며, 따라서 내용이나 상황을 자기편의 뜻을 따르도록 잘 설명하거나 타이르는 것을 의미한다.

(2) 세일즈의 어려움

- 기술의 부족
- 능력의 부족
- 지식의 부족
- 마음의 준비 부족

(3) 세일즈의 두려움

- 거절 당하면 그것으로 끝이다 : 두려움 해소
- 내 능력은 이것밖에 안 된다 : 내 입장이 아닌 고객 입장 생각

(4) 두려움의 개인차

1) 확인추구 성향(validation seeking)

- 자기가치, 능력, 가능성을 성취, 증명

- 위협 사건에 대한 불안 증가
- 실패에 대한 두려움 증가
- 자존감의 저하
- 과제의 지속성 부족
- 높은 우울증 수준

2) 성장 추구 성향(growth seeking)

- 자기향상, 성장, 잠재력을 개발하고자 함
- 일반적 사회불안 저하
- 실패에 대한 두려움 저하
- 자존감의 증가
- 과제의 지속성 증가
- 낮은 우울증 수준

(5) 두려움의 극복 방법

- 두려움을 이기는 자기-지시(self-instruction)법
- 나는 걱정하는 것 대신 내가 해야 할 것을 위한 계획을 세울 것이다.
- 나는 한번에 한 단계씩 상황을 다룰 것이다.
- 만일 내가 불안해진다면, 나는 잠시 멈추고 큰 숨을 몇 번 쉴 것이다.
- 나는 모든 두려움을 제거할 필요는 없다. 나는 그것을 관리하는 것을 유지할 수 있다.
- 나는 내가 해야 할 필요가 있는 것에 초점을 맞출 것이다.
- 나의 사고를 내가 통제할 때 나는 나의 두려움을 통제한다.
- 그리고 내가 두려움을 이길 때마다 매번 더 쉬워질 것이다.

(6) 세일즈 설득의 목표

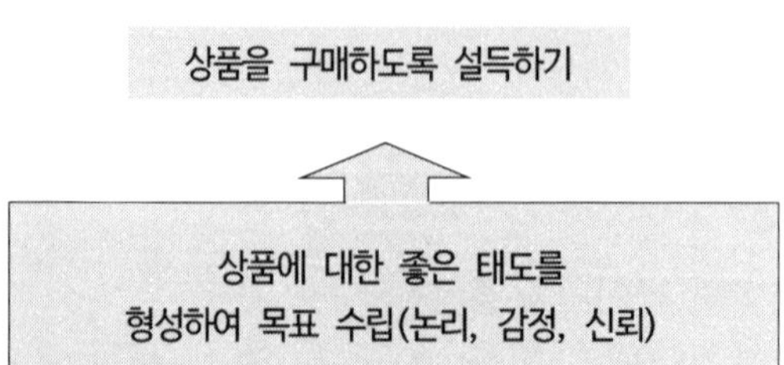

(7) 태 도

태도는 우리가 사회적 또는 물리적 세계의 여러 사물에 대해 갖고 있는 정신적 표상이며 경험을 통해 습득되고 이후의 행동에 영향을 준다.

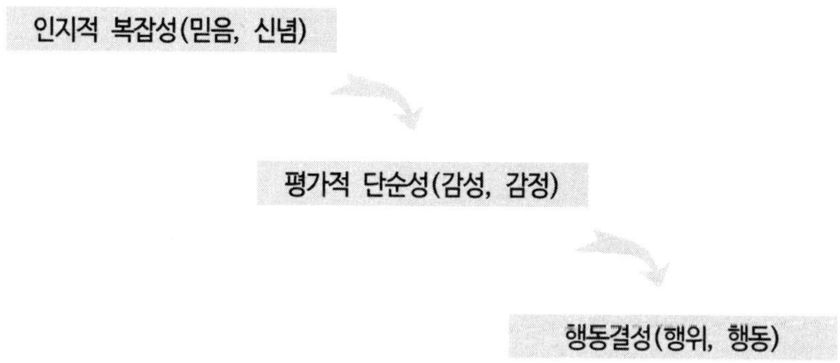

1) 태도 변화 방법

- 인지 변화시키기
- 감정 변화시키기
- 행동 변화시키기

2) 설득의 3요소

- 의도성 낮게
- 공포, 협박, 동조, 강요 야기
- 주의 분산
- 전달 매체 특성에 맞게

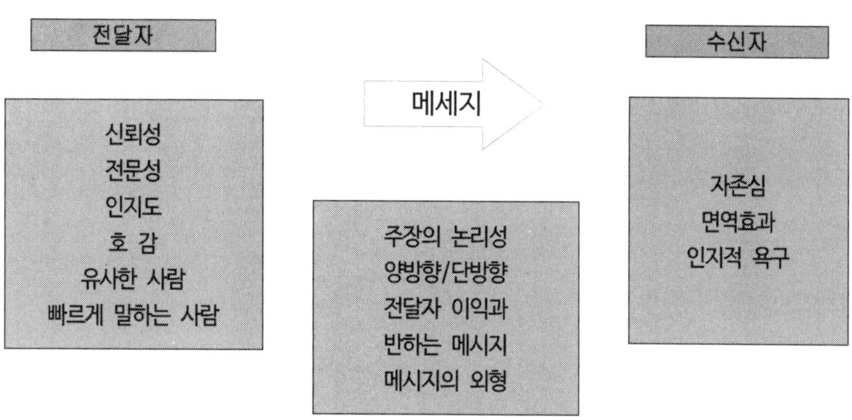

3) 설득의 정교와 가능성 모델

- 설득 관련 정보를 처리하는 두 가지 과정
  - 중심 경로 : 깊은 생각, 논리적 · 합리적 분석 → 메시지 내용에 영향 받음
  - 주변 경로 : 자동적 과정, 단순 연합 · 처리 등 → 다른 설득 단서의 영향 받음
- 처리 과정 결정 요인 : 개인적 관여, 가치 · 결과와의 관련도

- 설득할 때, 상대방의 저항을 감소시킨다.

4) 설득 발생의 기본 과정

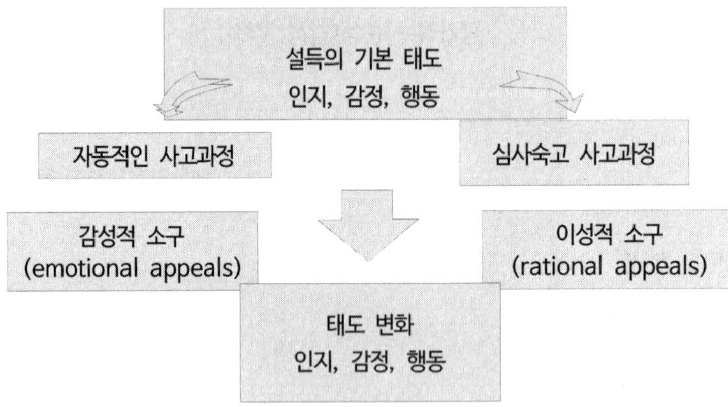

5) 이성적 설득의 기본 과정

- 사람들은 잘 모른다.
- 사람들은 이성적/논리적이다.
- 설득이란 이성적인 의견교환 과정이다.
- 설득의 논리적 근거가 충분하면 된다.
- 사실을 제시하면 된다.

역태도 변화
- 기존 태도의 강화
- 설득 태도의 및 반대 태도 강화
- 원인 : 영향력 행사에 저항 욕구
자유에 대한 위협

6) 설득의 기법

- 상호성의 법칙 → 인지 부조화
- 일관성의 법칙 → 인지 부조화
- 사회적 증거의 법칙→ 동조 현상
- 호감의 법칙→ 조건 형성
- 권위의 법칙→ 복종 및 권위
- 희귀성의 법칙 → 손실에 대한 거부

① 호감의 법칙 : 조건 형성의 원리

- 호감의 법칙을 이용한 판매전략
  - 친구의 부탁
  - 후광 효과
  - 만찬 기법
  - 이긴 쪽이 우리 편
- 호감의 원천
  - 신체적 매력에 끌린다.
  - 사소한 공통점에도 호감을 갖는다.
  - 칭찬해주는 사람을 좋아한다.
- 호감의 법칙에 대항하는 자기 방어전략
  - 요청자와 요청에 대한 감정을 분리

㉠ 상품에 대한 호감도 증가

- 상품의 질로 인한 호감
- 판매자의 호감
- 광고로 인한 호감

㉡ 긍정적 기분의 의사과정에 미치는 영향

- 의사결정 과정의 변화
- 긍정적 기분의 정보적 역할

ⓐ 조건 형성의 원리

- 자극, 반응, 결과의 구분
- 고전적 조건 형성
- 자극-반응 역할
- 관련 현상 : 일반화, 변별, 소거, 자발적 회복
- 조작적 조건 형성
- 반응-결과 연합
- 관련 현상 : 미신, 조형

ⓑ 긍정적 기분의 영향

- 의사결정 과정의 변화
- 확산적 사고
- 선호의 손쉬운 전환
- 빠른 처리
- 긍정적 정보에 대한 기억 촉진
- 긍정적 기분의 정보적 역할
- 결정에 대한 확신
- 문제 없음에 대한 신호

② 일관성의 법칙 : 인지부조화 원리

- 일관성의 함정
- 개입과 일관성을 이용한 기법
  - Low ball effect(미끼 기법)
  - 문전 걸치기 기법
  - 세뇌 프로그램
- 일관성의 법칙에 대항하는 자기 방어전략
  - 본능적인 거부감에 따라 행동 한다.
  - 처음에 자신이 의도했던 바를 되돌아 본다.
- 상호성의 규범
- 상호성의 속임수 : 받은 것 없이 주어야 하는 경우
  - No then Yes effect : 큰 요구 후 작은 요구
  - That's not all technique
  - 거래의 변화를 양보로 지각한 결과임
  - 양보로 자각 안 되면, 변화 발생 없음
- 상호의 법칙에 대항하는 자기 방어전략
  - 호의와 술책을 구분
  - 눈에는 눈, 이에는 이로 대응
- 타인과의 비교
  - 가짜 웃음의 효과
  - 사이비 종교에 빠지는 이유
  - '다수의 무지'가 불러온 길거리 살인사건
- 유사성의 영향력
  - 불확실성과 유사성이 빚어낸 인민사원의 집단자살
- 사회적 증거의 법칙에 대항하는 자기 방어전략
  - 조작된 사회적 증거에 대해서는 반격을 가하라
  - 과정상의 오류를 점검하라
- 동조이론
  - 대다수의 사람들이 어떤 태도나 행동을 취할 때 그에 따르게 되는 것
- 동조의 원인
  - 정보의 영향 : 세리프(Sherif)의 실험
  - 규범적 영향 : 아시(Ash)의 실험(호손 공장)
  - 자기 제시의 동기
  - 무심성
- 사회적 비교 : 능동적 정보 추구
  - 근본적 동기

- 예측 · 통제의 동기
- 정확성 추구 동기
- 사회적 비교
- 자신과의 비교
- 타인과의 비교

㉠ 인지부조화 이론

- 태도 요소간 관계의 상태
  - 무관한 상태
  - 상호 조화로운 관계
  - 상호 부조화 관계 → 불편감 유발 → 불편감을 없애려고 변화 발생
- 불편감의 강도결정 요소
  - 신념의 중요성
  - 부조화 이루는 요소의 양
- 불편감 감소 방법
  - 행동 변화시키기
  - 인지의 중요성 감소시키기
  - 상대적 중요성 변화시키기
  - 정보원의 중요성 평가 절하하기
  - 신념 변화시키기

③ 권위의 법칙

- 권위에 대한 맹종
- 권위에 복종하는 이유
- 권위의 상징물들
  - 직함
  - 옷차림
  - 고급자동차
  - 제복
- 권위의 법칙에 대항하는 자기 방어전략
  - 전문가가 맞는지 살펴본다.
  - 전문성과 트릭을 구별하라.

④ 희귀성의 법칙

- 희귀성의 가치
  - 한정판매 : 얼마 없습니다.
  - 시간제한 : 이제 곧 끝납니다.

- 상실에 대한 두려움
  - 제한된 자유에 대한 심리적 저항
  - 손해에 대한 거부감
- 로미오와 줄리엣 효과
- 희귀성의 영향력을 강화시키는 조건
  - 갑작스런 희귀성
  - 경쟁상태
- 희귀성의 법칙에 대항하는 자기 방어전략
  - 흥분하지 말라.
  - 득실을 냉정히 따져보라.

⑤ 복종 현상

- 복종은 그런 상황에 처하게 되면 정상적으로 발생하는 현상

㉠ 원 인
- 행위에 대한 면책
- 권력의 표시 착용
- 점진적 명령

㉡ 권위에 대한 발발과 저항
- 인간의 특성
- 결정에 자유 욕구
- 자유회복에 대한 시도

㉢ 권력의 기반
- 보상 권력 : 도움과 이득
- 강제 권력 : 압력이나 처벌
- 합법 권력 : 합법적 권리
- 참조 권력 : 좋아하고 존경
- 전문성 권력 : 경험과 능력
- 정보성 권력 : 정보

㉣ 권력의 기반과 그 효과

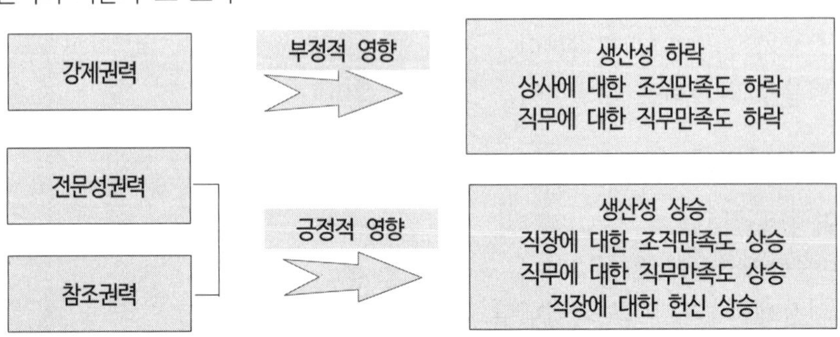

⑥ 전망이론(prospect theory) : 관점의 중요성

• 전망이론(prospect theory)

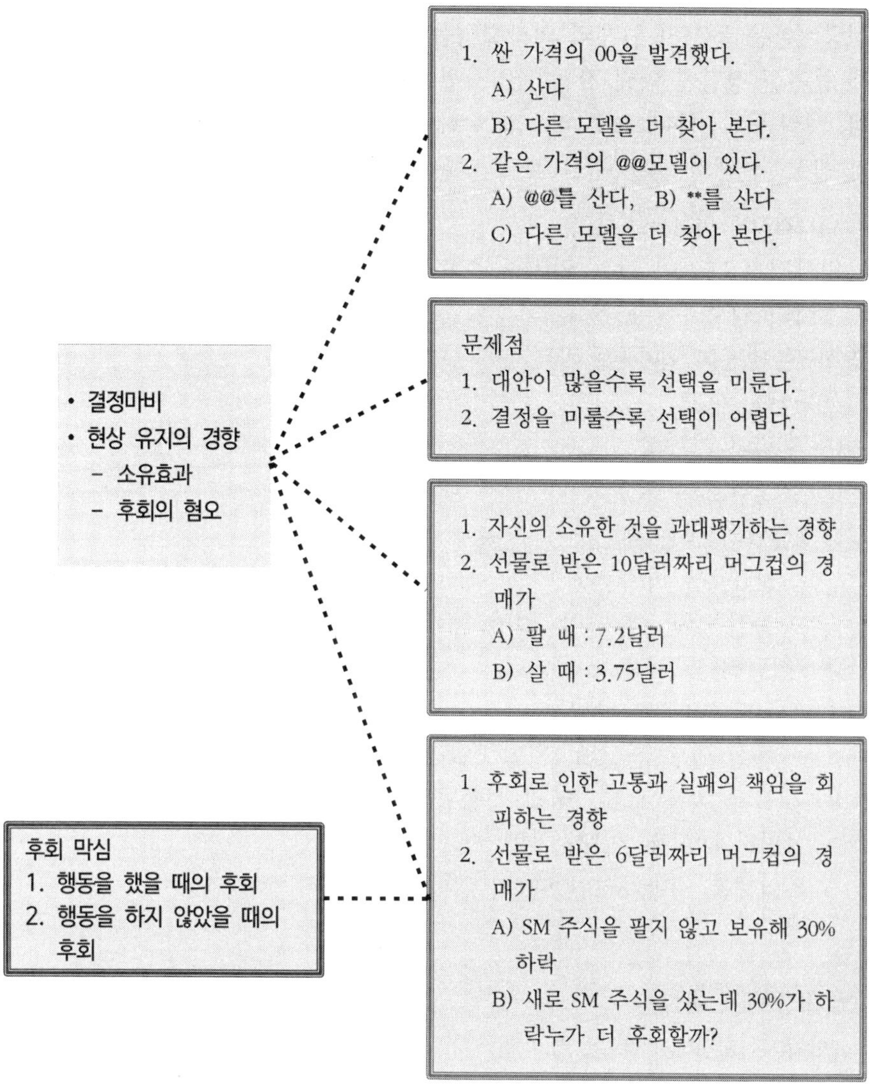

• 전망이론(prospect theory) 휘귀성의 법칙이 착용하는 근거 : 전망이론은 인간의 보편 심리를 적용한 이론 이며 즉, 불확실하거나 위험을 수반하는 대안들 간에 의사결정을 어떻게 내리는지를 인간의 심리를 설명하고자 하는 이론이다.
1979년부터 아모스 트버스키와 대니얼 카너먼에 의해 기대효용이론이 맞지 않는 심리학적인 현상을 설명하기 위한 이론으로 발전되었다. 따라서 전망이론이 만들어 내는 이론적 모델은 실생활의 의사결정을 설명하고자 하는 것이지 최적화된 결정을 내고자 하는 것은 아니다. 또한 전망이론은 심리학적 연구를 토대로 하여

행동경제학의 발전에 중요한 역할을 하였으며 위험이 수반된 상황에서 제시되는 대안들을 사람들이 결정하고 있다. 즉 상품을 구매하는 건 고객에게 불확실성과 위험을 수반하는 행위이므로 세일즈 서비스 마케팅에도 커다란 영향을 미친다. 전망이론은 두가지 단계의 의사결정을 보여주고 있다. 첫째로 어떤 발견법에 의해 얻어진 경험에 의해 가능한 의사결정의 결과가 순서대로 정리할 수 있으며 둘째, 사람들은 기본적으로 이득과 손해가 같을 것이라고 생각되는 점을 준거점으로 잡고, 손해가 높은 경우 보다 낮은 경우를 이득이라고 생각하고 있다.

㉠ 의사결정에 있어서의 특징
- 의사결정 대안이 갖는 의미의 중요성
- 후회의 혐오

㉡ 희귀한 상품이 의미하는 바
- ⓐ 권력, 지위
- ⓑ 후회의 가능성
- ⓒ 손실혐오
  - 1천달러 받은 후
    - 500달러 획득보장
    - 동전 앞면 천 달러, 뒷면 0달러 획득
  - 2천달러 받은 후
    - 500달러 상실 보장
    - 동전 앞면 천달러, 뒷면 0달러 상실
- ⓓ 지불된 비용 오류 : 어느 식품을 먼저 먹을 것인가?
  - 할인판매 식품 3달러 구입
  - 동일제품 일반가격인 5달러 구입

▌건전한 관계의 특성

- 전망이론은 확실하게 서로를 알고 있다.
- 서로가 가지고 있는 특성을 싫어하기보다는 더 좋아한다.
- 서로가 상대방의 행복과 성장에 관심을 가진다.
- 서로는 상대방의 행복이나 성장을 증진시키려는 방향으로 행동하고 노력하려고 애쓴다.
- 서로는 효과적으로 의사를 전달할 수 있으며, 상대방에게 자기 자신을 알게 하고 이해시킨다.
- 상대방에게 분수에 맞는 요구를 한다.
- 서로의 자주성과 개성을 인정하며 존중한다.
- 상대에 대한 행복과 성장에 관심을 갖는다.
- 타인을 좋아한다는 것은 상대에게서 좋아하는 특성을 많이 발견한다.

2. 고객과 상담하여 방문하는 세일즈 커뮤니케이션 스킬 테스트

(1) 맞이 단계와 욕구(Needs)파악 단계

1) 맞이 단계의 친밀감 형성기법

라포(RAPPOR)란 환자가 의사에게 느끼는 본능적인 신뢰감을 뜻하는 심리학 용어로 생면부지의 고객과 응대자 사이의 벌어진 틈을 이이주는 다리 역할을 할 수 있다.

2) 파악단계의 질문기법

▮질문의 역할

- 분위기를 유리하게 조종하고 대화를 주도할 수 있음.
- 고객의 혜택을 찾아낼 수 있는 아이디어를 얻음.
- 고객을 대화에 참여시켜 친밀감 형성 대화접근 방법의 다양화
- 가장 강조해야 할 고객관심사 파악
- 모르는 것을 알게 해준다.
- 상대방이 말할 수 있게 한다.
- 상대방이 대화에 관심을 갖고 참여하게 한다.
- 상대방이 가지고 있는 문제와 니즈를 확인한다.
- 상대방에게 가치전달을 쉽게 해준다.

3) 맞이단계의 응대 실전 대응 훈련

① 첫인사 Case By Case

Basic 첫인사
- 첫인사 표현
- 회사명 및 직원명 밝히기

장시간 대기 시
- 양해 표현
- 회사명 및 직원명 밝히기

상담 시작 시
- 방문고객 확인
- 구매 요청
- 세일즈 체결

② 응대어 Case By Case

고 객	상 담 원	
	잘못된 응대	올바른 응대
수고하십니다	"네~"	"네네~"
안녕하세요	"네, 반갑습니다."	"네, 만나뵙게 되어 반갑습니다."
수고하십니다 가입 좀 하려는데요	"네, 말씀하세요."	"네, 말씀드리겠습니다."
여보세요?	"여보세요?"	"저요?"
무응답	여보세요?	

4) 파악단계의 의미와 법칙

① 파악 단계의 의의

다양한 문의로 호텔을 찾는 고객이 원하는 바는 문의 내용만큼이나 다양하다고 할 수 있습니다. 하지만, 진정 고객이 듣고자 하는 대답을 드리기 위해서는 무엇보다 고객의 마음을 읽어내는 것이 중요하다고 할 수 있습니다.

이 단계에서는 현재 고객이 원하는 바와 해결하고 싶어 하는 문제의 핵심은 물론 고객에게 제공해야 하는 문제가 업무적인 부분인지 심적인 부분인지까지도 파악할 수 있어야 합니다.

② 효과적인 고객 니즈(needs) 파악의 법칙

경청의 법칙	123 법칙
요약 및 재 진술의 법칙	10, 10, 10 법칙
질문의 법칙	100-1=0

5) 니즈 파악을 위한 질문기법

① 효과적인 질문 활용하기

왜 하는가?	▶편안하게
언제 하는가?	▶상황판단을 통해서
어떻게 하는가?	▶시의적절하게
POINT	▶핵심 정리

② 질문의 형태

열린 질문

1) '예' 혹은 '아니오' 이상의 대답을 끌어내는 질문
2) 상대가 말하게 하는 것이 목적이다.
3) 일반적인 정보를 원할 때 유용하다.
4) 경력상담원이 자주 활용한다.

닫힌 질문

1) '예', '아니오'혹은 한 단어로 대답하게 하는 질문
2) 상대가 말하는 것을 제한하고 대화의 방향을 유도해 고객을 리드하기에 유리하다.
3) 상담 시간 조절에 매우 용이하다.
4) 구체적인 정보를 원할 때 유용하다.

③ 질문의 7가지 효과

1. 질문을 통해 자신이 원하는 정보를 얻을 수 있다.
2. 질문을 받은 상대방은 대답을 통해서 자신이 몰랐던 새로운 사실을 알 수 있다.
3. 상대방이 계획하고 의도한 질문을 함으로써, 주도권을 가지고 원하는 방향으로 대화를 이끌어 낼 수 있다.
4. 질문을 받는 사람은 질문에 답하기 위해 더 많은 생각을 함으로써, 사고의 깊이와 폭이 확장된다.
5. 상대방이 질문에 대답하게 함으로써, 자신이 유도하는 방향으로 이해시키고 설득할 수 있다.
6. 상대방이 관심을 가지고 대화에 동참함으로써, 원활한 의사소통이 가능하다.
7. 자신에게 문제가 생겼을 때 자문해 봄으로써, 문제의 본질을 파악할 수 있고 더 객관적인 시각에서 바라보게 하여 이성적인 결정을 하게 만든다.

6) 문제해결 단계(상품 설명)

① 고객 입장에서 문제 해결하기

숙지하고 있는 지식을 고객에게 전달할 때에는 단편적인 서술보다는 고객의 입장에 맞추어 설득력 있는 화법을 구사 하는 것이 전문적인 상담의 핵심입니다.

고객 입장에 맞는 문제 해결은 고객의 이해도를 높여 상담 시간을 단축시킬 수 있을 뿐 아니라, 반론을 가지고 있는 고객도 쉽게 납득할 수 있는 장점을 지니고 있습니다.

② FAB의 이해

구 분	내 용	주 체	고객의 반응
특 징 (FEATURES)	상품 · 서비스가 지내고 있는 독특한 기능, 특징(절대적)	!	확 인
장 점 (ADVENTAGES)	경쟁상품과 비교하여 나은 점(상대적)	!	검 토
이 점 (BENEFITS)	고객이 얻을 수 있는 이익, 만족, 기대성과	!	생 각

7) 문제해결 단계(상품설명)

① FAB의 이해

구 분	내 용
FEATURES(특 징)	상품 · 서비스가 지니고 있는 독특한 기능, 특징(절대적)
ADVENTAGES(장 점)	경쟁상품과 비교하여 나은 점(상대적)
BENIFITS(이 점)	고객이 얻을 수 있는 이익, 만족, 기대성과

8) 눈높이 설명

① 어려운 (전문)용어 쉽게 설명하기

고객이 이해하지 못하거나 잘 못 알아들을 때 등 고객 상황에 따라 고객 눈높이에 맞게 쉽게 설명하는 지혜로운 상담이 필요합니다.

전문용어	눈높이 설명
Ex) 매도하시겠습니까? 매수하시겠습니까?	Ex) 팔자주문 내시겠습니까? 사자주문 내시겠습니까?

9) 상황대처 단계(문제해결)

① 융통성 있게 상황 대처하기

고객 상담에 있어서 기본적인 Skill을 충분히 습득하고 응대하는 것이 중요합니다. 하지만, 고객은 언제나 우리의 예상처럼 다가오지 않은 것이 현실입니다. 동일한 문의도 다르게 다가오는 고객을 지혜롭게 대처하는 능력을 강화하였을 때, 전문 세일즈맨으로 거듭날 수 있게 됩니다.

② 반론대처 화법

- Ye, But 기법
- 3F 기법
- 재 탐색 질문기법

③ 상담시 발생되는 반론 상황 적어보기

일반 문의에 대한 상담	명확성 제시
방문약속을 할 때	신뢰성 제고
고객이 불만 제기 시	문제해결 능력 및 상황대처 능력

10) 상황대처 단계(문제해결)

	YES BUT기법
언제!	• 고객의 의견에 대해 다른 의견이 있을 때 • 고객이 부정적 반응이나 곤란한 상황을 이야기 할 때
어떻게!	• 즉각 반론을 제기하거나 단정적으로 부정해서 고객의 자존심을 상하게 하거나 거부감이 들지 않도록 한다. • 고객의 입장을 인정하여 충분히 이해를 하고 고객과의 협동적인 관계를 유지하도록 한다. - YES : 공감의 표현을 하고 [네, 고객님 충분히 그럴 수 있습니다.] [네, 그러셨군요.]등 - BUT : 본인의 의견을 말한다. [그런데~에 대해 생각해 보셨습니까?] [그런데~에 대해 들어보신 적 있으십니까?]

화법!	Q) 호텔 객실 및 식음료, 연회 상품을 상담을 하려고 보니까 호텔이 매우 입지가 멀리 있더라구요. 다른 호텔은 흔히 가까이에 있어 편한데. 매우 불편하네요. 〈공감표현 : YES〉 〈반론 : BUT〉

11) 상황대처 단계(문제해결)

	재탐색 질문기법
언제!	• 고객의 의견에 대해 다른 의견이 있을 때 • 고객이 부정적 반응이나 곤란한 상황을 이야기 할 때 • 대화의 분위기 전환이 필요할 때
어떻게!	• 질문은 반드시 응답을 가지고 온다. • 대화의 흐름이나 고객성향에 따라 적절한 질문 기법을 선택하도록 한다. **□ 객관식 질문기법** 질문을 하여 고객이 쉽게 "예, 아니오"로 대답할 수 있게 한다. **□ 주관식 질문기법** 고객의 대화 내용의 진의를 파악하고 대화로 유도하기 위해 고객의 생각을 구체적으로 이야기하게 할 수 있다.
화법!	**□ 객관식 질문** 이번 서비스 기간에 고객님께서 직접 내방하지 않고도 저희 상품에 대해 안내 받으실 수 있는 좋은 기회라고 생각합니다. 고객님께서 이해하기 쉽도록 꼼꼼하게 상담해 드린다면 고객님께서는 당연히 서비스 받으실 의향 있으시죠? **□ 주관식 질문** 방문이 필요 없으시다고 말씀 하셨는데 실례하지만 왜 방문이 필요가 없다고 생각하시는지요?

12) 상황대처 단계(문제해결)

	3F기법(Feel-Felt-Found)
언제!	• 상대방이 불쾌한 감정이나 불신을 가지고 있을 때 • 과거의 유사한 경험으로 인해 자기 주장을 펼칠 때 • 고객이 반대 의견(반론)을 제기 할 때
어떻게!	• 가능한 다음의 순서대로 제3자의 경우를 예로 들어가며 공감하고, 예를 들어 설득하도록 한다. □ Feel-지금 현재 그런 기분(반론)알겠다 □ Felt-이와 비슷한 감정을 가졌던 고객이 있었다 □ Found-그러나 그들은 결국 보다 중요한 사실을 발견했다
화법!	〈Feel〉 • 네 그러셨군요, 홍길동 고객님 기분 잘 알겠습니다. 〈Felt〉 • 간혹 호텔의 거리가 멀어 고생하셨다는 고객님도 계십니다. 〈Found〉

13) 납득할 수 있는 해결안으로 고객 설득하기

변명에 의한 설명은 아무리 이론적으로 올바르다고 해도 "나는 그렇게 생각하지 않아"라고 하면 이야기는 거기서부터 진행되지 않는다. 그런 점에서 사례에 의한 설명은 구체적이고 사실적이기 때문에 고객을 이해(납득)시키는 설득의 찬스를 늘릴 수 있다.

변명보다는 사례제시	➡	" 실례 " 스토리 " 창작례

사람이 납득하는 데는 크게 "손해를 보지 않을 것" "이익(득)을 보는 것" 2가지 욕구가 있다. 손해일지 이득 일지를 이해시키는 방법을 찾아보자.

득실 이용하기	➡	" 시간적 이득(손해) " 심리적 이득(손해) " 스토리(이득) " 창작례

14) 부드러운 표현방법으로 설득하기

고객에게 명령을 하거나 강요한다면 설득에 실패한다.

고객에게 의뢰형 표현과 양자택일 법을 사용하여 고객의 자존심을 세워 주고, 프라이드를 다치게 하지 않는 표현방법을 선택하도록 하자.

부드러운 표현방법	➡	" 의뢰형 표현 : 상대하게 부탁하는 방법 '빨간 볼펜 사주시겠어요?' " 양자 택일법 : 하나를 선택하는 방법 '빨간 볼펜을 사실래요, 파란 볼펜을 사실래요?'

15) 마무리 단계

① 마무리의 의미

- 상담이 끝나는 시점까지 고객을 배려한다는 느낌을 전달
- 이름의 명확한 전달로 상담 내용에 대한 신뢰감을 높임
- 상담이 끝난 이후에도 고객과의 계속적인 관계를 유지함

② 상황에 맞는 마무리 표현하기

일반 상담 후	▷ 고객 배려
상품(가입)상담 후	▷ 친절 상담
대출 상담 후	▷ 약속
개설 상담 후	▷ 재 확인 요청
불편사항 접수 후	▷ 빠른시간 내 문제해결
전화 시	▷ 관계 유지

16) 마무리 단계에서 이렇게 하라

① 마무리단계에서 서비스의 이미지를 남겨라

기억에 남는 좋은 이미지를 남김으로써 계속적으로 고객이 호텔을 이용하게 한다.

② 인간은 언어의 부정문에는 반응을 하지 못한다

> **"이 밖에 불편한 것이 있으시면 언제든지 이야기 하십시오."**
> → "언제든지 제 도움이 필요하시면 연락을 주십시오."
>
> **"이렇게 여러 가지로 번거롭게 하여서 죄송합니다."**
> → "힘드실 텐데 도와주셔서 감사합니다.
> 업무를 신속히 처리하는데 도움이 되었습니다. 감사합니다."
>
> **"오늘 불편한 점 없으셨습니까?"**
> → "오늘 여러 가지로 도움이 되셨습니까?"
> → "오늘 만족스러우셨습니까?"

17) 방문 약속의 의미와 중요성

① 방문 약속의 의미

미래의 일을 상대방과 미리 정하여 어기지 않을 것을 다짐하며 미리 정하여 어기지 않고 함께 하기로 다짐하는 것을 의미한다.

> **하나. Telephone Approach(전화 교섭)**
> 고객에게 나를 알리고 친숙해지기 위해 전화를 이용하여, 고객에게 접근하는 판매 활동 과정
>
> **둘. Telephone Appointment(전화 약속)**
> 고객과의 만남을 통해 보다 정확하고 다양한 고객서비스를 제공하고, 적극적인 마케팅 을 실천하기 위하여 전화를 이용하여 고객에게 방문약속을 하는 판매활동 과정

② 방문 약속의 중요성

고객과의 대화 문의에 따라 방문약속이 가능한 전화통화에 실패한다는 것은 향후 세일즈맨의 업적과 전문성에 상당히 나쁜 영향을 미칠 수 있다.

방문 약속은 판매활동을 더욱 성공적으로 실천하기 위해서 절대적으로 중요하고 필수 불가결한 판매 과정의 하나이다.

세일즈맨은 본인의 의지와는 동떨어지게 "방문약속"을 "상품판매"라는 것에 목적을 두는 함정에 빠지지는 않았다는 생각해 볼 필요가 있다. 고객의 입장에 서서 생각하고 이해하고 고객을 만족시키기 위해서는 올바른 방문약속에 대한 이해와 실천을 통한 습관이 형성되어야 한다.

- 방문약속을 통해 DFC가 얻어야 하는 것은 전화를 통한 상품판매가 아니라 고객으로부터 신뢰를 얻고 고객에게 진정한 호텔기업만의 각종 호텔서비스를 제공하기 위한 방문약속을 성사시키는 것임을 명심해야 한다.
- 또한 적극적인 서비스마케팅 마인드와 커뮤니케이션 스킬로 무장하여 시너지 효과를 창출할 수 있고, 성과를 극대화 할 수 있다.

직원들의 세일즈맨 정신으로 성공한 플라자 호텔 사례

광고회사를 운영하다 갑자기 호텔 사장으로 부임한 라벤슨(Lavenson)은 3년의 재임기간 동안에 적자에 허덕이던 플라자를 흑자로 전환시켜 좋은 조건으로 매각하는 성과를 이루었다. 그는 수동적이고 품위만을 추구하던 직원들을 모두 세일즈맨화한다는 목표를 갖고 직원들을 교육시켰다.

1975년에 당시 뉴욕의 플라자 호텔 사장이었던 제임스 라벤슨(James Lavenson)이 미국 마케팅 협회(American Marketing Association)에서 했던 유명한 연설문 번역본을 요약한 글이다.

☑ Think Strawberries 연설문

1975. The Plaza Hotel
James Lavenson

10년간 저는 Sonesta International Hotels(주 : 당시 The Plaza Hotel의 Owning Company)의 임원이었습니다. 제 사무실은 플라자 호텔 옆의 작은 빌딩에 있었기에 매일 플라자 호텔로 점심을 먹으러 갔고, 간혹은 호텔에서 잠을 자기도 했습니다. 즉 10년간 저는 플라자 호텔의 고객이었습니다.

여기 계신 호텔리어들은 잘 아시겠지만 고객보다 호텔을 잘 아는 사람은 없습니다. 처음 호텔에 부임했을때 플라자 직원들은 제가 호텔에서 일해본 적도 없고, 호텔학교를 다닌 것도 아니고, 웨이터의 아들도 아니며, 그저 평생 세일즈맨이었음을 알고는 충격을 받았습니다.

당시 소네스타(Sonesta)의 사장은 저를 임직원들에게 소개할 때 "플라자 호텔은 지난 5년간 적자였고, 우리는 업계 최고의 경영진을 보유하고 있습니다. 그래서 우리는 가장 나쁜 안을 시험해보려 합니다!"라고 말했을 정도였습니다.

저의 'Think Strawberries'라는 제목의 연설이 제철 지난 딸기를 사는 법, 또는 딸기 재배법에 대한 이야기일 것이라고 여러분들은 생각했을지 모르지만, 사실 제 이야기는 딸기를 파는 것에 대한 이야기입니다. 플라자 호텔에서 'Think Strawberries'는 세일즈 정신을 나타내는 일종의 코드와 같습니다.

저는 1,400명의 모든 플라자 직원이 우리는 손님을 초대한 호스트(host)임을 깨닫도록 노력했습니다. 사실 말은 그렇게 했지만 제 의도는 호스트(host)가 아니라 세일즈맨임을 깨닫게 하려는 것이었습니나. 그날 벨네스크에서의 진화통화 이전에도 몇몇 부서와 통화를 하면서 저는 우리가 얼마나 가야 할 길이 먼지를 깨달았습니다.

세일즈를 시작하기에 앞서 넘어야 했던 또하나의 장애물은 고객에게 주문을 요청하는 것이었습니다. 직원들은 그들이 파는 상품이 무엇인지 전혀 알지 못했습니다. 페르시안 룸(persian room)에서 공연하는 가수가 누군지도, 객실에서 영화를 볼 수 있는지도 몰랐고, 메이드나 벨맨을 제외하고는 객실이 어떻게 생겼는지도 모르고 있었습니다. 예약과 직원이 두 객실의 차이가 $40이라고 생각하는 것도 그 객실에 들어가본 적이 없기 때문이었습니다.

이제는 여러분이 플라자에 가셔서 벨맨에게 오늘밤 페르샤 룸에서 공연하는 가수가 누군지 물어보십시오. 그는 '잭 존스(jack jones)'라고 대답할 것입니다. 왜냐면 그는 잭 존스를 보았고, 그가 노래하는 것을 들어보았기 때뮤입니다. 우리의 모든 공연 계약에는 공연에 앞서 직원식당에서 직원들 앞에서 먼저 노래할 것을 요구하는 조항이 들어있기 때문입니다. 그렇게 해야 직원들이 가수를 보고, 듣고, 알 수 있으니까요.

여러분이 전화교환원이나 프론트 직원에게 오늘 객실영화가 무엇이냐고 물어 보십시오. 그들은 말해 줄 겁니다. 왜냐면 이미 직원 식당에서 그 영화를 반복적으로 봤기 때문입니다.

플라자에는 3명의 전문 세일즈맨이 있습니다. 좋은 사람들이지만 그들은 정확하게 말하면 '세일즈 서비스맨'입니다. 고객으로부터 오는 오더를 받기만 하는 사람들입니다. 그들 중 아무도 호텔 밖을 나서서 5번가를 걸어다니며 비즈니스를 찾으려고 하지 않습니다. 아무도 고객에게 오더를 요청하지도 않고 문을 두드리지도 않습니다.

오랜 시간동안 플라자는 매우 위엄 있는 호텔로 군림해 왔기에 비록 적자를 내고 있더라도 어디 가서 우리 객실 좀 채워달라는 이야기를 하는 것이 품위가 떨어진다고 생각했기 때문입니다. 그래서 플라자 세일즈맨은 고객이 요청할 때까지는 고객에게 무언가를 권하거나 요청하는 것을 금기시하고 있었고, 이는 전체 플라자 직원들의 공통된 사고방식이었습니다.

플라자의 객실예약은 매우 간단합니다. 직원은 제일 싼 가격을 불러줍니다. 스위트룸을 원하시면 고객이 직접 요청해야 합니다. 하룻밤 더 머물고 싶으시면 역시 간단합니다. 직원에게 요청해야 합니다. 이런 호텔에서는 여러분은 절대 초대받은 고객이 아닙니다. 저는 이런 현상을 보면서 혹시 호텔리어들끼리는 "절대 고객에게 주문할 것을 요청하지 않겠다"는 비밀약속을 한 것이 아닌가 의심한 적이 있습니다.

그래서 세일즈맨뿐만 아니라 모든 고객 접점 직원들을 대상으로 "Everybody Sells"라는 프로그램을 시행하였습니다. 여기서 everybody란 룸메이트, 캐셔, 웨이터, 벨맨, 당직지배인, 총지배인, 그리고 저를 포함한 모두를 말합니다.

'Think Strawberries'는 플라자의 세일즈 패스워드가 되었습니다. 예약과 직원들은 딸기를 생각하며 고객에게 트윈 베드룸 보다는 센트럴 파크가 보이는 스위트룸을 권합니다. 벨맨들은 딸기를 생각하며 체크아웃하고 택시를 타려는 고객에게 재방문 예약을 잡아드릴지 물어봅니다.

우리 전화 교환원들은 딸기를 생각하며 모닝콜 오더시 Flying Tray Breakfast를 객실로 배달해드릴지 물어봅니다. 그리고 주문을 받습니다. "가벼운 식사를 원하신다구요? 햄은 빼고 계란만요. 딸기는 어떠십니까?"

이로써 우리는 3명의 세일즈맨에 추가 비용 없이 400명의 세일즈맨을 더 얻은 셈입니다. 우리의 매출은 $27백만에 이르고 이익은 전년 대비 두 배가 되었지만 무엇보다 제가 기쁜 것은 지난 6개월 동안 우리 딸기 매출이 $250,000에 이른다는 점입니다.

우리는 직원들이 이름표 위에 붙일 수 있도록 작은 딸기모양 스티커를 제작하였습니다. 객실이든 연회이든 우리 세일즈 부서로 고객을 유도한 직원은 누구라도 이제 세일즈 직원이므로 딸기 스티커를 달 수 있습니다. 그리고 그렇게 유도한 것이 실제 매출로 연결되면 저축성 채권(savings bond)으로 인센티브를 지급하도록 하였습니다.

예를 들어 보겠습니다. 우리 오크 룸(oak room)에 근무하는 커트(curt)라는 웨이터가 있습니다. 그는 인센티브를 좋아합니다. 그래서 아내의 친구의 딸이 결혼하려는 것을 알고 만약 플라자 세일즈맨이 그녀에게 전화해서 결혼식 예약을 플라자로 하게끔 하면 좋겠다는 생각을 해봅니다. 가난한 그녀가 플라자에서 결혼식을 할 것이라고 생각하다니 그도 참 황당합니다. 그래도 그는 세일즈맨을 졸라서 그녀에게 전화를 해보라고 합니다. 세일즈맨은 처음에는 안하려고 했지만 결국 전화를 하게 되고, 결과는 $12,000 웨딩 예약을 따내게 됩니다. 그 후 커트가 아내의 친구의 딸의 여동생이 아직 결혼하지 않았다는 것을 알게 되었을 때 어떻게 했을지는 상상에 맡깁니다.

플라자 호텔 지하 3층에는 세탁실이 있고, 거기에는 30명의 여직원이 근무하고 있습니다. 어느 날 한 여직원이 교회 그룹의 만찬을 플라자로 유도하면 딸기 스티커를 받을 수 있겠는지 문의를 해옵니다. 몇 명이냐고 묻자 "500명밖에 안 되어요"라고 대답합니다. 500명 오찬의 대가로 그녀는 온 벽에 도배하고도 남을 만큼의 저축성 채권을 인센티브로 받았습니다.

우리 모두 팔 수 있습니다. 저를 포함해서요. 저는 웨스턴 인터내셔널에 전화해서 플라자 호텔을 팔았지요(주 : 플라자 호텔은 1975년에 웨스턴 인터내셔널에 매각됨). 플라자 직원들은 저에게 가장 큰 딸기 스티커를 선물로 주었습니다. 그리고 이것만 있으면 절대 굶지 않을 것이라고 했습니다. 그 말이 맞습니다. 오늘도 저는 공짜로 점심을 얻어먹었거든요.

제 1 장	호텔 · 관광서비스의 배경
제 2 장	호텔 · 관광서비스 마케팅 고찰
제 3 장	호텔 · 관광 세일즈 서비스 마케팅(STP) 분석
제 4 장	호텔 · 관광 세일즈 서비스 마케팅 믹스(MIX) 분석
제 5 장	호텔 · 관광 세일즈 서비스 마케팅 계획 및 정보시스템
제 6 장	호텔 · 관광 세일즈 서비스 마케팅의 연계성 전략
제 7 장	호텔 · 관광 세일즈 서비스 마케팅 커뮤니케이션 전략

제8장 호텔 · 관광 세일즈맨의 프로 세일즈십

제1절 호텔 · 관광 세일즈맨의 활동 및 관리

1. 세일즈맨의 활동과정

세일즈가 호텔상품 판매에 있어 주요한 역할을 한다고 할 때 사실 중요한 과제로 떠오르는 것은 세일즈맨의 관리문제이다. 세일즈맨의 관리과정은 모집, 선발, 교육훈련, 배치, 동기화, 평가 및 사후관리 등으로 구분해볼 수 있는데, 이것은 물론 기업의 세일즈 목표, 세일즈 전략, 세일즈 구조, 세일즈 규모 및 급여 등이 이미 결정되었음을 전제로 한 것이다.

(1) 세일즈맨의 모집

선발기준이 정해지고난 후에 세일즈맨을 모집해야 한다. 세일즈맨 모집은 여러 가지 수단을 통해서 이루어지는데, 구인광고, 학교추천, 취업알선기관, 현행 세일즈맨의 추천 등의 방법이 동원된다. 이러한 모집이 성공적이기 위해서는 많은 지원자를 모집할 수 있어야 하며, 기업은 가장 훌륭한 판매원을 선발할 필요가 있다.

(2) 세일즈맨의 선발

선발절차는 단순한 비공식 면접에서부터 각종 검사 및 인터뷰에 이르기까지 다양하다. 공식적인 검사를 실시하는 기업도 많지만, 실제로는 지원자의 개인적인 특성, 추천인, 과거의 취업경력, 그리고 면접자의 견해 등을 참고로 해서 세일즈맨의 선발이 이루어지고 있다.

(3) 세일즈맨의 교육 및 훈련

세일즈맨은 교육훈련을 통하여 새로운 환경에 적응해야 하고, 훌륭한 판매결과를 얻도록 준비되어야 한다. 이러한 교육훈련은 여러 가지 목표를 가질 수 있는데, 이를 요약해보면 다음과 같다.

- 세일즈맨으로 하여금 회사에 대하여 알게 만들고, 확인할 수 있게 한다. 많은 기업에서는 그렇기 때문에 교육훈련 계획의 초기에는 그 기업의 역사와 목표, 조직체계, 주요 간부, 재무구조 및 시설, 주요 상품 및 매출액 등을 설명하는 데 할애한다.
- 세일즈맨으로 하여금 회사의 상품을 알게 한다. 따라서 판매원들에게 상품의 제조과정과 사용할 때의 주요 기능 등을 배우게 한다.
- 세일즈맨으로 하여금 고객들의 특성과 경쟁자들의 특성을 알게 한다. 세일즈맨들은 다양한 형태의 고객들과 그들의 욕구 · 구매동기, 그리고 구매습관 등을 배우게 된다. 또한 세일즈맨들은 기업과 경쟁자의 전략과 정책들에 대해서도 교육받게 된다.
- 세일즈맨으로 하여금 보다 효과적인 판매정시법을 배우게 하고, 세일즈맨십의 원리에 대해서 훈련한다. 또한 회사는 각 상품별 주요 특징을 요약 설명하고, 세일즈 메시지도 준비해준다.
- 세일즈맨들은 실제 판매상의 절차와 책임사항에 대해서 알게 한다. 따라서 현재 고객과 잠재고객간의 시간배분 방법, 비용계산 방법, 보고서 준비방법, 세일즈 경로의 효율적 계획방법 등을 배우게 된다.

(4) 세일즈맨의 배치

교육훈련을 받은 세일즈맨은 실전에 배치된다. 판매구역, 급여기준 및 훈련의 과제는 물론 감독이라는 과제도 받게 된다. 감독이란 세일즈맨의 운명이라 할 수 있다. 이것은 고용자가 판매원에 가지게 되는 자연스럽고도 지속적인 관심의 표현이라고 말할 수 있다. 이런 감독을 통해서 고용자들은 세일즈맨이 더욱 일을 잘할 수 있도록 지시하고, 동기화하기를 바라는 것이다.

대부분의 기업에서는 판매량 · 이익잠재성 · 성장가능성 등에 따라 고객을 A급, B급, C급 등으로 구분하고, 각 고객층마다 바람직한 방문 수를 정해놓고 있다. 가령 A급은 연 9회, B급은 연 6회, C급은 연 3회와 같은 식이다. 그러나 문제는 그러한 연간 방문횟수를 통해서 특정고객으로부터 얼마나 많은 판매량을 얻을 수 있느냐이다.

매기(Magee)는 유사한 고객들을 무작위로 뽑아 세 그룹을 만들고, 첫째 그룹에는 월 5시간 미만, 둘째 그룹에는 5시간에서 9시간, 셋째 그룹에는 9시간 이상을 판매방문시 사용하도록 하는 실험을 한 결과 추가방문 수가 있으면 판매도 증가한 것을 보여주었는데, 그 판매증가의 양이 추가비용을 정당화했는지는 문제로 남겨놓았다.

또한 기업에서는 새로운 예비고객을 찾는 데 얼마나 시간을 보내야 하는가를 명시해놓는 경우가 많다. 이렇게 기준을 정해놓는 것은 여러 가지 이유가 있다. 그렇지 않으면 대부분의 시간을 현재의 고객에만 보낼 것이기 때문이다. 현재의 고객은 잘 알려진 수량이다. 세일즈맨은 현재의 고객에 의존하는 반면 신규고객은 거래가 없을 수도 있다. 그러므로 신규고객에 대한 보상을 주지 않으면 신규고객 개발을 기피할는지도 모른다.

세일즈맨들은 자신들의 시간을 효율적으로 사용할 줄 알아야 한다. 그 한가지 수단이 연간방문 계획인데, 이것은 어느 달에, 어느 고객을, 어떤 활동을 수행하기 위해서 방문한다는 것을 계획하는 것이다.

또 한가지 수단은 시간과 의무 분석(time-and-duty analysis) 방법이다. 세일즈맨의 시간은 출장여행, 식사와 휴식, 대기, 판매, 관리 등 여러 가지 방법으로 보내어진다. 그러니까 실제의 판매시간은 총근무시간의 15% 미만에 불과하다. 그러니까 이러한 15%가 20%로 향상되었으면 33%의 개선이 되는 셈이다. 그렇기 때문에 기업으로서는 세일즈맨으로 하여금 시간을 유효하게 관리하도록 하는 방법을 부단히 모색하고 있다.

(5) 세일즈맨의 동기화

경영진은 조직의 분위기, 판매할당, 그리고 적극적인 인센티브제도 등을 통해서 세일즈맨의 사기와 실적에 영향을 줄 수 있다. 조직의 분위기란 세일즈맨이 훌륭한 실적을 얻을 수 있는 기회나 가치, 그리고 보상에 관해서 느끼는 기분을 말하는 것이다. 따라서 세일즈맨에 대한 기업의 태도는 자기충족의 예언처럼 작용하여 세일즈맨들이 대접을 받으면 이직률은 거의 없어 높은 실적을 얻게 된다. 바로 직장 상급자의 인간적 대우가 조직 분위기의 중요한 국면이 되는 것이다.

판매할당(sales quota)은 일정기간 동안 상품별로 팔아야 할 양이 정해진 것인데, 세일즈맨들의 보상은 판매할당량의 수행 여부와 관련되어 있다. 판매할당은 연간 마케팅 계획을 수립하는 과정에서 나오는 것인데, 기업은 우선 합리적으로 달성할 수 있는 판매예측을 결정한다. 이것이 생산, 노동력 규모, 재무적 소요 등을 계획하는 기초가 되는 것이다. 그리고 나면 경영진은 지역별 · 인원별로 판매할당을 정하게 되는데, 일반적으로 판매예측보다 높게 책정하는 이유는 세일즈맨들로 하여금 최선의 노력을 하도록 하기 위함이다.

적극적인 인센티브라 함은 회사가 세일즈맨들의 노력을 자극하기 위해 사용하는 여러 가지 수단들을 말한다. 정기적 판매회의는 교제의 기회, 일상업무에서 잠시 벗어날 수 있는 기회, 회사 고위층과 만나 환담할 수 있는 기회를 마련해준다.

판매 콘테스트는 세일즈맨들로 하여금 특별판매 노력을 하도록 해준다. 명예를 부여하거나 시상을 하거나 이익분배 계획 같은 것도 이런 인센티브에 속한다.

(6) 세일즈맨의 평가 및 사후관리

세일즈맨의 평가 및 사후관리는 세일즈 관리과정의 마지막 단계이다. 이러한 공식적인 세일즈맨에 대한 평가는 세 가지 편익을 주게 된다.

- 경영진이 판매실적을 평가하기 위한 명백한 기준을 정해서 알려야 한다.
- 경영진이 각 세일즈맨들에 대한 정확한 정보를 수집하도록 동기화한다.
- 세일즈맨은 세일즈 지배인과 마주앉아 어떤 목적 달성을 위한 그들의 성공 · 실패를 설명해야 된다.

평가의 방법으로서는 세일즈맨 대 세일즈맨간의 비교, 과거 실적과 현재의 실적의 대비 등과 같은 양적인 평가방법이 있고, 세일즈맨들의 상품지식 · 성격 · 외모 · 언변 · 기질 등과 같은 질적인 평가방법이 사용되기도 한다.

2. 세일즈 과정

세일즈맨의 관리와 관련하여 설명해야 할 것은 판매과정에 대한 것이다. 판매과정은 다음과 같이 8단계로 구성되어 있으며, 이와 같은 판매과정에 충실치 않은 세일즈 활동은 효과적일 수 없다.

① 방문고객 확인(prospecting)
② 방문고객 예비접촉(pre-approach)
③ 방문고객 접촉(approach)
④ 상품전시(presentation)
⑤ 시험구매 요청(trial closing)
⑥ 구매반대 처리(meeting objection)
⑦ 세일즈 체결(sales closing)
⑧ 사후관리(fellow-up)

(1) 방문고객 확인

방문고객 확인 단계는 세일즈 과정(selling proocess)의 제1단계이다. 현재고객을 통해서 고객의 이름을 파악할 수도 있고, 다른 자료를 통해서 예상고객의 이름을 찾아내거나 예상고객이 속한 단체에 가입하는 방법도 생각해볼 수 있다.

방문고객의 선정은 재무능력이나 거래량 · 특별요건 · 위치 · 영업지속성 등에 따라 결정하며, 세일즈맨은 방문할 만한가를 알아보기 위해 전화하거나 서신으로 연락해야 한다.

(2) 방문고객 예비접촉

예비접촉 단계에서는 세일즈맨은 방문예정 고객에 대해서 가능한 한 많이 알고 있어야 한다. 이미 나와 있는 자료를 참고하거나 알고 있는 사람들과 상의해야 한다. 이때 방문목적을 설정하고 최선의 접근방법을 결정해야 하며, 어떤 때가 가장 적절한 방문시기인가를 생각해야 하며, 방문고객에 대한 전반적인 판매전략을 고려해야 한다.

(3) 방문고객 접촉

방문고객 접촉단계에서는 세일즈맨들은 고객을 어떻게 만나고 인사를 나누어 좋은 출발을 할 수 있게끔 관계를 유지할 것인가를 알아야 한다. 여기서 중요시되는 것이 세일즈맨의 외모 · 인사말, 그리고 후속말이다. 세일즈맨은 고객이 입은 옷과 비슷한 옷을 착용하고, 고객에게 예절과 주의를 기울여야 하며, 불쾌한 매너리즘을 피해야 한다.

(4) 상품전시

상품전시 단계에서는 세일즈맨은 고개에게 상품을 전시하면서 고객이 얻을 수 있는 편익을 강조해야 한다. 이때 소책자, 도표, 슬라이드, 영화, 신상품 견본 등이 도움이 될 수 있다.

세일즈맨은 자기회사의 명성과 경험을 강조하거나 자사상품이나 고객의 입장에 대한 깊은 지식을 보여주거나, 사용해본 사람들의 이야기를 활용하거나, 서로의 유대를 강화하거나, 교감을 높이기 위해 개인적인 호의를 베풀거나, 자신의 좋은 이미지를 전달하거나 해서 방문고객에게 영향을 주도록 해야 한다.

(5) 시험구매 요청

시험구매 요청단계는 상품의 전시가 끝난 후 고객이 구매의사를 1차적으로 확인하는 단계이다. 물론 이러한 1차적인 시도가 판매체결로 끝난다면 판매에 성공한 것이지만 모든 판매가 그렇게 단번에 끝맺음을 할 수는 없다. 고객 나름대로의 조건이 있기 마련이고, 이것이 곧 판매저항을 유발할 것이기 때문이다.

(6) 구매반대 처리

구매반대 처리단계는 이러한 판매저항을 해결해야 하는 단계이다. 따라서 세일즈맨은 적극적인 접근을 시도하면서 고객으로 하여금 반대이유와 또 그 반대에 따른 의견을 묻고 반대이유에 타당성이 없음을 설득한 끝에 고객의 반대를 물건을 사도록 하는 이유가 되도록 전환시켜야 한다. 이 경우 세일즈맨은 폭넓은 교섭기술로 훈련되어 있어야 한다.

(7) 세일즈 체결

판매체결 단계는 판매가 종결되는 단계이다. 세일즈맨은 고객으로부터 신체적인 행동이나 설명, 또는 질문을 통해서 판매체결의 징후들을 이해하고 주문을 요구하거나, 합의점을 재확인하거나, 물건을 선택하게 하거나, 특별가격을 제시하거나, 선물을 제공함으로써 판매체결로 유도한다.

(8) 사후관리

사후관리 단계는 판매과정의 마지막 단계로서 고객의 만족이나 반복구매를 보장하기 위해서 필요한 것이다. 판매체결이 있은 후 세일즈맨은 배달시간, 구매조건, 기타 사항 등에 관한 세부사항을 작성해야 한다.

이러한 판매과정의 흐름에서 볼 때 중요시되는 것은 인간적인 관계를 유지하는 일이 세일즈맨으로서는 필요하다는 점이다. 인간적인 관계를 유지한다는 것은 그만큼 상호간의 이해와 신뢰가 바탕이 된다는 것인데, 세일즈맨으로서는 자기가 대하고 있는 고객을 올바르게, 그리고 신속히 이해하는 일이 중요하다고 말할 수 있다.

3. 세일즈맨의 선발

호텔의 세일즈는 지배인으로부터 시작되는데, 세일즈 지배인은 한 호텔의 모든 판매노력을 이끌어나가야 한다. 그러나 세일즈 지배인은 컨벤션과 같은 단체고객에게만 관심을 가져서는 안 된다. 그는 모든 판매를 관리해야 하기 때문이다. 판매 프로그램을 취급하는 사람이 갖추어야 하는 기본 사항을 보면 다음과 같다.

(1) 지적 능력

지적 능력(intelligence)이란 정식교육의 정도를 말하는 것이 아니라 사고능력, 결단력, 실천능력을 의미한다. 세일즈는 고객의 거래가치를 이해하는 능력과 판매체결을 유도하기 위한 이유와 논점을 이해할 만큼 빠른 사고력을 필요로 한다.

(2) 지 식

지식(knowledge)이란 일반지식을 의미하는 것이 아니라 사업, 상품, 판매서비스에 대한 전문적인 지식을 의미한다.

(3) 기획력

모든 판매 프로그램은 지속성을 필요로 하기 때문에 그런 판매 프로그램의 관리자는 기획력(ability to plan)을 바탕으로 미래를 예측하고 신중한 계획을 세우고, 그것을 실천하려는 노력을 가져야 한다.

(4) PR 센스

PR 센스(sense)는 다른 사람들과의 유대, 협회 사람들과의 즐김, 그리고 무엇보다도 전반적인 명랑한 성품을 의미한다.

(5) 세일즈맨의 기본 자질

1) 예 절

세일즈맨에게서 고객에 대한 예절이란 상당히 중요하다. "죄송하지만"이나 "감사하다"는 말을 적절히 사용하여 고객에게 편안함과 즐거움, 그리고 관심과 존경을 보여줄 수 있어야 한다.

2) 신체적 조건 및 외모

호텔 세일즈맨의 복장은 단정해야 한다. 어떤 세일즈맨이든 복장에서부터 신체위생에 이르기까지 깨끗해야 한다. 남성은 언제나 면도가 깨끗이 되어 있어야 하고, 여성의 경우 가능한 한 가벼운 화장을 해야 하며, 손톱 손질도 깨끗해야 한다.

음식을 취급하는 종사원은 유색 매니큐어의 사용을 삼가야 한다. 구두는 언제나 깨끗하고 잘 닦아야 하고, 모든 옷은 깨끗이 다려 입어야 한다. 남성은 흰 셔츠를 입어야 하고, 여성은 너무 많은 보석류를 사용하지 말아야 한다. 모든 세일즈맨은 높은 수준의 건강과 구강위생을 지켜야 한다.

3) 상품에 대한 지식

상품에 대한 지식의 문제는 세일즈맨이라면 자기가 팔려고 하는 모든 상품에 대해서 상세하게 설명할 준비가 되어 있어야 한다. 상품구매자가 제기할는지도 모르는 질문에 답할 준비가 되어 있어야 하며, 반대의사도 해결할 수 있어야 한다.

연회 세일즈맨은 호텔 내 여러 연회실의 수용능력과 가능한 셋업을 정확히 알고 있어야 한다. 이용 가능한 메뉴의 가격범위는 물론이고 음악, 확성기, 끝장식 등 부수적인 서비스에 대한 모든 것을 알아야 한다.

호텔종사원은 그날 메뉴의 모든 품목들은 물론 각 품목의 준비내용에 대해서도 알고 있어야 하며, 객실 세일즈맨은 자기가 팔려고 하는 객실의 이미지 · 타입 등을 알고 있어야 한다.

개인적인 매력이 아무리 있다고 해서 무지함이나 지식의 모자람을 극복할 수는 없는 것이다. 일할 의욕은 부지런히 일하려고 하는 의지를 말한다. 이 부분은 모든 세일즈맨의 교육에서 강조되는 부분이다.

4) 인 격

성격과 소양 같은 세일즈맨의 성격문제는 자질 가운데 가장 눈에 띄지 않는 부분인데, 이러한 자질은 성실성, 그리고 다른 사람들과 끊임없는 친근감을 가져오는 능력을 복합시킨 개념이다. 이와 같은 자질은 세일즈맨의 첫번째 덕목이라고 할 수 있는데, 요즘은 이렇게 성실성과 친근감이 뛰어난 세일즈 지배인 중에는 여자가 많으며, 많은 사람들이 두각을 나타내고 있다.

요컨대 호텔종사원은 누구나 그 호텔을 판매하는 세일즈맨이며, 그가 보여주는 작은 접객태도 하나하나가 그 판매의 성공 여부를 판가름한다고 보아야 한다. 일반적으로 현저한 신체적 결함이 있거나 불쾌한 타성에 젖어 있는 사람들을 세일즈맨으로 내보내서는 안 된다.

4. 방문 세일즈

방문 세일즈란 친선방문이 아니라 실제 세일즈 활동이라는 점에 유의해야 한다. 그러므로 방문 세일즈에는 그 방문에 대한 분명한 이유가 있어야 한다는 것을 우선 고려하여야 한다. 그러므로 낮시간을 보내기 위해서 고객을 방문해서는 결코 안 되는 것이다. 방문할 가치가 충분히 있는 사람은 그의 시간도 중요하기 때문에 그 시간을 환담이나 하면서 보낼 수는 없는 것이다.

(1) 분명한 목표 정립

고객방문 시에는 방문할 때마다 얻으려 하는 목표가 있어야 한다. 따라서 판매방문을 하기 전에 사용하려고 계획하는 판매 강점(selling point)을 정리해서 판매방문시 세심하게 제시하도록 해야 한다.

물론 판매방문은 원래가 특정주문을 받고자 하는 것이어야 한다. 대체적인 합의를 얻고 싶어 하는 것은 가능하겠지만, 원하는 바는 고객이 다음 사교행사를 호텔 식당에서 개최할 것을 바란다거나, 다른 사람으로 하여금 식당을 이용해달라고 추천해주기를 바랄 수도 있고, 또는 새로 단장된 식당의 사진을 그저 보여주기만을 원할 수도 있다. 문제는 판매방문에 있어서는 반드시 목표가 있어야 한다는 것이고, 그 목표를 달성하기 위해 가능한 한 모든 일에 적극적이어야 하는 것이다.

(2) 의도한 상품전시 실시

방문의 이유, 즉 분명한 목표가 있다면, 의도한 상품전시 또한 이루어질 수 있다. 그러므로 이러한 목표를 규정하고 그에게 전달하고자 하는 공식적인 내용을 준비해야 한다. 즉 고객이 얻을 수 있는 편익을 줄 수 있는가와 결론 등을 정해진 순서에 따라 제공해야 하며, 판매방문 전에는 이들 내용을 재검토해야 한다.

연회나 컨벤션 예약을 얻으려는 판매원은 고객으로 하여금 연회나 컨벤션 업무에 참여하도록 유도해야 한다. 그러나 이런 방문을 하는 이유는 그저 호텔시설을 답사해보도록 요청하는 것일 수도 있다. 세일즈맨은 말하고자 하는 내용을 조심스럽게 구성해야 한다. 말하고자 하는 내용을 정확히 계획하지 않으면 대화중에 뒤바뀌어 세일즈 포인트 중의 하나를 놓쳐버릴 수도 있다.

대화중에 강조되는 모든 이유와 편익은 결국 우리 호텔이 다른 경쟁호텔보다 우수한 호텔이라는 것을 입증하는 것이다.

따라서 이러한 세일즈맨 목표 및 활동으로부터 도출되는 결과는 다음과 같다.

- 분명한 참여를 얻어낸다.
- 적어도 잠정예약이라도 얻어낸다.
- 고객이 시설을 직접 답사하도록 하게 한다.

판매체결은 판매과정에서 가장 중요한 고리이다.

제2절 호텔 · 관광 세일즈맨의 개발관리

1. 세일즈맨의 의욕과 능력 개발법

기업의 매출은 세일즈맨의 수가 중요한 문제이지만 이것을 줄이기에는 그 질과 능력도 문제가 된다. 세일즈맨의 이동에 따라 판매실적이 심하게 변동하는 예는 흔히 나타나는 현상이다. 이는 의욕과 능력의 차이가 있기 때문이다.

호텔 및 일반기업의 세일즈맨에는 애원형 · 타성형 · 표경형의 3가지 타입이 있다.

방문해서 단지 "잘 부탁합니다"라고 인사만 하는 애원형, 정기적으로 방문만하는 타성형, 우편배달형의 표경형의 그것이다. 3개의 공통점은 자사상품에 대한 확신을 가지고 팔려고 하지 않는다는 점이다.

세일즈맨의 자질이 부족한 요인으로는 여러 가지가 있지만 요약하자면 다음 3가지를 들 수 있다.

① 상품지식이 불충분하다.
② 판매에 대해서 기획력이 부족하다.
③ 직판을 하지 않고, 경험이 부족하다.

충분한 상품지식을 갖지 않은 세일즈맨에게 상품을 직판하게 하는 것은 경영자의 과실이다. 그러나 상품지식이 빈약하고, 더구나 기획력도 부족한 데 자신을 연마하려고 하지 않는 세일즈맨은 좀더 노력이 필요할 것이다.

호텔 세일즈는 교제의 질과 양으로 결정된다. 그래서 다음과 같은 방향과 내용으로 세일즈맨십을 확립 강화하지 않으면 안 된다.

(1) 세일즈 매뉴얼의 작성

새로이 입사한 세일즈맨이라 할지라도 상품지식과 자사와 업계의 모든 정보를 망라한 책 한 권으로 모든 것을 이해할 수 있게 해야 한다.

1) 시스템, 세일, 테크닉

- 기본적 태도, 동작, 언어
- 방문율 100%로의 길
- 체제활동 기준(SOP)

- 클레임 처리
- 대금회수
- 마케팅 리더 방문
- 방문판매 계획 작성

2) 루팅, 사업 테크닉

- 방문판매 계획 작성
- 판매보고서의 작성방법
- 판매비 청구명세서의 작성방법
- 고객카드의 작성방법
- 확인업무의 추진방법
- 세일즈맨의 관리

(2) 능력과 의욕 개발

"인간을 만드는 것은 이성이고, 인간을 이끄는 것은 감성이다"라는 말을 기초로 훈련한다.

1) 능력 개발

① 역할연기, 고객과 여행업자역의 세일즈 매니저에게 세일즈맨이 매뉴얼 등을 구사해서 실전처럼 판매 접근한다.
② 교육연수, 사내에서 판매연수회를 실시하는 등 사외판매 세미나 등에 참가시킨다.

2) 의욕 개발

경영자와 일체감을 형성시키고, 중요한 점을 인식시킨다.

① 카운셀링 : 판매활동 총계표의 분석결과에 기초해서 경영자와 세일즈 매니저가 고객들과 카운슬링을 행한다. 장점을 살리고, 결점과 약점을 시사해서 교정시킨다.
② 다과회 : 정기적으로 경영자와 세일즈맨의 다과회를 연다. 경영자에 대한 신뢰감을 형성하고, 의견을 중요시하고 있다는 점은 인식시킨다.

2. 호텔의 기능적 판매조직 구성

경영자는 우선 판매 제일주의에서 서서 장래 판매전문회사로 독립할 것으로 생각하여 판매조직을 강화해야 한다.

(1) 예약판매 부분

오늘날의 예약업무는 옛날의 예약업무와 다르다. 팩시밀리와 텔렉스 · 컴퓨터 · 인터넷 등이 도입되고, 객실을 반납하고 객실을 매수하는 업무도 있다. 게다가 높은 요금을 지불하는 손님을 한 사람이라도 더 많이 끌어들이는가를 결정하는 부분이다. 판매의 집약장소이고, 심장이며, 중심부분이다.

호텔영업과 밀접한 관계에 위치하고, 판매부분하의 넓은 쪽이 높은 매상을 달성하는 데 기여한다.

(2) 판매기획 전문담당자 배치

판매촉진 기획과 대리점 오프(off) 계획, 그리고 영업통계 등 주요 업무를 하는 기획담당자를 판매부분하에 배치한다.

(3) 전문화 · 기능화의 도모

세일즈맨은 본사와 영업소, 모든 안내소 등 지역적 영역을 분명히 해서 전문화를 도모한다. 또 오프(off) 대책과 쉬는 날, 고객 수가 극단적으로 적은 날을 줄이는 일을 전문으로 담당하는 직원을 전문화하는 것이 중요하다. 계획과 기획 · 행사에 따라 특정지역을 집중 공략할 필요성도 있다. 따라서 모든 세일즈맨과 모든 사원을 총합화해서 적극적으로 담당하게 하는 것이 효과적이다.

3. 세일즈 소도구 제작방법

세일즈맨의 몸가짐과 태도 · 언어, 이 모든 것이 무기지만 소도구도 중요한 무기이며, 상대의 마음에 들기 위해 유효한 수단이 된다. 예를 들면 껌 하나라도 상대의 마음을 여는 기회를 만들 수가 있다. 호텔 이름을 훌륭하게 프린트한 라이터로 상대의 담배에 불을 붙이고 그대로 선물로 주는 호텔도 있다.

호텔홍보의 특제 담배를 배치하고 있는 판매부도 있다. 사용방법에 따라 소도구도 위력을 발휘하는 것이다. 세일즈맨이 원칙적으로 항시 휴대할 만한 세일즈 소도구의 전술적 존재방법을 생각해보자.

(1) 호텔정보 파일

호텔에 해당하는 모든 루트에 따라 관광정보를 담는다. 상세하고 종합적이어야 한다. 호텔에서 정한 사진 등을 활용해서 자기 나름대로 만드는 것이 좋다.

(2) 상품 파일

종이광고나 카탈로그.기획서 등을 개별적으로 건네는 것은 효과가 없다. 자신의 명함을 삽입해서 인쇄물을 세트화 할 수 있는 파일을 만든다.
'연회백과' '담당자의 마음가짐' 'Hotel of Hotel' 등의 이름을 넣어서 창구 · 담당자 · 매입 · 수배센터와 담당자에게 보관해둔다. 오래된 상품과 신기획 등은 방문 때에 교환하도록 한다.

(3) 팸플릿 명함

명함과 팸플릿을 겸용해서 만드는 것이다. 명함을 건넬 때는 판매의 좋은 기회가 된다.

(4) 인사편지와 감사편지

방눈을 예고하고 약속할 때 인사편지와 방무 후와 숙박객이 출발 후 곧 감사의 뜻을 나타내는 감사편지를 보낸다. 그림엽서로 사계절 바다 시리즈처럼 인쇄한다. 뒷면은 그대로 장식하는 그림과 글, 4장이 합쳐지면 사진이 되는 것도 연구해볼 만하다. 뒷면은 주소 외에 간단한 본문을 쓰는 등 다른 것도 생각해볼 만하다. 예를 들면 송객을 의뢰할 때는 눈물을 흘리며, 우는 얼굴로, 송객해서 받았을 때는 양손을 합친 그림이라면 효과적이다.

(5) 고객 리스트

업자별로, 마케팅 리더별로 고객 리스트를 작성한다. 고객 인적 사항 구성뿐만 아니라 송객실적 등의 모든 것을 기입해둔다. 나아가 매일매일 세일즈용의 리스트 외에 자기영역 고객에 대해 상세한 내용의 리스트를 작성해야 한다.

4. 단골고객에 따른 세일즈 관리

방문횟수가 많은 고객과 같은 경우는 매상이 많은 접객실적과 방문빈도 수 사이에는 강한 상관관계가 존재한다. 방문횟수가 많아지면 실적이 오르고, 적어지면 내려간다.

- 접객 수 = 총체재시간×1호텔당 평균 손님 수
- 방문호텔 수 = 방문횟수×평균 체재시간×1호텔당 평균 손님 수

이 식은 많은 고객이 있는 곳은 많이 방문하고, 훌륭한 세일을 하면 접객실적이 오른다는 것을 나타낸다. 방문호텔 수라는 것은 건물 수이고, 횟수는 한 호텔을 방문했던 횟수이다. 방문횟수를 올리는 것이 접객실적을 올리는 제일의 조건이다.

호텔 세일은 가지고 다닐 수 없는 상품특성이 있으므로 인간관계에 따라 좌우된다. 특히 세일즈맨의 세일즈 기법상의 좋고 나쁨보다도 손님과의 인간관계에 따라 결정된다. 관계가 좋은 곳은 일부 편중된 여행업자들에게서 고객을 받고 그 외는 제로가 되는 상태가 된다. 정책적으로 이러한 상태는 위험하다는 표시이다. 따라서 적절한 인사이동과 담당자의 변경 등에 따라 편중됨을 시정하는 것도 중요하다.

- 고객과 세일즈맨의 특성에 따라 판매대책을 세우고 변경한다.
- 전화와 편지도 방문으로 인정하고, 적극적으로 실행시킨다. 이렇게 함으로써 중점고객으로부터의 방문횟수를 늘릴 수가 있다.

방문횟수의 상승에는 중점고객을 많이 늘리는 한편 비중점 고객에게는 1주일간이나 1개월에 한 번, 혹은 편지로 판매를 행해도 좋다. 많은 방문횟수에 따라 방문상대에게 무엇을 할 것인가, 즉 “체재시간 내의 활동기준(standard opersting procedure)”이 매뉴얼화 되어 있어서 그 위력을 발휘한다면 이 이상 강한 판매력은 없다.

5. 판매 프리미엄과 콘테스트

(1) 사내에 있어서 판매촉진의 종류

호텔 내의 세일즈맨과 종사원에 의한 판매촉진 전술로는 다음과 같은 것을 들 수 있다.

① 세일즈 콘테스트 : 세일즈맨과 판매조직에 대해 판매목표의 달성을 경쟁시킴에 따라 사기를 높이기 위한 판매 콘테스트

② 세일즈맨 교육 : 세일즈맨의 판매의욕과 기술향상을 목표로 행하는 훈련과 교육으로, 사내와 사외 두 종류가 있다.

③ 세일즈 미팅 : 특정의 캠페인을 성공시키기 위해 행해지는 미팅, 방침과 이해, 판매기술의 습득 등을 목적으로 한다.

(2) 효과적인 판매 프리미엄과 추천방법

숙박업에서 잘 실시되고 있는 판매 프리미엄과 그 효과적 추진방법, 체크 포인트 등을 고려하여야 한다.

판매 프리미엄의 목적은 다음과 같이 생각할 수 있다.

1) 판매 프리미엄의 목적

- 특정기간 내에 세일즈맨의 판매노력을 집중 발휘시키는 것에 따라 판매실적을 상승시킨다.
- 특정상품, 예를 들면 명절에 쓰는 요리 등으로 판매를 증진한다.
- 자극을 줌으로써 단조로운 판매 업무에 활력을 주입한다.
- 모든 종사원이 참여함으로써 사기를 높이고, 종사원 가족의 관심까지 불러일으킨다.
- 고객과 에이전트(agent)에 대한 캠페인 효과를 높인다.

2) 판매 프리미엄의 종류

- 수당, 보너스, 리베이트 등의 형태를 취한다. 기발한 면은 없지만 보편적이고 금액에 따라 효과가 크다.
- 상품효과가 크고, 적은 돈으로도 좋은 분위기를 만들 수가 있다. 가정에서 필요한 것이라면 가족의 관심을 끌 수도 있고, 싸게 구입할 수도 있다.
- 가족과 함께 하는 해외여행 등은 그 효과가 크다. 판매 프리미엄은 미리 발표해두고, 콘테스트 등의 종료와 함께 전원이 참가한 자리에서 될 수 있는 한 빨리 지급하는 쪽이 효과적이다.

3) 대상의 명시와 추진방법

프리미엄, 콘테스트 실시 전에 당연 기간과 대상을 공표해서 주위의 관심을 도모한다. 숙박업계에서는 동계 2~3개월 사이에 실행되는 것이 많다. 짧거나 너무 길어도 좋지 않으므로 기간과 추진방법에는 주의를 요한다.

대상으로서 특정상품과 판매실적에 대한 경우는 일정기간의 판매실적에 대한 경우이다. 또한 다음의 예와 합쳐서 실행되는 것이 많고, 더 효과적이다.

- 높은 매상
- 매상목표 달성률
- 매상증가율
- 대금 회수율 등에 대한 경우라도 좋다. 판매 프리미엄은 이것만 단독으로 실행되

는 것은 적다. 콘테스트 등과 함께 추진된다. 따라서 기획이나 특정 기간의 판매를 중심으로 실시한다.

- 에이전트(agent), 세일, 콘테스트
- 에이전트(agent), 리베이트, 세일
- 세일즈맨, 세일, 콘테스트
- 사원, 세일, 콘테스트

6. 객단가를 높이기 위한 판매촉진

(1) 판매촉진의 체제 조성

소비단가를 향상시키기 위한 판매촉진으로는 '인적 판매촉진' '기능적 판매촉진' '이벤트 판매촉진' 등 세 가지가 있다. 이것들은 서로 관련을 갖게 하면서 추진하는 것이다.

소비단가를 올리는 판매촉진으로 성과가 있게 하기 위해서는 다음 5가지의 체제를 확립해두어야 한다.

1) 각 부문 개인의 판매목표를 명시

판매계획은 연간, 그리고 월별의 각 부문의 판매목표와 여기에 종사하는 한 사람 한 사람의 판매활동 목표를 명확하게 해두어야 한다.

"얼마에 팔 것인가?" "어떻게 팔 것인가?"의 명시이다.

2) 프리미엄 제도의 확립과 명시

판매촉진 활동을 매월 · 매일 의욕적으로 수행시키기 위해 목표를 달성한 경우 급여와 별도로 어떠한 보상, 프리미엄을 할 것인가를 확실하게 만들어서 공표한다. 기업도 이익이 되지만 종사원들에게 이익이 될 때 의욕을 갖게 된다.

3) 교육에 의한 판매의욕과 의식의 개발

서비스.매뉴얼에 의한 종사원 교육이 중요하다. 사내에서 해도 좋고, 사외 세미나에 참가시켜도 좋다.

판매에 관한 교육 포인트는 "판매할 수 있는 서비스 단계로" 등의 의식개혁이다. 어디든지 판매할 수 있는 장소이고, 사원 모두가 세일즈맨이라는 것을 인식시키고 실행시키는 것이다.

4) 뒷받침이 되는 판매촉진 체제 조성

POP 광고 등에 의한 호텔광고와 정보를 호텔방송 등으로 내보내고, 다른 제반시설과 함께 만전의 체제가 갖추어져야 한다. 방송설비는 호출과 연락을 위해서만 있는 것이 아니라 새의 지저귐, 벌레소리, 빗소리 등 독자적인 테이프를 만들어서 발송하고, 연회 후 각 부문의 안내를 테이프에 넣어서 방송한다.

5) 분위기 조성

호텔 내는 안정감과 함께 분위기 조성이 중요하다. 과일축제에는 큰 과일을 장식하거나 로비에 과일과 관련된 이야기와 요리방법을 그림과 사신으로 소개히고, 토산품 코너에는 과일 특매를 실시한다. 종사원의 유니폼도 행사에 알맞게 입게 하고, 분위기를 고조시킨다.

(2) 세일즈 프로세스의 핵심요인

세일즈 프로세스에서는 아주 사소한 것이 커다란 차이를 만들어낼 수 있다. 핵심요인은 다음과 같다.

- 최고의 세일즈맨들은 다른 세일즈맨들과 자신을 차별화시키는 마지막 5%의 작은 일에 주의를 기울인다. 이 마지막 5%는 세일즈 프로세스에 활력과 창의성을 더하는 것을 의미한다.
- 세일즈맨에게 가장 필요한 것은 세일즈 스킬보다는 실제적인 세일즈 활동인 것으로 나타났다. 즉 실패한 세일즈맨들은 대부분 고객방문, 프리젠테이션, 시연 등을 충분히 수행하지 않았기 때문이라는 것이다.
- 조직의 비효율성은 평균적인 세일즈맨들의 성공에 주요 장애요인이 된다. 스케줄을 보다 효과적으로 관리하고, 서류작업을 줄일 수 있는 시스템을 개발하게 되면 목표달성이 보다 용이해진다.
- 세일즈에서는 아주 사소한 것이 성공의 열쇠가 될 수 있다. 감사편지를 보내거나 약속시간을 정확히 지키거나 친밀한 관계를 지속적으로 유지하는 등 기본적이면서도 사소한 행동이 성공과 직결되는 기법이다.
- 세일즈맨들은 효과적인 목표달성 방법에 대한 피드백을 중요시한다. 동기를 부여할 수 있는 올바른 목표의 기본 특성은 SMART로 요약할 수 있다. 즉 구체적이고(Specific), 측정 가능하며(Measurable), 달성 가능하고(Achievable), 실제적이고(Realistic), 추적 가능해야(Trackable) 한다.
- 구체적인 실행에 옮기기 전에 충분한 연습을 함으로써 실전에서 원하는 성과를 이루어내야 한다.

8장

제3절 호텔 · 관광 세일즈맨의 실무적 이해

1. 세일즈맨의 고객접근 방법

세일즈맨의 고객접근 방법은 <표 8-1>~<표 8-5>에서 나타난 바와 같다.

〈표 8-1〉 구매자의 마음을 개방하는 방법

당신 자신을 분석하라	구매자의 문제를 조사하라	전략을 세워라	요점들을 적어라
당신인 첫인상은 좋은 편인가?	그의 필요와 당신이 팔고 있는 것과는 어떤 관계가 있는가?	가망 고객이 사야만 하는 주된 원인이 무엇인가?	구매자가 얻을 수 있는 이익들을 구체적으로 나열하라.
당신은 쉽게, 그리고 설득력 있게 말하는가?	그는 경쟁자의 상품이나 서비스를 사용하고 있는가? 있다면, 왜인가?	그의 경영상 약점은 무엇인가?	그의 필요와 관계있는 특징들을 나열하라.
사람들을 짜증나게 하는 버릇은 없는가?	그의 재정상태는 어느 정도인가?	판매 성공을 가져다주는 구매동기는 무엇인가?	기본적인 구매이유를 나열하라.
당신은 언행이 일치되는 사람인가?	그는 자신의 잠재력을 다 발휘하고 있는가?	그가 내세우리라고 예상되는 반론내용은 어떤 것인가?	강조해야 할 요점들을 추려라.
당신은 직업에 충실한가?	당신의 도움으로 해결될 수 있는 문제가 있는가?	절약이나 이익을 보장해 주는 증거는 무엇인가?	도움이 되는 자료들을 수집하라.
당신은 고객들을 위해 봉사하는가, 아니면 단지 팔기만 하는가?		당신은 어떻게 특징들을 이익으로 전환시킬 수 있는가?	판매를 쉽게 끝맺을 수 있는 정보를 준비하라.
당신은 성공할 계획을 가지고 있는가?		당신은 어떤 접근법을 사용하고 있는가?	

〈표 8-2〉 구매자를 선택하는 방법

튼튼한 기초를 세워라	약점을 지적하라	필요를 갈망으로 전환시켜라	이익을 실감나게 보여주라
가망 고객에게 봉사하기를 원한다는 열의를 보여라.	구매자의 가장 큰 약점을 잡아라.	구매동기를 설득력 있게 분석하라.	이익 사진을 구매자 앞에 놓아라.
가망 고객의 문제가 무엇인지 알고 있다는 점을 알려라.	가망 고객이 마음을 개방하도록 격려하라.	행동을 유발시키는 가장 그럴듯한 구매동기를 골라라.	그에게 "하프 소리를 듣게 하고, 장미 내음을 맡게 하라."
당신이 기꺼이 듣고 배우려 한다는 사실을 보여주어라.	그의 약점을 이용해서 그가 당신의 이야기를 끝까지 듣도록 욕구를 창조하라.	상품의 특징과 구매동기를 연관지어라.	종이에다 이익들을 적어 보여라.
슬기롭게, 그러나 기술적으로 질문하라.	믿을 만한 상품을 팔고 있다고 말하라.	계속하라. 그것에 활력을 불어넣어라.	편지 · 사진 등의 증거물들을 보여주어라.
구매자를 성실하게 칭찬하라.	당신의 상품을 사면 그의 약점이 제거된다는 점을 알려라.	"이것의 의미는 다음과 같습니다"라는 식으로 말하라. 이익들을 합하라. 그리고 상품을 사지 않으면 손해본다는 것을 일깨워주라.	구매자가 행동하게 하라. 반하게 만들어라.

〈표 8-3〉 반대를 극복하는 방법

확신을 가지고 팔아라	반론을 예견하라	반론에 대해 상세히 설명하라	반대를 판매 종결에 이용하라
당신의 상품이나 서비스에 대한 지식은 모두 터득하라.	공통적인 반대를 수집하여 표준해답을 만들어라.	반대의견을 경청하라.	반대안을 분류하라. 그것은 성실한 것인가?
당신이 팔고 있는 것과 구매자의 필요가 어떤 관계에 있는지 알라.	가장 중요한 반론에 대해서 설명하라.	반대를 질문형태로 상세히 설명하라.	판매 대화가 끝난 후에 생긴 성실한 반대의 의미는 다음과 같다. 그것은 당신이 어떤 요점을 생략했다는 뜻이다.

<table>
<tr><td>가망 고객을 똑바로 쳐다보면서 말하라.</td><td colspan="1">가격에 대한 반대는 양질을 강조하면 사라진다.</td><td>질문을 통해서 판매할 수 있는 기회를 포착하라.</td><td>그것은 당신이 구매자의 욕구를 창조하지 못했음을 뜻한다.
그것은 구매자가 살 의사가 있다는 뜻이다.</td></tr>
<tr><td>만일 알지 못하는 게 있으면 솔직히 모른다고 말하라.</td><td>미루지 말고 지금 당장 사야 할 이유를 보여주어라.</td><td>구매자가 당신의 대답에 만족해하는지 확인하라.</td><td rowspan="3">반대를 사야 할 이유로 전환시켜라.</td></tr>
<tr><td rowspan="2">당신 자신과 당신이 취급하는 상품 지식을 재확인하라.</td><td>"흥미가 없다"고 거절하면 이익들을 보여주어라.</td><td rowspan="2">정보를 얻기 위한 질문으로 반대안을 다루어라.</td></tr>
<tr><td>누구와 상의해보겠다고 구매자가 말할 수도 있으므로 사전에 준비하라.</td></tr>
</table>

〈표 8-4〉 주문을 받을 수 있는 방법

<table>
<tr><th>모든 기본 사항을 설명하라</th><th>판매도구를 모두 활용하라</th><th>사기 쉽도록 만들어라</th><th>판매내용을 요약하라</th></tr>
<tr><td>구매자가 알고 있는 것을 경시하지 말라.</td><td>당신 노트에 적힌 정보나 가격은 최근의 것인가?</td><td>효과적으로 질문하고 요점을 말하라.</td><td>이점을 되풀이해 말하라.</td></tr>
<tr><td>주요 이익에 대한 목록을 만들어라.</td><td>당신의 판매대화 노트는 깨끗하고 사용하기 쉽도록 정리돼 있는가?</td><td>인터뷰할 때
주문서를 꺼내라.</td><td>"이것의 의미는 다음과 같습니다……"를 실천하라.</td></tr>
<tr><td>행동을 유발시키는 중요한 요점들을 적어라.</td><td>당신은 회사광고를 최대한으로 활용하는가?</td><td>종결 신호를 시험하라.</td><td>두 가지 중에서 하나를 선택하도록 유도하라.</td></tr>
<tr><td>그 다음 그것을 1-2-3 형태로 암기하라.</td><td>당신은 상공회보나 신문을 스크랩해 이용하는가?</td><td>배달과 운송에 관해 상세히 물어라.</td><td>가망 고객에게 마음을 결정할 수 있는 여유를 주어라.</td></tr>
<tr><td>판매 종결 전에 점검하라.</td><td rowspan="3">고객을 방문할 때 판매도구를 항상 가지고 다니는가?</td><td rowspan="3">'아니오'라는 말보다 '예'라는 말을 더 쉽게 하도록 만들어라.</td><td>판매와 관계없는 이야기는 하지 말라.</td></tr>
<tr><td rowspan="2">당신이 모든 근본을 다 설명했는지 확인하라.</td><td>주문을 청하라.</td></tr>
<tr><td>가능하면 주문받는 즉시 가망 고객과 헤어져라.</td></tr>
</table>

〈표 8-5〉 구매자가 계속 구매하게 할 수 있는 방법

<table>
<tr><th>주문서를
함께 확인하라</th><th>판매가
판매를 낳는다</th><th>구매자의
시야를 넓혀라</th><th>실패에서
교훈을 배워라</th></tr>
<tr><td>판매대금이 완전히 수금되지 않는 한 판매는 완전한 것이 아니다.</td><td>당신의 현재고객이 가장 좋은 가망 고객이다.</td><td>당신은 당신의 판매량과 이익을 높여주는 고객들에게 도움을 주고 있는가?</td><td>당신은 팔지 못했다고 해서 슬퍼하고 있는가?</td></tr>
<tr><td>구매자가 무엇을 사려고 하는지를 스스로 깨닫게 하라.</td><td>지킬 수 없는 약속은 하지 말라.</td><td>많이 팔면 팔수록, 그들은 더 많이 살 것이다.</td><td>당신은 왜 팔지 못했는지 반성문을 써왔는가?</td></tr>
<tr><td>구매자에게 지불기간을 분명히 알려라.</td><td>고객을 돈줄이 아닌, 사람으로 대접하라.</td><td>그들이 당신 회사와 관계 맺고 있는 것을 가치있게 생각하도록 만들어라.</td><td>당신은 판매력 강화를 위해 그 반성문을 참고했는가?</td></tr>
<tr><td>전달방법과 날짜를 알려라.</td><td>고객들에게 도움을 청하라.</td><td>그들에게 당신의 상품이나 서비스를 사면 얻을 수 있는 이익들을 상기시켜라.</td><td>당신은 자기자신에 대해 잘 알고 있는가?</td></tr>
<tr><td>구매자의 이름과 주소가 주문서상에 바로 적혔는지 확인하라.</td><td>고객들에게 추천장을 써달라고 청하라.</td><td rowspan="3">그들에게 당신이 그들의 사업이 잘 되기를 기원하고 있다는 점을 알려라.</td><td>당신은 도움이 필요한 때, 그것을 청하는가?</td></tr>
<tr><td rowspan="2">주문한 상품량과 구매자 주소를 다시 확인하라.</td><td rowspan="2">아이디어나 제안들을 가지고 체계적으로 고객을 방문하라.</td><td>당신은 최대한으로 시간을 활용하는가?</td></tr>
<tr><td>당신은 자신을 성장시키는 데 노력을 기울이고 있는가?</td></tr>
</table>

세일즈맨의 10대 'S' 관리

① Speed
② Study
③ Smile
④ Sincerity
⑤ Self-medication
⑥ Self-starter
⑦ Self-confidently
⑧ Self-discipline
⑨ Saving
⑩ Sense of direction

2. 세일즈맨의 자기관리

(1) 세일즈맨의 유형 분류

지나치게 세일즈 지향적인 판매 지향적형의 세일즈맨이 있는가 하면, 지나치게 고객에게 의존하려는 고객의존형이 있으며, 이것도 저것도 아닌 무관심형도 있다.

그러나 세일즈 기본을 충실히 하면서 고객의 문제를 이해하고 해결에 도움을 주려는 세일즈 기법형이나 이를 보다 발전시켜 상담자 역할까지 해내는 문제해결형으로 자신의 유형을 발전시켜나가야 한다.

(2) 세일즈맨의 슬럼프

인간은 누구나 슬럼프에 빠지는 수가 있다. 슬럼프에 빠지는 것이 인간이라는 생각이 중요하다. 방문 공포증도 일종의 슬럼프라고 할 수 있는데 영문도 모르는 슬럼프가 있다. 세일즈맨의 슬럼프는 영업실적에 상당한 영향을 미친다.

1) 슬럼프의 원인

슬럼프에 빠지는 원인은 여러 가지가 있는데 그 계기로는 다음과 같은 것이 있었다.

- 능력 이상의 중책의 지위에 있을 때
- 성적이 좀처럼 안 올라갈 때
- 업무환경이 바뀌었을 때
- 건강을 해쳤을 때
- 성격적으로 꼼꼼한 사람
- 가정에 우환이 있을 때

2) 슬럼프 극복법

슬럼프에 빠졌을 때는 이를 극복하기 위해 다음 사항을 실천해볼 필요가 있다.

- 평소에 열중할 수 있는 취미를 가질 것.
- 상사나 동료와 자주 대화할 것. 대화의 장소를 적극적으로 마련하고, 정보교환이나 어드바이스를 받을 것.
- 신뢰할 수 있는 자기 선생을 찾을 것. 자기 업무나 생활 등을 포함하여 '마음의 스승'이 될 만한 사람을 찾아서 심적인 가르침을 받을 것.
- 기분을 일신할 것. 휴일이나 유급휴가를 활용해서 3~4일간 정도 현재의 업무를 떠나서 여행을 하면서 일시적으로 업무를 잊어버릴 것. 그리고 멀리서 회사를 관찰해볼 것.

• 카운슬링을 받을 것. 슬럼프가 병적일 때는 카운슬러와 상담할 것.

〈표 8-6〉 판매능력과 점유율의 관계

(D Zone) 판매능력은 작지만 점유율이 높다.	(B Zone) 판매능력도 크고, 점유율도 높다.
(C Zone) 판매능력도 작고, 점유율도 낮다.	(A Zone) 판매능력은 크지만, 점유율이 낮다.

판매능력과 점유율의 평균선으로 구분된 4개의 존(zone)에 따라 다음과 같이 거래처가 구분된다.

① A Zone(attack) : 가장 많이 공격을 해야 할 존(zone)
② B Zone(best) : 양호한 편이고 바람직한 존(zone)
③ C Zone(cut) : 너무 힘을 쏟지 말고 방치해야 할 존(zone)
④ D Zone(dealer promotion) : 거래처의 판매력을 증가시켜야 할 존(zone)

점거율 법칙

• 10% 과감의 법칙 : 점거율은 빈약해지기 쉽다. 10% 이하일 때는 과감한 시책이 필요하다.
• 20% 불안정의 법칙 : 20% 전후는 매우 불안정한 상황으로 조금만 힘을 쏟으면 신장하고, 방심하면 저하한다.
• 30% 안정화의 법칙 : 30%가 되면 점거율은 안정화한다. 타사로부터의 공격에도 강하고, 신장하기 쉽다.
• 40% 한계의 법칙 : 40%에 가까워지면 점거율의 한계(벽)가 있다. 이 벽을 깨려면 대단한 노력이 필요하다.
• 50% 비약의 법칙 : 40%의 벽을 깨고 50%에 이르면 크게 비약한다.
• 60% 세분화의 법칙 : 60%가 넘으면 독과점이 진행되는데 상품시책 등 세부적인 문제해결이 필요해진다.

3. 세일즈맨이 지향해야 할 사고방식

(1) 밝고 긍정적인 사고

"세일즈맨의 방문이 상대방으로부터 환영받을 것인가, 그렇지 못할 것인가? 이에 대하여 '예스', 또는 '노'로 대답하라는 설문이 주어졌다면 여러분은 어느 쪽에 답하겠습니까?" 여러 세일즈맨들에게 질문해본 결과 영업실적이 우수한 사람일수록 '예스'를 얻고, 경력이 짧은 사람일수록 '노'가 많다는 결론이 나왔다.

고객을 몇 번 방문해보았으나 그때마다 거절당했다면 그 대답은 '노'가 되기 쉽고, 또 자신이 상대방 입장이 되어 생각해보아도 '세일즈맨'이란 바쁠 때 불쑥 찾아와 억지로 상품을 권유하는 직업인이란 이미지를 갖고 있는 사람이라고 생각한다면 역시 대답은 '노'라고 하고 싶어진다.

그렇지만 다시 생각해보면 세일즈맨의 역할은, 고객의 욕구나 필요에 맞추어 자기회사에서 생산 · 제조하는 상품이나 서비스 및 정보를 제공하여 고객의 욕망을 충족시키는 활동을 하기 때문에 진정으로 그 역할을 다하는 활동을 한다면 '초청받지 않은 손님'으로서 경원시되는 일은 결코 없을 것이다.

현재 자사호텔의 상품이나 서비스를 이미 구매하여 대단히 만족하고 있는 고객도 많이 있는 것이다. 세일즈를 담당하고 있는 종사원이 고객과 상담하였지만 고객의 구매욕을 이끌어내지 못했다는 것은 상대방에게 자사호텔 및 그 상품의 좋은 점을 충분히 이해시키는 데 실패하였거나 세일즈맨으로서 본래의 역할을 다하지 못했기 때문임을 자각해야 한다. 또한 첫 방문에서 상대방의 이야기를 들어줄 분위기를 만드는 데 실패했기 때문이라고도 할 수 있다.

그리고 "내가 권하고 있는 내용을 당신이 이해한다면 반드시 감사하다는 말을 하게 될 것이다"라는 미래지향적인 자세를 갖는 것이 아주 중요하다. 만일 상대방에게 "환영받지 못할 것이 아닌가?"라고 주저하면서 방문 및 상담을 하였다면 불안감과 자신감 결여 때문에 부진한 세일즈 활동이 될 것이고, 이렇게 해서는 영업에 성공할 수 없다.

영업실적이 좋은 사람은 자기자신이 전향적(轉向的)인 자세를 가지고 "나라면 반드시 된다, 해보자"라고 생각하고, 또 여러 가지 상황을 밝고 긍정적으로 보고 처음에 단호하게 거절하는 고객일수록 기어이 설득시켜 이해시킨다면 오히려 끈끈한 관계를 맺을 수 있기 때문에 "좋은 곳에 왔구나"라고 생각하는 사람이 많다. 이와 같은 사람을 '성공형 인간'이라고 부를 수 있을 것이다.

한편 자기자신을 회의적으로 보고 "나는 틀린 인간이다, 실패할는지도 모른다."라고 마음속으로 생각하고, 또 상황을 어둡고 부정적으로 보아 "이와 같은 고객이 있기 때문에 내가 고생한다." 또 "이런 고객은 아무리 접근하더라도 성과가 오르지 않을 것이기 때문에 그만두자."라고 생각하는 사람은 노력해보지도 않고 행동에 옮기지도 않는다. 이와 같은 사람은 '실패형 인간'이라고 부를 수 있을 것이다.

또한 세일즈라는 '일'을 어떻게 받아들이고 있는지도 중요한 점이다.

- 나는 세일즈라는 직업이 적성에 맞는다.

- 나는 현재의 세일즈를 아주 좋아한다.
- 나는 현재의 세일즈 활동(세일즈일)을 큰 자랑거리로 생각한다.
- 나는 현재의 세일즈 일에 일할 보람을 느끼고 있고, 충족감을 맛보고 있다.
- 나는 매일 고객을 만나는 것이 즐겁기만 하다.

라고 전향적인 의식과 사고를 가지고 있다면 세일즈맨으로서 100% 만족할 만한 결과를 도출시길 수 있을 것이다.

예를 들어 "나는 단지 먼지를 빨아들이는 전기청소기를 판매하고 있는 것만이 아니다. 사람들이 쾌적한 생활을 누릴 수 있는 환경조성에 도움을 주고 있고, 청결함을 만들어냄으로써 인류의 건강증진에 도움이 되는 일을 하고 있다. 그리고 이 전기청소기를 취급하고 있는 소매점에 대하여 고객들이 기뻐할 매장 만들기 조언을 하여 소매점 경영을 충실히 하는 데 도움을 주어 보다 풍요로운 소비사회를 만드는 데 공헌하고 있다."고 전향적이고 밝은 직업관을 갖는 것도 중요한 일이다.

(2) 고객 지향의 사고를 갖는다

호텔은 고객이 그 호텔의 상품이나 서비스를 구매해 줌으로써 비로소 유지되는 것이다. 종사원들의 급료 또한 고객으로부터 받고 있다고 말해도 과언이 아니다.

고객은 상품이나 서비스를 어느 호텔로부터 구매하든지 자유이다. 경쟁호텔의 상품이 아니고 자사호텔의 상품이 선정되기 위해서는 세일즈맨들이 고객에게 얼마만큼의 만족감을 줄 수 있을지가 결정적인 역할을 한다.

고객은 우수한 상품이나 서비스 및 정보 등을 받고 만족하거나 세일즈맨의 올바른 사고 · 접대방법에서 감동을 받아 만족하는 2가지 면이 있고, 이 2가지는 서로 밀접히 연관되어 있다. 고객이 구매한 상품이나 서비스에 만족하고, 또 이를 계기로 성장 · 발전하는 것은 자사호텔이 발전하는 것에 연관되기 때문에 고객을 소중히 하고 고객을 중심으로 활동을 하지 않으면 안 된다.

앞에서 본 2가지면 중에서 특히 후자를 먼저 몸에 익힐 필요가 있다. 그리고 그 내용은 2가지이다. 고객을 생각하는 '마음가짐'과 고객에 대한 '올바른 태도'이다.

고객 지향에 바탕을 둔 올바른 '마음가짐'에서 '올바른 태도'가 나오고, '올바른 태도'에서 '올바른 영업활동'이 나오는 것이다.

평소에 '5가지 마음' '5가지 태도'로 고객을 상대하여 고객으로부터 "정말로 이 호텔의 세일즈 담당자를 만나서 좋았다"고 말할 수 있도록, 그리고 "당신의 방문을 즐겁게 기다리겠습니다."라는 말을 들을 수 있는 세일즈맨이 될 수 있도록 명심할 필요가 있다.

여기에서 세일즈맨은 자신을 되돌아보고 자신이 '세일즈'라는 직업을 어떻게 받아들이고 있는지, 밝고 긍정적인 사고를 가지고 활동하고 있는지, 고객에 대한 다섯 가지 마음과 다섯 가지 태도를 어떻게 실천하고 있는지 등에 대하여 스스로 점검해 볼 필요가 있다.

〈표 8-7〉 고객에 대한 5가지 마음가짐

구분	종사원의 마음가짐	예 시
1	감사의 마음	우리 호텔은 고객이 있기 때문에 유지되고 있고, 어떠한 고객에게 똑같이 "고맙습니다"라고 모든 고객에게 마음으로부터 머리를 숙인다.
2	솔직한 마음	"제 실수로 예약이 순조롭게 이루어지지 않아 고객님께 폐를 끼치게 되어 정말 죄송합니다"라고 솔직히 인정하고, 실수한 부분에서는 분명한 책임을 지고, 고객에게 불편을 끼치지 않는다.
3	반성하는 마음	내 자신의 현재 행동을 개선하여 보다 효과적으로 하면 "고객에게 서비스할 수 있는 시간을 지금보다도 늘릴 수 있다"고 스스로를 되돌아보고 반성한다.
4	겸허한 마음	"저는 마땅히 해야 할 일을 했을 뿐인데 고객님께서 좋아하신다니 제가 오히려 감사합니다"라고 고객의 칭찬에 머리를 숙인다.
5	봉사하는 마음	호텔 주변의 관광지를 돌아보기를 원하는 고객에게 매출 상승에 직접적인 연관이 없더라도 "관광에 필요한 정보를 수집해다 드리겠습니다"라고 고객이 기뻐할 수 있는 일을 한다.

〈표 8-8〉 고객을 대하는 5가지 태도

구분	종사원의 태도	예 시
1	열성과 성실한 태도	상담중에 고객이 자기가 모르는 사항을 질문했을 때 거짓으로 대답하지 말고 "모르겠습니다"라고 분명히 말하고, 뒤에 조사하고 연구하여 다음에 정확하게 대답하는 등의 태도
2	고객을 존경하고 체면을 세워주는 태도	정중하게 인사를 한다. 또한 대화 도중에 고객과 말이 서로 부딪쳤을 때에는 "실례하였습니다. 먼저 말씀하십시오"라고 양보하거나 그밖의 예절을 중시하는 등의 태도
3	고객의 입장에 서서 도와주려는 태도	고객이 어려움에 처해 있는 것을 파악하여 어떠하든 그 문제를 해결해주려고 노력하는 등의 태도
4	고객에게 만족을 주려는 태도	고객이 바라는 서비스의 내용은 어떤 방법으로라도 충족시켜주거나 고객이 바라는 수준 이상의 것을 제공하려는 등의 태도
5	자사호텔과 본인을 뚜렷이 나타내려는 태도	일정수준 이상의 가격인하 요구가 있었을 때 "죄송합니다만 거기까지는 안 되겠습니다"라고 확실히 말하는(회사의 방침에 어긋나는 불합리한 요구를 받아들일 수 없다는 뜻을 분명하게 전하는 쪽이 서로의 관계가 깊어질 수 있다) 등의 태도

4. 고객에 따른 영업추진 방법

〈표 8-9〉 고객에 따른 세일즈 접근방법

고객의 구분		구분 내용
고객이 생산재 · 소비재의 생산회사 또는 관공서인 경우	고객이 민간회사인가, 관공서인가?	민간회사(개인 · 법인)인가 관공서(정부, 특별시 · 직할시 · 도 · 시 · 구 · 군 · 읍 · 면 · 동 · 리)인가?
	고객이 속하는 업계는?	식품업계인가, 철강업계인가, 기계업계인가, 전기업계인가, 자동차업계인가, 약품업계인가 등
	고객이 생산하는 상품(재)은?	생산재(1차, 2차, 3차)인가, 소비재(일용잡화, 생활용품, 전문품)인가?
	고객이 상품을 납품하는 업계는?	식품업계인가, 철강업계인가, 기계업계인가, 전기업계인가, 자동차업계인가, 약품업계인가 등
	고객 상품의 판매형태는?	무점포 판매인가, 방문판매인가, 직접판매인가, 간접판매인가?
	고객의 판매지역은?	국내만인가, 해외만인가, 양쪽 다인가? 국내인 경우 전국인가, 특성지역만인가?
	고객의 규모는?	대회사인가, 중견회사인가, 중소회사인가, 영세 개인회사인가?
	고객의 소재 지역은?	수도권인가, 도시권인가, 지방인가?
고객이 중간 업자인 경우	고객의 유통상의 위치는?	1차도매인가, 2차도매인가, 도매상인가, 소매점인가?
	고객의 업태는?	백화점인가, 양판점(量販店)인가, 슈퍼마켓인가, 연쇄점인가, 편의점(convenience)인가, 전문점인가?
	고객이 취급하는 상품(재)은?	생산재(1차, 2차, 3차)인가, 소비재(일용잡화, 생활용품, 전문품)인가?
	고객 내에서의 상품의 위치 부여는?	주력상품(이런 종류의 상품이 매출의 많은 부분을 차지함)으로서의 위치인가, 부수적으로 취급하고 있는 보조적 상품으로서의 위치인가?
	고객의 계열사 유무는?	어느 회사의 계열에 소속되어 있는가(어느 정도 연결되어 있는가? 또는 독립회사인가?
	고객의 상품의 취급범위는?	많은 생산회사의 상품을 취급하고 있는가, 한정된 생산회사의 상품인가?
		고객의 판매지역, 고객의 규모, 고객의 소재지역에 대하여는 위와 같음

8장

세일즈맨은 여러 가지 특성을 지니고 있는 고객을 상대로 상품을 판매하고 있기 때문에 세일즈 활동을 일률적으로 할 것이 아니라 여러 고객의 특성에 맞추어 바꾸어가지 않으면 안 된다. 자사호텔의 마케팅 부서에서 상품을 기획하여 고객에 직접 상담을 통하여 세일즈하는 경우에는 최고의 서비스, 저렴한 가격, 쾌적한 환경 등에 대하여 진실만을 말한다는 마음으로 고객을 설득하게 된다.

한편 중간업자, 즉 여행사를 통하여 고객을 유치해야 한다면 상품의 특징을 포괄적으로 하며, 고객이 좋아할 만한 특성을 부각시켜 설명할 필요가 있다.

이와 같이 상담의 진행방법은 확실히 다르다. 그러므로 고객에 따라 영업활동 방법을 바꾸어가지 않으면 안 된다. 일반적인 세일즈 방법을 예시로 하여 그 구분방법을 <표 8-9>와 같이 표기하였다.

5. 세일즈맨이 갖추어야 할 능력

세일즈맨이 자기의 역할을 다하고 실적을 올리기 위해서는 다음 다섯 가지 능력을 강화하지 않으면 안 된다.

(1) 시장 및 시장환경 변화의 이해

- 최근의 사회, 경제 변화의 이해
- 환경변화에 대응하는 영업전개 방법의 이해
- 고객욕구의 변화 이해
- 자기회사의 현황과 금후 방향의 이해

(2) 시장지식 · 상품지식의 강화

- 업계지식의 향상
- 경쟁상품과 관계되는 지식의 향상
- 고객에 대한 지식 향상
- 상품지식의 향상

(3) 올바른 의식을 갖는 방법과 예절의 습득

- 영업담당 사원으로서 사명감과 근로관(勤勞觀)의 습득
- 고객 지향의 태도 습득
- 성공한 사람에게서 볼 수 있는 적극적 사고의 이해
- 판매예절과 인간관계 증진방법의 습득

(4) 판매기술의 강화

- 효율적으로 행동하는 방법 습득
- 영업정보를 수집하고 활용하는 방법 습득
- 상담(商談) 기술의 향상
- 제안영업 능력의 향상
- 고객과의 신뢰관계 강화

(5) 고객 지도력의 강화

- 고객의 현황, 문제점 파악방법의 습득
- 고객에 대한 판매담당 사원의 능력 강화, 동행판매의 강화
- 결정권자(key man)를 설득, 움직이는 방법 습득
- 고객에 대한 판매개선 지도력의 향상

6. 세일즈맨의 고객접근 전략

(1) 정확한 상품지식 숙지

고객이 상품을 구매하는 것은 자사호텔의 매력을 느끼고, 고객이 기대하는 효과를 그 상품이 가져다주기 때문이다. 따라서 상품지식이 불충분하여 자사호텔 상품의 매력을 올바로 고객에게 전달할 수 없다면 호텔측에서나 고객측에서나 불행한 일이 아닐 수 없다.

많은 상담부분에서 나타나는 현상이지만 상품지식을 충분히 몸에 익히고 있지 않은 세일즈맨은 자신감이 없는 이야기를 하고, 고객의 질문을 두려워하여 고객의 흥미를 이끌어내지도 못하고, 자기만이 알고 있는 것을 떠들썩하게 말하는 경향이 있다. 이와 같은 세일즈맨에게는 고객과의 상담이 고통일 뿐만 아니라 고객의 마음 또한 움직일 수 없을 것이다.

세일즈의 기본은 고객이 가지고 있는 여러 가지 욕망을 정확하게 파악하여 그것을 충족시킬 수 있는 제안을 상품과 연계시켜 고객이 납득하고 만족할 수 있도록 설득시키는 것이다. 그러기 위해서는 단지 상품의 특성을 아는 것만이 아니라, 보다 폭넓은 상품지식이 요청되고 있다.

(2) 상품지식의 내용

상품지식은 상품의 정보뿐만 아니라 상품과 관련하여 고객이 알고 싶어하는 여러

가지 사항이 포함되는 보다 폭넓은 것이다. 더욱이 자사호텔의 상품뿐만 아니라 경쟁호텔의 상품지식도 몸에 익혀 고객에게 경쟁상품과 비교하여 자사호텔의 상품이 얼마나 매력이 있는지를 설명하지 않으면 안 된다.

최근에는 고객들도 그들 나름대로 상품에 관하여 세밀하게 연구하고 있고, 또 여러 회사의 세일즈맨들로부터 상품설명을 듣거나 구매했던 상품을 다시 판매한 경험이 있기 때문에 고객의 상품지식은 날로 풍부해지고 있다. 그러한 고객에게 상품설명을 하는 세일즈맨들은 그만큼 높은 수준(level)의 상품지식으로 무장하고 있지 않으면 안 된다.

하지만 무엇보다 중요한 것은 고객은 상품 그 자체를 구매하는 것이 아니라 그것이 가져다주는 효용이나 편익을 구매한다는 것이다.

〈표 8-10〉 효과적인 상황전개 사항

상품지식	
• 어떠한 구조인가? • 어느 정도 크기를 가지고 있는가? • 어떠한 분위기를 연출할 수 있는가? • 기타	• 그 상품은 구조로 되어 있어 어떤 연출이 가능한가? • 그 상품은 어느 정도 크기로 몇 명을 수용할 수 있는가? • 어떠한 분위기 연출로 어떤 이벤트를 제공할 수 있는가?
효용에 관한 지식	
• 접근성은 어떠한가? • 원하는 분위기 연출이 가능한가? • 신뢰성은 어떠한가?	• 만족할 만한 행사로 기억될 수 있는가? • 행사장을 찾기가 용이한가? • 시간 · 물품 · 식사 등 정확한 행사가 진행될 수 있는가?
가격.거래조건에 관한 지식	
• 가격은 어떠한가? • 판매촉진은 어떠한가? • 거래조건은 어떠한가? • 서비스는 어떠한가?	• 리베이트, 할인, 경품, 특별할인 등 • 종사원의 교육 정도 등
상품관련 지식	
• 역사는 어떠한가? • 용도는 어떠한가? • 경쟁상품과의 비교는 어떠한가? • 고객의 동향은 어떠한가? • 법률관계는 어떠한가? • 기 타	• 만든 목적은 무엇인가? 언제부터 만들고 있는가? 어떤 변천을 거쳐 현재의 상품이 되었는가? 등 • 자사호텔의 상품과 경쟁하는 상품의 종류는? 그것과 다른 점은? 좋은 점, 나쁜 점은? 등 • 대상고객은? 고객은 어떠한 구매방법을 택하고 있는가? 자사호텔의 상품에 대한 평가는? 등 • 최신유행은? 해외의 상품동향은? 명성은? 매출실적은? 호텔 브랜드는 얼마나 알려졌는가? 등

예를 들어 고객이 연회장에서 결혼식을 하였을 때에는 그 연회장의 시설에서 형성되는 독특한 분위기 및 서비스를 바라는 것이다. 결혼은 일생에 한번뿐인 행사이므로 고객은 특별한 분위기와 이벤트를 원한다. 또한 정중한 서비스를 받으면서 체면을 세우고 싶어하는 심리도 가지고 있다. 즉 연회장이 만들어내는 특별한 분위기와 쾌적함, 연회장 종사원이 만들어내는 안정된 서비스를 고객은 구매하는 것이다.

따라서 세일즈맨이 몸에 익히지 않으면 안 되는 상품지식은 '상품 지식', '효용에 관한 지식', '가격 · 거래조건에 관한 지식' '상품관련 지식'의 4가지이다. 그리고 이들 지식을 고객의 상황에 맞추어 효과적으로 응용 · 전개해나가야 한다.

(3) 셀링 포인트

상품은 시장에서의 고객의 욕구와 상품을 만들어내는 창의력과의 결합으로 생산된다. 호텔은 "이러한 상품이면 반드시 팔릴 것임에 틀림없다."는 확신에서 계획을 시작한다. 이때 기획자의 의도는 뚜렷하기 마련이다.

그러나 그 상품을 구매하는 고객은 상품을 보기만 하고, 기획자의 의도를 이해하여 구매를 결정하기란 쉽지 않다. 그래서 세일즈맨들이 "이 상품은 이렇게 좋은 점이 있고, 디욱이 ○○○호텔의 상품보다 이렇게 편리한 부뷰이 있습니다."라고 고객에게 올바로 전하여 고객의 구매의욕을 높일 필요가 있다. 이때 호소하고 싶은 매력 포인트를 '셀링 포인트(selling point)'라고 한다.

이 셀링 포인트는 세일즈맨이 상품을 판매하는 입장에서 특히 강조하고 싶은 점을 말하는데, 한편 고객의 입장에서는 "그것은 흥미가 있다, 도움이 될 것 같다."고 생각하는 점을 일반적으로 '베니피트 포인트(benefit point)'라고 하며, 그 고객이 "이 상품에는 내가 바라고 있는 이와 같은 특징과 장점이 있기 때문에 구매하겠다." 라는 구매의사 결정을 한 꼭지점을 '바잉 포인트(buying point)'라고 한다.

셀링 포인트는 '상품 그 자체의 특색'과 '효용'을 관련시켜야 할 필요가 있다. 고객에게 상품설명을 할 때는 먼저 상품상의 특징을 말하고, "이러한 특징이 있습니다. 그래서 이러한 효용가치가 있습니다"라고 호소한다. 그리고 "이와 같은 효용이 있기 때문에 이것을 이용하는 고객에게 이와 같은 편익을 드립니다."라고 설명한다.

고객에게 상품의 좋은 점을 확실히 이해시키기 위해서는 3가지 단계를 관련지어 설명하는 것이 중요하다.

예를 들면 회의실에 비치되어 있는 의자의 상품설명에서는 "이 의자의 다리에는 각각 이동용 바퀴가 붙어 있습니다."(상품상의 특징), 그래서 "이동할 때 작은 힘으로도 쉽게 옮길 수가 있습니다."(효용), 그러므로 "나이 많은 회의장 관리자라도 간단히 취급할 수가 있고 정리시간이 짧아지게 됩니다."(편익)라고 하듯이 3단계로 설명하면 설득력이 더해진다. 일반적인 예는 [그림 8-1]과 같다.

8장

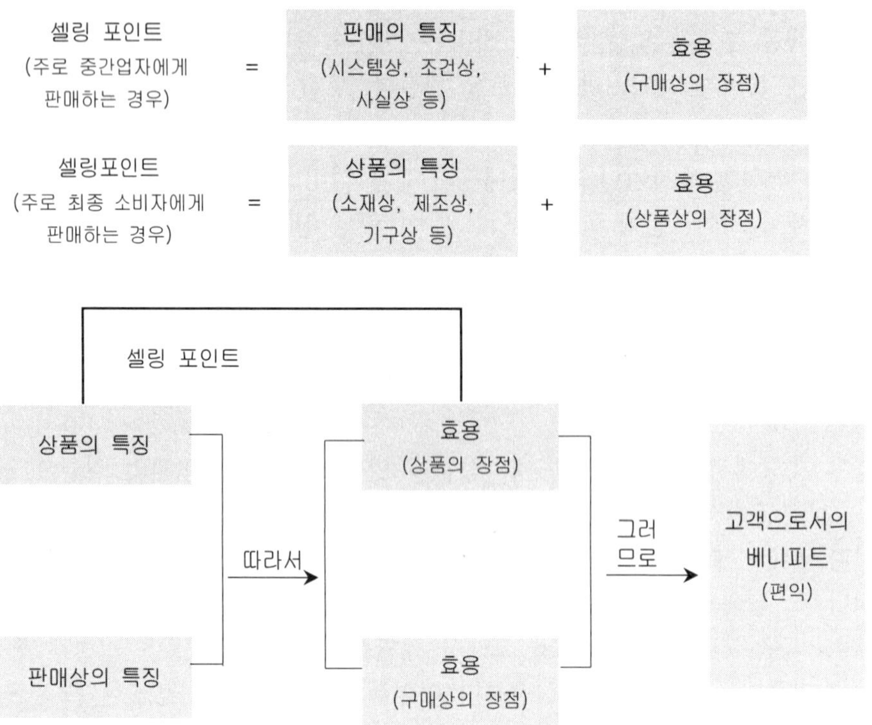

[그림 8-1] 호텔 셀링 포인트의 3단계

상품을 설명할 때는 앞서 본 바와 같이 상품상 · 판매상의 특색과 효용을 결부시키고, 다시 그것을 고객의 베니피트(편익)와 연관시켜 이야기하면 고객이 이해하기가 쉽다.

세일즈맨은 자기가 담당하고 있는 상품 중에서 대표적인 것을 고객에게 설명하기 위한 셀링 포인트를 작성해 사용하면 더욱 효과적일 것이다. 이 때 고객으로서의 편익과 경쟁상품의 특징도 포함시키면 좋다.

(4) 어프로치 북의 작성

어프로치 북(approach book : 판매용구)이란 여러 가지 특성과 욕구를 가지고 있는 고객을 세분화하여, 개개의 고객별로 셀링 포인트 및 베니피트 포인트를 선별하여 그 내용을 시각화하고, 상담의 전개상황에 맞추어 설명내용이나 셀링 포인트를 순서대로 기록 · 비치하고 있는 판매용 도구를 말한다.

세일즈맨은 구체적으로 문장, 도표, 그래프, 사진, 축소된 실물모형 견본 등을 구성 · 배치하면서 상담을 위한 판매용 도구를 작성한다.

고객에게 구매를 권장하려고 하는 상품의 셀링 포인트는 어디까지나 판매하는 쪽에서의 강조점 및 소구점(訴求點 : 구매의욕을 충동하는 상품판매의 핵심내용)이고, 사는 쪽의 입장에서 보면 셀링 포인트 가운데는 반드시 중요하지 않거나 흥미가 전혀 없는 것도 있을 수 있다. 세일즈맨에 의하여 제시된 셀링 포인트나 베니피트 포인트는 고객에 따라서 받아들여지는 방법이 가지각색이다. 그것은 고객에 따라 흥미를 갖는 방법이나 욕망이 다르기 때문이다.

세일즈맨은 셀링 포인트 등을 모든 고객에게 일률적으로 제시하는 것이 아니라 사전에 미리 고객의 갖가지 요망사항을 십약하고 욕구에 맞추어 고객을 일정한 기준으로 분류한 다음, 각 영역의 고객별로 소구하는 핵심내용을 바꾸어가지 않으면 안 된다.

어프로치 북의 장점

- 도표를 넣거나 컬러 펜으로 작성하기 때문에 흥미를 끌기 쉽다.
- 사진 등으로 사례를 나타내기 때문에 현장감을 주어 신뢰감을 얻기가 쉽다.
- 자기 나름대로의 표현으로 알기 쉽게 쓰기 때문에 이해하기 쉽다.
- 그림이나 조그마한 삽화도 넣기 때문에 즐겁게 들어줄 수 있다.
- 상담에 계획성이 있어 요점 누락을 방지할 수 있다.
- 미리 준비하여 방문하기 때문에 상담에 자신을 가지게 된다.
- 설명에 숙달되지 않더라도 이것을 제시함으로써 일정수준의 상담이 된다.
- 끊임없이 새로운 정보를 추가하지 않으면 안 되므로, 실감이 나는 상담을 할 수 있다(전반은 고객에 대한 것이고, 후반은 영업사원 자신에 대한 장점이다).

7. 세일즈맨의 상담기술

(1) 고객상담의 흐름

세일즈맨이 상품의 구매를 권장하기 위하여 고객이 있는 곳을 방문한 경우, 인사를 하고 방문목적을 이야기한 다음 가벼운 이야기를 나눈 후 본론으로 들어가게 된다.

세일즈맨이 준비해간 제안이나 상품에 관한 것을 고객에게 이해시켜서 상대방이 실제로 납득하고 기꺼이 받아들여지는 중대한 장면이 '상담'이다. "과연, 확실히 저에게 도움을 주는 상품입니다. 제가 원하던 상품인 것 같습니다. 당신이 말하는 대로 그것을 진행시켜봅시다"라고 하는 고객의 이해 · 승낙을 획득하는 곳이다.

〈표 8-11〉 고객상담의 단계

구 분	내 용	영업담당 사원에게 필요한 지식 · 기능 · 태도
인사 · 용건을 말한다.	1. 호의를 가지고 만나서 밝고 즐거운 대화의 장을 만든다. 2. 태도 · 동작 · 표정 · 대화방법에서 신뢰감을 얻도록 한다. 3. "지금은 시간이 없는데요" 등 초기의 저항을 처리한다. 4. 알기 쉽게, 흥미를 끌 수 있게 용건을 이야기한다. 5. 적절한 화제를 만들어 상담의 계기를 잡는다.	1. 세일즈 예절 2. 능숙한 접근방법 3. 화제를 끄집어내는 말의 사용방법 4. 거절에 대한 대응 5. 화제 만들기
상대방에게 관한 것을 듣는다(안다)설명에 들어간다.	1. 사업에 관계되는 광범위한 화제에 관하여, 일반론으로 이야기하여 상대방의 생각 · 방침 등을 파악한다. 2. 일반론보다 구체론으로 들어간다(고객회사의 화제에 들어간다). 고객이 현황을 파악한다. 3. 자기회사의 상품, 자기회사의 좋은 점을 전반적으로 설명한다. 4. 고객의 동작 · 표정을 읽거나 질문하거나 하여 고객의 흥미 · 희망이 무엇인지를 찾는다. 5. 인간관계를 원만하게 할 수 있는 화제를 끄집어낸다.	1. 업계의 지식, 상품지식(셀링 포인트)의 활용 2. 판매용 도구(어프로치 북 등)의 활용 3. 능숙한 설명방법과 표현방법 4. 욕구의 명확화, 질문의 활용 5. 화제와 칭찬하는 말의 활용
설득한다. 거절에 대응한다.	1. 고객의 구매동기를 잘 파악한다. 2. 설득을 위하여 사례 · 사실 · 증거를 제시한다. 3. 고객의 흥미에 맞추어 상품의 효용 · 편익을 강조한다(요약해서). 4. 고객의 의문 · 저항 · 반론을 처리한다. 5. 항상 고객의 반응 · 표정 · 동작에 주의하여 체결(closing)의 순간을 잡는다.	1. 구매심리의 이해 2. 설득력의 강화 : 구매의욕을 높이는 설득 3. 기획서 · 제안서의 작성 4. 거절처리의 기본방법의 활용 5. 매기(買氣) 진단의 방법
이야기의 결말을 짓는다.	1. 체결할 순간을 잘 살펴가면서 체결을 타진한다. 2. "자기가 선택한 것이다"라는 방향으로 몰고간다. 3. 그날의 요점 · 질문 · 약속 등을 확인한다.	1. 체결타진의 진행방법 2. 체결 후의 유의점 3. 체결 실패 후의 처리
자리에서 물러난다.	1. 감사의 인사를 하고, 좋은 인상을 남기고 물러간다. 2. 다음 방문의 계기를 만들어둔다. 3. 다음 방문을 확인한다.	1. 다음 방문을 약속하는 방법 2. 방문 후에 해야 할 일 3. 재방문 계획의 작성

고객의 구매의욕을 충동시키고 설득하여도 고객의 마음을 움직이지 못하여 고객으로부터 "네, 부탁합니다"라는 말과 자사호텔에 대한 기대를 이끌어낼 수가 없었다면 지금까지의 세일즈 활동은 모두 헛수고로 끝나버린다.

따라서 상담을 잘 진행시키기 위한 방법으로는 먼저 상담의 표준적인 흐름을 이해하고, 이것을 기본으로 하면서 고객의 현황, 또는 상담의 진정 정도에 따라 그 기본형을 변화시켜 응용해가는 것이 좋다. 상담의 표준적인 단계는 <표 8-11>과 같다.

(2) 고객상담 진행시 유의점

고객이 면담을 허락하여 호텔의 상품설명이나 제안설명을 할 경우, 세일즈맨은 몇 가지 점에 주의할 필요가 있다. 상담은 어디까지나 고객에 대하여 호텔 및 상품 제안을 이해시키고 납득시켜 고객이 행동을 하도록 하는 것이 목적이 된다. 그래서 고객에 관한 것을 알고 고객의 상황에 맞추어 설명 · 설득해가게 된다. 고객의 입장에 서서 고객의 의사를 존중하면서 알기 쉽게, 그리고 고객이 만족할 수 있도록 대화를 나누면서 상담을 진행시키지 않으면 안 된다.

상담은 다음과 같은 점에 유의하면서 진행시켜야 한다.

1) 용어의 선택 및 말투

① 바른 말, 쉬운 말을 쓰도록 하고 좋은 말을 쓰도록 한다.

> "알았지요?" → "아시고 계십니까?"
> "듣고 있었어요." → "듣고 있었습니다."
> "동반자는……" → "같이 오신 분은……."
> "중년 분은……" → "연세가 많으신 분은……."

② 외국어를 난발하지 않는다.

> "저희 호텔의 레스토랑 Opening Time은……."
> → "저희 호텔의 레스토랑 영업시간은……."

③ 갑작스럽게 전문용어를 쓰지 않는다.

> "가족과 편하게 이용하실 커넥팅 룸(connecting room)으로 드릴까요?"
> → "가족과 편하게 이용하실 객실과 객실 사이에 열려 있어 드나드실 수 있는, 통용문이 있는 룸으로 드릴까요?"

④ 정확한 용어를 쓰도록 한다.

> "그것은 안 됩니다." → "그것은 오늘 중으로는 도저히 불가능합니다."

⑤ 신뢰받을 수 있는 용어를 쓰도록 한다.

> "이 상품은 지금 판매가 잘 되고 있는 것 같습니다."
> → "이 상품은 지금 판매가 잘 되고 있습니다."
> "어느 쪽이 좋은지 모르겠습니다."
> → "이쪽이 이득이 되는 것은 정해져 있습니다."

2) 경청하는 태도

① 듣는 태도를 바로 갖는다.

> 머리카락을 만지면서 이야기를 듣지 않는다, 불확실하게 적당히 대답하지 않는다, 옆을 보거나 두리번거리지 않는다.

② 메모를 한다.

> 상대방이 말하고 있는 요점(point)을 수첩에 기입하면서 듣는다. 명확하지 않는 점은 되물어서 분명히 해둔다.

③ 이야기에 감동하는 마음을 갖는다.

> "그것은 대단한 것입니다" "그런 일도 있군요"라고 감동하는 마음으로 진지하게 듣고 있다는 것을 나타낸다.

④ 상대방의 다음 말을 재촉한다.

> "그 뒤에는 어떻게 되었습니까?" "그때, 상대방은 어떻게 말하였습니까?" 라고 하여 상대방의 이야기를 재촉한다.

⑤ 대화중에 맞장구를 친다.

> "에에, 에에" "네, 네" 하면서 머리를 위아래로 흔든다. "하아" "호오" 하며 머리를 쳐드는 등의 태도를 보여 동감을 표시한다.

3) 고객을 이해하는 마음으로 경청

① 인간심리를 활용한다.

"자기사정을 들려주고 싶다, 알리고 싶다, 이해시키고 싶다"라고 하는 상대방의 인간심리를 이해하며 대화를 진행시킨다.
"들리는 바에 의하면 사장님께서 30년 전에 고생하시면서 명동에 1호점을 연 것이 오늘의 성공의 큰 요인이 된 것 같습니다만, 그때는 어떠한 점포였습니까?"

② 대화를 서서히 자기가 의도하는 방향으로 유도한다.

이야기를 들으면서 상대방이 무엇을 바라고 있는지를 파악하여 상대방 자신에게 인식시키는 방향으로, 또 주의를 환기시키거나 생각하게 하는 계기를 만드는 방향으로 이야기를 유도해간다.

③ 질문을 잘하는 방법을 익힌다.

좋은 방향으로 질문한다. "이 사무실은 넓이가 50평 정도 입니까?"(30평 정도라고 생각하고 있어도) 칭찬하면서 질문한다. "모든 사원이 예절이 바릅니다. 평소 어떠한 교육을 하고 계십니까?"
대답이 "예스", "노"로 끝나지 않도록 질문한다. "색상이 좋은 넥타이입니다. 어느 나라 상품입니까?"("그것은 발렌티노입니까?"라고 하면 "예스"로 대화가 끝나버린다).

④ 상대방에게 많은 이야기를 시킨다면 상담의 반은 성공이다.

많은 이야기를 하면 기분이 좋아지고, 친해졌다고 느끼게 된다. 또 이야기할 분위기가 되면 "그 세일즈맨에게 강요당했다……"는 느낌을 주지 않는다.

⑤ 상대방 이야기를 깊이 파고드는 질문

"왜 그때 부장님은 참가하시지 않으셨습니까?" "흥미가 없었기 때문에……." "왜 그러한 일에 흥미를 갖지 않으셨습니까?" "이미 경험했기 때문에……." "그 경험은 언제쯤 하신 것입니까?" 등 하나의 화제를 파고 들어가면 상대방의 사정을 쉽게 파악할 수 있다.

4) 대화중에서 화제에 올려서는 안 되는 사항

① 자기회사나 자기자신의 신용에 흠을 주는 사항

> "나는 영업이라는 일이 싫습니다." "저희 회사는 업계에서 지위도 낮고, 별로 한 일도 없습니다." "저희 팀장은 하기 싫은 일은 언제나 저에게 강요하기 때문에……."

② 고객의 약점을 말하거나 비방하는 것은 바람직하지 않은 사항

> "살이 꽤 찌셨습니다." "그 양복은 유행에 뒤져 있군요." "부장님은 A양과 만나고 있는 것 같은데……." "부장님의 출신지에서는 훌륭한 인물이 나오지 않았더군요."

③ 좋지 않은 이야기를 늘어놓아 구매의욕이 생기지 않는 말들

> "이렇게 불경기가 심하면 어디서나 사업은 잘 되지 않습니다." "오늘은 13일의 금요일, 아무 일도 없었으면 좋겠습니다." "지금 거기서 사고가 났었습니다. 사람이 쓰러져서 피가……."

④ 관계자에 대한 험담

> "경쟁하고 있는 A호텔은 수준이 낮은 사람밖에 채용하고 있지 않으므로……." "경쟁하고 있는 B호텔의 상품은 성의가 없기 때문에……."

⑤ 부적절한 용어의 사용

> '귀머거리' '벙어리' '장님' → '눈이 자유롭지 못한 분'
> "이 잡듯이 샅샅이 방문한다." → "철저히……."

5) 그밖에 유의할 점

① 논쟁을 하지 않는다.

> "실은 저는 그와 같이 생각하고 있지 않았습니다만……" "이전에는 저도 똑같이 느꼈습니다만, 그러나……"라고 점잖게 반론한다.

② 상대방의 태도에 주의하면서 이야기를 진행한다.

책상 위의 먼지를 손으로 닦는다.
→ 상대방은 여기서 그만두려는 생각을 가지고 있다.
몸을 앞으로 내밀고 눈을 번쩍인다.
→ 적극적으로 들으려는 생각을 가지고 있다.
상대가 담배를 끄집어내면
→ 이쪽의 이야기를 천천히 들으려는 마음을 가지고 있다.

③ 상대방의 지식수준에 맞추어 상담의 진행방법을 바꾸어간다.

그런 상품이 있다는 것을 알지 못하고 상품지식도 거의 없는 사람에게는 상품에 대하여 알기 쉽게 전반적으로 설명한다. 카탈로그 정도의 지식이 있는 사람에게는 셀링 포인트를 중심으로 설명해간다.
현재 사용하고 있는(또는 취급하고 있는) 상품에 관하여 알고 있는 사람에게는 경쟁상품과의 비교에 중점을 두고 설명해간다. 상품에 관하여 깊이 연구하고 있는 사림에게는 주로 사례나 자료 등을 제시하면서 설명해간다.

④ 칭찬하는 말을 활용한다.

"드디어 업계에서 톱의 자리에 오르게 되셨군요. 축하드립니다."
"여기서 제조하고 있는 RX형 상품은 인기가 높아 여기저기서 먼저 사가려고 하고 있더군요."
"빌딩이 참 아름답습니다. 언제쯤 세우신 것입니까?"
"잘 정리정돈되어 있습니다……."
"잘 알고 계십니다, 상당히 연구하신 것 아닙니까?"

⑤ 설득에 자주 쓰이는 말을 익혀둔다.

"이와 같이 생각해보시면 어떻겠습니까?"
"확실히 그렇습니다. 저도 언제나 그렇게 생각하고 있었습니다. 그런데 이것은……."
"종사원들이 얼마나 기뻐할지는 모릅니다."
"신문에는 이렇게 쓰여 있습니다."
"이것은 새로운……."

8장

(3) 욕구의 명확화

고객이 세일즈맨으로부터 상품을 구매할 때는 필요성이 있기 때문이다. “나는 보다 탁월한 서비스를 받고 싶다”든지 “고품격 시설을 이용하고 싶다”라는 욕구가 있기 때문에 그것을 충족시켜줄 상품이 있으면 구매하는 것이다. 그리고 고객의 욕구가 분명해지면 질수록 구매 가능성은 높아지는 것이다. 그러나 실제로 고객이 욕망을 확실히 가지고 있는(현재요망) 경우도 있지만 자신이 의식하고 있지 않거나 불만인 채로 남아 있는(잠재요망) 경우도 있다. 여기서 중요한 것은

- 고객은 그 상품에 관한 욕구를 얼마나 명확히 가지고 있는가?
- 고객은 그 상품에 대하여 문제의식을 얼마나 가지고 있는가?
- 고객은 상품에 대하여 얼마의 지식수준을 가지고 있는가?

등을 세일즈맨이 파악하는 일이다. 이것이 자기회사의 상품이나 제안을 받아들이도록 설득하기 위한 출발점과 전제조건이 되고 있다.

세일즈맨이 이런 점들을 파악하기 위하여 고객에 대해 타진하거나 질문하거나 화제를 만들어내기도 한다. “나는 고객을 접대하기 위해 호텔의 레스토랑을 자주 이용합니다. 지금, 주로 이용하는 레스토랑을 분위기와 서비스가 세련되지 않았습니다. 보다 고품격 서비스와 훌륭한 분위기의 레스토랑으로 바뀌었으면 좋겠습니다.” 라고 하듯이 고객의 욕구가 뚜렷해지고 있는 경우에는, 대화로 그것을 파악하여 고객의 욕망을 확인한 다음 그 욕망을 충족시키기 위한 제안 설명이나 상품설명을 할 수 있게 된다.

그러나 “회사의 매출이 오르면 좋겠다.”고 하듯이 고객이 막연한 욕망밖에 가지고 있지 않은 경우에는 영업사원은 고객의 욕망을 끌어내어 문제를 정리하고 명확히 한 다음 고객에게 이것을 확인시키고 그 해결방법을 제시하고 자신의 제안을 받아들이게 하여 호텔의 상품의 구매와 결부시켜가는 활동이 필요하다. 그러기 위하여는 다음의 단계(step)를 거치는 것이 좋다.

✍ 단계1 고객의 막연한 욕망을 파악한다.
- 전반적인 현황을 파악한다.
- 고객이 안고 있는 문제점과 불만을 파악한다(현황파악의 내용과 연관시켜서).

✍ 단계2 막연한 욕구(needs)를 명확한 욕구로 발전시킨다.
- 욕구를 고객에게 확실히 인식시킨다.
- 해결을 위한 일반적인 제안을 한다.

✍ 단계3 자기회사의 제안이나 상품으로 욕구를 충족시킨다.
- 고객에게서 확인한 문제점이나 욕구를 해결, 또는 충족시키기 위한 수단으로서 자기 회사
- 설득할 때에는 고객의 욕구에 연관시켜 셀링 포인트를 설명할 필요가 있고, 또한 상품 설명을 잘 하는 원칙(다음 항)을 활용할 필요가 있다.

여기에서 어떤 고객을 설정하여 앞에서 본 욕구충족의 단계별로 어떤 질문이나 제안을 해가면서 욕구를 파악하고 충족시켜나가면 좋은지에 대하여 검토해보는 것도 효과적일 것이다.

8. 상품설명을 잘하는 방법

고객의 욕구가 명확해지고, 그것을 채우고 싶다는 고객의 의사가 확인되면, 다음에는 자기회사의 제안이나 상품이 고객의 욕구를 충족시키는 데 공헌한다는 사실을 이해시키고 납득시켜, 다시 고객이 그것을 기꺼이 받아들이도록 설득하지 않으면 안 된다. 제안이나 상품에 관하여 설명을 잘하는 원칙은 다음과 같다.

① 셀링 포인트를 좁힌다.

> 상품의 좋은 점(셀링 포인트)을 너무 많이 나열하게 되면, "지금까지 이렇게 좋은 점이 많은 상품이 있을 리가 있나?" 하고 도리어 상대방을 불신하는 경우가 있다. 따라서 상대방에게 가장 관심이 될 만한 점을 강조하여 설명하는 쪽이 효과적이고, 그 점을 자세하게 설명하는 것이 좋나.
> "많은 특징이 있습니다만, 특히 이 두 가지 점에 대해 자신을 가지고 권하고 싶습니다만……."

② 좋은 점을 되풀이하여 설명한다.

> 좁혀진 셀링 포인트나 좋은 점은 한 번뿐만 아니라 같은 상담중에도 두 번 세 번 되풀이하여 설명한다. 같은 말을 되풀이하여 반복하는 동안 상대방은 이쪽의 이야기를 신뢰하여 납득하게 되는 것이다.
> "앞에서도 설명드렸습니다만, 이 상품은 여기에 연구를 집중적으로 하였으므로 이 점에 평판이 아주 좋습니다."

③ 오감(五感)에 호소하는 설명을 한다.

> 상품설명은 입으로만 할 것이 아니라 현물견본(現物見本)을 보이고 느끼게 하면서, 맛보게 하면서, 들려주면서, 냄새를 맡게 하면서 설명하는 것이 효과적이다. 이쪽에서 일방적으로 설명하는 것이 아니라 상대방의 느낌도 들으면서 또 상대방의 질문에 대답하는 형식으로 설명을 진행시키는 것이 효과적이다.

④ 가능한 한 비교 · 대조하여 이야기한다.

> 구상품이나 타회사 상품과 비교하면서 설명하면 이해하기가 쉬워진다.
> "종래의 상품과 비교하여 이 상품은 이번에 세 가지를 개선하였습니다. 첫째는 구상품은 이곳이…… 하였습니다만, 신상품은…… 으로 되어 있어서……."
> "타호텔 상품은 좁은 공간에서 화려한 이벤트를 하니 답답하고 많은 인원도 수용할 수 없지만 저희 호텔의 상품은 넓은 공간에서 연출되는 이벤트도 다양하고 많은 인원도 수용할 수 있어 송년모임에는 아주 적합합니다."
> 자사호텔 상품의 좋은 점을 충분히 연구해둘 필요가 있다. 또 타호텔 상품을 너무 깎아내리지 않도록 주의한다.

⑤ 숫자를 섞어가며 설명한다.

> 작년도 이용고객률과 꾸준한 상승률을 가끔 섞어가며 이야기한다. 신뢰감을 얻을 수 있다.

⑥ 질문도 곁들이면서 설명한다.

> 상품설명을 할 때에도 질문을 하면서 진행시키는 것이 아주 좋다.

⑦ 자신있게 단언한다.

> "…… 좋다고 생각합니다."
> "…… 틀림없는 것 같습니다." 등은 상품을 설명할 때는 사용해서 안 되는 말이다. 자신을 가지고 단언한다.
> "…… 아주 좋습니다."
> "…… 만족시켜 드리겠습니다. 안심하십시오."

⑧ 긍정화법을 사용한다.

> 되도록이면 상대방의 대답이 "네" 하고 되돌아오도록 묻거나 이야기를 유도한다. "이 분위기는 어떻습니까?"가 아니라 "이 분위기는 고객이 원하는 행사를 치룰 수 있는 곳입니다. 아주 좋지요?"라고 물어보면 효과적이다.

⑨ 윤활유를 활용한다.

"아시고 계시리라고 생각합니다만……."
"이와 같은 것은 잘 아시고 계시리라고 생각합니다만……."
"이 신상품의 평판은 들으셨을 줄로 생각합니다만……."
"이것은 대단히 많이 팔리고 있는 상품이기 때문에……."
등을 쓰면 저항이 적어진다.

⑩ 주변사람을 활용하여 설명한다.

고객의 측근의 말을 인용하여 설명한다.

9. 거절당했을 때 효과적으로 대응하는 방법

고객이 세일즈맨이 제시하는 제안이나 상품에 대한 설명을 듣고 "나에게 도움이 되겠구나, 나에게 이익을 가져다주겠구나"라고 생각하더라도 곧 구매의사 결정을 한다고는 볼 수 없다. 고객은 어떻게 하든 구실을 붙여 상품구매를 거절하거나 애매한 태도를 보이는 수가 많다. 그것은 고객이 구매시에 여러 가지 불안.갈등을 가지고 있기 때문이므로, 이것을 하나하나 제거하면서 고객의 구매를 도와주는 것이 세일즈맨의 역할이다. 불안이나 저항을 제거해가는 과정을 '거절에 대한 처리'라고 한다.

(1) 거절당했을 때 대응하는 마음가짐

① 거절당했을 때는 환영하는 기분으로 한다.

"그 상품의 분위기는 나에게 맞지 않다고 생각하기 때문에……"라는 말을 고객으로부터 들었다면, 이 고객의 흥미의 소재는 '분위기'이고, "분위기가 좋다"고 이해시킨다면 구매할 것 같다는 것을 알 수 있다.
고객의 관심사항을 알게 되면 다음 상담을 전개하기 쉬워진다.

② 판매에는 반드시 거절의 경우가 따르게 마련이다.

요트는 바람이라는 저항이 있기 때문에 전진하는 것이고, 상담도 상대방의 저항이 전혀 없다면 그 이상 전진하지 못한다.

③ 거절에 직면하면 능숙하게 처리한다.

> 고객이 거절했는데 그것을 모르는 체하고 지나쳐버리면(고객의 농담이 섞인 가벼운 거절은 별도로 하더라도) 상대방은 무시당한 것에 대하여 불쾌하게 느껴지거나, "이 세일즈맨은 정말로 거절당했을 때 대응할 능력이 없는 것이 아닌가?"라는 불신감을 갖게 되어 그 다음 상담에 어려움이 뒤따른다. 거절당했을 때 이를 능숙하고 재빨리 처리할 수 있다면 상담성공의 길이 열리는 것이다.

④ 거절하는 확실한 이유를 신속하게 알아낸다.

> 겉보기에 단순한 구실("나에게 오더라도 헛수고야" 등)인 경우에는 당당히 신념을 가지고 대응하고, 감정적인 것("아무튼 이 상품은 마음에 안 들어요" 등)의 경우에는 냉정히 대응하여 거절하는 이유에 근거가 있는 이성적인 것("필요하다고는 생각하지만 경쟁상품 쪽이 좋아서……" 등)은 거절당했을 때 대처하는 처리의 원칙에 의거해서 처리한다.
> 다만 이 경우 다른 곳에 관심이 있을 때("유리한 조건으로 구매하고 싶기 때문에", 또는 "지금은 돈이 없어서 살 수 없기 때문에 이러한 말을 하고 있다 ……" 등의 경우)에는 그 본심(本心)도 처리하지 않으면 안 된다.

⑤ 거절당했을 때는 반박하지 말고 부드럽게 처리한다.

> "그렇게 생각하시는 분이 가끔 계십니다. 그러나 그 점에 대하여 조금만 더 설명할 기회를 주십시오. 그러시면 반드시 납득해주실 줄로 믿고 있기 때문에……" 등과 같이 부드럽게 대처한다.

(2) 상담중의 거절 이유

고객은 일반적으로 다음과 같은 이유에서 거절하기 쉽다.

① 상품상의 거절

> "품질이 나쁘다."
> "경쟁 타회사의 상품이 더 낫다."
> "종사원이 숙련되어 있지 않아 최고의 서비스를 받을 수가 없다."

② 가격상의 거절

> "비싸다."
> "10% 할인해주면 생각해보겠다."
> "가격인상은 인정하지 않는다. 종전과 같은 가격으로 해주기 바란다." 등

③ 그 밖의 구매상의 문제

> "접근성이 용이하지 않다."
> "돈이 없다."
> "외부환경이 좋지 않다."
> "서비스가 나쁘다."

(3) 거절당했을 때 대응하는 기본 패턴

고객으로부터 나온 여러 가지 거절형태나 의문사항을 세일즈맨은 적절히 처리하고, 또 고객을 납득시키지 않으면 안 된다. 그러기 위해서는 <표 8-12>와 같은 기본 패턴을 몸에 익혀 상황에 따라서 활용하는 것이 좋다.

세일즈맨은 일상의 상담중에서 거절당하는 경우를 많이 경험하기 때문에, 고객으로부터 나오는 거절 가운데 그 빈도가 높은 유형에 대하여는 별도로 정리하여 자기 나름대로의 대응방법을 준비해두는 것이 바람직하다.

〈표 8-12〉 거절 대응방법

종 류	사 용 방 법	"값이 비싼데요"의 예
질문하는 방법	막연하게 거절하거나 즉석에서 대답하기 어려운 거절을 당했을 때 사용한다. 상대방의 진의를 파악할 수 없을 때에도 사용한다.	"어느 상품에 비하여 얼마나 비싼지 가르쳐주십시오."
실례를 인용하는 방법	유리한 견본예나 실제 있었던 일을 예로 들어 대답한다. 상대방의 친구관계나 자기 주변의 예를 인용한다.	"사장님이 잘 알고 계시는 ㅇㅇ사장님도 처음에는 비싸다고 했습니다만 지금은 이용하시고 아주 만족하시고 계십니다."
묵살하는 방법	상품을 구매하지 않고 농담조로 거절하거나 강도 높지 않게 거절할 때는 정면에서 부딪치지 말고 가볍게 받아넘기고 화제를 바꾼다.	"농담이시겠지요……. 그런데 거짓 없이 본심으로 말씀드립니다만……."

부정하는 방법	상대방의 거절이유가 타당성이 없을 때, 하찮은 사항일 때 정면에서 부정하는 방법 상대방의 반발에 주의하지 않으면 안 된다.	"천만에요, 저희 회사 상품은 결코 비싸지 않습니다."
역전시키는 방법	일명 '예스-버트 방법(yes-but)'이라고도 한다. 상대방이 이야기한 것을 일단 받아들여서 반감을 갖지 않도록 한 다음 상황을 전환시킨다.	"네, 확실히 비쌀지도 모릅니다. 그러나 타회사와 비교하면 이 상품은 이곳이 아주 좋기 때문에……"
자료를 이용하여 전환시키는 방법	거부반응이 나올 듯하다. 문제에 대하여는 미리 자료를 준비해두고 그것을 보이면서 대답한다.	"그 일이라면 신문에 나온 상품사용 후기를 보아주십시오. 저희 회사 상품의 성적은……"

염세주의자와 성공적 세일즈맨

열 번 전화해서 한 통화가 성공되었을 때 염세주의자는 이것을 10%의 성공률로 본다. 그러나 성공적인 세일즈맨은 하나를 판매하기 위해 아홉 번 거절당해야 한다는 것을 잘 알고 있다. 거절을 승낙의 주춧돌로 바라봄으로써 세일즈맨은 목표를 달성할 때까지 인내할 수 있는 것이다.

—「세스 고든 보고서」

결국 세상의 모든 일은 외부적 요인과는 관계없이 자기자신이 어떻게 생각하느냐에 따라 결정된다고 볼 수 있습니다. 위대한 리더는 성공은 외부 요인으로, 실패는 자기 책임으로 돌릴 줄 아는 사람이라고 합니다.

「파이낸셜뉴스」

10. 고객상담을 체결하는 방법

(1) 고객이 납득할 수 있는 구매촉진

상담의 최종목적은 계약의 체결이다. 세일즈맨의 모든 에너지가 여기에 집중되지 않으면 안 된다. 세일즈맨의 상담은 전술한 바와 같이 상대방에 대한 인사 · 잡담, 그리고 상대방의 흥미 · 취향 욕구를 찾아내면서 상품설명과 구매설득, 거절처리의 흐름으로 진행시킨다.

그러나 이 흐름을 진행시키기만 한다고 성공할 수 있다고 할 수 없다. 상대방이 적극적으로 "계약하겠다"는 말을 해주는 사람은 드물다. 상대방이 "계약하겠다"고 하는 것을 기다릴 것이 아니라, 이쪽에서 상대방의 매기(買氣 : 사고 싶다는 욕구의 절정)를 눈치채 구매의 타진을 반복하는 동안 그 타진의 하나가 체결(closing)로 결부되는 것이다.

이 기회를 놓친 채 설명을 계속한다면 진력이 나도록 상담만 길게 끌 뿐 체결은 성립되지 않는다. 상대방의 결정을 기다리기만 하지 말고, 이쪽에서 적극적으로 상대방의 결정을 재촉할 필요도 있다.

상담이 진전됨에 따라 상대방의 구매의욕이 높아졌을 때 승부를 결정지을 만한 수를 띄워 체결로 이끌어가는 것을 '상담의 마무리'라고 한다.

(2) 고객상담의 마무리

고객은 세일즈맨이 설명하고 있는 제안이나 상품의 좋은 점을 알면 점점 이용해보고 싶은 욕구가 생기지만 정작 구매하려고 생각하면 다른 한쪽에서 불안감이 떠오른다.

"내가 정말로 원하는 것일까?" "다른 호텔도 좋은 상품을 내고 있기 때문에 굳이 서둘러서 구매할 필요는 없는 것이 아닌가?" 등이다. 즉 상담이 익어가면 상대방의 마음은 "구매해보자" "아니 참자"라는 두 가지 생각이 짧은 시간에 되풀이된다.

상담의 마무리 진행방법

- 상대방의 판매시기를 재빠르게 발견할 것(매기신호를 알아차리는 방법을 안다)
- 타이밍 좋게 이쪽에서 체결 타진을 할 것(테스트 크로징을 한다)
- 체결에 실패하더라도 포기하지 말고 몇 번이라도 타진을 계속할 것(1회 상담에 체결의 기회는 수회 있다)

"구매해보자"라는 느낌이 높아진 정상(頂上)의 곳을 '판매시기의 절정(peak)'이라고 한다. 상담을 진행시키고 있는 가운데 상대방의 판매시기를 누치채면 곧 구매를 타진하거나 그 매기를 상대방에도 확인시키고, 또 판매시기를 더욱 높이거나 하여 판매시기가 절정일 때 재빨리 구매결정을 시키는 기술이 '상담의 마무리 기술'이다.

(3) 판매시기 신호를 알아차리는 방법

상대방의 판매시기가 높아진 것을 표정 · 태도 · 말에서 알아차리도록 한다.

① 표정의 움직임으로서는

- 상냥하던 표정이 좀 긴장된다.
- 눈을 보다 자주 깜빡인다.
- 이쪽에서 물어볼 듯한 눈의 표정을 한다.

② 태도로서는

- 상채를 앞으로 내밀고 빼놓지 않고 들으려고 한다.
- 갑자기 입을 다물거나 한숨을 내쉰다.
- 팸플릿이나 자료 등을 다시 손에 쥐고 열심히 들여다본다.
- 제3자의 의견을 물었을 때 "자네는 어떻게 하겠나?"

③ 말로서

- 구매 후의 일에 대하여 진지하게 질문해올 때 "다른 고객도 만족스럽다고 했는가?"
- 가격이나 조건 등에 대하여 되풀이하여 질문하거나 의견을 말할 때
- 이전의 구매자에 대하여 자세하게 물어볼 때
- 칭찬했을 때, "당신은 열심이군요."
- 부분적인 사소한 점을 물어온다.

(4) 체결의 타진(테스트 크로징)

상대방의 판매시기가 보이면 곧바로 구매결정으로 이끌어내지 않으면 안 된다. 예를 들면 고객이 "이벤트는 확실한가요?"라고 질문해왔을 때 "지금까지 이용고객 중에서는 컴플레인은 없었습니다"라고 대답하고, 여기서 말을 끝낼 것이 아니라 곧이어 "분명 고객님께도 만족스러운 상품이 될 수 있을 것입니다" 하고 타진한 다음 구매결정을 재촉할 필요가 있다. 이와 같이 결단을 재촉하는 말, 태도에는 다음과 같은 것이 있다.

① "드디어 상대방은 결심하였다"라고 단정하고 강요한다.

"계약서를 보여드리겠습니다"(고객이 "음"이라고 하면 계약이 성립된 것이다).

② 결정에 대하여 감사의 말을 하면서 체결로 이끌어간다.

(아직 '예스'라고 말하기 전에) "대단히 감사합니다"(고객이 가만히 있거나 "음"이라고 하면 계약이 성립된 것이다).

③ 정면에서 부탁하는 결정적인 방법이다.

"500석 마련해 두겠습니다"("아니, 300석만 마련해주십시오."라고 하면 계약은 성립된 것이다).

④ 어느 쪽인지 상대방에게 선택시킨다.

"행사일은 10일로 할까요? 20일로 할까요?"("10일이 좋습니다"라고 하면 계약은 성립된 것이다).
그밖에 태도나 동작으로 호소하여 결단을 재촉하거나 체결 후의 화제를 이쪽에서 말하며 암시해준다.
상담의 최종목적은 고객으로부터 계약을 받는 것이기 때문에 상담의 마무리는 세일즈맨에게는 아주 중요한 일이다. 그러나 경험이 짧은 사람에게는 타이밍이 맞게 능숙하게 '마무리'를 짓는다는 것은 결코 쉬운 일이 아니다. 그러므로 평소부터 상담 중에 상대방의 표정이나 태도와 말을 예의 관찰하여 매기의 포착에 주의하고, 의식적으로 상담체결의 타진을 하도록 염두에 두는 것이 좋다

랠프 로버츠가 이야기하는 세일즈 성공법칙

『타임』지가 붙여준 '미국에서 가장 무서운 영업사원'이라는 칭호를 갖고 있는 미국의 전설적인 세일즈왕 랠프 로버츠는 고등학교를 졸업한 18세 때 졸업선물로 받은 900달러로 부동산 영업업무를 시작하여 다른 영업사원의 50배 수준인 연간 600채의 주택을 판매하는 경이적인 실적을 올려 세일즈왕이라는 칭호를 듣는다.

그의 독특한 세일즈 마케팅 노하우인 '랠프의 법칙'은 CNN,『타임』지 등에 수차례 보도된 바 있으며, 수백 번의 언론 인터뷰와 순회연설을 통하여 판매왕을 꿈꾸는 수많은 세일즈맨들에게 선풍적인 인기를 끌었다.

- 자신이 무슨 업종에 종사하는지를 만천하에 알려라

친구 · 친지는 물론이고 만인에게 내가 무엇에 종사하는지 알려라. 그는 음식점이나 주차장에서나, 여행중 버스 속이나 터미널에서나 만나는 낯선 사람마다 명함을 나눠준다. 특히 스포츠 경기를 보러 갔을때 관중들에게 1천 장의 명함을 뿌렸던 것으로 유명하다.

- 연간 판매목표를 하루하루 나누어라

예컨대 "1년에 자동차 250대를 판매한다"라는 목표를 세우지 말고 '1년에 250대, 1주일

에 5대, 하루에 1대'라는 실천 가능한 목표부터 세워야 한다.

- 장기적인 유대관계를 맺어라

영업사원은 단기간의 거래를 할 것인지, 아니면 장기적인 유대관계를 맺을지 선택을 강요받을 때가 많다. 이류 영업사원은 전자를 택하고, 일류 영업사원은 후자를 택한다.

- 자신이 파는 상품을 잘 알아야 한다

예컨대 여행 상담자인 패티는 50개국 이상을 여행하였고, 15대 이상의 유람선을 탄 경험을 바탕으로 가장 유능하고 성공적인 여행 상담자가 되었다.

- 자기자신을 팔아라

판매하는 상품이 경쟁자와 동종의 상품이라면 상대방과 차별화할 수 있는 방법은 자기자신을 마케팅하는 방법 이외에는 없다. 그는 자기자신의 마케팅 비용으로 연간 10만 달러(1억2천만 원)를 쓰고 7백만 달러(84억 원)의 수입을 올린다.

- 중요한 고객과 먼저 거래하라

비즈니스의 80%는 거래를 한 바 있는 상위 20명의 고객으로부터 나온다. 기존고객이 최고의 단골고객이다. 소중한 일부터 먼저 하라.

- 온건하게 접근하여 강압적인 판매방법으로 마무리하라

단번에 고객의 만족을 얻기 위해서는 모든 장애물을 제거해야 한다. 고객의 관심사항에 90%를, 상품에 대한 세부적 설명을 10%만 하라.

- 명절 같은 날에 카드를 보내지 마라

크리스마스나 연말연시에는 누구나 카드나 편지를 보내기 때문이다. 남들이 다하는 방법은 효과가 없다. 평소에 자기고객에 대하여 충분한 신뢰감을 심어줄 수 있도록 관리하지 않고서는 지속적인 세일즈 활동은 불가능한 것이다. 남들이 카드를 잘 보내지 않는 다른 명절에 보내어야만 고객의 눈에 띄게 된다. 일반적인 남들만큼의 노력만으로는 일류가 될 수 없다.

- 매주 마케팅을 위한 시간을 남겨두라

이류 영업사원은 사업이 부진할 때만 마케팅을 한다. 그러나 일류 영업사원은 1주일에 하루는 마케팅을 위하여 시간을 비워둔다.

- 고객의 거래를 추적하라

거래를 놓친 후에도 고객과 지속적으로 연락을 취하라. 경쟁 영업사원이 놓친 거래를 포착할 기회가 생긴다.

참고문헌

국내문헌

〈저 서〉

강상원(2002), 쉽게알자! 마케팅, 더난출판사
김동기(1982), 현대마케팅 원론, 박영사
김병용(2012), 관광학원론, 한올출판사
김봉(2009), 관광마케팅, 백산출판사
김성수(1992), 신노사관계론, 백산출판사
김성혁 · 황수영(2011), 관광마케팅, 백산출판사
김성혁 · 황수영(2017), 호텔마케팅, 백산출판사
김영태(2010), 호텔 · 외식 · 관광마케팅, 석정출판사
김충호 · 원융희(1995), 호텔조직인사관리, 대왕사
김제민 · 신현주(1982), 현대호텔경영론, 대왕사
김홍범(2008), 호텔 · 관광마케팅, 한올출판사
계도원(2004), CEO와 고객이 함께 읽는 고객만족마케팅, 좋은책만들기
문형기(1993), 다이렉트 마케팅 의 전략과 전술, 도서출판 주인
박정선(1996), 이벤트론, 도서출판 컴퓨터
반병길(1988), 마케팅 관리론, 박영사
손대현(1986), 관광마케팅론, 일신사
이연택(2012), 관광정책학, 백산출판사
이유재(2011), 서비스마케팅, 학현사
이화인(1999), 호텔마케팅, 학현사
이정학(2001), 서비스경영, 교학사
이학식(2012), 마케팅(2판), 법문사
오정환(1981), 호텔경영원론, 경영문화원
오상락 · 유동근, 최신마케팅론, 동성사
유도재 · 조인환(2012), 호텔 · 관광 · 항공 · 외식마케팅, 대왕사
임종원(1987), 현대마케팅 관리론, 무역경영사
임형택(2014), 관광호텔마케팅론, 새로미출판사
최병룡(1986), 신마케팅론, 박영사
한희영(1991), 마케팅 관리론, 다산출판사
이화인(2005), 호텔·컨벤션 마케팅, B&M books
이희천 · 한진수(2006), 호텔마케팅, 도서출판 갈채
조원익(2005), 실패한 마케팅 에서 배우는 12가지 교훈, ㈜위즈덤하우스
최태광(1996), 호텔마케팅, 백산출판사

최태광 · 김미경 · 최문용(2013), 호텔마케팅실무, 백산출판사
잭 커루(2003), 세일즈맨 기 살리기, 더난출판사
마키노겐지(1992), 영업의 기본을 몸에 익힌다, 고려서적(주)
한경수(1997), 관광마케팅의 이해, 학문사

〈논 문〉

고재윤 · 정미란(2006), 라이프스타일에 따른 와인선택 속성에 관한연구, 관광레저연구
김재민(1988), 「신규호텔 프로젝트의 타당성 결정과 합리화에 관한 연구」, 인하대학교 대학원, 박사학위논문
강남국(1993), 「호텔 서비스상품이 경영성과에 미치는 영향」, 경기대학교 대학원, 박사학위논문
김도근 · 윤영삼(1995), 「노사관계전략의 영역으로서 기업문화」, 산업노동연구, 1(11)
류주형 · 김대호(1992), 「온라인 데이터베이스의 활용에 관한 연구」, DB국 제학술대회
손해식(1989), 「우리나라 관광산업의 마케팅 전략에 관한 연구」, 부산대학교 대학원, 박사학위논문
신형섭(2001), 「호텔기업문화가 조직구조 특성과 노사안정성 및 조직성과에 미치는 영향」, 박사학위논문
이애주(1984), 「호텔마케팅 의 판매촉진에 관한 연구」, 호텔관광경영연구, 1집, 한국관광산업연구소
정규엽(1991), 「판매수익 극대화를 위한 호텔객실가격 전략에 관한 연구」, 세종대학교 대학원, 박사학위논문
정인서(1992). 「기업문화와 유형과 조직유효성의 상호관련성에 관한 연구」, 조선대학교 대학원, 박사학위 논문
한영주(1994), 「서울의 국제화를 위한 개발 전략」, 서울시정연포럼 제11호
한광종(1989), 「국제회의사업의 활성화 방안에 관한 연구」, Tour Times
21세기 호텔관광연구회(2011), 관광마케팅, 학현사

외국문헌

Alasttair M.Morrison(1989), Hospitality & Travel Marketing, Delmar Polishers Inc.
Anderson, J.R.L(1970), The Ulysses Factor, New York : Harcourt Brace Johanovich, Inc.
Antti J. Haahit(1986), Finland's Competitive Positon as A Destination Annals of Toursim Research 13.
Archer, Brian. H(1976), Demand Forecasting in Tourism, Bangor, U.K : University of Wales Press.
Armstrong, C.W.G(2010), "International Toruism : Coming or Going-The Methodological Problems ofForecasting", Futures, 4(2).
Berry, Leonard L(1975), "Personalizing The Bank : Key Opportunity in bank Marketing".Bank Marketing, April.
Bonoma, Thomas V, and Mills, Michael K(1979), Developmental Service Marketing, Unpublished Working Paper, Pittsburgh : Graduate School of Business, University of Pittsburgh, Berkman et al., Convention Management & Service(1984), AH & MA, East Lancing Michigan.
C.H. Lovelock(1984), Services Marketing, Prentice-Hill Inc.
Calantone, Roger J, Anthony Di Benedetto, and David Bojanic(1987), "A compreh-ensive Review of the Tourism Forecating Literature". Journal of Travel Research 26(2).

Campbell, J.P. On the Nature of Organizational Effectiveness, In P.S Good man. J.M Pennings & Associaties(Eds)(1997), New Perspectives On Organizational Effectiveness, San Francisco, CA : Jossey-Bass : 36~41.

Czepiel, John A.(1980), Managing Customer SatisFaction in Consumer Service Businesses, Cambrige, MA : Marketing Science Institute.

Dalkey, N, and O.Helmer(1963), "An Experimental application of the Delphi method to the Use of Experts", Management Science 9(3).

David C.Peterson(1989), Convention Centers, Stadiums, and Arenas, Washington, D.C. Urban Institute.

Philip Kotler(2003), Marketing Managemrnt, 11th ed,Prentice Hall.

United States Standard Industrial Classifications(US SIC)(2008).

WTO(2005), Evaluating NTO Marketing Activities.

Deery, M.A.&R.D. Iverson. "Enhancing Productivity : Iintervention Strategies for Employee Turnover". In Productivity Management in Hospitality and Tourism, ed. N. Johns : 68~95. Cassell, London.

Donald Getz, Special Events, Defining the Product, Tourism management, Jun, 1990.

Donnelly, James H. Jr., "Marketing Intermediaries in Channels of Distribution for Services". Journal of Marketing, January 1976.

E, Jerome, McCarthy, Basic Marketing, A Managerial Approach, 7th ed.,irwin, Inc.,

Federick E. Webster, Jr and Yoarm Wind, Organizational Buying Behavior, Englewood Cliffs, N.J. Prentice-Hall, 1972.

G.M. Hostage, "Quality Control in a Service Business", Harvard Business Review, July-Ang, 1975. Harrison, R.(1972). "Understanding Your Organization's Character", Harvard Business Review, May-June, 1972.

Howard Baganall Meek, A Theory of Hotel Room Rates, Ithaca : Cornell University Press, 1938. J.F.Engel, R. D. Blackwell, D. T. Kollat, Consumer Behavior, 3rd, ed., Hisdale, The Dryden Press, 1978. pp.505~!506

J0bber. Principles and Practice of Marketing, McGraw Hill 727, 2007.

Jones, G.R. "Transaction Cost, Property Rights, and Organizational Culture : An exchange perspective", Administrative Science Quarterly, Vol.28. Sept

J0bber. Principles and Practice of Marketing, McGraw Hill 727, 2007.

K.M. Haywood, "Revising and Implament the Marketing Concept as itapplies to Toursm", Tourism Management, Sep, 1990.

Kwack, Sung Y, "Effects of income and prices on travel spending aboroad, 1960Ⅲ~1967Ⅵ". International Economic Review 13(2), 1972.

Lawrence D.Stalcup, Economic Structure of the Hospitality Industry, Monograph, Cornell University, 1980.

Lewis, C.D. Industrial and Business Forecating Methods. London : Butter-worth, 1982.

Makridakis, Spyros, S.C.Wheelwright, and E.Victor, Forecating : Methods and Applications, 2d ed.New York : Wiley, 1983.

Newcomer Trining Program 자료

Philip Kotler, Marketing Management, 11th ed, Prentice, 2003.

P.Kolter, Marketing Management : Analysis, Planning, Implement, and Control, 6th ed., Prentice-Hall, 1988, p.592.

R.G. Wyckham, P.T. Fitzroy & G.D. Mandey, "Marketing of Servece", European Journal of Marketing, Vol. 9, No. 1, 1975.

R.H.Brien & J.E. "Stafford, Marketing Information System : A NewDimension for Marketing Research", Journal of Marketing, July, 1968.

Raymond J.Goodman, The Management of Service for the Restaurant Manager, Willam C.Brown Company, 1983.

Revert C. Lewis & Richard E. Chambers, Marketing Leadership inHospitality, van Nostrand Reinhold Co, LRD. 1989.

Robert A Hansen and Terry Deutscher, An Empirical Investigation of Attribute Importance in Retail store selection, Journal of Retailing, Vol, 53, Winter 1977, pp.59~72.

Robin, N.S. "An Exploratory Analysis of Turnover Culture in the Hotel Industry in Australia Int, Journal, Hospitality Management, Vol.16, 1998.

S.H.Barteley. Principles of Perception, 1985, p.22.

Schwaninger, Markus, "Forecasting Ieisure and Tourism : Scenario Projection for 2000~2010, Tourism Management5(4), 1984.

Steven Perod, Social psychology, New Jersey, Prentice-Hall, 1983, pp.168-177

T. Gitlin, The Image of Business on Prime Time Television, California Management Review, Vol. XXVI Winter 1984, p.64.

Tichy, N.M. Managing Change Strategically : The Technical, Political and Cultural keys, Organizational Dynamics, Autumn : 59 ~ 80.

Van Doorn, J.W.M., "Can Futures Research Contribute to Tourism Policy?" Tourism Management 3 (3), 1982.

Van Doorn, J.W.M., "Toruism Forecasting and the Policymaker." ToruismManagement 5(1), 1984.

W.T. Stanton, Fundamentals of Marketing, N.T. McGraw-Hill, 1981. Walter Lippaman, Public Opinion, N〉Y〉Free Press, 1992, pp.85-100.

Williams Show, Tourism and Economic Development, Bellhaven Press. London & N.Y. 1988.

WTO, Evaluating NTO Marketing, Activities, 2005.

http://www.naver.com

http://www.daum.net

찾아보기

저자약력

■ 신 형 섭

- 세종대학교 대학원 호텔관광경영학 석사 졸업
- 세종대학교 대학원 호텔관광경영학 박사 졸업
- 인터컨티넨탈호텔 외 여행사 및 관광산업체 12여년 근무
- Germany Babaria Hotel Management School 연수 수료
- Lyceum Philppines University Hospitality Management 연수 수료
- Enderun Colleges Hospitality Management 연수 수료
- 한성대학교 경영대학원 외래강사
- 세종대학교 호텔관광대학원 외래강사
- 경기대학교 관광대학원 박사과정 외래강사
- 광운대학교 컨텐츠정보대학원 외래강사
- 용인대학교, 청운대학교, 호원대학교 호텔관광학계열 외래강사
- (사)한국호텔관광학회 정책부회장
- 한국호텔리조트학회 부회장
- (사)한국호텔외식관광경영 학회 부회장
- 원광여행사 상임감사
- 한국관광공사 호텔등급자격 심사위원 및 관광품질인증제 평가요원
- 한국관광협회중앙회 호텔서비스사 및 국내관광안내사 면접위원
- 와인소믈리에 및 커피바리스타 자격 및 심사위원
- 한국산업인력공단 조주기능사 심사위원
- 한국호텔경영관리사협회 자문위원
- 공정문화관광포럼 사무총장
- 지역문화관광축제 평가위원
- 전주TBN교통방송 문화관광예술분야 시사포커스 해설자
- 시사타임지 칼럼니스트
- 평창동계올림픽 서포터즈 부위원장
- (사)외식업중앙회 전북지부 전임특강강사
- (사)민족통일문화예술진흥원 부이사장
- (사)마한백제문화예술위원회 정책기획위원장
- 문화관광컨텐츠진흥연구원 이사장
- 익산문화관광포럼 대표
- 전라북도지사, 교육부장관 및 문화체육관광부장관 표창 다수
- 원광보건대학교 문화관광연구소 소장
- 원광보건대학교 글로벌호텔관광과 교수

[자격취득]

- American Hotel Motel Association CHA 총지배인
- 와인소믈리에 자격
- 커피바리스타 자격
- 국내관광안내사 자격
- 호텔서비스사 자격
- 투어에스코터 자격
- 여가관광레크레이션 1급 자격

[논문 및 저서]

- 〈호텔기업문화가 조직구조특성과 노사안정성 및 조직성과에 미치는 영향〉 외 40여편
- 《호스피탈리티 경영실무》 외 20여권

호텔 · 관광 세일즈 서비스 마케팅 실무

2021년 8월 27일 1판 1쇄 발행

저 자 신 형 섭
발행인 남 승 우

발행처 도서출판 상尙 학學 당堂

서울특별시 동작구 사당로9가길 6
TEL : 02) 595-1692~4
FAX : 02) 595-1394
E-mail : namdoo6@unitel.co.kr
신고 : 2-155호 (1968. 11. 29)

정가 29,000원

ISBN 978-89-6587-214-6 93980